L'Interim fait par dialogues

American University Studies

Series II
Romance Languages and Literature

Vol. 14

PETER LANG
New York · Berne · Frankfurt am Main

Pierre Viret

L'Interim
fait par dialogues

Edition critique par
Guy R. Mermier

PETER LANG
New York · Berne · Frankfurt am Main

Library of Congress Cataloging-in-Publication Data

Viret, Pierre, 1511 – 1571.
L'interim fait par dialogues.
(American University Studies. Series II, Romance
Languages and Literature ; vol. 14)
Bibliography: p.
1. Reformed Church – Doctrines – Early works to 1800.
2. Calvinism – Early works to 1800. I. Mermier, Guy R.
II. Title III. Series
BX9421.V57 1985   230'.42   85–16012
ISBN 0-8204-0188-9
ISSN 0740-9257

CIP-Kurztitelaufnahme der Deutschen Bibliothek

Viret, Pierre
L'interim fait par dialogues / Pierre Viret. -
Ed. crit. / par Guy R. Mermier. - New York ; Berne ;
Frankfurt am Main : Lang, 1985.
(American University Studies : Ser. 2, Romance
Languages and Literature ; Vol. 14)
ISBN 0-8204-0188-9

NE: Mermier, Guy R. [Bearb.];
American University Studies / 02

© Peter Lang Publishing, Inc., New York 1985

Printed by Weihert-Druck GmbH, Darmstadt (West-Germany)

A la mémoire
de ma mère,
Marguerite Mermier.

PREFACE

"Viret, le réformateur de Lausanne. C'est un ministre prudent, pondéré, et qui garda toujours, au cours de sa longue vie, une pointe de malice romande assez originale. Or, en 1564, comme tant de ses confrères, il s'émeut des progrès du rationalisme." Lucien Febvre. *Le problème de l'incroyance au XVIe siècle. La religion de Rabelais.* p.126.

"Le réformateur Pierre Viret fut un des propagandistes les plus influents du mouvement en Suisse et en France...Viret était un homme d'action doté d'une forte personnalité, d'une vitalité intellectuelle considérable, malgré une santé fragile, et d'une éloquence entrainante." Claude-Gilbert Dubois. "Imaginaire et idéologie de la décadence au XVIe siècle d'après *Le Monde à l'Empire* de Pierre Viret," *Eidôlon,* III, Bordeaux, octobre 1979, p.47.

Il est toujours très difficile de connaître le vrai visage d'un homme et de l'intégrer rétroactivement dans son siècle. Il n'est guère plus aisé, d'ailleurs, de comprendre sans risque d'erreur de perspective ses croyances et ses actions par rapport aux réalités de son temps. Notre livre, pourtant, l'édition de *L'Interim,* porte sur un homme qui, sans être peut-être aussi célèbre que Calvin, mérite notre attention car il a joué un rôle considérable dans le mouvement de la Réforme tant en Suisse qu'en France. Pierre Viret a laissé des oeuvres polémiques qui sont des documents de la plus grande importance sur les problèmes politico-religieux et moraux de son époque. En examinant ce texte de *L'Interim* le lecteur sera touché par son érudition biblique et historiographique, mais surtout aussi par la force et la virulence de l'expression. Il faudra se demander comment l'auteur concilie ses hurlements de loup avec sa douceur de brebis, pour reprendre une image qui lui est chère. Dans notre Introduction nous chercherons à éclairer notre lecteur. Nous lui montrerons comment ces caractéristiques ont été formées de très bonne heure au sein de sa famille et à l'école. Nous verrons que très tôt Viret a été forcé de prendre position face aux tendances divergentes de son temps et de prendre

ix

des décisions difficiles pour lui-même. Il a choisi, ne l'oublions pas, une voie religieuse qui n'était pas celle de ses parents, et avant même l'âge mûr, il a confronté avec vigueur les tendances à l'incrédulité et au fanatisme de son époque. C'est Pierre Viret qui a converti ses parents et c'est lui aussi qui a embrassé la religion de l'Evangile alors qu'un torrent d'athéisme déferlait sur l'Europe, comme le souligne magnifiquement Lucien Febvre *(Le problème de l'incroyance au XVIe siècle,* p.27). Nous verrons que Viret n'a jamais été l'homme de la peur et encore moins celui du silence ou de l'inaction; il a "tonitrué" presqu'autant que Bossuet au XVIIe siècle, et son oeuvre est imposante. En dépit d'une santé de plus en plus vascillante, Viret s'est jeté corps et âme dans la lutte pour la cause de la Réforme; et avec un tel enthousiasme que Calvin songea fort, paraît-il, à se débarrasser de lui! Dans l'esprit de Pierre Viret sa tache était claire: il fallait assurer le triomphe de la Réforme telle qu'il la concevait. Et, pour ce faire, il allait se donner tout entier, citer l'histoire, citer la Bible, se faire doux et brutal, écrire des dizaines de livres, des pamphlets, doctrinaires et pacificateurs selon la necessité.

Afin de mieux éclairer les multiples et fascinants visages de Pierre Viret nous nous sommes laissés guider par les meilleurs chercheurs de la période, théologiens, historiens et critiques. C'est ainsi que, lorsque nous avons cherché à comprendre les causes profondes de la détermination farouche de Viret, nous nous sommes tournés vers Lucien Febvre *Le problème de l'incroyance au XVIe siècle)* qui, dans son cinquième chapitre sur l'athéisme au XVIe siècle, explique l a situation religieuse qui tourmentait Viret et ses congénères: "Or, en 1564, comme tant de ses confrères, il s'émeut des progrès du rationalisme. Il les dénonce vivement dans une *Epitre à l'Eglise de Montpellier,* en tête du volume II de son *Instruction Chrestienne.* Il y a, dit-il, des monstres assez abominables pour ne point croire en Jésus et pour professer qu'après la mort corporelle, il n'y a ni vie ni mort éternelle. Parmi eux, certains se qualifient de *déistes.* Ils entendent par là qu'ils ne sont pas athées, car athée veut dire, prétendent-ils, sans Dieu — tandis qu'ils reconnaissent un Dieu, créateur du ciel et de la terre; mais ils ignorent tout du Christ et de sa doctrine. Eh bien, précise Viret, ces gens se trompent. Ils sont bel et bien des athées. 'Car, quant saint Paul, en l'Epitre aux Ephésiens, appelle les paiens athéistes, il déclare bien que ceux-là ne sont point seulement sans Dieu qui nient toute divinité, mais ceux aussi que ne connaissent point le vrai Dieu, mais suivent les dieux étrangers au lieu d'iceluy.' Rien de plus net, rien de plus frappant que ce texte. Traduisons-le: Athéiste, proclame Viret, est le superlatif de déiste." (pp.126-127).

C'est ainsi que l'on s'explique pourquoi Pierre Viret, la brebis, s'est fait loup. De même, l'attitude du réformateur de Lausanne et de ses confrères s'explique aisément selon C. G. Dubois *"Le Monde à l'Empire* de Pierre Viret,"(La conception de l'histoire en France au XVIe siècle, Paris, Nizet, 1977, pp.443-465): "La pensée, l'idéologie, de Viret et de la plupart de ses corrélegionnaires était fondée sur une conception que l'on peut appeler imaginaire de l'histoire, leur permettant de justifier leur position." Et Dubois poursuit en soulignant que "pour ces théologiens trois mythes fondamentaux sont enchaînés: La pureté de l'Eglise primitive (variante synecdotique du Paradis Perdu), le mythe des quatre empires qui fonde l'idée de l'"Empire des empires", les mythes apocalyptiques alimentant l'idée d'une proximité de la grande prouesse." Pour Dubois, enfin, tous sentent l'approche de la fin des temps: "Satan se déchaîne, le jugement approche". En voilà sans doute assez, pouvons-nous dire, pour "déchaîner" Pierre Viret!

Le travail que nous présentons ici a été tout au long de sa rédaction une grande leçon de modestie. Il nous a permis de mesurer l'immensité de notre ignorance au regard de l'érudition extraordinaire de Pierre Viret et de ses contemporains. Nous avons heureusement bénéficié des lumières de nombreux collègues et nous avons surtout une dette de reconnaissance considérable au grand savant Pierre Dufour de Genève. Il nous a signalé avec rigueur nos erreurs et nos lacunes et nous voudrions en définitive avoir répondu plus complètement à son attente. Les années passant, nous avons jugé bon toutefois de donner à nos lecteurs un texte important avec les quelques éclaircissement que nous avons pu lui apporter à cette date. A dire vrai, nous poursuivons inlassablement nos recherches des sources historiques et bibliques citées par Pierre Viret et nous joindrons nos découvertes nouvelles ainsi que celles que de meilleurs chercheurs que nous auront bien voulu nous communiquer soit dans une nouvelle édition de cet ouvrage soit dans un journal savant. Nous tenons aussi à remercier le College of Literature, Science and the Arts de l'Université du Michigan pour l'aide matérielle qu'il a consenti de nous accorder pour que cet ouvrage puisse paraître. Enfin nous exprimons ici notre gratitude à Monsieur Jay Wilson, Editor-in-Chief de Peter Lang Publishing Co, Inc., qui a reconnu l'importance de l'ouvrage de Pierre Viret et l'urgence de sa publication.

Guy Mermier
Ann Arbor, le 1er mai 1985

INTRODUCTION

I. *L'Interim* fait par dialogues de Pierre Viret

L'ouvrage traditionnellement connu sous le nom de *L'Interim* parut à Lyon chez Claude Senneton en 1565. De par sa date *L'Interim* est le dernier volume que Viret ait composé à notre connaissance, au moment où il allait quitter Lyon à la suite d'un édit qui interdisait de séjour dans le Royaume de France tout ministre étranger.[1] Malgré les rares allusions faites par les érudits qui se sont intéressés à Pierre Viret,[2] *L'Interim* reste un texte peu connu et son original est relativement rare. Pour ces deux raisons, il nous a semblé qu'une édition moderne, quatre siècles après sa première publication, était pour le moins souhaitable. Ce travail était d'ailleurs d'autant plus nécessaire que *L'Interim* de Viret est un document de toute première importance pour l'histoire de la Réforme en France.[3] L'ouvrage est également un des meilleurs exemples de la prose des débats politico-théologiques de la période. Viret par sa fougue entraîne son lecteur et lui fait oublier les siècles: le lecteur est dans un temple à l'intérieur duquel surgit, puissante, la parole du prédicateur et son esprit se met au diapason des passions du temps passé. Viret manie l'érudition comme à coup de hache; il entasse les faits et ne raffine rien; c'est l'élan seul qui compte avec la force des mots, des images et de la voix que l'on devine forte, et l'accent est tour à tour abrupt et enjoleur. C'est pour toutes ces raisons et pour d'autres qui apparaîtront à la lecture du texte que nous avons été impatient de republier ce texte.

Du fait même que L'*Interim* est l'ultime ouvrage de Pierre Viret, il est essentiel de le replacer dans le contexte de la vie et de l'oeuvre de l'auteur. Ce faisant, on verra dans quel milieu grandit et fut éduqué Pierre Viret, et dans quelle atmosphère politique et religieuse il a passé sa vie. La complexité des rivalités politico-religieuses de l'époque est telle qu'on ne saurait saisir le sens profond de *L'Interim* sans quelques éclaircissements historiques et chronologiques.[4]

II. Pierre Viret: l'Homme, sa jeunesse et son ministère itinérant, 1511-1536.

Pierre Viret, qui signait ses lettres latines *Petrus Viretus*[5], s'est fait connaître aussi par divers pseudonymes, si chers au XVIe siècle, tels que Cephas Chlorotes et Cephas Geranius et peut-être même Escorche-Messe et Frangidelphe.'[6] Quoi qu'il en soit, Pierre Viret naquit en 1511 dans le petit village d'Orbe au pays de Vaud,[7] auquel il resta toujours attaché en dépit de ses nombreux déboires et de son exil.[8] Beaucoup plus jeune que Luther (né en 1483), que Farel (né en 1489) et que Calvin (né en 1509), et de huit ans l'aîné de Théodore de Bèze, Viret allait devenir le plus fidèle serviteur et surtout le plus proche ami de Calvin tout en étant le plus ardent compagnon de lutte pour la Réforme avec Farel.[9] Les trois noms de Viret, de Farel et de Calvin sont indissolublement liés à l'histoire de la Réforme, et pas seulement à Genève. On ne sait pas grand chose de la famille de Pierre Viret, sinon qu'ils étaient assez pauvres,[10] que son père était "cousturier et retondeur de drap",[11] et qu'il eut au moins deux frères, Anthoine et Jean qui habitèrent vraissemblablement Orbe toute leur vie.[12] La seule chose que l'on puisse ajouter sur la famille de Pierre Viret est que le père et la mère se convertirent à la Réforme peu après la conversion de leur fils Pierre.[13]

Comme il se devait, Pierre Viret fut mis par ses parents à l'école d'Orbe où il reçut un enseignement assez médiocre.[14] Le jeune Pierre ne fit que développer sa mémoire en apprenant la Bible par coeur; sous la direction de son maître Marc Romain, il apprit les éléments principaux de la doctrine réformée.[15] Cette expérience allait servir à Pierre Viret durant tout le restant de sa carrière. Mais les parents de Pierre, et surtout la mère qui était très pieuse et de confession romaine en ce temps, destinaient leur fils à la prêtrise, ce que Pierre acceptait d'ailleurs avec joie.[16] Dans ce but le jeune Pierre fut dépêché fin 1527 à Paris, car c'est là que toute la bourgeoisie d'Orbe envoyait ses fils.[17] Il semble hors de doute que Pierre Viret s'inscrivit au Collège Montaigu qui était alors dirigé par un certain Jean Standonck.[18] A en croire Pierrefleur, Pierre Viret "profita fort bien aux lettres", particulièrement à Paris où il tira grand profit des hommes qu'il y rencontra.[19] Par une curieuse coincidence, Paris se laissait alors fasciner par la Réforme, aussi pendant ses trois années de scolarité parisienne Viret eut-il l'occasion de réfléchir à la doctrine qu'il allait embrasser peu après. On peut même dire que dans la capitale les opinions sur la Réforme étaient si intenses que Viret fut obligé de partir quasi à la lueur des bûchers anti-évangéliques.[20]

Quoiqu'il en soit, peu de temps après son retour à Orbe, en 1531, Pierre Viret était prêt à se convertir.[21] A Orbe la situation politique et religieuse était tendue en raison de la double dépendance de ce baillage de Fribourg et de Berne. En 1531, la Réforme venait d'être introduite à Orbe par nul autre que Guillaume Farel, envoyé officiel des Réformés de Berne dans le pays de Vaud.[22] Viret ne manqua pas d'assister aux sermons fougueux de Farel et ce dernier distingua vite la valeur du jeune Pierre et lui demanda sans tarder d'accepter une charge pastorale au sein de l'Eglise réformée à Orbe.[23] C'est ainsi que cet adolescent timide, dit-on, prêcha son premier sermon dans sa ville natale le 6 mai 1531: il avait juste 20 ans.[24] Pierre Viret se fit tout de suite remarquer par sa parole douce, son affabilité en même temps que par la fermeté éloquente de ses arguments. Rappelons-nous que la force de ses convictions et de sa parole entraîna de bonne heure ses parents à la Réforme. De plus "à Pâques 1532, Viret groupait environ 80 personnes autour de la Table sainte".[25]

Ceci ne veut pas dire que la Réforme triompha à Orbe du jour au lendemain grâce à Viret. En réalité Orbe devra attendre encore vingt deux ans pour s'assurer du triomphe définitif de l'Evangile.[26] Déjà en 1531 Orbe et Grandson connaissaient des scènes de violence religieuses qui auraient sans doute dégénéré sans la prudence des Bernois et, probablement, sans la modération de Pierre Viret qui avait gagné l'admiration quasi unanime des gens de tout le pays.[27] Le succès de Viret allait d'ailleurs forcer très vite le jeune prédicateur à circuler sans cesse. Dès 1532 Viret est appelé partout où la situation de la Réforme est faible, critique ou menacée.[28] C'est ainsi que fin 1532 on trouve Pierre Viret à Payerne, où il y est blessé d'un coup d'épée dans le dos par un prêtre, puis à Genève brièvement, et à Neuchâtel.[29] Mais le 4 janvier Viret quittait déjà Neuchâtel pour venir retrouver son ami Farel à Genève.[30] C'est là qu'eut lieu en 1535 la mystérieuse tentative d'empoisonnement de Viret et de Froment. Viret, qui seul avait goûté au plat empoisonné, fut très malade et souffrit le restant de sa vie des séquelles de cet incident.[31] Cette affaire, si elle avait pour but de retarder les progrès de la Réforme à Genève, tourna mal pour ses auteurs car c'est elle qui assura à longue échéance le triomphe de l'Evangile en cette ville.[32] A plus courte échéance l'incident fut la cause de la célèbre *Dispute de Genève* à laquelle Viret participa malgré sa santé chancelante.[33]

Après cela, Viret quitte Genève pour Bâle d'où il est envoyé en Suisse Alémanique et dans l'Allemagne du Sud Ouest pour y prêcher la cause de la Réforme.[34] C'est lors d'un de ces voyages que Viret rencontra pour la première fois Calvin.[35] Viret et Calvin allaient tout de suite se lier d'une amitié fidèle et durable.[36] Cette amitié, écrit Courvoisier (p. 189), et cette collaboration des deux hommes et de Farel est trop importante dans la vie de Viret pour que nous ne nous y arrêtions pas quelques instants. Viret avait une grande admiration pour le réformateur de Genève, "nonobstant qu'il y ait entre notre frère Calvin et moi grande différence quant à la doctrine et érudition, toutefois, quant au coeur et à l'affection envers VOUS (il écrivait aux

Seigneurs de Berne) et les Eglises de Dieu, soyez assurés que nous ne sommes pas beaucoup différents." A cette admiration se joignait l'intimité des ménages. Les épouses respectives étaient étroitement liées et tous les quatre se rencontraient le plus souvent possible pour cultiver l'amitié. Le plus souvent possible, car nos réformateurs avaient fort à faire et c'est principalement par la correspondance que les "trois patriarches" entretenaient leurs relations. Une des filles de Viret, Marthe, était la filleule de Calvin. Et c'est au milieu de ces difficultés inhérentes à sa tâche que Viret écrivait à Calvin: "Je tombe de fatigue sous le fardeau . . . Pour me réconforter, il ne me reste que la paix de la famille, l'affection mutuelle et la concorde entre collègues et les progrès de notre école (l'Académie de Lausanne). Si ces biens-là me faisaient défaut, ou je ne vivrais plus, ou il me faudrait émigrer loin d'ici."

III. Pierre Viret: Sa carrière. Don ministère à poste fixe et sa vie jusqu'à sa mort. 1536-1571.

En 1536 les Bernois avaient décidé d'établir solidement la Réforme à Genève et les Réformés genevois réclamaient Viret à, grands cris. Pourtant Pierre avait déjà promis sa collaboration à Lausanne où la Réforme n'avait guère progressé.[37] Viret, en effet, trouve à Lausanne, capitale du pays de Vaud, une très faible minorité évangélique du genre de celle qu'avait rencontré Farel à Thonon où il se trouvait alors.[38] Dans le but de "faire crever l'abcès" religieux à Lausanne, on instaura une *Dispute* qui dura huit jours et à laquelle Calvin, Farel et Viret prirent une part active.[39] Le résultat de la *Dispute* fut l'installation de Pierre Viret à Lausanne pour presque vingt-deux ans, et, en janvier 1537, la fondation officielle de l'Académie de Lausanne, à laquelle Viret participa activement jusqu'à son exil du pays de Vaud en 1559.[40]

C'est au milieu de toutes ces activités que Pierre Viret se maria, le 6 octobre 1538 à Orbe avec Elizabeth Turtaz.[41] Ce fut, bien entendu, Guillaume Farel qui officia à la cérémonie matrimoniale. De cette union il n'y eut pas d'enfant et Elizabeth mourut 8 ans plus tard, en 1545.[42] Un peu poussé par son ami Calvin, Viret se remaria en 1546 à une veuve, Sébastienne de la Harpe, qui lui donna six enfants, dont quatre survécurent.[43] Sébastienne Viret restera jusqu'à la mort de Pierre sa compagne fidèle et attentive. Plus sédentaire, certes, que durant ses jeunes années, Pierre Viret continua à être souvent appelé hors de Lausanne. C'est ainsi qu'en 1541 il rejoignit Calvin à Genève pour aider ce dernier à reprendre en main l'Eglise et le collège.[44] Dans le même temps Pierre Viret s'inquiète des misères subies par les évangéliques français, et il, s'intéresse particulièrement au sort des Vaudois de Provence qui étaient sans cesse persécutés.[45] C'est en 1549 que Pierre Viret verra arriver à Genève le célèbre Théodore de Bèze qui allait devenir le recteur de l'Académie de Genève et succéder à Calvin.[46] Mais avec les soucis, les querelles entre les Bernois et les Vaudois, et surtout à cause de différences d'opinion entre Viret et les Bernois, la santé déjà précaire de Pierre Viret s'aggravait chaque jour, si bien qu'il dut se résoudre à quitter Genève et son ami Calvin et à aller vers le soleil, dans le midi de la France.[47]

Viret quitta Genève le 27 septembre 1561 et, après un bref arrêt à Lyon, il se dirigea sur Nîmes d'abord, où il arriva le 6 octobre 1561 et où sa prédication connût un grand succès, puis il s'installa quelques trois mois à Montpellier qu'il quittera à nouveau pour revenir à Nîmes.[48] Bientôt, pourtant, Viret reprendra la route vers le Nord; il passa par Valence, où il intercéda auprès des Huguenots pour qu'ils libèrent un Jésuite nommé Emon Auger qu'ils allaient exécuter.[49] Cette intervention de Viret en faveur d'un prêtre jésuite est un exemple de l'esprit parfois pacifique et conciliateur de Pierre Viret, esprit qui colore en effet certains passages de L'Interim.[50] De Valence, Pierre Viret se dirige sur Lyon où il arrive mi-juin 1562. Viret restera à Lyon y exerçant le ministère, jusqu'à l'Edit de Charles IX de 1562[51] interdisant aux étrangers d'exercer le ministère pastoral en France.[52] Chassé, Viret quitte Lyon après avoir confié à son éditeur son dernier ouvrage à y imprimer, L'Interim![53]

Viret, ayant réglé ses affaires de famille à Orbe, et refusé l'invitation de remplacer son ami Farel, mort le 13 septembre 1565 à Neuchâtel, se dirigea une nouvelle fois vers le midi de la France. Il se rendit d'abord à Orange, où il ne resta pas longtemps, puis à Montpellier d'où il fut chassé en 1566.[54] Qu'aurait fait Viret dans ce midi de plus en plus hostile à la Réforme sans une bonne fée, la Reine de Navarre, Jeanne d'Albret, qui invita le pasteur malade et sa femme à se réfugier sous sa protection en Béarn[55] Viret s'installa donc en Béarn, exerçant son pastorat entre Pau et Bordeaux.[56] C'est sans doute à Pau que Viret mourut (et non à Orthez) le 4 avril 1571.[57] On ignore à ce jour où se trouvent les restes de l'auteur de L'Interim.[58]

IV. Pierre Viret: son oeuvre.

A faire le tour de l'oeuvre considérable de Pierre Viret, on se rend compte de l'importance de ce théologien dans l'histoire de la Réforme en Europe. On a pu l'appeler "un des propagandistes les plus influents du douvement en Suisse et en France." (C. G. Dubois, *Eidôlon*, octobre 1979). Viret joignait à une érudition remarquable une abondance et une facilité extraordinaires. S'il fut un écrivain moins original que Calvin et moins fougueux que Farel, il fut certainement de leurs disciples le plus travailleur et même le plus acharné à la tâche. Si ses ouvrages sont en général plus longs et documentés que facile à lire, on aurait tort de ne pas lui reconnaître un talent très particulier, l'art de piquer la curiosité par des anecdotes ou de soutenir l'attention par de bons mots ou des proverbes du temps, tout cela compensant parfois la lourdeur de son style périodique plus adapté à la pensée latine qu'à la langue française d'alors. Ce qui est certain, c'est que l'on ne saurait, sans commettre un grave oubli, ignorer l'oeuvre de ce prédicateur de la première génération calviniste.[59]

Robert Linder ayant établi la liste complète des oeuvres de Viret, il ne nous a pas semblé utile de la reproduire à nouveau. Nous nous contentons donc de renvoyer le lecteur à l'ouvrage précité de Linder, pages 181 à 191. Il convient pourtant de rappeler que Viret est l'auteur de quelques cinquante ouvrages, sans compter les cinq dont l'attribution est toujours douteuse.[60] Pour mémoire nous citerons les lieux et dates de composition des quarante cinq ouvrages de Pierre Viret qui, précisément, nous donnent des détails sur leur lieu et date de publication.[61] Même si nous ne tenons pas compte des révisions, des ré-éditions, des traductions et des éditions étrangères, le tableau ci-dessous montrera assez que Pierre Viret fut un auteur régulier et prolifique tout au long de sa carrière:

Date	Lieu de publication	Nombre d'ouvrages publiés
1541	GENEVE	1
1543	GENEVE	1
1541	GENEVE	1
1543	GENEVE	1
1544	GENEVE	3
1545	GENEVE	2

1547	GENEVE	4
1548	GENEVE	2
1551	GENEVE	2
1552	GENEVE	5
1553	GENEVE	2
1554	GENEVE	2
1556	GENEVE	1
1558	LAUSANNE	2
1559	GENEVE	3
1560	GENEVE	2
1561	GENEVE	2
1563	LYON	1
1564	LYON	2
1564	GENEVE	2
1565	LYON	5 (dont l'*Interim*)[62]

V. L'*Interim*: Son histoire; ses antécédents historiques.

Le mot latin "interim" qui signifie "en attendant" fut appliqué à une série d'édits et de décrets proposés par une commission de théologiens et adoptés comme solution temporaire ("ad interim") à certaines controverses religieuses de l'empire de Charles Quint:

These "interims" regulated points of religious and ecclesiastical difference until they could be decided by a general Council. The best example of such a modus vivendi is the Augsburg Interim of 1548, drawn up by Michael Helding, Julius von Plug and John Agricola (a medievalist, an Erasmian, and a conservative Lutheran) at the bidding of Charles V, and accepted by the diet. It was an ambiguous document, teaching from the Roman catholic side transubstantiation, the seven sacraments, adoration of the Virgin and saints, and papal headship, and from the Protestant, justification by faith, marriage of priests, the use of the cup by the laity. Maurice of Saxony was permitted to vary the interim for his dominions, and his edition was called the Leipzig Interim. An earlier interim was that of Regensburg, 1541.[63]

L'histoire des interims au XVIè siècle est bien connue, mais nul n'a mieux fait la synthèse de l'Interim d'Augsbourg qu'Alain Dufour dans son article sur *Le Colloque de Poissy* dédié Henri Meylan. Alain Dufour souligne que l'interim au XVIè siècle appartient à un "courant d'opinion" cherchant une solution pacifique, même temporaire, "en vue d'une guérison du schisme luthérien".[64] C'est ainsi que sous l'impulsion de Charles-Quint on aboutit à l'Interim d'Augsbourg le 18 mai 1548 et à la paix d'Augsbourg en 1555. Or, sachant que le mot "interim" signifie précisément "en attendant"; il est clair qu'il s'agit d'une mesure provisoire. Dans le cas de l'Interim d'Augsbourg, ce fut un provisoire quasi permanent qui permit aux Protestants pendant plusieurs siècles de garder leurs églises en y professant la confession d'Augsbourg. Dufour remarque en effet que cet Interim favorisa la persistance d'un climat de tolérance religieuse relative: "La Paix d'Augsbourg avait consacré un autre principe qui permettait de survivre et de coexister: celui de la territorialité de la religion".[65]

Cet Interim d'Augsbourg était important car, tout en demandant aux Protestants de se soumettre à l'autorité du Pape et aux évêques, il reconnaissait aux Réformés une certaine marge de liberté quant aux "choses extérieures".[66] Ce compromis n'était rien d'autre que cela, un compromis n'était rien d'autre que cela, un compromis, si bien qu'il s'attira le mécontentement des Catholiques qui ne toléraient pas qu'on fasse de telles concessions à la Réforme et celui des Protestants qui refusaient en quelque sorte de faire marche arrière et de retomber sous la tutelle des Catholiques. Chacun sait aujourd'hui que l'Interim modérateur de Leipzig ne changea rien aux animosités réciproques et que Charles-Quint fut finalement obligé de capituler en 1552 en faveur du culte protestant sur tout le territoire de l'Empire.[67] Or, en 1551 au moment et à l'occasion de la réouverture du Concile de Trente (1545-1563), Pierre Viret publia un traité qu'il adressait aux nobles et aux bourgeois d'Orbe, intitulé *Du devoir et du besoing qu'ont les hommes à s'enquérir de la volonté de Dieu par sa Parolle et de l'attente et finale résolution de vray concile*. (Genève: Jean Girard, 1551).[68] Dans ce traité, qui est au fond l'ancêtre spirituel de L'*Interim fait par dialogues*, Viret y montre le peu d'espoir qu'il avait dans une action efficace du Concile en faveur des Protestants.[69]

VI. *L'Interim fait par dialogues* de Pierre Viret. Lyon, 1565.

Pierre Viret, ministre de l'Evangile, dédie son *Interim* "à tresvertueux et treshonorable Monseigneur Gaspard de Coligny, Seigneur de Chastillon, grand Amiral de France".

Si Pierre Viret fit hommage de son *Interim* à Gaspard de Coligny, c'est qu'il voyait en ce grand personnage un exemple capable d'attirer nombre de gens à la cause de la Réforme; il admirait de plus certains côtés pacifiques et modérés de ce grand chef.[70] Sans être opportuniste au sens péjoratif du terme, Viret, pas moins que ses contemporains, grands flatteurs de patrons, n'allait manquer de se servir de l'exemple d'un grand homme de son temps pour faire avancer sa cause. Dans sa dédicace, Pierre Viret affirmait sa haine des hypocrites et de tous ceux qui, au lieu de chercher comme Coligny une solution inspirée par la justice de Dieu, profitaient des troubles et des bûchers qu'ils étaient les premiers à allumer. Ainsi la dédicace de L'*Interim* au Seigneur de Coligny—et, en fait, toute l'Epistre—est mise sous le signe de la justice divine, de la concorde, et avant tout sous le signe de la Parole du Christ: "Beati mites, quoniam ipsi possidebunt terram". (Matth. 5:9).[71] Mais Viret est un homme aussi passionné que logique; il remarque tout de suite que les chemins de la concorde et de la modération sont souvent rudes car les hommes ne sont pas tous sages et beaucoup sont faibles ou méchants. Ainsi, même si le bon Chrétien cherche la paix, nombre de mauvais cherchent dans le même temps des excuses à lui faire la guerre. Tout L'*Interim* résonne d'exemples de la méchanceté. de l'homme et de la persécution des fidèles de Dieu. Aussi Viret demande-t-il à ses lecteurs de se garder de la violence, d'être patients (débonnaires) sans faiblesse naïve, d'être des sujets fidèles à Dieu d'abord, mais aussi aux princes et aux magistrats lorsque ces derniers sont justes. Mais Viret insiste surtout sur la vigilance des Chrétiens envers leurs devoirs et leur conscience. L'*Interim*, ainsi, n'est pas seulement un pamphlet religieux, ni une simple histoire de l'Eglise au temps des empereurs romains, c'est aussi un *exemplum* et un traité civique et politique révélateur de la mentalité de l'époque et des événements contemporains.

Le lecteur de l'Epistre et des cinq autres chapitres de *L'Interim* ne manquera de remarquer, malgré la teneur politico-religieuse du livre, le penchant de Pierre Viret pour l'ordre, la modération et la conciliation.[72] Nul ne manquera pourtant d'être sensible à l'ambiguité de la position de Viret. Alors que notre Réformateur semble se placer du coté des brebis, c'est toujours avec une fermeté de loup qu'il entend défendre la liberté de pratiquer sa religion. Pour lui le Chrétien doit être avant tout obéissant et pacifique, mais ceci uniquement à l'intérieur de l'ordre divin. Et s'il se sent menacé le Chrétien peut et doit se faire loup. Telle attitude est celle d'un homme déterminé à faire triompher l'Evangile côute que côute. On ne saurait comprendre *L'Interim* si l'on ne sait faire la part du Réformateur engagé et passionné, et celle de l'homme pacifique et conservateur. Cette ambiguité, cette duplicité appartiennent bien d'ailleurs à ce XVIe siècle en quête de ses valeurs et passant sans cesse de la tolérance aux persécutions, ces dernières, dans un étrange cercle vicieux, commises au nom même de cette tolérance et de la religion.[73]

VII. Sommaire de L'*Interim*.

L'ouvrage est dédicacé à Monseigneur Gaspard de Coligny. Les hommes préfèrent la force et la vengeance à la douceur et à la patience. Cette opinion est pourtant contraire à l'esprit de Dieu. Les hommes qui ont la foi en Dieu attendent patiemment le secours de leur Seigneur. La foi en Dieu donne aux croyants la force d'attendre la justice de ce dernier.

Le but de Viret, Ministre du saint Evangile, est de toujours chercher la paix et la concorde selon la parole de Jesus Christ. Mais la paix est difficile à maintenir à cause de la faiblesse des hommes et de leur méchanceté, trouvant toujours des excuses pour faire la guerre. Dans ces conditions, les fidèles de Dieu doivent avoir confiance en leur Seigneur et obéir à sa volonté. Mais, s'il doit être obéissant, l'homme de Dieu n'en doit pas moins être vigilant. Et une des meilleures manières de servir Dieu est de faire son devoir de Chrétien. Ce sont les armes spirituelles et non point corporelles ou terrestres qui protègent les fidèles.[74]

Viret, s'adressant à Monseigneur de Coligny, déclare que cette attitude pacifique et débonnaire, de foi, de patience et d'obéissance est la voie qu'il a choisie. Conclusion de l'Epistre: justification de *L'Interim* et de sa dédicace: inviter les hommes à préférer la modération à la violence. *L'Interim* est dédié à Monseigneur de Coligny car ce dernier selon Viret, ne recherche que l'ordre et la paix. Il est parfait par son obéissance à Dieu et à son roi et l'incarnation, donc, doué de toutes les vertus chrétiennes telles que Viret les voudrait voir pratiquer. Monseigneur est donc le meilleur exemple à offrir aux hommes. Pour être bon et loyal serviteur des rois et des princes, il faut être d'abord bon et loyal serviteur de Dieu. Viret termine l'Epistre en assurant ses lecteurs que *L'Interim* a été conçu de longue date, avant même l'arrivée de son auteur en France. C'est un traité didactique destiné à servir d'avertissement à ses contemporains. En conclusion, Viret demande grâce à Monseigneur et se recommande à Jésus Christ. L'Ouvrage est daté de Lyon, le 20 septembre 1565.

Dialogue I: *Les Moyenneurs ou L'Interim samaritain.*

Les Moyenneurs sont ceux qui veulent fondre toutes les religions en une seule, et, de ce fait, travaillent à la corruption de la vraie religion chrétienne. L'Interim est, selon Viret, une ruse des ennemis de l'Evangile. Il est non seulement inutile au Royaume de Dieu, mais le suivre, c'est renoncer à la doctrine de Jésus Christ. Le but du Seigneur est d'éviter toute confusion, alors que L'Interim n'est que le désordre.

Il n'y a qu'une seule vraie religion et un seul vrai Evangile. On doit donc distinguer attentivement ce qui est vraie religion et ce qui n'est qu'idolâtrie et que superstition. Les méchants et les ennemis de Dieu ne sont que des monstres. De ceux-là sont les rabins juifs qui pervertissent le sens de la doctrine chrétienne. Le Coran est aussi une doctrine composite et pervertie. Mahomet a triomphé à la faveur de l'ignorance des hommes et de la faiblesse de l'empire romain.

Aprés avoir marqué les points communs entre la doctrine de l'Eglise romaine et celle de Mahomet, Viret considère les cérémonies et la confession en matière de religion. Jesus Christ a donné à l'Eglise la forme qu'il lui destinait jusqu'à la fin du monde, mais les hommes dénaturent sans cesse la vraie religion. Le vrai patron de la vraie Réformation de l'Eglise doit s'attacher aux Ecritures qui seules portent la vraie forme de l'ancienne Eglise. Et l'état de cette ancienne (ou première) Eglise est le plus parfait de tous.

Ensuite, Viret en revient aux cérémonies: plus elles sont somptueuses, plus elles manifestent la corruption de l'Eglise car de telles cérémonies sont contraires à l'esprit de Jésus Christ. Le meilleur moyen des Chrétiens est donc d'avoir recours aux Ecritures, leur seul vrai refuge.

En conclusion au Dialogue I, Viret déclare que nul ne peut trouver meilleur patron de vraie Réformation de l'Eglise que dans les écrits des apôtres et des évangélistes.

Dialogue II: *Les Transformateurs.*

Il n'y a qu'une religion possible: la religion chrétienne. La fausse religion et les persécutions de l'Eglise et du peuple de Dieu sont les causes de tous les maux publics. La Réformation de l'Eglise et de la religion ne peut être qu'un avantage pour les rois, les princes et l'état public. Pourtant les hommes craignent la Réformation de l'Eglise, ce qui est une preuve que les hommes sont ennemis d'eux-mêmes et de leur salut. Viret termine ce Dialogue II en rappelant que les princes et les magistrats doivent avant tout respecter le droit et la justice.

Dialogue III: *Des dissensions que la diversité des religions apporte entre les hommes, et d'un nouvelle forme d'Interim par laquelle on y peut remédier.*

En effet, plusieurs peuples se sont donnés une sorte d'Interim selon lequel on peut pratiquer la religion de son choix sans que personne ne soit persécuté. Viret s'adresse aux indécis; il s'acharne surtout sur ceux qui méprisent toute religion. En tout cas, de toutes les doctrines, celle de l'Evangile est celle qui apporte la plus grande liberté spirituelle aux hommes.

Nul ne doit volontairement amener les hommes au désespoir car ces derniers peuvent alors devenir dangereux. Tout ce qui est fait par dépit est comme un blasphème. Certains divisent les hommes pour régner au nom de la religion ce qui est un autre blasphème.

Viret termine ce troisième dialogue en chantant les louanges de l'Evangile et de l'Interim: l'Evangile révèle la malice et l'hypocrisie, et l'Interim représente la modération qui est préférable à la confusion.

Dialogue IV: *La vraie religion et la vraie Eglise sont plus fortes que la violence des hommes et que la persécution des tyrans.*

Les Catholiques romains qui tolèrent toutes les autres formes de religion s'acharnent curieusement contre l'Eglise réformée. Il est pourtant fou de vouloir implanter ou arracher les religions par la force des armes. Nul ne gagne à persécuter les fidèles de l'Evangile. Dieu punit les Juifs de leur haine pour les Chrétiens. Viret donne alors divers exemples tirés de l'histoire des persécutions de l'Eglise, sous les empereurs romains en particulier, et termine en faisant allusion à la révocation des persécutions sous l'empereur Antonin, à la bonté de l'empereur Alexandre pour les Chrétiens et à la paix de l'Eglise jusqu'à l'empire de Dioclétien.

Dialogue V: *Les Edicts*

Ce Dialogue est en fait la continuation du quatrième. Après avoir parlé de la prospérité de l'Eglise, Viret passe aux exemples de la persécution de l'Eglise sous divers empereurs: Dioclétien, Maximien, Galerius, Maximin, Maxence, etc... Il rappelle la persécution de l'Eglise par les hérétiques et surtout par Julien l'Apostat et il montre comment les mauvais desseins de ce dernier furent renversés et comment ses successeurs furent, au contraire, de vrais "patrons nourriciers" pour la vraie Eglise.

Dialogue VI: *Les Moderez*

Après avoir parlé des violents, ce dialogue traite des modérés et de la modération. Il rappelle que la violence est contraire à la doctrine de Jésus Christ et qu'il est souhaitable d'obtenir au plus tôt un Interim capable d'être reconverti en Réformation de l'Eglise, car Interim, ajoute Viret, veut dire modération.

Ensuite l'auteur parle des tyrans, de la patience et de la bonté de Dieu à leur égard. Mais que l'on ne s'y trompe pas: ceux qui résistent à la parole de Dieu et à ses serviteurs luttent contre Dieu même, et Dieu est le plus fort. Les tyrans, même par leurs persécutions, font progresser l'Evangile.

De la même façon que l'on doit respecter Dieu, on doit respecter les grands, les princes et les rois, et même avoir de la compassion pour leurs faiblesses. Il faut laisser à Dieu le jugement dernier. Viret insiste ensuite sur la nécessité de se contenter de la liberté que Dieu nous donne, de le servir et de vivre paisiblement.

Les magistrats ont aussi un rôle important selon Viret: ils doivent maintenir la justice et la paix selon la volonté de Dieu. Pourtant les fidèles ne doivent pas s'attendre à avoir la paix perpétuelle sur terre. Ils doivent accepter l'angoisse de ce monde mais toujours garder leur foi en Dieu. Viret termine ce dernier dialogue en exhortant les hommes à prier Dieu qu'il leur fasse la grâce de leur accorder cette sainte doctrine. (Fin de l'ouvrage).

VIII. Répertoire alphabétique des idées de Pierre Viret dans *L'Interim*.

On trouvera ci-dessous par ordre alphabétique les mots principaux qui qualifient la pensée de Pierre Viret dans son *Interim* (Ordre; Paix; Patience, etc...). Nous renvoyons parfois le lecteur à l'ouvrage de Linder *(The Political Ideas of Pierre Viret)* afin de mieux situer certaines idées de *L'Interim* par rapport à l'oeuvre entière du Réformateur. Notre liste n'a nullement l'intention d'être exhaustive à la façon du *Répertoire des idées de Montaigne* d'Eva Marcu, mais nous avons pensé que même sous cette forme réduite elle permettrait au lecteur non familier des écrits de Viret de se familiariser un peu avec la pensée de l'auteur avant d'entreprendre la lecture du texte proprement dit. Les pages renvoient à notre édition de *L'Interim*. Lorsque nous renvoyons à un des dialogues ou à plusieurs nous indiquons *Viret* et le numéro du dialogue en chiffre romain. Pour nos renvois à Linder nous indiquons *Linder* et la page.

—A—

Abatardissement de l'Eglise: pp. 45.
Abolir (nécessité d') les idoles paiennes: pp. 249-250.
Alchoran (de la nature de l'): pp. 34-35; différences de l'A. avec la religion chrétienne: pp. 38-39.
Amour (l') de soi domine chez les hommes: p. 8.
Apôtres (les) ont soutenu la religion: p. 31.
Apôtres: p. 31.
Armes spirituelles contre les ennemis des fidèles: p. 13.

—B—

Bénins (triomphe des): pp. 3-6. Voir: Debonnaires, patients.
Bénignité: Voir Benins; Faiblesse; Modestie; Patience.
Bien (faire le): p. 8.

—C—

Catholiques (doctine des) contraire à celle des apôtres et de la vraie Eglise ancienne: p. 79.
Cérémonies: pp. 43ss; p. 53.
Charité des Chrétiens vis-à-vis des paiens: pp. 207-208.
Concorde (amour de la) par P. Viret: p. 8. Voir: Paix.
Confusion (nécessité de corriger la) de la Chrétienté, par L'Interim: p. 17.
Consolation des fidèles: p. 7.
Conservatisme en matière de religion: pp. 24-25.
Coran: Voir Alchoran.
Corruption de la religion chrétienne: sources: pp. 32.

IX. La modération de Pierre Viret dans *L'Interim*.

Après une première lecture de *L'Interim* on est prêt à se ranger à l'opinion de Lucien Febvre qui, parlant des controversistes du XVIe siècle, déclare: "...des prédicateurs. Et qui connaissent leur métier. Ils savent qu'il convient de crier "au loup!" de toute sa voix, si l'on veut frapper son auditoire—même quand le loup, surtout quand le loup est, tout au plus, un chien sans maître. "(*Le problème de l'incroyance au XVIe siècle*, p. 127). Pourtant, avec un peu d'attention, on peut se rendre compte que Viret, s'il n'était pas toujours brebis, n'était pas toujours loup. On peut même dire que, dans l'ensemble, Viret exerça une influence modératrice sur ses concitoyens enflammés par les querelles politico-religieuses de l'époque. *L'Interim*, loin d'être un appel à la violence, est fondamentalement un appel à la prudence et à la modération.

Viret met ses frères en garde contre la naïveté, mais il leur conseille toujours la paix et le respect de l'ordre. Viret est pour une tolérance éveillée et pratique; la tolérance est, somme toute, celle des grands humanistes: La tolérance d'un Erasme dénonçant avec vigueur l'absurdité barbare de la guerre (*Eloge de la folie*) et intercédant en faveur de Luther dans une lettre à l'archevêque de Brandebourg (19 octobre 1519) dans laquelle il déclare préférer un Luther "guéri" à un Luther "perdu". Nous pensons donc que Viret se place, au niveau de la tolérance, dans la lignée de l'Ecole de Meaux et de tous ceux qui firent de leur mieux pour endiguer la violence en leur temps.[75] On sait, par exemple, quel rôle joua Guillaume Postel (1510-1581) en faveur de la tolérance.[76] C'est en 1562 qu'apparaît un autre appel à la tolérance, le *Conseil à la France désolée* de Castellion, et c'est en décembre 1576 que Jean Bodin se fit l'avocat de la tolérance auprès d'Henri III à Blois. Clément Marot combattit la tyrannie sous toutes ses formes et le Cardinal Jean du Bellay protégea non seulement Rabelais, mais aussi le Vaudois. Ronsard lui-même, tout opposé qu'il était à la Réforme, prêcha aussi la modération.[77] Dans son *Elégie à Guillaume des Autels*, Ronsard déclare vouloir combattre "non pas par le fer tranchant, mais par de vives raisons". On a beaucoup parlé de bûchers et peut-être a-t-on fait une part trop modeste à l'esprit de tolérance au XVIe siècle? De Viret, Pierre Charpenne écrit: "Il n'avait ni la voix de Farel, ni ses colères, ni sa virulence; mais ses lèvres distillaient le miel et nul ne parlait avec plus de douceur."[78] Malgré ce "miel" Robert Linder insiste que Viret fut un homme engagé dans les luttes de son temps: "Viret's contribution to the Protestant Reformation was considerable...Viret's actions often held political as well as religious significance...".[79] Il est donc certain que Viret fut un de ceux qui prirent le plus à coeur la tache de faire triompher la Réforme et, en même temps c'est lui qui fit le plus d'efforts pour faire triompher l'esprit de conciliation. Certes menacé, il se défend; mais en tout autre temps Viret est contre la guerre, contre les lynchages, contre la mort qu'ils trouve tous absurdes et inutiles.[80] Viret écrit dans son Epistre de *L'Interim*: "Et pourautant, Monseigneur, que ceste oeuvre que j'ay intitulé l'*Interim* pretend encore à mesme fin et à induire les hommes à suyvre plustost la voye de modestie et de moderation chrestienne que celle de violence et de rigueur extreme,.."(Epistre, p. 14). Un peu plus loin, dans le premier Dialogue, Viret s'écrie: "Je te demande si, en l'attendant, on ne peut pas bien cependant cercher le moyen d'avoir quelque manière de vivre semblable à cest Interim duquel nous parlons maintenant pour s'entretenir en paix les uns avec les autres touchant la religion." (Ch. I, p. 20). Et pour Viret, rêvant encore du monde médiéval 'augustinien', "la justice est le seul moyen d'entretenir et conserver la paix,..." (VI, p. 284). Nous pourrions multiplier les exemples. Ordre, paix, modération sont les mots-clefs de Viret, et cela au nom de l'ordre. Et l'ordre, pour lui, c'est le respect de la volonté divine. La religion est le ciment de la société et les lois et les magistrats en sont les maçons sous l'oeil vigilant des rois et des princes. Au nom de l'ordre: la tolérance; au nom de la foi: le respect de l'autorité. L'état est pour Viret la traduction de la volonté du Seigneur au niveau de la politique civile.[81] On peut lire, d'ailleurs, au troisième Dialogue de *L'Interim*:

> *Mais quand les gens de bien et les hommes modestes requierent qu'il y ait quelque Interim, et des edits de pacification pour la liberté des consciences et l'exercice de la religion en la diversité d'icelle, ce n'est pas pour maintenir des religions contraires...mais c'est pour empêcher l'effusion du sang chrétien et pour chercher cependant le moyen par lequel on puisse venir à quelque bon accord et à quelque bonne Réformation, non pas selon les fantaisies et les affections des hommes, mais selon la pure parole de Dieu."[82]*

Dans les Dialogues II et V de l'*Interim* et dans son *Instruction Chrestienne* (I, 505) Viret répète que, selon lui, le rôle du magistrat n'est pas de punir par esprit de vengeance, mais d'essayer d'abolir le crime. Viret est foncièrement un homme de paix; il réclame sans cesse la conciliation:

> *Car si un homme est persuadé que l'opinion et la religion qu'il suit est bonne et la tient pour vraie et certaine, on ne la luy arrachera pas du coeur et d'entre les mains si on ne luy fait premierement cognoistre son erreur et s'il n'est persuadé d'autre persuasion contraire à la sienne premiere. Laquelle chose ne se peut faire que par la doctrine prise de la pure parole de Dieu. Et pourtant il n'y auroit point de raison si au lieu d'amener les Juifs et les Turcs à la religion chrestienne par ce moyen, on les y vouloit contraindre par glaives et par feux, et par force et violence. Car on n'en feroit jamais un seul Chrestien par ce moyen.[83]*

Au début du Dialogue III Viret invite ses lecteurs à choisir la forme d'Interim choisir par plusieurs princes dont il cite l'exemple: "Et pourtant il y a des princes et des seigneurs et des peuples qui, pour éviter plus grands inconveniens, se sont accordez par ensemble à une sorte d'Interim par laquelle il est loisible à chacun de vivre en sa religion, selon que sa conscience le porte, sans point troubler, empescher ne persecuter les uns les autres" (Dial. III, p. 110). C'est cet Interim pacifique que propose l'ouvrage de Viret.

Ainsi *L'Interim*, à l'examen, résonne souvent de cet esprit conciliant et même libéral. Fut-il donc un Réformé tolérant? Bien sûr que non! Viret ne fut jamais tolérant vis à vis de ceux qu'il considérait comme les ennemis de la Réforme. Vis-à-vis de ces derniers il reconnaissait les "justes guerres" et, tout en exhortant les siens à la patience, il bénissait leur résistance à l'oppression et aux persécutions. En définitive, la modération de Pierre Viret, celle qu'il exprime dans *L'Interim*, est surtout d'ordre pratique, un idéal humain, mais dépourvu de charité vis-à-vis des ennemis de sa foi.

X. *L'Interim* de Pierre Viret: Livre et style engagés.

L'Interim à la première lecture risque de décourager le lecteur moderne, surtout celui qui n'est pas habitué aux ouvrages didactiques et religieux de la période. L'expression de Pierre Viret, sa langue, sa syntaxe et son style sont encore de facture très fortement latine. La phrase de Viret est longue, périodique, lachement reliée par des séries de conjonctions répétées ("et...et...et..." ou "et puis", "et mesme", etc...). Cette langue est la langue du XVIè siècle, celle de Guillaume Farel et celle de Calvin, une langue didactiquement articulée, structurée et colorée. Du commencement à la fin de *l'Interim* Viret maintient la même note: il veut prouver quelque chose; il insiste, il se répète, il nous comble d'exemples historiques; il interroge et répond tout de suite avec une passion enrobée de raison et avec des arguments choisis par lui mais qu'il veut tous sages, raisonnables, indiscutables. Les dialogues dans *l'Interim* ne sont qu'une convention. Ils sont d'ailleurs des procédés littéraires tyiques de l'époque. Ne nous y trompons pas, il n'y a que Viret qui parle dans *l'Interim*; l'interlocuteur n'est qu'un instrument de rhétorique, une façon de faire avancer l'argumentation, de soulever de nouveaux problèmes sans avoir à ménager de difficiles transitions. Dans la plupart des cas, d'ailleurs, le rôle de l'interlocuteur se borne à approuver: "Tu dis fort bien"; "cela est vray".

La passion didactique de Viret se traduit d'abord par l'usage de la première personne. Avec bien moins de poli et de finesse que Pascal, Viret sait déjà "prendre" son lecteur comme dans une conversation. Viret ne tonitrue pas comme le fera Bossuet; il n'est nullement sermonnaire dans ses écrits, et pourtant sa parole sous forme de dialogue équivaut en dernière analyse à un sermon qui ne recule nullement devant l'utilisation d'images assez réalistes.[84]

Les arguments de Viret sont renforcés par de fréquentes expressions telles que "j'ai fait cela pour deux raisons", "je pense que voilà la cause" ou "pour les raisons que j'ay desja ici exposees". Viret insiste sans cesse et soutient l'attention de son lecteur par des "nous devons entendre", "pource", "par quoy", "pour raison de quoy" et "car". On reconnaît de plus au discours de Viret ce caractère des premiers *Essais* de Montaigne, truffés de citations latines. Même s'il ne cite pas le latin, Viret emprunte tant à la Bible qu'à l'histoire ancienne pour renforcer ses arguments. C'est que Viret, comme la plupart de ses contemporains, était un humaniste distingué, même par l'intermédiaire de traductions ou de refaçons latines. L'*Interim* est un véritable cours d'histoire qui retrace l'histoire de l'Eglise des premiers Chrétiens. Le texte de l'ouvrage est constellé d'images, de comparaisons et de métaphores chères aux textes d'argumentation religieuse. Comme dans la Bible, Viret colore les abstractions de sa prose d'une foule d'images tirées de l'Ancien Testament et du Nouveau Testament, des historiens (Orose, Eusèbe, etc...) et même des croyances populaires. C'est ainsi que L'*Interim* est une mine de proverbes. En raison de leur importance pour la compréhension du style de notre texte, nous donnons à la suite quelques exemples des proverbes, des images et des métaphores que l'on y rencontre:

A. *Proverbes et expressions proverbiales*
"Qui se fait brebis, le loup le mange". p. 3
"En souffrant la vieille injure on en convie une nouvelle". p. 3
"Aux patients demeurent les terres". p. 5
"La douce parole appaise l'ire". p. 13
Petite pluye abat grand vent". p. 13
Patience souvent blessee se convertit en fureur". p. 121
Il n'est pas bon de chasser le loup jusques au bois, car il y a danger que si on le poursuit jusques là il ne se retourne et monstre les dents". p. 121
"Le battu paye l'amende". p. 127
"Tel maistre, tel valet". p. 155
"...qu'il ne falloit pas seulement laisser vivre et reserver un petit chien d'une meschante race". p. 178
"La science n'a ennemi que l'ignorant". pp. 215-216
"On bat le chien devant le lion". p. 256
"Le loup est au conte". "Les parois et les murailles ont oreilles". p. 274

B. *Images et métaphores.*
Pierre Viret utilise les images les plus concrètes pour renforcer sa "leçon". Lorsqu'il veut dire qu'il faut être fort devant l'ennemi, il écrit: "Il est besoin de monstrer les dents aux loups" (Epistre, p. 3). Pour Viret, quiconque est faible devant l'ennemi est par contre "brebis quand on a affaire aux loups" (Epistre, p. 3). Les images animales sont fréquentes sous la plume de Viret; il écrit: "Il faut faire non seulement les loups avec les loups, mais aussi les ours et les lions, pour combattre contre les loups quand on est assailli par eux, si on peut estre plus fort qu'ils ne sont" (Epistre, p. 3). Les allusions aux brebis et aux loups

prédominent dans l'Epistre. Lorsque Viret veut mettre en garde ses lecteurs, il les prévient que "les brebis sont tousjours mangees par les loups, mais les loups ne sont jamais mangez par les brebis" (Epistre, p. 2,3). Viret, s'il est contre la violence des loups, est tout aussi contre la faiblesse des brebis, aussi, selon lui, vaut-il mieux "de se faire loups avec les loups que brebis" (Epistre, p. 3). Mais attention! Pour Viret, Notre Seigneur J.-C., s'il est l'ennemi des loups, est du côté des brebis:

> Tant s'en faut que nous soyons plus asseurez en nous faisant loups que brebis, qu'au contraire nous ne pouvons mettre en plus grand danger qu'en nous faisant loups, ni en plus grande seurté qu'en nous faisant brebis. Car si nous voulons estre loups, il ne nous faut pas attendre que nous ayons Jesus-Christ pour nostre pasteur et defense. Car il n'est pasteur que des brebis et il ne peut estre pasteur des brebis qu'il soit ennemi les loups. (Epistre, p. 4).

Sans poursuivre, nous constatons que le style de Viret est marqué par les répétitions, par l'accumulation; le passage suivant du premier Dialogue en est une confirmation (p. 28): "Mais quand il est question de la nature de Dieu et du service divin et spirituel qu'il requiert des hommes, et du jugement et de la justice, et de la grace et de la misericorde d'iceluy, et du salut des hommes, et du moyen pour l'obtenir, et de la doctrine de penitence et de foy, et de la justification et sanctification, et de la regeneration et autres semblables poincts esquels le salut des hommes consiste...". Ce style, comme celui des premiers *Essais* de Montaigne, est un style plus oral qu'écrit; c'est le style de l'homme qui parle, marchant de long en large, qui est tout geste, un style de chaire, le style des apôtres. Comme eux Viret parle moins de la colère de ses ennemis que de leur "ire", que de leur "rage"! Ce sont des "bestes sauvages", des "scorpions", tandis que les faibles fidèles de l'Evangile sont des "brebis" ou de "pauvres bestelettes" (Epistre, p. 5) Lorsqu'il quitte le monde animal, Viret nous montre les loups comme "aveugles qui vont errans et tastonnans mesme à plein midi" (I, p. 27). S'ils sont aveugles, ils sont aussi hypocrites: "(Ils) se tournent à tous vens et sont à tous visages" (I, p. 42). Mais ce qui frappe le plus dans *L'Interim* c'est l'oralité; Viret nous parle comme dans un temple; il nous prend, nous harcèle de questions. *L'Interim*, de par sa forme dialoguée, retentit d'interrogations rhétoriques: "S'est-il jamais tant oublié"; qu'est-ce qu'il a esmeu ne remué?; Qu'a-il fait..?"(II, p. 70) etc... Toutes ces questions ne sont posées que pour donner à l'auteur l'occasion de leur donner sa réponse, une réponse soulignée de "car", de "voila pourquoy", de "mais tu vois comment", de "il est tout certain que" et de "tu dis fort bien" pour ne citer que quelques exemples. C'est la force de la voix qui domine, c'est la volonté de convaincre et même la certitude d'avoir convaincu qui domine le style de Pierre Viret. *L'Interim*, c'est un fait, n'a ni l'éloquence du sermon de Bossuet, ni, surtout, la finesse discours de Pascal. D'autre part Viret n'a pas la virulence ni la distinction de la prose de Calvin. Que lui reste-t-il donc? La passion, certainement, le poids de la démonstration plus que l'invention verbale, et une extraordinaire érudition biblique et historique. Le style de Viret ne cherche pas à toucher, mais à démontrer, à prouver, et pour ce faire, le nombre importe plus que le pittoresque ou que la sensibilité. *L'Interim* dans son ensemble est un livre d'histoire; il ne connaît pas le badinage; il est toujours digne, souvent austère. Et pourtant, en dernière analyse, on gôute dans l'allure inégale des Dialogues une sorte de plaisir à retrouver, sous sa plume acerbe et dans son style engagé, la passion d'un homme qui a vécu intensément sa foi jusqu'à son dernier soupir.

XI. Le texte de cette édition. Principes et conventions.

a. Le texte.

Pour cette édition nous nous sommes servis de la copie de *L'Interim* que nous avons découvert il y a une dizaine d'années sur les rayons de la bibliothèque Harlan Hatcher de l'Université du Michigan à Ann Arbor. Nous avons comparé notre exemplaire avec ceux de la bibliothèque Nationale, Paris, et de la bibliothèque de la ville de Genève, Suisse. Nous reproduisons donc ici avec aussi peu de corrections que possible le texte de l'exemplaire d'Ann Arbor intitulé *L'Interim fait par dialogues*, imprimé à Lyon en 1565. Cet ouvrage est conservé à l'heure actuelle, vu sa rareté et la condition de sa reliure, dans la "Rare Books Collection" de la bibliothèque.

Au niveau des conventions d'édition, nous avons rejeté dans les notes toutes les références telles que l'auteur les donne, puis nous mettons à la suite nos additions ou corrections. Chaque fois que nous utilisons l'expression "dans le texte", c'est à *L'Interim* que nous faisons allusion sauf avis contraire.

Au cours de notre transcription du texte nous avons cherché à changer le moins possible le texte original, mais nous avons été obligé de faire un certain nombre de corrections dans le cas de la ponctuation: nous avons changé des points virgule, des virgules en points, etc... Nous avons toutefois gardé un bon nombre de signes de ponctuation qui pourront paraître inutiles à un lecteur moderne, mais nous tenions à garder à notre texte sa saveur et son rythme originaux. Nous avons également supprimé toutes les majuscules qui n'étaient pas nécessaires. Pour la clarté du texte, nous avons éliminé les abréviations du texte original: La nasalisation ($\sim$) a été remplacée par "n" ou "m" selon les cas; le caractère typographique ($\backsim$) a été remplacé par "et". ($\wp$) a été transcrit "us" et le signe (ω) comme dans "* verbe" a été transcrit "pro " ou "pre" selon les cas. Nous avons également fait la distinction entre le "i" et le "j" et entre les lettres "u" et "v". Enfin le signe (q) a été transcrit "qui" et le signe ($\mathcal{q}$) en "que".

Pour ce qui est des abréviations des livres de la Bible, nous les donnons d'après la *Bibliorum Sacrorum iuxta vulgatam clementinam*, nova editio. (Curavit Aloisius Gramatica, Mediolani, 1913).

Pour que le lecteur de cette édition moderne puisse se rendre mieux compte de la présentation de l'original, nous donnons en tête de l'ouvrage sous la rubrique *Documents* une reproduction de la page de titre ainsi que d'une page de l'original. Nous ajoutons sous la même rubrique une reproduction de quelques pages et illustrations tirées de *Icônes* de Théodore de Bèze.

Dans le texte de notre édition nous indiquons entre crochets carrés le numéro de la page de l'original. Le chiffre entre crochet donne le dernier mot de la page ou le fragment de mot. Ainsi lorsque notre lecteur trouvera par exemple [10] il saura que le mot, ou fragment de mot suivant, se trouve sur la page ll de l'original.

b. Description de l'ouvrage utilisé pour cette édition.

L'original d'après lequel cette édition est faite est déposé dans la salle des livres rares et précieux de la Bibliothèque Hatcher (Graduate Library) de l'Université du Michigan à Ann Arbor, Michigan, USA, sous la cote "BR 304.V82". En 1971, nous avons découvert tout à fait par hasard ce petit ouvrage égaré sur un des rayons de la bibliothèque. Nous l'avons confié aussitôt, en raison de sa date, de son importance et surtout du mauvais état de sa reliure, à Madame Harriet C. Jameson, bibliothécaire alors chargée des livres rares de l'Université.

A l'heure actuelle le livre dont les plats postérieurs et antérieurs sont détachés est tenu par un petit ruban pour éviter qu'il ne se détériore davantage. Le dos est en très mauvais état et il ne reste qu'un souvenir du cuir de la reliure. A l'intérieur, au contraire, les pages sont en bon état, à peine jaunies, mais le papier, qui était très mauvais à l'époque, est devenu très friable. De plus, la mauvaise qualité de composition du papier a fait qu'il a parfois "bu" l'encre d'imprimerie rendant un certain nombre de lettres et surtout de petits chiffres très malaisés à lire.

Format:

Mesures anglaises: largeur 4 pouces 1/2
                                   hauteur 6 pouces 06
                                   largeur du dos 1 pouce 02

Mesures métriques: largeur 11 cm 1/2
                                   hauteur 16 cm
                                   largeur du dos 3 cm

Pages liminaires:

Le recto du plat antérieur est couvert d'un papier à marbrures avec un ex-libris collé au centre. L'ex-libris est orné d'un aigle à doubles têtes, couronné, avec un blason sous lequel est écrit: "GER Mse D'ADA".

En regard on retrouve le même papier à marbrures mentionné ci-dessus. Lorsqu'on tourne la page, on lit, en encre vieillie et en biais: "5713", puis au dessous "A", et au dessous "5239 16355". Toujours en dessous, et en travers de la page, on lit "à passer dans l'inventaire". Plus bas est écrit "encore coûte (mot illisible) à marquer es/is (mot illisible)". En regard (feuillet de droite) on lit simplement en haut et à gauche "BR", en dessous "304" et en dessous. "V82" (cote de l'ouvrage). Lorsqu'on tourne à nouveau la page, le feuillet de gauche est vierge. Le feuillet de droite (page de garde avant le titre) porte le texte italien suivant:

> Pietro Viret fu uno de'primi seguacci
> dell'eresiarca Clavino. Compos'egli
> questi Dialoghi in occasione del
> famoso Interim pubblicato dall'Imperator
> Carlo V per conciliare i cattolici e i
> protestanti sino alle decisioni
> del Concilio de Trento.
> L'Epigrafe manoscrita sul Frontispicio si scorge
> di oncino (?) dell'autore medesimo; e il
> libro è assai raro.

Si nous tournons la page, le feuillet de gauche est vierge. Le feuillet de droite, en regard, porte le titre ainsi:

L'INTERIM
FAIT PAR DIALOGUES

L'Ordre et les titres des Dialogues:
  1— Les Moyenneurs
  2— Les Transformateurs
  3— Les Libertins
  4— Les Persecuteurs
  5— Les Edicts
  6— Les Moderez

Par Pierre Viret
Pseaume   CXX

Ie demandoye la paix; mais quand i'en parloye, iceux s'esmouvoient à la guerre.

(Sous le texte le sceau d'une salamandre dans le feu, signe de l'imprimeur lyonnais).

A LYON
M.D. LXV

(bas de la page de titre).

Si nous tournons la page, le feuillet de gauche est vierge. En regard, le feuillet de droite commence en tête de page avec le titre de l'introduction de l'ouvrage "A TREVERTUEUX ET..." En bas de la page et à droite est imprimé "I, ii". En bas de page et à gauche on trouve une note manuscrite: "Transferred to Rare Book Room, 2-1-1971". Au dessous: "Bates Kundig, 2-10-25" et au dessous "11236". Dans la marge à gauche et écrit de bas en haut, on lit "4-18-33".

Description de la partie postérieure du livre:

A l'intérieur du plat postérieur, à droite, on retrouve le même papier à marbrures qu'au verso du plat antérieur. Là encore se trouve un ex-libris qui est en fait un ex-dono avec la photo d'Octavia Williams Bates. En haut et à droite, un minuscule blason avec un aigle dominant deux cerfs se confrontant au dessus d'une armoirie (sans doute celle du marquis italien D'Ada mentionné sur l'ex-libris du recto du plat antérieur). Sous la photo d'Octavia W. Bates, ces mots imprimés: "General Library", et en dessous, "Beques".

Notes marginales du texte:

Dans les références à la Bible, seuls les chapitres sont donnés; on ne cite jamais les versets. Viret abrège presque toutes les références à la Bible, mais sans méthode précise. Il en va de même pour les citations des ouvrages historiques: Eusebius est cité tantôt "Eus.", et *Historia Tripartita* est donnée soit comme "Tri. Hist." ou comme "Hist. Tri." ou encore "Hist.Trip.". Souvent Viret se contente de donner le nom de l'auteur d'un ouvrage, sans plus.

Errata:

A la suite du Dialogue VI, on trouve une courte liste d'errata avec ces mots "Corrigez ainsi les fautes". Il en a été tenu compte dans la présente édition.

Justification des principes de cette édition:

Si l'on admet que ce texte de l'*Interim* est resté déjà trop longtemps caché dans les bibliothèques, et si l'on admet de plus qu'il risque d'être un texte fort utile pour l'étude non seulement de l'histoire religieuse, mais aussi de l'histoire politique et des idées au XVIe siècle, on comprendra notre hâte de publier le texte, de le mettre à la disposition du public général de chercheurs. Certaines questions restent sans doute encore à être résolues; nous en sommes trop conscient pour ne pas l'admettre: ici, par exemple, il reste certainement des allusions bibliques non identifiées et surtout il conviendrait d'identifier avec précision toutes les sources des citations historiques de Pierre Viret. Certes, la conscience d'une omission n'est pas son excuse, mais nous avons jugé que l'ouvrage était d'une part déjà assez volumineux et d'autre part qu'il fallait faire connaître le texte de Viret aussitôt que possible, quitte à satisfaire ceux qui en attendaient plus d'ici quelques années, lorsque nous aurons pu résoudre les problèmes critiques les plus réfractaires. En attendant, nous espérons que nos lecteurs trouverons dans le texte de *L'Interim* tout l'intérêt qui nous a amené à cette publication.

Guy Mermier
Randolph, New Hampshire, 1985.

Pierre Viret

**L'INTERIM
FAIT PAR DIALOGUES**

EPISTRE

A tres vertueux et tres honorable seigneur, monseigneur Gaspard de Coligny, seigneur de Chastillon, grand admiral de France, Pierre Viret, ministre de l'Evangile, desire grace, misericorde et paix, de par Dieu nostre Pere et de par nostre Seigneur Jesus Christ, avec perpetuel accroissement de tous les dons du sainct-Esprit.

Si on appelle paradoxes les choses qui sont contre la commune opinion de tous, on peut à bon droict tenir pour paradoxe ce que David dit, que les benins heriteront la terre et y auront leurs plaisirs avec grande prosperité[1], laquelle sentence nostre Seigneur Jesus Christ conferme aussi par son authorité quand il dit: "Bien heureux sont les debonnaires car ils heriteront la terre."[2] David et Jesus Christ appellent benins et debonnaires les hommes paisibles qui ne sont point facilement irritez et ne se monstrent [i] point fascheux ne farouches pour injure qu'on leur face, ains sont prests de plustost tout endurer patiemment que rendre la pareille et se venger de ceux qui leur font tort. Comment seront donc ceux-ci heritiers de la terre? et quelle prosperité peuvent-ils attendre en icelle? Car qui en ont la seigneurie et toutes choses mieux à leur souhait en icelle, sinon ceux qui sont les plus hauts de coeur et qui repoussent courageusement toutes les injures qu'on leur fait, et ont les mains promptes à s'en venger? Ne voyons-nous pas aussi tous les jours par experience combien les meschans deviennent plus audacieux et insolens par la douceur et patience des benins et debonnaires, et comment ils abusent d'icelle? C'est aussi la cause pourquoy on dit en commun proverbe que qui se fait brebis, le loup le mange.[3] Ce proverbe est fondé sur la commune opinion des hommes qui sont d'avis qu'il est de besoin de monstrer les dents aux loups et qu'on ne se laisse point gourmander aux meschans, afin qu'en endurant leurs insolences on ne leur baille plus grande hardiesse de perseverer en leur malice et de faire encore pis à l'advenir, suyvant l'autre proverbe qui dit à ce mesme propos que, en souffrant la vieille injure, on en convie [ii] une nouvelle.[4] Et pource, tant s'en faut que les hommes soyent d'avis, selon la commune opinion et la plus receue, qu'il se faille faire brebis quand on a affaire aux loups, qu'au contraire, ils concluent plustost qu'il faut faire non seulement les loups avec les loups, mais aussi les ours et les lions[5] pour combatre contre les loups quand on est assailli par eux, si on peut estre plus forts qu'ils ne sont. Car ils considerent que la force et la violence demeure le plus ordinairement la maistresse et que les brebis sont tousjours mangees par les loups, mais les loups ne sont jamais mangez par les brebis. Parquoy il vaut trop mieux et est le plus seür, selon le jugement de la raison humaine, de se faire loups avec les loups que brebis. Et ce jugement semble estre le plus

3

certain et le mieux fondé du monde, à cause qu'on le voit comme à l'oeil tous les jours confermé par l'experience qui est des plus certains et plus seürs tesmoignages que les hommes puissent alleguer.

Voila donc la plus commune opinion des hommes et la plus approuvee et mieux suyvie, laquelle a engendré tels proverbes et les fait tous les jours mettre en pratique. Mais l'esprit de Dieu parle bien autre lan[iii]gage, non seulement par la sacree bouche des saincts prophetes, mais aussi par celle de Jesus Christ le propre fils de Dieu qui nous est donné du Pere pour docteur et pasteur. A raison dequoy tant s'en faut que nous soyons plus asseurez en nous faisant loups que brebis, qu'au contraire nous ne nous pouvons mettre en plus grand danger qu'en nous faisant loups, ni en plus grande seurté qu'en nous faisant brebis. Car si nous voulons estre loups, il ne nous faut pas attendre que nous ayons Jesus Christ pour nostre pasteur et defense. Car il n'est pasteur que des brebis et il ne peut estre pasteur des brebis qu'il ne soit ennemi des loups. Et comme ceux ne peuvent estre que tousjours bien asseurez qui l'ont pour ami et pasteur, ainsi ceux qui l'ont pour ennemi et adversaire ne peuvent jamais estre qu'en tres grand danger et qu'ils ne sentent bien, quoy qu'il tarde,[6] à quelle partie ils ont affaire. Et pourtant il a dit à ses disciples: "Voici, je vous envoye comme brebis au milieu des loups."[7] C'est luy-mesme qui dit qu'il est le bon pasteur qui met sa vie pour ses brebis.[8] Mais il ne semble pas ici qu'il face office de bon pasteur, ains plustost tout au contraire quand il envoye ses brebis entre les loups au lieu qu'il les en doit garder et defendre. Car si [iv] c'est chose contraire à l'office d'un bon pasteur d'abandonner les brebis aux loups, c'est bien encore pis de les leur envoyer. Car c'est tout autant, selon le jugement humain, que les livrer entre leurs pattes et les leur mettre en proye. Mais ja n'advienne que nous tenions Jesus Christ pour un tel pasteur puis qu'il porte telle affection à ses brebis qu'il n'a pas espargné sa propre vie pour icelles et qu'il en fait si bonne garde que, comme il le promet et tesmoigne luy-mesme, jamais une seule ne peut estre ravie de ses mains par puissance quelconque ni humaine ni infernale.[9] Quand donc il dit qu'il envoye ses disciples comme brebis au milieu des loups,[10] il nous faut bien considerer comment il parle et nous arrester principalement à ce qu'il dit: "Voici, je vous envoye." Car s'il disoit seulement: "Allez comme brebis au milieu des loups," encore nous devroit suffire son commandement pour nous faire penser qu'il ne le fait pas sans bonne cause, et que ce n'est pas pour abandonner et mettre en proye les brebis, desquelles la garde luy est commise du pere afin qu'il n'en perisse pas une seule entre ses mains.[11] Mais quand il dit: "Voici, je vous envoye" nous nous pouvons encore asseurer d'avantage[12] que puis que c'est luy-mesme qui [v] les envoye, il ne les envoye pas qu'il n'en ait tousjours le soin et ne soit tousjours pres d'icelles et qu'il ne les garde au milieu des loups les plus cruels et les plus furieux du monde. Et pourtant c'est là où il monstre par effect quel pasteur il est et de quelle force et vertu, veu que par icelle il besongne tellement és brebis qu'il a en sa garde qu'elles vainquent et surmontent finalement les loups.

Voici donc un autre paradoxe fort contraire à tout le sens humain et du tout incroyable. Car quelle apparence y a il d'une telle victoire si nous considerons la nature des combatans? Car les loups sont armez non seulement de force, mais aussi de cruauté. Parquoy il ne faut point que les brebis attendent aucune humanité de leur nature cruelle,[13] laquelle les incite tousjours à toute cruauté. Et d'autre part la force ne leur defaut pas pour executer leur rage et leur fureur. Par le contraire, les brebis sont povres bestelettes simples et innocentes qui, comme elles n'ont aucune affection de nuire à creature quelconque, ainsi elles sons toutes nues, sans aucunes armes ni offensives ni defensives et sans forces par lesquelles elles puissent, je ne di pas assaillir leurs ennemis, [vi] mais seulement se defendre d'eux; de sorte qu'il ne faudroit qu'un seul loup pour espouvanter et mettre en fuite toutes les brebis qu'on pourroit assembler et pour les estrangler et devorer toutes les unes apres les autres. Et pource, quand il est question de Jesus Christ et de son trouppeau, il ne nous faut pas seulement considerer quelle est la nature des brebis et des loups, ne quelles armes et forces il y a tant d'une part que d'autre, mais nous faut principalement regarder à la nature du pasteur qui a le trouppeau en charge et à la force et aux armes desquelles il est armé. Car c'est luy duquel depend la victoire et par la force et vertu duquel ses brebis l'obtiennent, non pas en se contrefaisant en loups avec les loups, mais en demeurant tousjours brebis, lesquelles vainquent par leur foiblesse la force des loups et par leur benignité et debonnaireté la cruauté et rage d'iceux. Car Jesus Christ arme tellement cest foiblesse et benignité qu'elle surmonte facilement leur force et cruauté. Et, en ce faisant, cela est accompli en elles que[14] j'ai desja proposé de David et de Jesus Christ, touchant l'heritage de la terre qui demeure aux benins et debonnaires, au lieu que les meschans en sont retranchez et [vii] exterminez.[15] A quoy s'accorde aussi le proverbe commun qui dit: "Aux patiens demeurent les terres."[16] Car combien qu'il semble pour quelque temps que les violens et outrageux qui se font craindre et redouter par leur violence et outrages ayent le dessus et qu'il n'y a que pour eux, toutesfois l'experience fait finalement cognoistre que violence ne peut longuement durer et encore moins estre perpetuelle, comme benignité, debonnaireté, modestie et patience. Ainsi a vaincu Jacob[17] le coeur felon et meurtrier de son frere Esau et est demeuré heritier de la benediction en cedant à la fureur d'iceluy[18] et, s'humiliant et usant de sa simplicité et modestie, laquelle Dieu a tellement benie qu'il a changé les coeurs tant de Laban que d'Esau, et d'ennemis les a faits amis.[19] Et si on veut faire la comparaison des violens, injurieux, outrageux, rioteux, farouches, impatiens, intraitables, vindicatifs et furieux avec les moderez, les doux, benins, paisibles, debonnaires, patiens, traitables et modestes, il sera facile à cognoistre qui sont ceux qui vivent plus longuement sur la terre et qui en jouyssent plus paisiblement et avec plus grand contentement et de corps et d'esprit. La longue experience de ces choses a engendré ce [viii] proverbe commun que j'ay tantost allegué, lequel est comme un tesmoignage publique, lequel[20] les hommes sont contraints par icelle[21] de donner; nonobstant qu'au reste on le[22] pourroit mettre entre les paradoxes desquels j'ay desja fait mention.

Voici donc les armes par lesquelles les enfans et les serviteurs de Dieu font la conqueste de la terre et sont entretenus en la possession d'icelle. Mais qui les en fournit?[23] David le monstre un peu auparavant en ce mesme pseaume que j'ay desja allegué quand il dit: "Les mauvais seront exterminez, mais ceux qui attendent le Seigneur possederont la terre en heritage."[24] Le prophete entend ici par "ceux qui attendent le Seigneur" ceux-la lesquels il nomme puis apres benins et debonnaires, et non sans bonne raison. Car si les hommes ne regardent à Dieu et s'ils ne se tiennent pour tout certains et asseurez que Dieu garde et defend miraculeusement les siens comme des brebis entre les loups, ils ne pourront rien endurer ne souffrir, ains feront tous leurs effors pour repousser force par force et violence par violence et, au lieu de se monstrer brebis entre les loups, ils se monstreront loups comme eux. Car s'ils n'attendent leur secours de Dieu, ils le cercheront en eux-mesmes et [ix] par tous les moyens qui leur viendront en main et qu'ils pourront penser et imaginer, soyent-ils legitimes ou illegitimes. Mais ceux qui ont mis leur fiance et esperance en Dieu attendent patiemment son secours, s'asseurans bien qu'il ne leur defaudra point, quoy qu'il tarde, et qu'il ne sera point tellement retardé qu'il ne vienne tousjours bien à poinct, voire trop mieux que nous ne le sçaurions souhaitter. Et pource ils ne veulent jamais rien entreprendre sans juste et certaine vocation ne user d'aucuns moyens qui ne soyent legitimes, saçhans tresbien que Dieu ne les beniroit pas, ains les maudiroit. Parquoy ils regardent tousjours à la volonté d'iceluy[25] de laquelle[26] ils dependent du tout. C'est donc ceste fiance et esperance seule qui engendre benignité et debonnaireté en nous, en tant[27] qu'elle refrene les impetuositez effrenees de nostre chair et esteint le feu et la ferveur de nostre colere qui nous incite à ire et à vengeance, et ramene à equité et à tolerance et patience ceux qui se remettent du tout à Dieu. Et pource David dit encore en ce mesme passage:

"Mais le meschant tantost ne sera plus et si tu prens garde à son lieu, tu ne l'y trouveras plus."[28] Et puis tantost apres: "Le meschant machine contre le juste et grince [x] ses dents sur luy. Mais le Seigneur se rit de luy, pourtant qu'il prevoit que son jour approche. Les meschans ont desgaíné leur glaive et ont bandé leur arc pour abbatre le povre et l'indigent et pour meurtrir ceux qui cheminent droit. Mais leur glaive entrera en leur propre coeur et leurs arcs seront rompus."[29]

Puis donc qu'ainsi est, David admonneste les fideles qu'ils ne s'esmeuvent point par la prosperité en laquelle ils voyent les meschans pour quelque temps et qu'ils ne jugent pas incontinent ne d'eux qui prosperent ne des justes qui sont foulez par eux et vivent en grand'langueur, ains qu'ils suspendent leur jugement et qu'ils attendent encore un peu de temps jusqu'à ce que le Seigneur estende sa main du ciel pour abbatre les meschans qui sont eslevez et pour secourir les siens qui sont opprimez par iceux. Il ne faut donc pas qu'ils s'arrestent seulement à ce qu'ils voyent d'heure à heure et de jour à jour, ains qu'ils eslevent leur entendement au cours de la providence de Dieu et qu'ils attendent patiemment la fin. Car Dieu besongne en peu d'heure et il advient souvent qu'il y a de grans changemens depuis le matin jusqu'au soir, de sorte que souventesfois lors que l'estat des enfans de Dieu semble estre en plus ex- [xi] treme desespoir, c'est adonc qu'on voit leur exaltation et la soudaine ruine des meschans, lesquels du temps de leur plus grande prosperité mesme ne jouyssent jamais de telle paix ne de tel repos et plaisir que les bons, les benins, les debonnaires et les patiens en leurs plus grandes adversitez. Car la fiance et l'esperance qu'ils ont en Dieu leur apporte une perpetuelle consolation accompagnee d'un si grand repos et contentement d'esprit et de coeur et de conscience qu'il leur semble que tous les troubles parmi lesquels ils se trouvent ne leur durent que comme une minute de temps à comparaison du repos et de la joye qu'ils attendent par certaine esperance qui les en asseure ne plus ne moins que s'ils avoyent desja presente la chose laquelle ils attendent. En quoy ils ne sont jamais trompez. Car comme il est escrit: "Qui se fie et espere au Seigneur n'y est jamais deceu et ne demeure jamais confus."[30] Et pource David dit: "Vous tous qui avez vostre attente au Seigneur, tenez bon, et il comfortera vostre coeur."[31] Et pource S. Paul dit donc à bon droict: "Nous nous glorifions és tribulations, scachans que la tribulation produit patience, et patience experience et experience esperance. Or esperance ne confond point, pour [xii] autant que l'amour de Dieu est espandue en nos coeurs par le Sainct-Esprit qui nous a esté donné."[32]

Monseigneur,[33] je vous escri ces choses comme celuy[34] qui les sçait et cognoist trescertainement,[35] non seulement par les tesmoignages que Dieu nous en rend par sa parole et par la foy que j'adjouste à iceux, mais aussi par la longue experience par laquelle il luy a pleu me confermer en icelle. Et pourtant, combien que de mon naturel j'aye tousjours aimé la paix et aye tousjours eu en horreur toutes dissensions et troubles, toutesfois la cognoissance qu'il a pleu à Dieu me donner de sa parole desja dés ma jeunesse et l'experience qui a esté conjointe à ceste cognoissance, specialement depuis qu'il luy a pleu m'appeler au ministere de son sainst Evangile, m'ont beaucoup incité d'avantage à tousjours estudier à paix et concorde et à mieux considerer ce que Jesus Christ dit: "Bien-heureux sont ceux qui procurent la paix car ils seront appelez enfans de Dieu."[36] Il declare par ces paroles qu'il n'est pas seulement requis des enfans de Dieu qu'ils soyent paisibles en eux-mesmes et non point quereleux, rioteux et hargneux, mais aussi qu'ils s'estudient à nourrir la paix et à [xiii] abbatre et abolir toutes noises et dissensions entre tous. Car puis que Dieu est appellé le Dieu de paix, nous ne pouvons mieux monstrer que nous sommes ses enfans legitimes qu'en la procurant[37] et poursuyvant tant que nous pouvons de nostre part.[38] Et pource, il est aussi escrit és Pseaumes: "Qui es-tu, ô homme, qui desires de vivre et aimes longue vie pour voir du bien? Garde ta langue du mal et tes levres de parler fallace. Destourne toy du mal et fay le bien; cerche la paix et la poursuy."[39] Il dit notamment "et la poursuy" pource que la malice et perversité des hommes est si grande qu'il est fort difficile d'avoir paix avec eux et de la pouvoir entretenir, veu qu'au lieu de travailler à la retenir, ils travaillent plustost à la chasser du milieu d'eux. A cause dequoy il est bien difficile aux enfans de Dieu de la pouvoir obtenir et conserver, si mesme quand elle s'enfuit, estant chassee par les autres, ils ne courent apres et la poursuyvent pour l'arrester et retenir autant qu'il se peut faire selon Dieu.

Mais est bien difficile de la pouvoir retenir[40] avec les meschans et de pouvoir contenter tous ceux qui sont en different quand on tasche à les appointer et mettre la paix [xiv] entr'eux. Car un chacun est tant aveuglé en sa propre cause par l'amour de soy-mesme qu'il voudroit que ceux qui se meslent de les appointer fussent du tout de son parti, qui est chose qui ne se peut faire aucunement. Car different ne peut estre entre les hommes qu'il n'y ait du tort ou d'une part ou d'autre et souventesfois de toutes les deux. Et puis il y a encore un autre plus grand mal en ce qu'ils ne peuvent pour la plus part prendre ne recevoir le moyen qui seul est propre et suffisant pour les mettre et entretenir en paix, ains au contraire, quand il leur est proposé, ils prennent d'iceluy plus grande occasion de dissension et de guerre. Ce seul moyen est la parole de Dieu et il n'y a rien plus importable au monde ne dequoy il prenne[41] plus grande matiere de division. Parquoy Jesus Christ qui a apporté l'Evangile de paix n'a pas neantmoins dit sans bonne raison: "Ne pensez point que je soye venu mettre la paix en la terre; je ne suis pas venu mettre la paix, mais le glaive."[42] Et toutesfois son propre office est de tousjours apporter la paix avec soy,[43] voire la vraye paix, laquelle nul autre ne peut apporter ne donner que luy seul et qui ne peut estre entretenue entre les hommes que par son moyen.[44] Mais [xv] leur malice et perversité est si grande qu'ils ne veulent recevoir ceste paix, ains la rejettent furieusement et, en la rejettant, ils la se convertissent en guerre par leur propre coulpe et non pas par celle de Jesus Christ et de son Evangile; comme il appert manifestement par ce que ceux qui le[45] reçoyvent, comme il appartient, et qui sont menez et conduis par son esprit reçoyvent quant et quant la paix qu'il apporte et s'estudient tant qu'ils peuvent à la procurer [46] et nourrir et entretenir entre tous et avec tous, suyvant ce que sainct Paul dit: "S'il se peut faire, entant qu'en vous est, ayez paix avec tous hommes."[47] Il dit notamment "s'il se peut faire" et "tant qu'en vous est" à cause de la difficulté et mesme de l'impossibilité qu'il y a le plus souvent de l'avoir[48] avec les meschans, d'autant qu'ils en rejettent tous les bons et vrais moyens et se rendent du tout intraitables. A cause dequoy ils sont comparez à bon droict aux espines et aux scorpions par le prophete Ezechiel.[49] Car comme on ne peut approcher des espines ne les empoigner de quelque part que ce soit qu'elles ne piquent et poignent, ainsi en est-il d'eux.[50] Et s'ils font par fois quelque beau semblant et parlent de paix et en donnent quelque signe, si ont-ils neantmoins [xvi] tousjours le venin en la queue comme le scorpion duquel il se faut garder. Car ils sont de ceux desquels David dit qu'ils font iniquité, "lesquels parlent paix avec leurs prochains, et mal est en leur coeur."[51] A raison dequoy ils n'espient que l'occasion pour donner leur coup quand ils le voyent beau.

Et pource, il est tant plus de besoin que les enfans de Dieu s'acquittent de leur office comme il appartient, regardans tousjours aux promesses du Seigneur et suyvans le conseil et les advertissemens qu'il leur donne à ceste fin par sa parole. Car quoy qu'ils sçachent et puissent faire, les hommes trouveront tousjours assez à dire sur eux[52] et ne pourront jamais eviter leurs haines et leurs blasmes et calomnies. Mais il faut qu'ils opposent à ceste tentation le titre que Jesus Christ leur donne et que son tesmoignage leur suffise, veu qu'il les asseure que Dieu les tiendra et recognoistra pour ses vrais enfans, quelque opinion que les hommes en ayent au contraire[53] et quoy qu'ils puissent dire et faire à l'encontre d'eux. En apres, quand nous sommes admonnestez par luy[54] qu'il faut que nous soyons comme brebis qui ont à combattre contre les loups, nous devons penser qu'il ne nous propose pas le danger [xvii] auquel il semble que nous nous mettions en ce combat pour nous faire perdre courage et nous destourner de nostre vocation, mais à fin que, regardans à luy,[55] nous ne nous estonnions point et que la force et cruauté de nos ennemis ne nous espouvante point tellement qu'elle nous empesche de tousjours faire nostre office et ce qui nous est commandé. Pour ceste cause il nous enseigne quant et quant le moyen que nous devons tenir[56] pour eviter les dangers par lesquels il nous faut passer sous sa conduite et sauve-garde quand il dit: "Soyez donc prudens comme serpens et simples comme pigeons[57] et vous donnez garde des hommes."[58] Et puis il declare plus à plein comment les siens seront receus et traittez entre les hommes à fin qu'ils ne s'estonnent point au beoin. A raison de quoy il leur expose aussi quelle assistance il leur fera à fin qu'ils soyent tant plus resolus et plus fermes et constans.

Quand il nous admonneste d'estre prudens, il nous donne bien à entendre qu'il ne veut pas que nous soyons sots et indiscrets et inconsiderez et temeraires et que nous mesprisions les moyens legitimes que Dieu nous donne pour nous garder des meschans et de nos ennemis. Et pour nous mieux don-[xviii] ner à entendre quelle prudence il requiert és siens, il nous propose l'exemple du serpent, lequel pourautant qu'il est hay et poursuyvi de tous et qu'il est foible et n'a pas force pour resister, il est tant mieux sur sa garde et recompense par sa vigilance et prevoyance la force qui luy defaut. Et pource S. Paul dit aussi à ce propos: "Advisez donc comment vous cheminerez soigneusement, non point comme fols, mais comme sages rachetans le temps car les jours sont mauvais. Parquoy ne soyez sans prudence, ains entendans quelle est la volonté de Dieu."[59] Mais comme il y a danger d'un costé d'estre trop mal avisez et trop estourdis et temeraires, ainsi il y a danger de l'autre d'estre trop prudens, trop discrets et trop sages; et que trop grande prudence et sagesse n'empesche les hommes de faire leur devoir s'ils apperçoyvent qu'il y ait quelque danger qui les menace. Et pource sainct Paul dit notamment: "Entendans quelle est la volonté de Dieu",[60] et "Jesus Christ conjoint la simplicité des pigeons avec la prudence des serpens."[61] Car combien que les pigeons soyent bestes innocentes et sans defense et exposez en proye à tous les oiseaux qui vivent de rapine et aux chasseurs qui les chassent, toutes [xix] fois ils ne laissent pas pourtant de se jetter et voler en l'air et aller à la pasture et nourrir leurs petis quand ils en ont et faire tout ce qui leur est necessaire selon leur nature. Ainsi faut-il que les enfans et les serviteurs de Dieu facent en leur endroit tout ce qu'ils doyvent faire et qui leur est commandé et qu'ils n'en delaissent rien pour crainte des ennemis qu'ils peuvent avoir, tant grand que le nombre en puisse estre, ne pour crainte des dangers qui les menacent ou qu'ils se peuvent proposer et imaginer. Car s'ils ne se vouloyent mettre en devoir, sinon quand ils le pourroyent faire sans ennemis et sans danger des hommes, et à leur commodité et quand il y a de l'honneur et du profit mondain, il faudroit qu'ils se tinssent tousjours cachez en leur maison comme des limaces et des tortues et qu'ils ne se meslassent point des affaires de Dieu et de son Eglise et de la republique, sinon en beau temps et serain; ains fissent seulement leurs affaires particuliers,[62] ne regardans qu'à leur propre honneur et profit selon le monde, comme s'ils n'estoyent nez et creez hommes sinon pour eux-mesmes, et non pas pour servir à la gloire de Dieu leur createur et à leurs prochains qui sont creez à l'i [xx] mage de Dieu comme eux, et à la société humaine du corps de la quelle ils sont membres.

La prudence et la sagesse humaine approuvera bien ce conseil et ceste maniere de vivre. Mais ce n'est pas la prudence et la sagesse à laquelle Jesus Christ exhorte les siens et qu'il requiert d'eux. Car elle les retireroit tousjours de leur office et en feroit des temporiseurs et des moyenneurs[63] pour servir seulement à eux-mesmes en servant au temps, et faisant servir les religions à leurs affections privees et à leurs affaires, et tournant tousjours leur voile selon le vent qu'il feroit et leur robe à tous envers. Mais ceste prudence et sagesse n'est pas vraye prudence et sagesse, mais finesse et cautele qui procede du malin esprit et non pas de l'Esprit de Dieu. Et pource, elle est maudite de Dieu et fort dommageable à son Eglise et à toute la société humaine. Car au lieu d'adresser les hommes en l'oeuvre de Dieu et en son service, elle les en destourne et retire du tout, et au lieu de leur donner courage et hardiesse et les rendre fervens en leur office, elle les rend paoureux et couards et du tout froids et gelez. Et la confiance qu'ils ont en icelle les empesche semblablement de [xxi] mettre leur fiance et esperance en Dieu et de l'invoquer et avoir recours à luy et d'attendre paisiblement et patiemment son secours. Ce n'est donc pas sans bonne raison qu'Isaie dit: "Malediction sur ceux qui sont sages en leurs yeux et prudens envers eux-mesmes."[64] Et pourtant Jesus Christ a conjoint à bon droict la simplicité des pigeons avec la prudence des serpens pour corriger ce vice de la prudence charnelle. Et à celle fin aussi que la simplicité que le Seigneur requiert des siens ne soit convertie en folie et sottise et en lourdise et temerité et en une fole asseurance charnelle, le Seigneur la conjoint avec la prudence et la sagesse qui rend les enfans de Dieu discrets, sages et bien avisez pour bien considerer tout ce qui est à considerer és choses qui sont à faire et qui appartiennent à leur office et vocation, à fin qu'ils ne tentent point Dieu, entreprenant quelque chose sans bon advis et conseil et sans ordre ne moyen, se mettans temerairement en danger quand Dieu leur donne les moyens pour l'eviter. Ceste prudence donc et ceste sagesse ne destournent et ne retirent point les hommes de leur devoir, ains leur monstrent les moyent qu'ils doyvent tenir, suyvant lesquels ils se pourront acquitter fi [xxii] delement de leur charge. Et comme la crainte des dangers ne les en empeschera point, ainsi ils ne s'y jetteront point à l'estourdie, ains les eviteront par les moyens que Dieu leur donnera pour les eviter.

Et ainsi faisant, combien que leurs ennemis soyent forts et puissans et cruels et furieux, et qu'eux soyent foibles et debiles et benins et paisibles au prix d'eux, ils rompront et renverseront les conseils et les mauvaises entreprises d'iceux[65] et les empescheront de nuire; ou s'ils ne les en peuvent du tout empescher, ils leur osteront pour le moins l'occasion de faire autant de mal qu'ils voudroyent et qu'ils pourroyent faire si on la [66] leur donnoit telle qu'ils la cerchent. Et le meilleur moyen pour les en empescher et le plus convenable à la prudence et sagesse chrestienne, laquelle Jesus Christ recommande aux siens, c'est premierement de se recommander à Dieu par prieres et oraisons et luy demander qu'il luy plaise nous remplir[67] de l'esprit de prudence et de sagesse vrayement chrestienne, à celle fin que nous ne soyons point trop sages en nous-mesmes et non pas en Dieu, ou trop fols et trop temeraires, et que nous ne donnions par nostre folie et temerité aucune matiere de scan [xxiii] dale à personne; et qu'il[68] nous remplisse semblablement de l'esprit de force et de constance à fin que la crainte des hommes ne nous retarde et ne nous destourne point de nostre devoir et office; et qu'il luy plaise tousjours nous augmenter la foy qui soit conjointe avec vraye charité chrestienne et qu'il nous face la grace d'estre tousjours si doux, si benins, si modestes et si patiens que non seulement nous ne baillions à personne juste matiere de s'irriter contre nous et ne facions aucune injure à qui que se soit ni par paroles ni par oeuvres; mais aussi que nous puissions supporter benignement les ignorans et les infirmes et endurer patiemment les fascheries et les injures et torts qui nous peuvent estre faits. Nous pourrons lors dire en grande joye et asseurance avec le prophete: "O que la gent est bien-heureuse de laquelle le Seigneur est son Dieu et le peuple qu'il a eleu pour son heritage!"[69] Car comme il est dit tantost apres: "L'oeil du Seigneur est sur ceux qui le craignent et qui s'attendent à sa bonté à fin de retirer leur ame de mort et les preserver en vie durant la famine." Pourtant nostre ame s'attend au Seigneur car il est nostre aide et nostre escusson. Et nostre coeur s'esjouyra en luy [xxiv] pource qu'avons mis nostre asseurance en son sainct nom. Et pource, il est encore escrit en un autre lieu: "Les uns se fioyent en chariots et les autres en chevaux, mais nous invoquions le nom du Seigneur nostre Dieu. Iceux ont esté ruez jus et sont cheus, mais nous nous sommes relevez et redressez."[70] Et derechef: "Par ton moyen nous repousserons nos adversaires; par ta vertu nous foulerons aux pieds ceux qui s'eslevent contre nous. Car je ne me confie point en mon arc, et mon espee ne me sauveroit point. Mais tu nous as sauvez de nos adversaires et as rendu confus ceux qui nous hayssoyent." [71] Car comme il est encore escrit: "L'ange du Seigneur se campe à l'entour de ceux qui le craignent et les garentit." [72]

Voici les meilleures armes que nous puissions avoir, non seulement pour nous defendre contre nos ennemis, mais aussi pour les combatre et vaincre. Ce sont des armes desquelles ils ne nous peuvent despouiller et ausquelles ils ne peuvent resister. Au moyen dequoy elles sont les plus puissantes et les plus propres que nous puissions trouver pour leur lier les pieds et les mains, et brider leur rage et leur fureur et les tenir enchaisnez comme bestes sauvages. Car ce [xxv] ne sont pas armes corporelles et terriennes, mais spirituelles et celestes ausquelles Dieu donne telle vertu et puissance qu'elles demeurent tousjours invincibles contre toute la rage du monde. [73] Car comme on dit en commun proverbe que petite pluye abat grand vent, [74] ainsi "la douce parole, 'comme il est escrit,' appaise l'ire", et n'y a rien tant dur que patience ne rompe avec le temps. [75] Et pource, il est aussi escrit: "Le prince est appaisé par patience et la langue douce brise les os." [76] Et nous voyons par experience qu'une balle de laine ou de coton resiste mieux à la violence des coups de canons impetueux et furieux qu'une bien forte muraille. Et pource, on en fait des rempars contre iceux [77] et, quand ils ont fait breche, on la repare avec telle matiere contre laquelle ils n'ont pas tant de force, à cause qu'elle est tendre et molle, et cede à leur violence, que contre celle qui est plus dure et qui leur fait plus grande resistance. Nous voyons aussi par experience quel bruit il y a quand le marteau rencontre l'enclume, lequel on n'oït point tel s'il frappe sur des estouppes et autres semblables matieres. Brief, les diables ne se chassent pas l'un l'autre, [78] ains faut qu'ils soyent chassez par Jesus Christ qui est plus fort [xxvi] qu'eux, [79] et que la fureur des esprits malins soit refrenee par la douceur de l'esprit d'iceluy, qui a dit: "Prenez mon joug sur vous et apprenez de moy que je suis debonnaire et humble de coeur et vous trouverez repos à vos ames." [80]

Ayant donc, Monseigneur, souvent consideré toutes ces choses, j'ay de ma part tousjours mieux aimé suyvre ceste voye que l'autre qui luy est contraire, et ay experimenté par la practique d'icelle combien elle est profitable à ceux qui la suyvent. Et ayant mes freres et compagnons de mesme jugement et advis et volonté avec moy, nous avons tousjours admonnesté et exhorté ceux desquels Dieu nous a commis la charge en son Eglise à suyvre ce mesme chemin; lesquels ont experimenté avec nous combien ceste procedure a servi sous la protection et sauve-garde de Dieu à la conservation de ceste Eglise et combien elle a rompu de mauvaises entreprises et d'efforts pernicieux de ceux qui ne taschent qu'à la ruyne d'icelle et qui pour avoir meilleur moyen de la ruyner ne cerchent que les occasions par lesquelles ils puissent sous quelque couleur accuser les enfans et serviteurs de Dieu comme rebelles et mutins et seditieux et jetter [xxvii] toute la rage du monde sur eux et mettre eux et leurs biens en proye. Et cognoissant l'accord de vostre jugement avec le nostre en ce poinct et que vous approuviez grandement telle procedure, nous avons tousjours esté tant plus confermez en ceste sentence et tant plus incitez à continuer et perseverer en ce que nous avions commencé, admonnestans grans et petis, tant en particulier qu'en public, et tant de vive voix que par escrit, de se rendre sur toutes choses obeissans premierement à Dieu et puis au roy et à ses loix et edicts, et generalement à tous les magistrats, et de vivre et se contenir en bonne paix, concorde et union, et en toute honnesteté et modestie et benignité et patience envers tous. Et Dieu par sa grace a tellement beni nostre ministere et a donné telle vertu à nos remonstrances, admonitions et exhortations, qu'elles n'ont pas esté du tout vaines et sans fruict.

Et pourautant, Monseigneur, que cest oeuvre que j'ay inituté l'Interim pretend encore à mesme fin et à induire les hommes à suyvre plustost la voye de modestie et de moderation chrestienne que celle de violence et de rigueur extreme, j'ay bien osé prendre la hardiesse de le vous dedier, sçachant [xxviii] qu'il n'y a rien au monde que vous desiriez taut que voir tout ce royaume bien rengé à l'obeissance de Dieu et de son roy et bien uni en bonne paix et concorde. Et je le sçay et le cognoy, non seulement par les admonitions qu'il vous a pleu nous faire tant de fois, comme à toutes les autres Eglises, tant par vos lettres que par la bouche de ceux ausquels vous avez donné la charge de nous advertir et exhorter de vostre part, tousjours induire les peuples à toute obeissance envers les edicts de sa majesté, et à toute modestie et patience, mais aussi l'avez fait cognoistre à tous par toutes vos oeuvres et actions.

Et ne doutez pas que vos admonitions et[81] remonstrances n'ayent grandement servi à ceux ausquels elles ont esté faites en vostre nom, à cause de l'honneur et reverence que tous ceux qui craignent Dieu et aiment sa verité vous portent et de la bonne reputation en laquelle vous estes envers eux à cause des excellentes vertus et graces desquelles Dieu vous a doué et orné, car il vous a constitué en ce royaume comme un vray miroir et patron de foy, de charité, de prudence et de sagesse, de force et de constance, de modestie et de patience, et de toutes [xxix] autres vertus chrestiennes, pour estre l'exemple d'icelles à ses enfans et serviteurs qui font profession de la vraye religion comme vous. A raison dequoy ils attribuent tant à vostre jugement et conseil qu'ils ne se peuvent pas facilement persuader que ce que vous approuvez soit mauvais ne que ce que vous reprouvez soit bon, ne que vous puissiez rien approuver ne conseiller contre l'honneur de Dieu et au deshonneur et dommage du roy et de tout son royaume; comme aussi ils n'estiment point que sa majesté ait point de plus loyal serviteur que vous, comme toutes vos actions le monstrent par effect. Car pour le premier, tous ceux qui ont veu l'ordre et l'estat de vostre maison s'en retournent tellement edifiez qu'ils sont contrains de confesser que c'est une vraye maison de Dieu, reformee comme il appartient à la reigle de sa saincte parole, en laquelle vous estes comme un vray Abraham entre vos domestiques et tous ceux qui la hantent et frequentent. Car ce ne vous est pas assez que vous serviez à Dieu selon sa parole, mais aussi vous faites tout devoir à ce que tous vos domestiques et tous ceux qui sont en vostre charge, depuis le plus petit jusques [xxx] plus grand facent le semblable comme celuy qui en a à rendre conte à Dieu et ne voulez point endurer que vostre maison soit pollué[82] et souillee par blasphemes et paillardises et autres vices totalement contraires à la profession des hommes chrestiens; ains voulez que la discipline de Jesus Christ y soit observee et practiquee en tous ses poincts, qui est le vray moyen pour tenir pures et nettes non seulement les maisons des particuliers mais aussi les cours des grans seigneurs et toute l'Eglise de Dieu. Et à fin qu'un chacun s'y soumette plus volontiers, vous leur monstrez le premier l'exemple qu'ils doyvent suyvre. Car vous n'imposez point de loix aux autres touchant le service de Dieu, de laquelle vous vueilliez estre exempt, ains vous y soumettez[83] plus volontiers que nul autre, sçachant tresbien que devant Dieu il n'y a point de respect des personnes[84] et que tous, tant grans soyent-ils, tiennent lieu de serviteur au regard de la majesté d'iceluy et qu'il faudra que tous, de quelque qualité qu'ils soyent, comparoissent une fois devant son siege judicial pour luy rendre conte de toutes leurs oeuvres.[85]

Je ne vous escri pas ces choses, Monseigneur, pour vous flatter et louer en face, [xxxi] sçachant que comme cele seroit indigne du ministere auquel il a pleu à Dieu m'appeler, ainsi vous ne prenez pas plaisir à ouyr prescher et chanter vos louanges, desquelles j'ay bien peu dit au prix des vertus qui le meritent en vous. Mais mon devoir m'a commandé d'en toucher quelque chose premierement, pourautant que je ne doute point que vous n'en preniez plustost matiere de glorifier Dieu à cause des graces qu'il vous a faites et de l'en remercier continuellement, que d'en donner la gloire à vous-mesmes et vous en eslever en orgueil. Je l'ay fait semblablement à cause du desir que j'ay que tous ceux qui font profession de l'Evangile, et principalement ceux qui sont eslevez en dignité comme vous, suyvent l'exemple que vous leur monstrez, tant en vostre personne qu'en toute vostre maison et en la charge en laquelle Dieu vous a appelé, et qu'ils considerent que ceux ne peuvent jamais estre que bons et loyaux serviteurs de Dieu; comme au contraire ceux-la ne peuvent estre bons et loyaux serviteurs de personne quelconque, et notamment des princes, s'ils ne sont bons et loyaux serviteurs de Dieu, comme l'experience l'a de tout [xxxii] temps fait cognoistre, et le fera encore finalement tousjours mieux apparoistre à l'advenir; et tant plustost on le pourra cognoistre et tant meilleur il sera, tant pour les rois et les princes que pour leurs serviteurs et sujets.

Au surplus, Monseigneur, pour faire fin à la presente,[86] je vous supplie que vous ne trouviez pas mauvais ce que j'ay pris la hardiesse de vous presenter cest oeuvre, auquel j'avoye desja mis la main il y a assez long temps avant que je vinsse demeurer en ce royaume.[87] Et pourautant qu'il m'a semblé qu'il y a beaucoup de poincts traittez en iceluy [88] convenables au temps auquel nous sommes à present et qui peuvent servir d'instruction et d'advertissement à plusieurs en beaucoup de choses, je l'ay bien voulu mettre en lumiere et le vous addresser, m'asseurant que si quelqu'uns en peuvent faire leur profit entre ceux qui craignent le Seigneur, comme j'espere, l'oeuvre leur sera tant plus agreable à cause de vostre nom. Je scay bien qu'il n'est pas tellement basti ne poli qu'il devroit estre pour vous estre presenté et pour satisfaire aux hommes de ce temps-ci entre lesquels il y a des esprits tant excellens, mais la confiance que j'ay de vostre humanité et de l'honneur et [xxxiii] reverence que vous portez à Dieu et à sa parole m'a rendu plus hardi à faire ce que j'ay fait, me confiant que vous prendriez le tout en la meilleure part et que vous regarderiez plus à ma bonne volonté qu'au faict, laquelle je vous feroye volontiers mieux cognoistre en chose plus grande et combien je vous suis affectionné serviteur si j'en avoye les moyens et, semblablement à tous Messeigneurs vos freres,[89] lesquels Dieu a fait participans des mesmes graces que vous, de sorte que vous n'estes pas seulement freres selon la chair, mais aussi selon l'esprit, servans tous ensemble en esprit et verité à un mesme Dieu et Pere celeste, en Jesus Christ son fils nostre Seigneur. A la grace duquel je vous recommande, luy priant qu'il vous ait tousjours en sa saincte et digne garde et vous augmente de plus en plus toutes ses benedictions. De Lyon ce 20. de Septembre 1565. [xxxiv]

L'INTERIM

FAIT PAR DIALOGUES

Du titre general des dialogues.

J'ay intitulé tous ces dialogues du nom d'*Interim* specialement pour deux raisons:[1] La premiere pource que je fay mention en iceux des diverses manieres de vivre touchant la religion qui sont proposees ou permises en divers lieux et pays, comme par maniere de provision en attendant un meilleur accord et une meilleur reformation de toutes parts, s'il plaist à Dieu la donner, au regard des abus et erreurs et differens qui sont aujourd'huy en la Chrestienté en la matiere de la religion. L'autre raison est, pourautant qu'en monstrant quel bien ou quel mal il y a en telles [1] manieres de vivre et qu'on en peut attendre, je parle aussi de la grande diversité d'esprits et d'opinions et d'affections qu'on trouve entre les hommes parmi ces differens, afin qu'un chacun puisse mieux cognoistre en quelle confusion la Chrestienté est aujourd'huy et combien il est necessaire d'y pourvoir selon Dieu et de quelles personnes il se faut prendre garde et desquelles il convient fuir ou suyvre les exemples.

LE SOMMAIRE DU
PREMIER DIALOGUE

J'appelle ce premier dialogue *Les Moyenneurs*[2] à cause que je parle en iceluy des moderateurs et temporiseurs qui veulent appointer toutes religions ensemble et qui, pour parvenir à leur fin, en veulent faire une de plusieurs et par ce moyen corrompent et pervertissent la vraye religion chrestienne sous la couleur de reduire les hommes à union et de procurer et entretenir la paix publique.

Et pourautant qu'il y en a de plusieurs sor[2]tes,[3] je parle de la diversité d'iceux et monstre combien ils ont de tout temps esté dangereux et dommageables à la vraye Eglise et religion.

On pourra aussi appeler de dialogue *l'Interim samaritain* tant pour les raisons que j'ay desja ici exposees, que pour celles qu'on pourra encore mieux entendre par la lecture d'iceluy.

17

LE PREMIER DIALOGUE
intitulé *Les Moyenneurs.*

De l'occasion de ces Dialogues.
        Tite.   David.

        Tite:
(Ceste disputation est entre les Dialogues de l'Instruction chrestienne de l'auteur).[4]

J'ay veu il n'y a guere une disputation fort familiere, laquelle nos chers freres et bons amis Daniel et Timothee ont eus par ensemble touchant le combat des hommes contre leur propre salut et contre le devoir et le besoin qu'ils ont de s'en enquerir par la parole de Dieu.

D. Si ainsi est que tu dis, ils ont disputé d'une matiere de laquelle la cognoissance est fort necessaire aux hommes et en laquelle il y a beaucoup de grans poincts à demesler.

T. Ils en ont aussi traité et vuidé beaucoup, desquels j'espere bien faire mon profit à l'avenir. Entre les autres, ils se sont le plus arrestez sur la matiere des concilles à l'occasion de ceux qui attendent de se resoudre tou[3]chant la religion, jusqu'à ce qu'il soit determiné par un concile, laquelle on doit tenir et suyvre.[5]

D. Quand je t'oy tenir ce propos, je pense à la grande ignorance des hommes et suis tout esmerveillé comment il s'en trouve de si lours qui se puissent mettre telle opinion en teste. Car cela, à mon advis, vaut tout autant comme s'ils concluoyent qu'ils doyvent attendre de croire en Dieu et en sa parole jusques à ce que les hommes ayent determiné s'il faut croire en luy ou non et à quel Dieu il faut croire, et s'il faut suyvre la doctrine de Jesus Christ ou celle de l'Antechrist.[6] Car puis que nous avons la parole de Dieu par laquelle il nous enseigne luy-mesme, quel meilleur docteur et plus parfait pouvons-nous plus attendre et qui mieux nous puisse asseurer de la vraye religion?

T. Je ne suis pas moins esmerveillé de cela que toy. En quoy tu vois la bestialité de ceux qui ont esté instruits en autre escole qu'en celle de l'Evangile et de la vraye Eglise de Jesus Christ. Or pour revenir à la disputation de Daniel et de Timothee, cependant qu'ils ont disputé de l'attente de tels personnages et de l'authorité des concilles et du president qui y doit presider, et du vray moyen qu'il y convient tenir, et des vrais concilles ausquels tous vrais

Chrestiens[7] se doyvent resoudre, ils ont touché un poinct comme en passant, le remettant pour une autre fois, duquel neantmoins je voudroye bien entendre ton advis.

Des moyenneurs qui veulent moyenner entre la doctrine de Jesus Christ et les traditions humaines contraires à icelle, et de la forme de doctrine com[4]posee à celle fin nommee Interim.

D. Declare-moy qui est ce poinct et je t'en diray volontiers ce que Dieu m'en donnera.[8]

T. C'est touchant celle nouvelle forme de religion, appelee *Interim*, laquelle, comme je l'ay entendu, a esté controuvee en Allemagne[9] et forgee par aucuns nouveaux theologiens, qui se sont voulu mesler, non pas d'appointer du tout Jesus Christ et l'Antechrist ensemble, mais seulement de mettre quelque maniere de treves entre iceux[10] et une maniere de vivre, comme par forme de provision,[11] pour ceux qui avoyent desja fait profession de l'Evangile jusqu'à ce qu'on eust autrement pourveu au faict de la religion.

D. Tu entens fort bien l'intention de ces theologiens qui ont controuvé celle belle maniere de vivre pour moyenner entre Dieu et son adversaire et entre Jesus Christ et l'Antechrist et la doctrine et religion tant de l'un que de l'autre.

De l'issue du concile de Trente et de la signification du nom d'Interim et de la fin pour laquelle il a esté controuvé et de la vanité des autheurs d'iceluy.

T. Il y a fort longtemps que plusieurs se sont attendus à la determination du concile de Trente[12] pour se resoudre parmi ces differens de la religion. Mais l'issue en a esté telle que les hommes de bon jugement l'attendoyent.[13]

D. Je ne doute point que ceux qui ont eu l'authorité en ce concile ne l'ayent prolongé tant qu'ils ont peu pour nourrir et entretenir tousjours les hommes en une vaine [5] esperance de quelque meilleure reformation de l'Eglise et des erreurs et abus qui la troublent aujourd'huy, afin que, cependant, ils les retinssent tousjours en l'estat auquel ils les ont trouvez et que, par mesme moyen, ils les y confermassent de plus en plus et les empeschassent de suyvre la pure predication de l'Evangile et une meilleure reformation. Mais quand ils se sont veus trompez de leur esperance et qu'ils ont cognu qu'on ne les attendoit plus et qu'ils ne faisoyent plus autre chose que despendre de l'argent en vain, ils se sont hastez de conclurre et n'ont fait autre chose pour toute resolution que ratifier tous les erreurs[14] qui estoyent en different pour mettre toute la Chrestienté en plus grand trouble qu'elle n'a encore esté si celle determination estoit executee.

T. Puis donc que ce concile a tant peu profité et qu'il y a si peu d'esperance de pouvoir obtenir pour le moins de longtemps, aucun concile legitime, general, franc et chrestien, je te demande si, en l'attendant, on ne peut pas bien cependant cercher le moyen d'avoir quelque maniere de vivre semblable à cest Interim duquel nous parlons maintenant pour s'entretenir en paix les uns avec les autres touchant la religion. Car il y en a qui le condamnent comme une fausse doctrine, laquelle doit du tout estre rejettee. Il y en a des autres qui ne trouvent pas la doctrine d'iceluy[15] tant estrange, ains estiment qu'elle ne soit pas fort eslongnee de la pure doctrine de l'Evangile.

D. Ceux qui sont de ceste opinion derniere estiment qu'il y ait quelque chose de meilleur en ceste forme d'Interim qu'en la doctrine la[6]quelle les protestans condamnent et rejettent comme du tout contraire à l'Evangile duquel ils font profession. Mais ceux-la se trompent grandement, à cause qu'ils ne cognoissent pas bien le venin qui est caché sous ceste couleur ni à quoy Satan pretend par la ruse de ces nouveaux theologiens, desquels il s'est servi en ceste oeuvre. Et pourtant, je voudroye bien pour le premier que ces forgeurs d'Interim me declarassent seulement la cause pour laquelle ils appellent ceste nouvelle forme de religion forgee par eux de ce nom Interim.

T. Tu entens bien que Interim signifie autant en la langue latine que *cependant*, ou *tandis* en langue françoise, ou *dementieres* qui est un mot fort ancien duquel jadis les vieux françois ont usé en ceste mesme signification.

D. J'enten bien cela, mais cependant je voudroye bien entendre que cestuy *cependant* et ce *tandis*, ou ce *dementieres* signifient.

T. Ils signifient, comme je pense, en la matiere de laquelle nous parlons maintenant, que celle maniere de vivre a seulement esté mise en avant pour se sçavoir conduire et gouverner selon icelle[16] au faict de la religion, cependant qu'on attendra le concile auquel il sera fait une plus ample et plus certaine determination de la matiere de la religion ou une autre reformation plus parfaite.

D. Tu dois plustost entendre qu'elle a esté mise en avant pour retirer tousjours peu à peu de l'Evangile ceux qui en ont desja fait profession, jusqu'à ce que les ennemis de verité puissent trouver le moyen d'abolir du tout l'Evangile et restituer en son [7] entier la doctrine et religion contraire à iceluy.[17] Mais en quelque maniere qu'on le veuille prendre, ne voila pas un fort sage conseil? Je ne veux que le titre de ceste belle forme de reformation pour monstrer la grande vanité des autheurs d'icelle. Car ou elle est fondee en la parole de Dieu, ou elle est contraire à icelle. Si elle est contorme à la parole de Dieu, il ne faut point de *cependant*, car elle sera tousjours bonne et saincte. Si elle est contraire, il n'y faut point aussi de *cependant*, car quand elle ne seroit observee et endurée que pour une heure, elle ne dureroit que trop, d'autant que ce qui est contre Dieu ne doit jamais avoir lieu ne pour peu de temps ne pour beaucoup. Car il n'en prend pas du royaume de Dieu comme des royaumes mondains ni des loix divines sur lesquelles nous n'avons point de puissance, comme des loix humaines. Quand un roy est trespassé, il y a un certain temps entre le trespas d'iceluy et la creation du nouveau roy qui s'appelle entre-regne, qui est un temps entre deux qui n'est pas proprement dit regne ou royaume pource qu'il n'y a point encore de roy eleu comme chef d'iceluy; et ne peut-on du tout dire qu'il n'y ait point de regne ou royaume, attendu que le regne ou royaume demeure en son entier, excepté qu'il n'a pas encore son roy ordonné. C'est le semblable quand le souverain magistrat defaut en une seigneurie. Or cela ne peut avoir lieu au royaume de Dieu, car le roy d'iceluy ne meurt jamais. Parquoy, comme il est eternel, ainsi est la maniere de vivre qu'il a baillee à ses sujets.

T. Puis qu'ainsi est, il n'y faut donc point d'autre regne ne d'autre loy, ne d'Interim [8] comme ceux-ci le veulent faire.

Des causes et raisons pour lesquelles la doctrine de l'Interim ne peut estre receue ni en l'Englise reformee ni en celle qui se dit romaine.

D. Et pourtant ne nous amusons point à[18] cest Interim qui se confond autant de soy-mesme comme chose qui jamais ait esté au monde.[19] Car il est fait d'un tel esprit qu'il n'y a nul qui le puisse approuver avec raison, veu que pour tout potage ce n'est qu'une nouvelle corruption de religion un peu deguisee et rapetacee et couverte d'une masque[20] un peu differente à la premiere. Et pourtant nul ne peut suyvre la doctrine d'iceluy sans renoncer à celle de Jesus Christ et sans prendre derechef alliance avec l'Antechrist.

T. C'est aussi la cause, comme tu l'as desja dit, pourquoy il a esté forgé, veu que les autheurs d'iceluy n'ont pretendu à autre chose sinon à retirer peu à peu de l'Evangile ceux qui desja en avoyent fait profession, et pour en fin les reduire du tout à la fausse religion de laquelle Dieu les a retirez.

22

D. On n'en fait aussi present qu'à ceux-la.[21] Car les autres n'en veulent rien de leur costé, et non pas sans cause. Car en le recevant ils se condamnent eux-mesmes, attendu que l'Interim permet des choses lesquelles ils condamnent totalement. Parquoy, incontinent qu'ils l'auroyent receu et approuvé, c'est fait de leurs traditions. Car ils ont pris ce fondement pour establir leur regne que leur eglise ne peut errer à cause qu'elle est tousjours conduite par le sainct-[9] Esprit. Parquoy s'ils admettent une fois ce qui a esté condamné par icelle, voila toute leur doctrine dissipée et consequemment leur regne abbatu. Il leur en prendra puis apres comme à un ouvrage fait à l'eguille sans cousture·de fil de laine ou de coton ou d'autre telle matiere. Car depuis qu'un tel ouvrage est une fois rompu en quelque endroit et qu'on en a seulement tiré un filet ou deux, tous les autres s'en vont apres de suite sans difficulté. Car, s'ils font cela, ils confesseront ou que leur eglise n'a pas esté conduite par le Saint-Esprit ou qu'ils ont un Saint-Esprit qui peut errer. Parquoy, pour eviter cest inconvenient, ils ne veulent rien quitter du leur;[22] ils ne veulent recognoistre leurs fautes comment que ce soit, nonobstant qu'ils les cognoissent tout manifestement et qu'ils soyent contrains de les condamner en leur conscience et qu'elles soyent si lourdes que les bestes en pourroyent juger.[23]

T. Je me suis souventesfois esmerveillé de ce que tu dis, mais j'enten maintenant quelle chose les empesche.[24] J'ay bien aussi entendu qu'il y a eu des docteurs de l'Eglise romaine qui ont escrit expressement contre cest[25] Interim et qui l'ont grandement condamne, dequoy j'estoye esbani, veu que ceux qui soustiennent la pure doctrine de l'Evangile le reprouvoyent et condamnoyent du tout de leur costé. Mais j'enten bien maintenant la cause de tout cela.

Des Chrestiens neutres et communs suyvans la doctrine de l'Interim, et de la meslee de la vraye et fausse doctrine et combien elle desplaist à [10] Dieu.

D. Puis qu'ainsi est, nous avons juste occasion de ne nous arrester point à ces Interimistes ni à leur Interim qui est un nom auquel on peut adjouster tout ce qu'on veut. C'est une beste qui a le dos fort et puissant, sur lequel un chacun pourra mettre tout ce qu'il voudra. C'est un nom fait d'un adverbe qui convient bien à la grammaire des grammariens qui l'ont forgé. Car, comme leur grammaire (j'enten leur theologie) est toute estrange et differente aux autres doctrines, et principalement à la vraye theologie des sainctes Escritures, ainsi le langage d'icelle est tout nouveau et estrange et a ses reigles toutes differentes. La grammaire grecque et latine ont le genre masculin, femenin et neutre; l'hebraique n'a que les deux premiers et n'a point de neutre. L'Interim, au contraire, n'a ne masculin ne femenin, car il n'est ne masle ne femelle, mais est neutre, ou composé du masle et de la femelle, et par ainsi il sera commun et sera ou masle et femelle tout ensemble ou il ne sera ne l'un ne l'autre.

T. Il sera donc un monstre.[26]

D. Voire bien monstreux et tant contraire à la parole de Dieu que rien plus. Car elle ne reçoit point de genre neutre; le commun ne luy plaist guere d'avantage. Elle ne permet point d'accoupler le boeuf et l'asne ensemble pour arer. Elle ne permet pas aussi de semer un champ de diverses semences ne de faire un drap ou une toille de matieres diverses et bigarrees.[27] Elle condamne semblablement la confusion de semence et de nature entre les animaux et tient pour bestes immondes celles qui sont engendrees de bestes de [11] diverses especes, comme sont les mulets et les mules et autres semblables. En quoy il ne faut point douter que le Seigneur n'ait regardé plus haut qu'à ces choses ici quand il a baillé telles loix et qu'il n'ait voulu admonester son peuple par icelles[28] de garder bon ordre en toutes choses et de fuir et eviter toute confusion et tout desordre, et principalement en la matiere de la religion, laquelle il ne peut recognoistre pour vraye si elle n'est simple et pure, comme luy-mesme l'a ordonnee sans aucun meslinge d'autres choses quelconques. Si donc la meslee et la confusion de diverses choses luy desplaist, elle luy desplaist encore plus quand la plus grande partie est la pire, comme elle est en l'Interim. Car il y a bien peu de pure doctrine et, ce qui y est y est tant brouillé que rien plus.[29] Parquoy ce genre commun par lequel il[30] veut estre comme moyen entre la doctrine de Jesus Christ et de l'Antechrist luy convient tresbien. Car *commun* en l'Escriture vaut autant comme pollu et souillé, comme il appert evidemment par ce que[31] sainct Marc appelle *mains communes* les mains souillees, lesquelles n'ont point esté lavees,[32] et parce aussi que sainct Pierre appelle *communes*[33] les bestes qui estoyent tenues pour pollues et souillees entre le peuple d'Israel, à cause qu'il estoit defendu par la Loy de manger de la chair d'icelles.[34] Et pour mieux donner à entendre qu'il prend ce mot de *commun* en ce sens, il l'expose luy-mesme par le mot de *souillé*. Et puis tantost apres il est encores dit: "Ce que Dieu a purifié, ne le di point commum." Pareillement, en nostre langage, une femme commune c'est putain. Cest [12] Interim nous fait aussi des chrestiens communs et neutres semblables aux Samaritains. Car comme les Samaritains n'estoyent proprement ne Juifs ne payens, mais estoyent composez de tous les deux, aussi ceux-ci ne sont proprement chrestiens ne de l'une ne de l'autre religion qui sont maintenant en different, mais font une confusion de toutes les deux ensemble.

T Combien que la doctrine de cest Interim ne soit pas du tout si pure et si entiere que nous la requerons, ne la vaut-il pas encore mieux avoir telle que l'avoir plus corrompue et telle que la doctrine par laquelle nous avons esté tant abusez par ci-devant[35] sous le nom de l'Eglise romaine?

D. Elle[36] a une chose en quoy elle peut estre preferee à icelle, c'est que la poison[37] qui y est est plus couverte. Parquoy elle est plus dangereuse et plus à craindre et à rejetter.

T. Il est vray.

Des causes pour lesquelles l'Interim a prins son nom d'un adverbe,
et des choses que la signification d'iceluy continent.

D. Nous pouvons juger de toutes ces doctrines et religions ainsi meslees et confuses comme de la loy et religion de Mahomet. Car elle n'est pas meilleure que celles des Juifs et des payens, pource qu'elle a beaucoup de poincts pris de la religion chrestienne meslez avec ce qu'elle a d'iceux.[38] Au surplus, il vient semblablement fort bien à propos que ces forgeurs d'Interim luy ont fait son nom d'un adverbe. Car comme l'adverbe, selon les grammariens, est un mot adjousté au verbe, ainsi la doctrine de l'Interim est une adjonction à la parole de Dieu, non pas pour l'esclaircir, com[13]me l'adverbe esclaircit le verbe, mais pour l'obscurcir et la corrompre.

T. Il ressemble donc, comme on dit en commun proverbe, à la glose d'Orleans,[39] laquelle gaste le texte.

D. C'est une glose dangereuse. Puis donc que c'est un adverbe et qu'il signifie *cependant*, s'ils veulent interpreter celuy *cependant*, comme tu as dit, nous le pourrons aussi prendre en iceste maniere: *Cependant* nous mourrons et serons en danger d'aller en enfer; *cependant* l'Antechrist regnera et l'Evangile sera persecuté; *cependant* on cerchera les moyens pour esteindre du tout la parole de Dieu et pour establir plus fort le siege de l'Antechrist. Brief, adjoustes-y tout ce que tu voudras et tout ce qui peut avenir de mal au monde *Interim* et *cependant* recevront tout.

Qu'il ne peut estre qu'une seule vraye religion, et du moyen pour
en juger.

T. A ce que je puis comprendre de tes propos, il me semble qu'il vaut trop mieux qu'une chacune religion demeure en la forme qu'elle est tant qu'il plaira à Dieu les endurer, que faire une meslée de plusieurs tout ensemble pour en forger quelque autre nouvelle.

D. Comme il n'est qu'un seul vray Dieu[40] et Pere de tous qui est sur tous et parmi tous et en tous et un seule vray mediateur entre Dieu et les hommes,[41] et un seul Seigneur, et une foy, et un baptesme,[42] ainsi il ne peut estre qu'une seule vraye loy divine et un seul vray Evangile et une seule vraye religion en laquelle il nous faut tous estre un corps et un esprit, comme aussi nous [14] sommes tous appelez en une esperance de nostre vocation.[43] Puis donc que Dieu a une fois manifesté sa volonté par sa parole, tant par la loy que par l'Evangile, et qu'il a ordonné et establi par icelle la religion qu'il approuve et selon laquelle il veut estre servi et honoré, on ne la peut changer ne desguiser en maniere quelconque, ny rien adjouster ou diminuer appartenant à la substance d'icelle sans la corrompre et pervertir de sorte que ce n'est plus la vraye religion ordonnee et approuvee du Seigneur, mais une autre, laquelle il ne peut sinon desadvouer et reprouver comme contraire à la sienne. Car comme Dieu ne peut estre autre qu'il est, ainsi en est-il de la vraye religion, laquelle ne peut estre vraye si elle n'est convenable à la nature d'iceluy. Et pourtant, comme ceux n'ont point le vray Dieu, ains le[44] forgent des dieux nouveaux et estranges et des idoles qui le desguisent et transforment par leurs fantasies et imaginations, l'estimans autre qu'il n'est et luy attribuans choses qui n'appartiennent point ni à sa nature ni à sa majesté,[45] ainsi ceux-la forgent des religions nouvelles et estranges qui le veulent servir selon leurs fantasies et imaginations, soit ce qu'il les proposent toutes nues sans y rien mesler de la vraye religion ou qu'ils les meslent avec icelle. Quand donc il est question du service de Dieu et de la religion, il nous faut premierement adviser si celle que nous suyvons est celle-mesme que le Seigneur a ordonné, ou une autre. Et pour en bien juger, il nous faut avoir recours à sa parole par laquelle il l'a establie et de la quelle il nous rend certain tesmoignage és sainctes [15] Escritures. Et si faisans cest examen, nous trouvons bon accord entre nostre religion et ceste parole, nous ne pouvons douter que la religion ne soit vraye, pourveu que nous ne corrompions point le sens des sainctes Escritures, ains que nous le prenions en leur vraye intelligence. Par le contraire, si la religion n'accorde avec ceste parole, elle est fausse et consequemment à rejetter, veu qu'elle n'est point ordonnee de Dieu, comme il appert, par ce qu'elle est contraire à celle qu'il a establie par sa parole qui nous est certain tesmoignage de sa volonté.

De la fausse religion et de la source d'icelle.

T. Il me doit donc suffire pour estre bien asseuré de ma religion que je la trouve conforme aux sainctes Escritures.

D. Tu as encore à considerer deux poincts sur ceci: Le premier est celuy que j'ay maintenant touché, à scavoir que nous n'abusions pas des tesmoignages des sainctes Escritures corrompans le vray sens d'icelles. Car si nous les prenons autrement qu'en leur vray sens, elles ne sont plus les sainctes Escritures à ceux qui les prennent ainsi, ains en font des escritures profanes par la fausse intelligence[46] par laquelle ils les corrompent en corrompant leur vray sens. L'autre est qu'il ne suffit pas que la religion que nous suyvrons soit conforme à la parole de Dieu en quelque partie d'icelle si elle n'y est conforme entierement. Car s'il suffisoit d'y trouver quelque conformité en quelques poincts, il n'y auroit point de religion au monde et n'y en auroit jamais point esté qui ne peust par ce moyen estre approuvee. Car il n'en a jamais point [16] esté qui n'ait eu beaucoup de poincts conformes à la loy et à la parole de Dieu à cause que la loy naturelle, laquelle Dieu a imprimee au coeur des hommes, n'a pas esté tellement effacee par le peché, qu'il n'y en soit tousjours demeuré quelque impression conforme à la loy escrite, laquelle n'est autre chose sinon comme un renouvellement et une exposition et declaration de la loy naturelle. Et pourautant que l'impression de religion que ceste loy fait au coeur des hommes leur est naturelle, ils ne l'en peuvent jamais tellement arracher qu'il ne leur en demeure tousjours pour le moins quelque opinion par laquelle ils sont induis à penser qu'il y a quelque nature divine et souveraine par dessus toutes les autres natures et consequemment qu'il y a quelque Dieu, lequel il leur convient servir et honorer, tant pour les biens qu'ils peuvent attendre de luy s'ils suyvent vertu, que pour les punitions qu'ils en peuvent recevoir s'ils s'adonnent à vices. Car comme Dieu les a faits participans de raison[47] pour discerner entre le bien et le mal, ainsi ceste loy naturelle leur rend assez de tesmoignage en leur coeur que la nature divine a les vices en haine et qu'elle aime vertu d'autant qu'elle luy est autant convenable que vice luy est contraire. Et pource, sainct Paul fait le procés par ceste loy naturelle à tous peuples et nations qui n'ont point receu de Dieu la loy escrite comme les Juifs l'ont receue par Moyse.[48] Mais à cause que la lumiere naturelle de laquelle ceste loy naturelle procede est presque toute [17] esteinte par les tenebres que le peché apporte à l'entendement humain, elle ne suffit pas aux hommes pour les bien quider et bien adresser à Dieu, afin qu'ils le servent et l'honorent comme il le requiert d'eux. Et par ainsi les semences de religion qui demeurent tousjours en la nature humaine s'abastardissent tellement qu'au lieu de la vraye religion, elles engendrent superstition et idolatrie qui sont fausse religion en laquelle la vraye est abastardie et convertie.

*De la lumiere qui nous est necessaire pour bien juger de la vraye
religion.*

T. Puis donc qu'ainsi est, il nous faut bien adviser que nous ne prenions
superstition et idolatrie pour vraye religion, comme les hommes l'ont fait de
tous temps et le font encore ordinairement pour la plus part et presque tous.

D. Et pour bien faire ce que tu dis, il nous faut bien garder de nous
contenter de la lumiere naturelle de nos sens et entendemens et de nostre
raison humaine. Car nous avons besoin d'une autre lumiere beaucoup plus
grande, sans laquelle tous les plus scavans et les plus sages et les plus ingenieux
et plus grans esprits du monde demeurent tousjours comme aveugles qui vont
errans et tastonnans mesme à plein midi.[49]

T. Nous avons un tesmoignage universel de ce que tu dis en tous les peuples
et nations qui ont esté privez de la lumiere de la parole de Dieu, ou qui, apres
l'avoir receue, s'en sont destournez et l'ont abandonnee.

D. Et pourtant sainct Paul a [18] appelé, au sermon qu'il a fait aux
Atheniens, les temps d'ignorance, tous les temps esquels les payens ont esté
sans la vraye cognoissance de la loy de Dieu et de la doctrine des prophetes et
de Jesus Christ et des apostres.[50] Pour ceste mesme cause, il a aussi dit au
sermon qu'il a fait aux Lycaoniens que Dieu, és temps passez, a laissé tous les
Gentils cheminer en leur voyes;[51] cela vaut tout autant comme s'il disoit en
erreur et en tenebres et la mort. Quand donc nous voulons venir à l'examen
des religions, il nous faut tousjours mettre ceste lumiere devant les yeux et la
suyvre de si pres que nous ne l'abandonnions jamais d'un seul pas. Car, tant
peu que nous nous en esloignons, nous ne pourrons faire un seul pas droit sans
nous desvoyer ou deçà ou delà et sans chopper ou tresbuscher du tout, et
principalement és principaux poincts qui sont les vrais fondemens de toute la
religion, lesquels sont compris en la premiere table de la Loy. Car combien
que la lumiere naturelle[52] soit fort debile en la cognoissance de toutes les
choses contenues tant en la premiere qu'en la seconde table,[53] toutesfois elle
voit beaucoup moins et s'esgare beaucoup plus en la premiere qu'en la
seconde, comme nous en pouvons juger par toutes les religions et loix qui ont
esté au monde dés le commencement en tous peuples et nations. Car quand il
n'est question que des choses requises en la societé humaine et de celles qui
nous sont proposees en la seconde table qui concerne le prochain, tous les
legislateurs des payens en ont donné de fort belles loix et fort conformes à la

loy du Seigneur.[19] Mais quand il est question de la nature de Dieu et du service divin et spirituel qu'il requiert des hommes, et du jugement et de la justice, et de la grace et de la misericorde d'iceluy, et de son ire contre le peché, et de la nature du peché, et de la corruption du genre humain, et de la restauration d'iceluy, et du salut des hommes, et du moyen pour l'obtenir, et de la doctrine de penitence et de foy, et de la justification et sanctification, et de la regeneration et autres semblables poincts esquels le salut des hommes consiste, il n'y a ne philosophie ne loy ne religion qui y ait rien entendu, ne par laquelle on en puisse avoir aucune certaine cognoissance, sinon par celle laquelle Dieu a revelee par sa parole. Suyvans donc tousjours ceste lumiere, ne considerons pas seulement si la religion que nous suyvons est du tout fausse ou non, mais aussi s'il y a rien d'abastardi et de meslé, ou de deguisé, ou de changé, ou d'adjousté, ou de diminué, ou de corrompu et perverti.

De la reigle et de l'exemple que nous devons suyvre en toute vraye reformation de la religion et de l'Evangile.

T. Et s'il y a aucune ou plusieurs de ces fautes que tu as maintenant touchees, que sera-il de faire?

D. Il n'y a point d'autre moyen pour les corriger et pour bien reformer la religion ainsi difformee, sinon en suyvant l'exemple des prophetes et de Jesus Christ et des apostres. Car quand les prophetes ont voulu corriger et reformer les superstitions et idolatries, et les erreurs et abus qui sont surve[20]nus en l'Eglise d'Israel par le mespris de la loy de Dieu, et par les inventions et traditions des hommes, ils n'ont pas fait un meslinge de la loy de Dieu et de la religion ordonnee par iceluy avec telles inventions et traditions, pour appaiser les troubles et dissensions qui estoyent en la religion et pour contenter tant une des parties que l'autre par quelque forme de nouvelle religion composee tant de la vraye que de la fausse. Mais au contraire, ils ont tousjours rappelé le peuple à l'entiere observation de la loy, sans en relascher ne dispenser un seul poinct, tant pour confermer par icelle ceux qui avoyent tousjours suyvi la vraye religion, que pour y ramener ceux qui s'en estoyent destournez et s'estoyent adonnez à superstition et idolatrie. Et s'ils n'ont peu obtenir cela des superstitieux et des idolatres et des obstinez, ils ont tasché tant qu'ils ont peu à separer leurs disciples d'iceux afin qu'ils n'eussent aucune communication avec eux en leur fausse religion. Car ils les ont mieux aimé laisser en leur bourbier tout seuls que s'embrouiller avec eux en laissant la vraye religion, ou en la desguisant et corrompant. Et pource Isaïe dit à ce propos: "Le Seigneur m'a instruit de non aller en la voye de ce peuple-ci."[54] Et puis il luy a monstré la voye qu'il devoit suyvre et enseigner aux autres, disant: "Sanctifiez le Seigneur des armees, et qu'iceluy soit vostre crainte et vostre espouvantement. Et il vous sera en sanctification, mais il sera comme pierre d'empeschement et comme pierre de ruyne aux deux maisons d'Israel, en laqs et en rets aux habitans de Jerusalem. [21] Et plusieurs d'iceux y chopperont, et cherront, et seront froissez, et seront enlacez et pris." Voila comment la parole du Seigneur a esté receue du temps d'Isaïe et des autres prophetes par la plus grand part du peuple qui se glorifioit d'estre le peuple de Dieu, et principalement de ceux qui tenoyent les premiers lieux et avoyent le plus d'apparence en iceluy. Car le Seigneur ne se pleind pas en ce passage des payens et des peuples estranges, mais du sien mesme. Et pource il exprime notamment la maison d'Israel, et puis Jerusalem, la ville metropolitaine et capitale de toute la nation en laquelle Dieu avoit principalement mis son siege et les tesmoignages de sa presence. Mais escoute le conseil et le commandement que le Seigneur donne puis apres au prophete, tant pour luy que pour ses disciples: "Lie le tesmoignage, 'dit-il,' cachette la loy entre mes disciples."

T. Qu'entend-il par cela?

D. Tout autant comme s'il disoit: "Puis que ce peuple ne te veut ouyr ne la doctrine laquelle tu luy proposes en mon nom, ains la prend en scandale, serre et agence ma doctrine comme en un paquet et comme en un thresor caché et cacheté aux hypocrites et aux infideles qui la rejettent, pour la manifester et distribuer à mes disciples et à mes eleus qui ne suyvent pas les voyes d'iceux." Et puis escoute que le prophete a respondu sur cela: "J'attendray le Seigneur, 'dit-il,' lequel cache sa face de la maison de Jacob, et m'attendray à luy. Me voici, moy et mes enfans que le Seigneur m'a donnez pour signe et pour miracle en Israel." Tu vois ici la prom[22]pte obeyssance du prophete, lequel appelle ses enfans ceux lesquels le Seigneur a auparavant appelé ses disciples, à cause que le Seigneur les luy avoit donnez en charge pour les instruire et enseigner comme ses enfans. A cause de quoy les disciples des prophetes sont aussi appelez leurs enfans et leurs fils selon le commun style des Escritures."[55]

T. Mais qu'entend le prophete par ce que il dit que le Seigneur les luy a donnez pour signe et pour miracle en Israel?

D. C'est un poinct qui est bien à noter. Car il veut dire que le nombre de ceux qui demeureront avec luy comme vrais disciples du Seigneur, et qui suyvront purement la doctrine d'iceluy, sera si petit et si vil et si abjet[56] au regard des autres, et tant mesprisé et tant hay et persecuté de tous, qu'ils seront à tous en horreur comme des monstres, et comme si c'estoyent des hommes tous estranges et sauvages, et du tout differens et contraires aux autres, comme les monstres.

T. Si on tient pour monstre une chose rare et qui advient peu souvent et qui est fort differente aux autres de semblable nature, on peut à bon droict tenir pour monstres les gens de bien car ils sont fort cler semez; et combien qu'ils soyent de nature commune avec tous les autres hommes, toutesfois il y a plus de difference entre les uns et les autres qu'entre les hommes et les bestes. Car ceux-la ne doyvent pas estre tenus pour hommes qui, n'ayans point la vraye cognoissance de Dieu et de sa parole, vivent comme [23] bestes brutes.

D. Il est ainsi. Mais au lieu que les meschans et les ennemis de Dieu doyvent à bon droict estre tenus pour monstres entre le genre humain, entant qu'ils ne suyvent point la nature en laquelle Dieu a cree l'homme, ains la convertissent en nature brutale, par le contraire ce sont ceux qui tiennent les bons et les vrais enfans de Dieu pour monstres hideux à cause qu'ils ne sont pas semblables à eux et qu'ils ne veulent faire comme eux.

T. Ils sont monstres pource qu'ils ayment mieux vivre en hommes qu'en bestes et estre plus semblables aux anges qu'aux diables, autant qu'ils le peuvent faire en ceste infirmité humaine qui est commune à tous les hommes.

De l'exemple de Jesus Christ et des apostres à ce mesme propos.

D. Voila la cause. Mais revenons à nostre propos touchant le moyen qu'il faut tenir en la reformation de l'Eglise et de la religion. Je t'ay desja proposé l'exemple des anciens prophetes; venons maintenant à Jesus Christ et à ses apostres et nous trouverons qu'ils ont fait tout le semblable. Car combien que les Scribes et les Pharisiens eussent grandement corrompu la doctrine de la Loy, non seulement par leurs fausses interpretations et expositions, mais aussi par leurs inventions et traditions, comme Jesus Christ le leur a reproché tant ouvertement, toutesfois il n'a point changé la loy, ains s'est contenté d'en donner la vraye intelligence.[57] Il a fait le semblable de toute la doctrine des prophetes à laquelle il a tousjours renvoyé tant [24] ses auditeurs que ses adversaires, disant: "Enquerez vous diligemment des Escritures."[58] Item, "Si vous croyez à Moyse, vous me croyez, car il a escrit de moy. Mais si vous ne croyez point aux escrits d'iceluy, comment croirez-vous à mes paroles?"[59] Et pource il a dit en un autre lieu qu'il n'estoit pas venu pour destruire la loy, mais pour l'accomplir.[60] Ses apostres et disciples n'ont pas pris autre chemin en telle matiere que celuy que leur maistre leur a monstré. A ceste cause quand sainct Paul a voulu corriger les abus que de son temps estoyent desja survenus en la Cene entre les Corinthiens, il ne leur a point proposé autre forme de Cene que celle mesme que Jesus Christ a ordonné, comme luy mesme le tesmoigne, ains les a seulement renvoyez à icelle,[61] sans y rien adjouster, ou diminuer, ou changer, ou deguiser, ou la convertir en messe semblable à celle de l'Eglise romaine, comme elle y a esté convertie puis apres depuis que les hommes ont delaissé la parole de Dieu et la simplicité d'icelle pour suyvre les traditions et inventions des hommes. Et quand il preschoit en Ephese, voyant qu'aucuns des Juifs s'endurcissoyent et estoyent rebelles, mesdisans de la voye du Seigneur devant la multitude, se departant d'avec eux, il separa les disciples, disputant de jour en jour en une certaine escole.[62]

T. Je ne doute point que luy et les disciples qui l'ont suyvi n'ayent esté reputez et tenus pour apostats et heretiques et schismatiques par les Juifs desquels ils se sont separez.

D. Ils n'en pouvoyent pas faire autre jugement, veu qu'ils s'estimoyent estre les vrais ca[25]tholiques de l'Eglise d'Israel qui suyvoyent la religion et la loy ancienne de leurs predecesseurs, de laquelle ils disoyent que Jesus Christ et ses disciples estoyent apostats et schismatiques, comme les catholiques romains le disent aujourd'huy de ceux qui desirent la pure predication de l'Evangile et la vraye reformation de l'Eglise et de la religion par icelle.

Des apostres de la Circoncision et des moyenneurs et moderateurs qui ont esté desja du temps de l'Eglise primitive, et des heretiques qui dés lors l'ont troublee.

T. Si ceux qui ont succedé aux apostres eussent tous suyvi leur exemple, jamais la vraye religion n'eust ainsi esté troublee et corrompue par tant d'abus et d'erreurs et d'heresies qu'elle l'a esté depuis leur temps.

D. Les apostres ne sont pas à louer seulement en ce qu'ils ont tousjours ainsi retenu de leur part la doctrine et la religion pure et entiere, comme ils l'ont receue du Seigneur, mais aussi en ce qu'ils se sont vaillamment opposez à tous ceux qui de leur temps ont tasché à la deguiser et corrompre, et principalement aux apostres de la Circonsision qui vouloyent mesler les ceremonies de la Loy abolies par l'Evangile comme necessaires à salut avec le benefice de Jesus Christ et la doctrine chrestienne.[63] Car ceux-la, craignans la croix, vouloyent faire des moderateurs entre les Juifs et les Chrestiens. Et pour les mieux appointer les uns avec les autres, et pour moins desplaire à toutes les deux parties, ils forgeoyent une nouvelle forme de religion qui n'e[26]stoit du tout conforme ni avec la doctrine et religion des Juifs qui contredisoyent à l'Evangile, ni avec celle des apostres et des Chrestiens qui suyvoyent la pure doctrine d'iceluy preschee par iceux, ains faisoyent une meslee de toutes les deux ensemble, de sorte qu'eux ne leurs disciples n'estoyent ne du tout juifs ne du tout chrestiens, mais juifs et chrestiens bastars qui ont grandement troublé l'Eglise primitive. A cause de quoy le concile tenu par les apostres en Jerusalem fut assemblé auquel ce different fut vuidé entre les fideles.[64] Et comme ces faux apostres et leurs disciples ont tasché par ce moyen à corrompre la pure doctrine et religion de celle premiere Eglise et l'ont grandement troublee, ainsi en ont fait les heretiques qui les ont suyvis, les uns d'une façon et les autres d'une autre. Car les[65] uns ont corrompu la vraye doctrine de l'Eglise par les ceremonies et supersitions et traditions judaiques, lesquelles ils y ont apportees, et les autres par celles des payens et des idolatres, et par leurs songes et inventions, et principalement par la philosophie humaine, laquelle ils ont adjointe et meslee avec la doctrine chrestienne, pour laquelle cause Tertulien a escrit à bon droict que les philosophes estoyent les patriarches des heretiques.[66]

De la corruption de la doctrine et religion chrestienne par le meslinge des ceremonies et superstitions tant des Juifs que des payens; et des causes d'iceluy.[27]

T. Je considere sur ce que tu dis que tous ceux qui ont jadis esté appelez à l'Evangile et à la religion chrestienne estoyent ou juifs ou payens. Parquoy il est fort vray-semblable que plusieurs tant des uns que des autres n'ont pas receu l'Evangile si purement qu'un chacun d'eux n'y ait apporté quelque chose de sa premiere religion. Car ce n'est pas chose facile d'arracher du tout du coeur des hommes et soudain les superstitions et opinions premieres desquelles ils ont esté abreuvez et esquelles ils ont esté nourris.

D. Il ne faut pas douter que cela ne soit advenu à plusieurs, mais le pis a esté quand il est advenu à ceux qui ont tenu lieu de docteurs et de pasteurs en l'Eglise. Car ils ont bien eu plus de moyen à infecter la pure doctrine d'icelle que les autres qui n'y tenoyent que lieu de brebis. Surquoy tu as à noter que ceux qui ont esté nourris en la religion des Juifs ont peu estre deceus en deux manieres: l'une par faute d'avoir bien entendu le vray usage de la loy et l'office du Messias[67] qu'ils attendoyent, et l'abolition des ceremonies mosaïques et levitiques par la venue d'iceluy et l'accomplissement qu'il en a fait. L'autre est que la doctrine de la loy et des prophetes avoit esté fort corrompue par les Scribes et les Pharisiens par les moyens que j'ay desja exposez, comme nous l'experimentons encore aujourd'huy és Juifs de nostre temps. Car outre ce que leurs rabins et docteurs pervertissent tant qu'ils peuvent le vray sens de la doctrine de la Loy et des prophetes pour destourner leur nation de Jesus Christ et de la religion chrestienne, ils ont encore leur [28] Cabale[68] et les traditions de leur Thalmud et une infinité de songes et de resveries et de sorceleries, desquelles ils sont infectez et infectent les autres.

T. Si cela est advenu à plusieurs des Juifs qui se sont faits Chrestiens, je ne doute point que le semblable ne soit bien aussi advenu du costé de plusieurs des payens qui ont fait profession de la religion chrestienne en leur endroit.

D. Tu peux bien penser qu'il leur a esté fort difficile de renoncer du tout à leurs superstitions et idolatries accoustumees et à leur philosophie humaine. Et d'autrepart, il est facile à juger que tant les uns que les autres ont trouvé bien estrange celle simplicité qu'ils ont veue en la religion chrestienne, la comparans avec les pompes de celle en laquelle ils avoyent vescus auparavant. Car combien avoyent les Juifs de ceremonies, et quelle a esté la magnificence de leur temple? Et les payens combien les ont-ils encore surmontez en cela? Ce n'est donc pas de merveille s'ils ont tous trouvé estrange un tel changement si grand et si subit, et principalement veu que les hommes s'amusent tousjours plus aux choses exterieures et à l'apparence d'icelles qu'aux choses spirituelles et plus excellentes, lesquelles n'apparoissent pas aux sens humains. Voila donc la cause qui a induit plusieurs des Anciens, apres le temps des apostres, à inventer des moyens pour enrichir et orner la religion chrestienne de quelques ceremonies de plus grande apparence, prises de l'imitation tant des Juifs que des payens. Mais il leur a semblé non seulement qu'ils [29] ne commettoyent point de faute en cela, mais, qui plus est, qu'ils faisoyent une oeuvre fort utile et necessaire entant que, selon leur advis, ils appliquoyent à bons usages cela dequoy les autres avoyent mal usé, et qu'ils faisoyent servir à Dieu et à la vraye religion ce qui avoit servy au diable et à superstition et idolatrie.

Comment les Anciens se sont trompez, voulans orner la religion chrestienne à l'imitation et à l'exemple des Juifs et des payens, et du mauvais exemple qu'ils ont donné à leurs successeurs en cela.

T. Il me semble qu'ils se sont grandement trompez en cela.

D. Il est certain. Car au lieu d'abolir les anciennes superstitions et idolatries, ils les ont renouvelees, les deguisant en une nouvelle forme par le moyen delaquelle elles ont plus nuit à la vraye Eglise que si elles fussent demeurees en leur vieille et premiere forme. Car puis qu'elles avoyent desja esté descouvertes par la predication de l'Evangile les hommes s'en pouvoyent mieux garder. Mais quand on leur a donné nouvelle masque, elles n'ont peu estre si bien cognues, ains ont esté comme un ange de Satan transfiguré en ange de lumiere.

T. Je ne doute point que les bons Anciens qui ont tasché à orner la religion chrestienne et à luy donner par ce moyen plus beau lustre ne l'ayent fait à bonne fin et à bonne intention, comme on [30] dit communément, ne pretendans rien moins qu'à ce qui en est advenu.

D. Mais l'evenement et l'experience nous ont monstré puis apres combien il eust esté meilleur que les anciens successeurs des apostres eussent suyvi l'exemple et la simplicité d'iceux, et qu'ils se fussent contentez comme eux des simples ordonnances du Seigneur sans y rien adjouster ou mesler du leur. Car combien qu'eux ayent tenu meilleur moyen[69] en leurs inventions et traditions que ceux qui par succession de temps les ont suyvis et en ont abusé, toutesfois ils ont donné une tresmauvaise ouverture à leurs successeurs, lesquels se sont donné puis apres une licence immoderee d'adjouster tousjours inventions sur inventions, et traditions sur traditions, et de les changer et rechanger, comme bon leur a semblé, et de disposer de la religion et des choses appartenantes à icelle comme nouveaux legislateurs. En quoy ils ne se sont pas gouvernez comme membres et ministres de l'Eglise du Seigneur, mais comme seigneurs d'icelle usans de puissance absolue. Dont il est advenu par succession de temps, que d'une simple et pure religion chrestienne, on en a fait une autre nouvelle composee d'icelle et de la religion judaique et payenne. Et si les Anciens ont failli en cest endroit, et le tout à bonne intention, comme on dit, nous ne les pouvons aussi du tout excuser en ce qu'ils ont trop meslé de philosophie humaine avec la doctrine chrestienne, et trop de rhetorique et de manieres de parler poetiques parmi le sim[31]ple style des sainctes Escritures, lesquelles manieres de faire ont esté cause de beaucoup d'erreurs, principalement à l'endroit des ignorans qui leur ont succedé et qui n'ont pas entendu leurs manieres de parler.

De la composition de l'Alchoran[70] de Mahomet et d'où il a pris l'occasion de mettre en avant une religion nouvelle; et de la disposition en laquelle il a trouvé le monde pour la recevoir, et par quels moyens.

T. Leur exemple nous doit donc aujourd'huy servir d'un bon enseignement pour nous apprendre à ne rien entreprendre de nostre fantasie au faict de la religion, mais aussi de tousjours tenir les sainctes Escritures de si pres que nous ne nous donnions aucune licence par dessus icelles, non pas mesme aux manieres de parler desquelles elles usent sans bien grande necessité.

D. Si nous en faisons autrement, nous serons tout esbahis que nous nous en trouverons fort eslongnez et que nous deguiserons tous les jours la vraye religion, de telle sorte que nous la perdrons finalement, et nous en forgerons une autre toute nouvelle par laquelle la vraye sera toute contrefaite, comme nous la voyons en l'*Alchoran* de Mahomet et en la forme de religion qui est maintenant entre ceux qui s'appellent les Catholiques Romains. Car si nous considerons l'*Alchoran* de Mahomet, il y a beaucoup de belles pieces prises tant du vieil que du nouveau Testament et tant de la [32] religion chrestienne que de la judaique. Il y en a aussi beaucoup qui sont prises tant des payens que des heretiques anciens, de sorte que c'est une loy et religion ramassee et composee de toutes ces pieces cousues ensemble. Et la cause qui a induit Mahomet à ce faire a esté l'occasion que le temps luy a presenté, lequel luy a esté fort propre pour faire ce qu'il a entrepris et le mener à chef. Car il est venu en un temps plein de grande et lourde ignorance auquel toute lumiere de bonnes lettres estoit esteinte, comme elle l'a esté toujours de plus en plus és aages suyvans. En quoy Mahomet a eu un grand avantage, car ceux desquels il a esté le capitaine et le conducteur estoyent fort ignorans et lourds. Les uns estoyent idolatres, les autres avoyent esté bien legerement instruits en la religion chrestienne et en sçavoyent bien peu. Et puis il a consideré la division qu'il a veue au monde et les troubles qui y estoyent de toutes parts, tant en l'Eglise qu'en la republique et tant en la religion qu'en l'empire. Parquoy voyant qu'il faisoit beau pescher en eau trouble et que les hommes estoyent fort troublez et esbranlez de toutes parts, tant pour les dissensions et guerres qui estoyent en l'Empire que pour les heresies et sectes et divisions qui estoyent en la religion, il a mis en avant celle nouvelle forme de religion, prise de toutes celles qui estoyent en different, pour les conjoindre en une afin qu'il attirast plus facilement à icelle, pour le moins, une grande partie de ceux qui faisoyent profession de quelqu'une des autres, comme aussi il l'a fait, car [33] les uns estoyent encore payens, les autres juifs, les autres chrestiens. Et puis il y avoit diverses opinions et sectes et heresies tant entre les uns que les autres. Et pourautant qu'en ce mesme temps il y eut une bien grande revolte contre l'empereur et l'empire romain, ceux qui se revolterent furent facilement induits à haine contre la religion des empereurs contre lesquels ils s'estoyent revoltez. Car cela advient assez ordinairement entre les hommes que pour la haine de leurs ennemis ils hayssent aussi leur religion et se bandent contre icelle, soit ce avec raison ou sans raison. Voila donc comment Mahomet a trouvé le monde disposé et la besongne taillee pour l'oeuvre qu'il a voulu faire. Il a eu d'un costé l'ignorance des hommes de ce temps-la, qui a esté cause qu'il ne s'est pas trouvé des entendemens et des esprits tels qu'il estoit de besoin pour descouvrir l'ignorance et brutalité de ce faux prophete et le rembarrer comme il estoit requis. Et d'autre part, les armes de l'Empire romain estoyent desja tant debilitees par les divisions qui avoyent esté en iceluy qu'elles dormoyent du tout ou qu'elles n'en pouvoyent plus et n'estoyent pas assez fortes pour resister à Mahomet et à son armee, ni aux autres qui se sont revoltez en grand nombre contre ledit Empire.

De la difference qu'il y a entre le temps auquel Jesus Christ a apporté l'Evangile au monde, et le temps auquel Mahomet a commencé sa loy et religion, et de quelles forteresses il l'a munie.

T. Ce n'est pas de merveille si Mahomet a eu suite, ayant trouvé le temps et le monde ainsi disposez. Mais on ne peut pas dire le semblable de Jesus [34] Christ ne de ses Apostres ne du temps auquel ils ont presché l'Evangile et fondé l'Eglise et la religion chrestienne, laquelle n'a esté qu'une vraye reformation et perfection de l'Eglise et religion ancienne d'Israel. Car s'il est question de l'Empire romain, les guerres civiles et les divisions et revoltemens contre iceluy n'ont point donné d'avantage à Jesus Christ ni à ses apostres. Car pour le premier, ils n'ont point planté leur doctrine avec les armes comme Mahomet, et d'autre part l'Empire romain ne fut jamais en si haut degré ni en si haute puissance qu'alors. Car il a lors esté reduit en monarchie et uni tout sous un chef, et les guerres civiles ont cessé tellement qu'il y avoit fort long temps qu'on n'avoit veu une paix tant generale et universelle en tout le monde ne telle obeissance rendue à l'Empire romain qu'on l'a veue du temps d'Auguste Cesar auquel Jesus Christ est nay.[71] Et s'il est question des hommes de grand esprit et sçavans en toutes langues et sciences, et des excellens poetes, orateurs, philosophes et autres grans personnages, quel aage en a eu de plus grans et plus excellens?

D. Et pource on cognoist tant mieux par cela quelle difference il y a entre Jesus Christ et Mahomet, et la loy et doctrine et religion tant de l'un que de l'autre. Car on voit clairement que Jesus Christ ne les siens n'ont pas eu les moyens humains pour leur aider à faire ce qu'ils ont fait, lesquels Mahomet a eus; ains les ont tous eus totalement contraires à à eux. Car tout le monde s'est uni, voire mesme ceux qui au paravant avoyent esté ennemis mortels, se sont bandez les uns avec les autres pour faire la guerre d'un [35] commun accord à Jesus Christ et à ses apostres et disciples, lesquels n'ont fait guerre à personne, sinon en souffrant des autres qui les ont persecutez. Brief, tout ce qui estoit de grandeur et d'excellence au monde, et tout ce parquoy les hommes se peuvent faire grans humainement et abbatre les autres a esté bandé contre Jesus Christ et sa doctrine et son Eglise, et si est non seulement demeuree invincible, mais aussi est tousjours aumentee maugré tous ses ennemis et toutes les portes d'enfer, et toutes les puissances mondaines et infernales. Et Jesus Christ la[72] conserve encore aujourd'huy et la fait croistre et augmenter par mesme moyen, comme l'experience publique le monstre assez clairement à tous, sinon à ceux qui par fait d'advis[73] se veulent crever les yeux. On peut donc facilement juger que Jesus Christ et sa doctrine et son Eglise et la vraye religion chrestienne ont autre fondement qu'humain, et que c'est une oeuvre divine et non pas humaine ne semblable à celle de Mahomet. Pour ceste cause, Mahomet cognoissant sur quels fondemens sa loy et religion estoit fondee, dit et prophetiza qu'elle dureroit autant de temps que la force et les armes et les victoires des siens et de ceux qui la suyvroyent. Car il sçavoit tresbien qu'elle n'estoit pas fondee en persuasion de verité[74] comme toute vraye religion doit estre, mais en violence. Et pourtant considerant quelle loy il donnoit, il la munit de quatre grandes forteresses par lesquelles il n'y a si meschante loy ne religion ni heresie tant estrange et tant hors de toute raison qui ne puisse [36] estre long temps maintenue entre les hommes.

T. Qui sont ces forteresses?

D. La premiere est qu'il commande qu'on tue tous ceux qui contrediront à son *Alcoran* et qu'on mette en servitude ceux qui ne voudront suyvre sa religion. La seconde, qu'il defend d'en disputer avec ceux qui sont d'autre secte et religion afin qu'on ne descouvre la lourde ignorance et les gros et lours erreurs et abus qui y sont. La troisieme, qu'il defend de croire à point d'autres qu'à ceux de sa secte et religion. La quatrieme, que les siens se separent totalement des autres et qu'ils leur disent pour toute raison: "Vi en ta loy et me laisse vivre en la mienne." Cela vaut autant comme s'il disoit: "Combatez par opiniastreté et obstination pour maintenir vostre loy et religion, et n'oyez raison quelconque ne chose qu'on vous puisse proposer au contraire."

Des compaignons que Mahomet a eus en la composition de son Alcoran et comment il les a trompez, et quel moyen il a tenu en iceluy.

T. Puis que j'enten qui est le fondement de la loy et religion de Mahomet, je te demande s'il l'a inventee tout seule de luy mesme, ou s'il a point eu d'aides pour luy aider à bastir un si bel edifice.

D. Pour autant qu'il estoit homme sans lettres et du tout ignorant, il a eu trois maistres qui luy ont servi de conseil. Les deux ont esté chrestiens, mais heretiques, desquels l'un nommé Sergius a esté moyne et Arrien, et l'autre nommé Jean a esté Nestorien,[75] et le troisieme a esté un Juif thalmudi[37]ste.[76] Ceux-ci voyans qu'il avoyent un grand avantage et une grande ouverture pour amener et attirer beaucoup de gens à leurs erreurs et heresies par le moyen de Mahomet, on travaillé tant qu'ils ont peu à l'attirer un chacun en son opinion et en sa secte, mais il les a trompez tous trois. Car il les a tous ouys, et puis n'a pris toute l'opinion ne la doctrine ne des uns ne des autres, mais seulement ce qu'il luy a pleu d'une chacune d'iceux et en a fait une loy et religion nouvelle, estimant que par ce moyen il gratifieroit d'un costé à ses compagnons et maistres et conseillers, prenant quelque chose du conseil et de la doctrine d'un chacun d'eux, et que de l'autre costé il pourroit aussi attirer à soy et à sa loy beaucoup de peuples de toutes nations par un tel meslinge, veu les troubles qui estoyent pour lors en toutes religions. Et pource, outre ce qu'il a pris de la religion chrestienne de ses deux maistres et conseillers chrestiens, il en a aussi retenu l'heresie arrienne et nestorienne. Et de son Juif thalmudiste il n'en a pas seulement pris ce qu'il a emprunté de la loy des Juifs, mais aussi les fables et resveries de leur *Thalmud* desquelles il a fort farci son *Alchoran*. Et par ainsi il a pris des Juifs la circoncision et l'abstinence de la chair de pourceau, et plusieurs autres ceremonies et observations de leur loy, pour les gagner plus facilement à la sienne. Et pour en moins estranger les Chrestiens, il a aussi grandement loué Jesus Christ et la Vierge Marie et les apostres, et a prins beaucoup de poincts de leur doctrine. Il a semblablement pris tant des Juifs que des Chrestiens et des payens, [38] plusieurs lavemens[77] qui sont en sa religion, comme des especes de baptesmes et de purgations et purifications. Et puis il y a meslé sa poison prise des heresies anciennes et de la religion payenne, ausquelles il a encore adjousté ses inventions. Car s'il eust presenté sa poison toute descouverte, sans estre couverte de quelque couverture de la vraye religion, il ne l'eust peu si bien faire recevoir.

T. Tant s'en faut donc que ce qu'il a emprunté de la loy de Dieu et de la vraye religion rende la sienne meilleure et plus saincte, qu'elle en est beaucoup plus detestable.

D. Il est ainsi principalement pour deux causes: La premiere pource que le nom de Dieu y est plus profané et deshonoré que s'il n'en abusoit pas comme il en abuse. L'autre pource aussi que les hommes se peuvent moins garder de la poison qui est couverte de si belle apparence que si elle deur estoit presentee sans icelle.

De la convenance et difference qu'il y a entre la forme de religion proposée sous le titre de l'Eglise qui s'appelle Romaine et celle de Mahomet.

T. Il m'est advis que nous pouvons dire presque le semblable du deguisement qui a esté fait de la religion chrestienne en celle forme qui nous en a esté proposee sous le nom et titre de l'Eglise romaine.

D. Si tu entens par l'Eglise romaine celle Eglise ancienne qui a jadis esté à Rome du temps des apostres et encores fort long temps apres, il y a autant [39] de difference qu'entre la lumiere et les tenebres. Mais si tu la prens pour celle qui se glorifie maintenant de ce titre et pour la forme de religion qu'elle soustient, je n'y voy pas fort grande difference en plusieurs poincts. Car elle est tant differente à celle de la premiere et vraye Eglise chrestienne qui a esté du temps des apostres et de leurs vrais successeurs, que ce n'est plus celle-la, mais une autre toute diverse, comme si on avoit voulu forger par maniere de dire une autre nouvelle forme d'Alchoran masqué d'une autre masque qui ressemblast plus à la religion chrestienne que celle de Mahomet, afin que ceux qui n'auroyent esté seduits par luy le fussent plus facilement sous une autre couleur. Mais ceste nouvelle forme de religion de laquelle je parle maintenant a aussi cela d'avantage qu'outre ce qu'elle tient des Juifs, elle tient encore plus de celle des payens, notamment touchant l'idolatrie, que celle de Mahomet, laquelle condamne totalement toutes images et idoles. Parquoy quand il n'y auroit que ce seul poinct en la religion romaine telle qu'elle est à present corrompue et renversee, ce n'est pas de merveille si les Juifs et les Turcs l'ont en grande destation, et semblablement la vraye religion chrestienne à cause d'icelle, pour autant qu'ils en jugent selon ceste forme de l'Eglise et de la religion romaine et qu'ils cuident qu'elle soit celle-mesme. Car ils scavent tresbien, tant les uns que les autres, que Dieu a defendu expressement en sa loy toutes idoles et images en matiere de religion et en son service divin. Et s'ils ont juste occasion de scandale en cest endroit [40] pour les estranger du tout de la religion chrestienne, ils en ont bien d'avantage quand ils voyent que ceux qui s'appellent Chrestiens tiennent et adorent pour leur Dieu une petite piece de pain corruptible, et qu'apres avoir fait du pain leur Dieu, ils le mangent et le voyent manger tous les jours, ou enclos et enserré en des boites et des armoires.

T. Je ne suis pas esbahi si les Juifs et les Turcs trouvent merveilleusement estrange une telle religion, laquelle soustient une opinion si lourde et une idolatrie qui n'eut jamais sa semblable depuis la creation du monde, ne en laquelle les hommes ayent esté tant ensorcelez et tant abestis.

D. Si tu consideres aussi en quel temps ceste idolatrie a commencé, et auquel la vraye religion a semblablement esté desguisee et convertie en une autre, comme nous la voyons à present et quand le siege romain[78] a esté dressé et a estendu sa seigneurie sur toute la Chrestienté, tu y trouveras presques toutes les mesmes choses que j'ay touchees, parlant du temps auquel Mahomet a dressé son regne et sa religion. Et si tu advises bien par quels moyens le siege romain s'est eslevé par dessus les autres et s'est augmenté et conservé, et se maintient encore et conserve et sa religion et ses loix et traditions et statuts et canons, tu y trouveras grande convenance en beaucoup de poincts avec ce que j'ay dit des forteresses desquelles Mahomet a muni sa loy pour la defense et maintenance d'icelle.

T. Je voy bien tout cela.

De ceux qui sont d'opinion qu'on se tienne à la forme de [41] *la religion de l'Eglise qui se dit romaine, en attendant la reformation.*

D. Puis donc qu'ainsi est, que te semble-il de l'opinion de ceux qui veulent qu'on demeure en la forme de religion qui est à present en l'Eglise romaine jusqu'à ce qu'on ait deliberé et conclu de celle sur laquelle il faut prendre le patron d'une vraye reformation? Ceux-ci confessent bien qu'elle est necessaire, à cause qu'ils ne le peuvent nier, recognoissans qu'ils ne peuvent plus donner couleur aux erreurs et abus qu'ils ont sousténus jusques à present, tant belle et tant bien peinte qu'elle puisse estre, qu'ils ne demeurent descouvers aux plus ignorans et mesmes aux plus lours qui soyent au monde, s'ils ne se veulent crever les yeux par fait d'advis.

T. Puis que le Pape et son clergé, et ceux qui sont alliez avec eux, cognoissent bien qu'ils ne peuvent pas gagner leur cause en les[79] voulant tousjours sousténir, comme ils l'ont fait par ci devant, je ne doute point qu'ils ne voulussent bien qu'on suyvist ceste opinion, laquelle tu as maintenant proposee, afin que cependant ils jouyssent tousjours de la possession laquelle ils ont envahie[80] sous le titre du ministere de l'Eglise et des clefs d'icelle.[81] Et si cela leur estoit une fois accordé, il ne faudroit pas attendre d'avoir jamais reformation, pour le moins à leur poursuite, telle qu'elle est requise. Car au lieu de la procurer de leur part, ils travailleroyent plustost à y mettre tous les empechemens qu'ils pourroyent, comme ils ont tousjours fait et le font encore. Et cependant les ignorans demourroyent [42] et mourroyent en leur ignorance. Et ceux qui ont desja la cognoissance de verité demourroyent sans exercice de la vraye religion, et faudroit qu'ils vesquissent[82] comme sans religion, pour le moins quant à l'apparence exterieure, ou ils seroyent contrains de faire beaucoup de choses contre leur conscience, communicans avec les superstitieux et les idolatres. Et s'il faut entrer en disputation de la forme qu'il convient prendre pour patron d'une vraye reformation ce ne sera pas tantost fait. Car j'enten qu'il y a grandes diversitez d'opinions touchant ce poinct, comme tu le sçais mieux que moy.

Si les ceremonies sont necessaires ou indifferentes en la religion, et de la diversité d'icelles.

D. Il y en a, pour le premier, qui sont d'opinion qu'il suffit de garder immuablement ce qui est spirituel et interieur en la matiere de la religion, et qu'au reste ce qui est du dehors, concernant les ceremonies, est arbitraire et volontaire et non necessaire, de sorte que les ceremonies peuvent estre retenues ou changees ou abolies du tout selon les temps et les lieux et les personnes et autres telles circonstances.

T. Que te semble-il de ceste opinion?

D. Puis que le Seigneur requiert de nous non seulement que nous ne le nions point, mais aussi que nous le confessions sans avoir aucune honte de luy,[83] et que nous confessions de bouche ce que nous croyons de coeur,[84] et que nous tesmoignions par oeuvres ce que nous confessons de bouche [43] afin que les oeuvres ne dementent la bouche et la bouche le coeur,[85] il est facile à juger qu'on ne peut pas separer l'exterieur de l'interieur, veu qu'il faut que l'un tesmoigne de l'autre et qu'ils ayent vraye convenance ensemble. Car s'il faut que la bouche parle de l'abondance du coeur,[86] comme Jesus Christ le tesmoigne, et que la langue convienne avec iceluy, il n'en est pas moins requis de tous les autres membres du corps. Et pourtant le Seigneur n'a pas seulement ordonné la parole pour confesser la foy que nous avons en luy et pour le louer par icelle, mais il a aussi ordonné des signes et des sacremens et diverses ceremonies à celle mesme fin, et pour testifier de la fidelité et de l'hommage qu'il requiert de nous et que nous luy devons. Pour ceste cause il faut mettre difference entre les ceremonies qui sont de la substance de la religion, et qui appartiennent à la profession d'icelle, et celles qui luy sont totalement contraires, et celles qui peuvent estre tenues pour indifferentes.

Quelles sortes de ceremonies doyvent estre necessairement observees ou rejettees.

T. Que dis-tu de celles du premier ordre?[87]

D. Qu'elles ne peuvent estre tenues pour arbitraires et volontaires, au sens que j'ay tantost exposé ceste maniere de parler, ains qu'elles sont necessaires en tant que les hommes ont le moyen d'en user, veu qu'elles sont expressement instituees et commandees de Dieu.

T. Pourquoy y adjoustes-tu ceste exception?[88]

D. Pource que s'il y a tel em[44]peschement que les fideles n'en puissent aucunement avoir l'usage, il y a autre raison que s'il y avoit de leur negligence et mespris tout evident.

T. Donne-moy exemple de cestes-ci.

D. Pren les signes des sacremens du Nouveau Testament et l'administration d'iceux. Car ce sont ceremonies et choses exterieures qui ne peuvent estre omises ne changees ne desguisees ni abolies, ains les faut retenir en la propre substance et forme qu'elles sont ordonnees du Seigneur. Quant à celles du second ordre, elles ne sont point pareillement arbitraires ne volontaires, veu qu'elles contreviennent à la pure parole de Dieu et à la vraye religion, ains doyvent estre necessairement rejettees. Je prendray pour exemple de cestes-ci la veneration et adoration des images et des reliques, et du pain et du vin de la Cene, et l'assistance aux sacrifices des idolatres, et autres semblables. Au moyen de quoy je conclu que ceux qui mettent ces deux sortes de ceremonies entre les choses arbitraires et volontaires et en usent indifferemment, selon qu'il leur vient mieux à propos, pour s'accommoder à toutes religions et pour mieux temporiser avec un chacun, sont des moqueurs et trompeurs qui mentent à Dieu et aux hommes. Mais ils ne peuvent pas tromper Dieu comme ils trompent les hommes, lesquels ils ne trompent pas encore tousjours comme ils pensent. Car ils ne peuvent si bien jouer leur personnage qu'ils ne soyent souventesfois plus descouvers tant d'une part que d'autre qu'ils ne pensent, et qu'ils ne voudroyent.

T. Comment entens-tu que ceux-ci mentent à Dieu et [45] aux hommes?

D. En ce qu'ils sont de double coeur et de double parole et qu'ils jouent divers personnages sous diverses masques par leurs simulations et dissimulations. Car ils en pensent et en disent d'une, et sont d'une autre, faisant semblant tout contraire de ce qu'ils ont au coeur. A raison de quoy ils n'ont rien de certain ne de constant en eux, ains se tournent à tous vens et sont à tous visages.

Des ceremonies indifferentes et de leur usage[89].

T. Qu'as-tu encore à dire quant aux ceremonies du troisieme ordre, lesquelles tu appelles indifferentes?

D. On peut bien tenir cestes-ci pour arbitraires et volontaires entant que Dieu les laisse en la liberté de son Eglise, ou que ce sont traditions humaines desquelles on peut user en edification, ou les omettre sans scandale, ou les changer selon qu'elles peuvent servir à la foy et à la charité et qu'elles ne contreviennent en rien à la parole de Dieu. Et pource, on peut suyvre en cest endroit la reigle que sainct Augustin baille à ce propos quand il dit que non seulement il ne faut point condamner celles qui ne sont point ne contre la foy ne contre les bonnes meurs et qui ont quelque chose pour exhortation à meilleure vie, en quelque lieu qu'on les voye instituer ou qu'elles soyent desja instituees; ains plustost les faut suyvre en les louant, pourveu que l'infirmité d'aucuns n'y mette[90] tel empeschement qu'il en advienne plus de dommage que de profit. Mais si le [46] profit qu'on en espere est plus grand que le dommage n'est à craindre qui en peut revenir par les calomniateurs, sans nulle faute il le faut faire, principalement ce qu'on peut maintenir par les Escritures, comme de chanter des pseaumes et des louanges, veu que nous avons les enseignemens et exemples et commandemens tant utiles de ces choses, et du Seigneur et des apostres. Voila l'advis et conseil de sainct Augustin quant à ce poinct. Et si tu veux que je te donne quelque exemples de ce, je prendray l'administration de l'eau du baptesme pour un.[91] Car s'il est question si c'est chose indifferente de l'administrer ou non, je diray que non, ains qu'elle est necessaire entant que Dieu a commandé qu'elle soit administree et qu'il baille moyen aux hommes de le pouvoir ainsi faire. A raison de quoy le baptesme ne peut estre baptesme sans icelle et ne peut estre changee en autre signe. Mais s'il est question de la maniere de l'administrer et si on demande s'il suffit de la donner seulement une fois pour signifier l'unité de Dieu en l'essence divine, ou trois fois pour representer la Trinité des personnes en icelle, et s'il suffit d'en mettre seulement un peu sur la teste de celuy qui est baptisé ou de la respandre sur tout le corps, je di que l'Eglise peut user de telles ceremonies en liberté, selon qu'il sera plus honeste et plus convenable, et qu'il pourra mieux servir à l'union et à l'edification d'icelle, comme les Anciens l'ont fait sans y mettre aucune necessité, comme eux-mesmes le tesmoignent.[92] Nous [47] pouvons dire le semblable des signes de la Cene du Seigneur et de l'administration d'iceux. Car, non seulement on ne les peut ne doit changer, comme les heretiques l'ont fait qui ont changé le vin d'icelle en eau, à raison de quoy ils ont esté appelez Aquaires[93]; mais aussi il n'est loisible d'y rien adjouster, comme des autres heretiques l'ont fait, qui y ont adjousté du fromage, à cause de quoy ils ont esté nommez Artotyrites,[94] d'un nom composé de deux mots grecs desquels l'un signifie pain et l'autre fromage. Et puis que ces signes sont ordonnez pour estre distribuez à tous ceux qui veulent et doyvent communiquer à la Cene et en sont capables, il n'est en la liberté des ministres, non pas de toute l'Eglise mesme, de les separer et n'en distribuer que l'un ou l'autre ne de les garder en des boites ou armaires, ne les reserver apres l'action de la Cene, ne de les faire adorer et pourmener, ne de les offrir en sacrifice pour la remission des pechez, ne de donner charge à un de la compagnie, soit-il le ministre ou autre, de les prendre pour tout comme il se fait en la messe. Car tous ces poincts sont manifestement contraires à l'expresse parole de Dieu et ordonnance de Jesus Christ. Mais s'il est question de la maniere de les administrer, à scavoir ou debout ou assis, et avec pain levé ou sans levain, et des temps, des heures des lieux et d'autres semblables circonstances, cela est en la liberté de l'Eglise, pourveu que tout soit fait honnestement et par bon ordre et en edification.

Des divers estats de l'Eglise, et sur lequel il faut pren[48]*dre patron d'une vraye reformation selon l'opinion d'aucuns.*

T. Je me contente quant à ce premier poinct que tu as vuidé, touchant la diversité des opinions au regard du patron qu'il faut prendre pour venir à une vraye reformation; vien maintenant aux autres, et m'en di aussi ton advis.

D. Ceux qui entre nos adversaires se veulent mieux fonder en raison sont d'avis qu'il faut prendre ce patron sur l'estat auquel l'Eglise a esté en sa plus grande perfection. Et pource, ils en proposent divers degrez et rapportent le premier au temps des apostres. Mais tant s'en faut qu'ils prennent cest estat-la pour le plus parfait, qu'ils l'appellent l'enfance de l'Eglise, disans que les apostres ont seulement mis les premiers fondemens d'icelle, et puis ils ont laissé la charge de parfaire l'edifice commencé par eux à leurs disciples et autres successeurs. A raison de quoy, ils comprennent le second estat de l'Eglise entre le temps qui a esté depuis la mort des apostres jusques environ celuy de S. Cyprian, et ceux qui ont esté en ce mesme aage.[95]

T. Ils tiennent donc l'estat de l'Eglise qui a esté en ce temps-la pour plus parfait que celuy qui a esté du temps des apostres.

D. Il n'en faut point douter. Car ils afferment que les disciples d'iceux et leurs plus prochains successeurs ont non seulement eslevé plus haut, mais aussi mieux poli et orné l'edifice qui avoit seulement esté commencé par les apostres. Mais pourautant que ceux-ci ont eu de grans empeschemens, tant par les heresies que Satan a desja [49] suscitees de leur temps que par les cruelles persecutions des tyrans qui ont persecuté l'Eglise, ils n'ont pas peu mettre l'edifice avancé et orné par eux à sa plus grande perfection. Pour ceste cause ils viennent au troisieme estat, lequel ils tiennent pour le plus parfait, et le rapportent au temps que les rois et les empereurs, ayans receu l'Evangile et fait publique profession de la religion chrestienne, ont fait cesser les persecutions et ont mis l'Eglise en paix. Et par ainsi, ils disent que du temps des empereurs Constantin, Theodose, Valentinien et Gratien et autres semblables, l'Eglise a esté en sa vraye fleur et pleine vigueur, et en sa plus haute gloire et plus grande perfection. Et pource, ceux qui veulent prendre patron de la reformation sur l'estat de l'Eglise qui estoit du temps de S. Ambroise et S. Hierome et S. Augustin, et autres semblables docteurs anciens, sont de mesme opinion avec ceux-ci. Car ces docteurs ont vescu et escrit du temps de ces mesmes empereurs. Ceux qui sont de cest advis constituent le quatrieme estat de l'Eglise apres le temps de ceux-ci. Mais ils confessent qu'il a desja dés lors commencé à s'abastardir en beaucoup de lieux, et qu'il est tousjours depuis allé en empirant jusqu'à nostre aage. Et entre les autres tesmoins qu'on en peut produire, S. Bernard[96] nous peut suffire pour tous, en ce qu'il a escrit en plusieurs de ses livres, et notamment sur le Pseaume qui est le 90e en la translation vulgaire, de l'estat auquel l'Eglise estoit desja de son temps. Car depuis il est beaucoup empiré, sans comparaison, et empiré encore tous les jours de plus en plus en[50]tre ceux qui se glorifient du titre de catholiques et de la saincte Eglise catholique romaine. romaine.

De l'estat de l'Eglise du temps des apostres et de leurs premiers successeurs et du commencement de son abastardissement.

T. Je ne scay pas si tu seras du tout de mon advis, car il me semble de ma part que ceux qui sont de ceste opinion se trompent lourdement et qu'ils prennent la chose tout à rebours, excepté que je leur accorde tresvolontiers ce qu'ils confessent eux-mesmes, de l'abastardissement et empirement de l'Eglise depuis le temps auquel ils constituent le plus parfait estat d'icelle. Mais il me semble qu'ils ne le prennent pas si haut qu'ils devroyent. Car puis que Jesus Christ, le fils de Dieu, a esté envoyé du Pere pour accomplir parfaitement toutes les ombres de la loy et tout ce qui a esté figuré et escrit de luy en icelle, et par tous les prophetes, et semblablement pour restaurer et reformer l'Eglise et la mettre au vray estat auquel il a voulu qu'elle demeurast jusques à la consommation du monde, je ne doute point qu'il ne luy ait donné la vraye forme de religion qu'il a voulu qu'elle retinst immuablement à tousjours, et qu'il ne l'ait mise en la plus grande perfection qu'elle ait peu jamais avoir en ceste vie. Et ne faut point aussi douter que les apostres, par le ministere desquels il a voulu faire ceste oeuvre, n'ayent pris leur patron sur la forme laquelle luy-mesme leur en a donnee, par sa doctrine [51] et par l'inspiration de son Sainct-Esprit, duquel il leur a distribué à cest effect les graces plus grandes qu'il n'avoit jamais esté fait au paravant en la personne des patriarches ne des prophetes ne d'autres ministres quelconques dés le commencement du monde. Dont je conclu que l'estat auquel ils ont mis l'Eglise de leur temps a esté le plus parfait qui ait jamais esté ne qui puisse estre depuis le commencement du monde jusqu'à la fin. A raison de quoy je tiendray aussi tousjours pour la plus vraye et entiere reformation de l'Eglise et de la religion, celle qui approchera le plus de celle forme qui luy a esté baillee par les apostres et en laquelle elle est demeuree de leur temps et de leurs premiers successeurs. Car, à ce que j'ay peu entendre, les hommes bien tost apres ont desja commencé à se donner licence d'y adjouster de leurs inventions et traditions, par lesquelles ils ne l'ont pas amendee. Et depuis elle est tousjours plus allee en empirant qu'en amendant d'aage en aage, d'autant que ceux qui ont eu plus d'authorité en icelle se sont tousjours plus dispensez et licentiez en telles choses.

De la principale marque de la vraye Eglise et de la vraye forme d'icelle, sur laquelle il convient prendre le patron d'une vraye reformation.

D. Pour bien vuider ce different, il nous faut premierement considerer en quoy nous devons constituer la plus grande excellence et perfection que l'Eglise puisse avoir en ce monde. Quant a moy, puis que Dieu l'a creee et ordonnee pour estre servi et honnoré en icelle selon sa volonté, il me sem [52] ble que l'excellence et la perfection de l'Eglise a esté la plus grande au temps que le service divin a esté plus pur et plus entier en icelle. Et puis qu'il consiste en vraye obeissance envers la volonté de Dieu, et qu'on ne luy peut rendre ceste obeissance sans estre premierement bien informé de sa volonté, et qu'on n'en peut bien estre informé sinon entant qu'il l'a revellé aux hommes par sa parole, il s'ensuit bien qu'il faut cercher en icelle le premier fondement de l'excellence et perfection de l'Eglise, et quelle est la plus grande, où ceste parole est trouvee plus pure et plus entiere, veu que toutes les autres choses appartenantes au service de Dieu dependent d'icelle. Car si la parole y est proposee pure et entiere, tout y sera plus pur et plus entier, a scavoir les sacremens et l'administration d'iceux, les prieres et la discipline de l'Eglise, la cognoissance de Dieu, la foy, l'obeissance, l'amour et la charité envers Dieu et envers le prochain, et toutes autres vertus, et tout ce qui appartient à l'exercice de la religion et à la vie chrestienne. Dont je conclu qu'il faut prendre la forme et le patron d'une vraye reformation sur l'estat de l'Eglise qui a eu toutes ces choses en plus grande pureté et perfection.

T. Tu as mis en avant une marque qui comprend toutes les autres.

De la conference entre l'Eglise ancienne du peuple de Dieu et l'Eglise chrestienne touchant leur estat et perfection.

D. Or il n'y a personne qui puisse nier que l'Eglise qui a esté du temps des apostres n'ait eu [53] tout cela plus excellemment et plus parfaitement qu'autre quelconque qui ait jamais esté au monde ne qui y puisse estre. Car s'il est question de la doctrine, elle n'a jamais esté proposee plus pure, plus entiere, ne plus claire et plus parfaite, non pas mesmes par les patriarches et les prophetes. Car tous ceux-la ont esté sous les ombres et les ceremonies qui ont figuré Jesus Christ, mais les apostres ont esté du temps de la pleine lumiere. A cause de quoy, nous pouvons comparer leur temps au plein midi, et celuy des patriarches et des prophetes à l'aube du jour et à la matinee qui precede le midi; et le temps qui l'a ensuyvi à celuy qui est depuis le midi jusqu'au vespre, lequel a duré jusqu'au temps que les tenebres d'ignorance et d'erreur ont apporté celle nuit profonde et obscure en laquelle la Chrestienté a desja esté dés si long temps.

T. Suyvant ton advis et ta conclusion, il n'y a point de moyen bien certain par lequel nous puissions trouver le plus vray patron de la vraye reformation de l'Eglise, que de l'aller cercher aux sainctes Escritures, veu que nous ne pouvons avoir que par icelles tesmoignage bien asseuré de la vraye forme de celle ancienne Eglise, laquelle nous tenons, comme elle l'a aussi esté à la verité, pour la plus entiere et parfaite, en toutes les graces de Dieu, qui ait jamais esté auparavant ne depuis.

S'il est de besoin d'approuver par miracles la reformation de l'Eglise, et laquelle est la mieux approuvee par iceux.

D. Tu dis tresbien. Et pour autant que tout le reste depend de la doctrine, il faut tousjours com[54]mencer par ce bout-la et reigler tout le demeurant par icelle. Parquoy on ne peut nier qu'il n'y ait vraye Eglise là où la doctrine des apostres sera purement proposee et où l'Eglise sera gouvernee par icelle. Car si nous allons cercher la perfection de l'estat de l'Eglise aux miracles, nous pourrons bien donner ceste louange à l'Eglise des apostres qu'elle a esté excellente par dessus toutes les autres quant à ce poinct. Mais il y a beaucoup de causes qui nous doyvent empescher à bon droict de prendre les miracles pour cercher certains tesmoignages de la vraye Eglise. Car pour le premier, ce don ne luy a pas esté donné pour tout jamais, mais seulement pour certain temps. Au moyen de quoy, s'il ne nous falloit tenir aucune Eglise pour vraye sinon celle qui s'approuveroit par miracles, il n'y en auroit point eu au monde, par long espace de temps depuis que ce don a cessé, lequel n'a pas esté fort frequent depuis le deces des apostres, au prix qu'il a esté de leur temps. Et pource, si nous voulons prendre les miracles pour marques de la vraye Eglise, ils ont bien peu estre mis en avant par les Chrestiens qui ont esté de leur temps et par leur vrais successeurs qui ont encore esté douez de ce don. Car combien que les faux christs et les faux prophetes ayent fait de grans miracles,[97] selon le jugement des hommes, comme Jesus Christ l'a predit, toutesfois ceux de la vraye Eglise ont tousjours eu plusieurs marques bien evidentes et certaines par lesquelles il a esté facile aux fideles de cognoistre qu'ils estoyent vrais miracles, et quelle difference il y avoit entre iceux et les [55] autres.

T. Puis qu'ainsi est, ceux qui en la reformation de l'Eglise suyvront de plus pres la forme qui a esté en icelle du temps des apostres auront un grand avantage à comparaison des autres. Car en suyvant celle forme, leur reformation sera confermee par les mesmes miracles parlesquels celle des apostres a esté confermee, veu que ce sera une mesme forme et reformation d'Eglise. Et pource, il ne leur faudra point demander d'autres miracles mouveaux pour l'approuver puis qu'elle est desja approuvee tant par ceux de Jesus Christ que par ceux des apostres. Mais il y a bien plus de raison de demander l'approbation par iceux des reformations qu'on voudroit introduire differentes et contraires à celle-la. Ce neantmoins nous voyons pratiquer tout le contraire. Car ceux qui ont difformé l'Eglise et qui ne taschent encore qu'à la transformer au lieu de la reformer, demandent approbation par miracles de ceux qui ne travaillent qu'à la reformer au plus pres qu'il leur est possible de la forme de laquelle les apostres leur ont laissé le patron et le tesmoignage tout certain par leurs escrits propres.

> *Pourquoy les miracles ne sont pas suffisans tesmoignages de la doctrine et religion, et qui s'en sont le plus glorifiez depuis que le don en est cessé en l'Eglise.*

D. Quand bien ainsi seroit que ces transformateurs feroyent miracles et les autres n'en feroyent point, toutesfois cela ne suffiroit pas pour approuver ne leur forme de religion ne leur re[56]formation, s'ils ne mettoyent quant et quant en avant des tesmoignages bien certains des sainctes Escritures pour les confermer. Par le contraire, si les autres confermoyent les leurs par certains tesmoignages d'icelles, sans miracles, ils ne pourroyent justement estre rejettez. Car les miracles ne sont pas assez suffisans tesmoignages de la pureté de la doctrine ne marques assez certaines de la vraye Eglise et de la vraye forme et reformation d'icelle, non seulement pour autant que le don n'en est pas perpetuel en l'Eglise, et mesme qu'il n'a pas esté commun à tous du temps qu'il a esté plus frequent et plus continuel en icelle; mais aussi pour autant que les seducteurs et les faux prophetes en font pareillement de leur part, voire de tels que, si possible estoit, mesme les eleus de Dieu seroyent seduits par iceux, comme Jesus Christ le tesmoigne.[98] Et mesme depuis que ce don a cessé en l'Eglise, il n'y a eu personne qui s'en soit plus vanté que les faux prophetes et les heretiques qui ont rempli l'Eglise d'heresies, d'erreurs et d'abus. Et pource sainct Paul attribue ceste pratique notamment à l'Antechrist, lequel il appelle l'homme de peché, le meschant et le fils de perdition, disant que l'advenement d'iceluy est selon l'efficace de Satan en toute puissance et signes et miracles de mensonge.[99] Et la cause de ceci est que les vrais serviteurs de Dieu ne se veulent jamais venter de ce qu'ils n'ont pas, mais de cela seulement qu'ils ont receu de Dieu, pource que, comme Jesus Christ le tesmoigne, ils ne cerchent point leur gloire ne leur profit mondain, mais seu[57]lement la gloire de celuy qui les a envoyez[100] et l'edification de l'Eglise et le salut des hommes. Ils ne sont point aussi du nombre de ceux qui veulent approuver et confermer la verité de Dieu par mensonges, proposans choses feintes pour vrayes. Mais les hypocrites et les seducteurs font tout au contraire, pource que le principal soin qu'ils ont est de leur ambition et gloire, et de leur gain et profit mondain auquel ils font servir la religion. Et puis se moquans de Dieu et des hommes ils appellent leurs fictions et fausses inventions sainctes tromperies, à cause qu'elles servent, comme ils l'afferment, à mieux esmouvoir à devotion les hommes, et principalement les plus rudes et grossiers. Car Dieu a bien besoin de leur mensonge, pour maintenir sa verité.

T. J'enten assez ce poinct des miracles.

Si on peut prendre certaines marques de l'Eglise sur les oeuvres, et des choses à considerer sur icelles.

D. Il y en a des autres qui veulent qu'on regarde à la vie et aux moeurs. Mais s'il faut prendre les signes et marques de la vraye Eglise sur icelles, on tombera derechef en beaucoup d'inconveniens.

T. Si est-ce toutesfois un beau tesmoignage de la doctrine et de la religion et de la foy que la bonne vie et saincte conversation.

D. Je le t'accorde et juge fort indignes du nom de Chrestien ceux qui, faisant profession de la religion chrestienne, menent vie toute contraire é la doctrine d'icelle. Mais quand il est question des bonnes oeuvres, il y a trois [58] poincts à considerer. Le premier est que les hommes ne sont pas bien d'accord entr'eux en toutes choses, entre celles qui doyvent estre tenues pour bonnes ou pour mauvaises.

Car il y en a qui tiennent pour bonnes et sainctes plusieurs oeuvres qui non seulement sont expressément defendues de Dieu, mais aussi qui sont des plus abominables qui pourroyent estre, comme sont superstition et idolatrie, et autres semblables, qui emportent avec elles d'horribles blasphemes. Ce neantmoins les superstitieux et les idolatres les tiennent pour service divin fort agreable à Dieu, et condamnent pour heresie et blaspheme le vray service de Dieu purgé de toutes ces abominations. A cause dequoy on n'en peut faire bon jugement, sinon par l'expresse parole de Dieu. Parquoy il faut tousjours revenir aux Escritures pour avoir vraye resolution de ce different, car elles nous rendent certain tesmoignage de la volonté de Dieu et de tout ce qu'il approuve pour bon ou reprouve pour mauvais. L'autre poinct est que s'il est question des oeuvres approuvees par la parole de Dieu, lesquelles seules doyvent estre tenues pour bonnes, les hypocrites, les faux prophetes et les heretiques auront plus grande apparence en icelles que les vrais serviteurs de Dieu, à cause qu'ils travaillent plus à se monstrer et qu'ils prennent tous les fards et toutes les masques qui peuvent estre de plus belle apparence devant les hommes pour acquerir reputation de saincteté envers eux. Au moyen de quoy ils taschent [59] non seulement de contrefaire en toutes choses les saincts personnages et les exemples d'iceux, mais aussi de se faire encore estimer d'avantage. Le troisieme poinct est que tous ceux qui en apparence sont tenus pour estre de l'Eglise n'en sont pas tousjours à la verité. Et d'autre part, il advient souvent que beaucoup de grans vices regnent en la plus grande troupe. Parquoy si on veut juger de la pureté et de la plus grande excellence et perfection de l'Eglise par la vie et par les oeuvres de la plus grande part de ceux qui en sont quant à l'apparence de dehors, on y trouvera le plus souvent une merveilleuse confusion. Et si on regarde aux plus saincts et aux plus parfaits mesmes qui y puissent estre, on trouvera encore souventesfois de fort grandes imperfections et des fautes fort notables, et mesme fort scandaleuses en eux, comme on en peut juger par les fautes des saincts personnages desquels l'Escriture fait mention. Et pourtant nous serons tousjours contrains de revenir à la pureté de la doctrine et au tesmoignage que les letres divines nous en rendent. Et puis qu'il est question de l'estat de l'Eglise qui a esté du temps des apostres, nous luy pouvons encore donner ceste louange que comme elle a esté plus excellente en pureté de doctrine, et en l'abondance de tous les dons du Sainct-Esprit, et notamment du don de miracles, autant en pouvons-nous dire de la saincte vie et conversation et de toutes bonnes oeuvres.

T. Elle se trouvera donc en toutes manieres et en tout ce qu'on peut le plus requerir en l'Eglise, et en la religion, la plus parfaite qui ait jamais esté.

Par[60]quoy, soit qu'on veuille prendre les tesmoignages et les marques de la vraye Eglise pour prendre sur l'estat d'icelle le meilleur patron de reformation qu'on puisse trouver, soit en la doctrine et és choses qui en dependent, ou és miracles, ou en la vie et és moeurs, l'estat de celle premiere Eglise chrestienne se trouvera tousjours le plus parfait et le plus certain de tous de quelque costé qu'on le vueille prendre.

Pourquoy les prelats et docteurs romains ne veulent prendre le patron de la reformation de la religion sur l'estat de la premiere Eglise chrestienne, et que c'est qu'ils requierent d'avantage.

D. Mais ceux qui s'appellent les Catholiques romains, et principalement leurs docteurs, ne veulent aucunement venir à ce poinct. Car ils scavent bien que s'il faut prendre la reformation de l'Eglise sur la forme de celle des apostres et de leurs premiers et plus legitimes successeurs, ils ont tous perdu leur procés, et leur faudra recevoir une reformation par laquelle tous les erreurs et abus qui sont cause des differens qui troublent aujourd'huy toute la Chrestienté seront totalement retranchez et abolis. Et c'est le principal pourquoy ils combattent. Car pourquoy est-ce qu'ils travaillent tant à les maintenir, sinon pour les honneurs et les biens mondains qui leur en reviennent, ou pour la licence qui leur est permise de vivre à leur plaisir sous le nom de l'Eglise romaine? Car pourveu qu'ils observent tellement quellement les ceremonies d'i[61]celle et qu'argent vienne tousjours au Pape et aux siens, et qu'on ne remeu point leurs estats, et qu'on ne leur diminue rien de leur gain accoustumé, tout le reste va tresbien, si grande dissolution de moeurs qui y soit. Et pource ils taschent tant qu'ils peuvent à empescher ceux qui desirent reformation en l'Eglise d'en prendre le patron, non seulement sur l'estat de celle qui a esté du temps des apostres, mais aussi sur celuy auquel elle a esté du temps des disciples d'iceux, jusqu'au temps de sainct Cyprien et puis de l'empereur Constantin.

T. Et que trouvent-ils de plus excellent et de plus parfait en cest estat troisieme, lequel ils approuvent et louent par dessus tous les autres?

D. Ils disent que si on se veut arrester aux Escritures et à l'usage des Sacremens, et aux prieres, et à la discipline, et mesme à la doctrine des symboles receus et approuvez en l'Eglise, les heretiques se ventent aussi bien d'avoir toutes ces choses comme les fideles et les catholiques. Et pource, ils veulent encore avoir outre toutes ces marques-la, les ceremonies exterieures, qui ont esté introduites par les hommes depuis le temps des apostres jusqu'au temps de ces empereurs et docteurs de l'Eglise desquels j'ay fait mention par ci devant. Car c'estoit l'ornement qui defailloit à l'Eglise és aages precedens, esquels elle n'a point eu une si belle pompe de ceremonies pour la mettre en sa vraye magnificence qu'elle a eu en ce temps-la. Ils adjoustent encore que lors toutes les propheties des prophetes touchant l'Eglise ont esté accomplies, et notamment celles par lesquelles ils ont [62] predit que les rois et les roines seroyent les nourrissiers de l'Eglise,[101] et semblablement les autres esquelles ils ont prophetisé de la vocation des Gentils et de la grande multitude des peuples par lesquels l'Eglise chrestienne devoit estre multipliee, trop plus sans comparaison que l'Eglise d'Israel ne l'a jamais esté.[102] Et puis, outre tout cela, ils alleguent encore la succession ordinaire des pasteurs et prelats de l'Eglise, laquelle ils prennent pour la principale marque d'icelle, et en font leur principal bouclier contre l'Eglise reformee.

De l'opinion de ceux qui mettent la plus grande perfection de l'estat de l'Eglise en l'ornement des ceremonies.

T. Il me semble que ceux-ci constituent plus l'excellence et la perfection de l'Eglise en l'apparence exterieure et és choses materielles et temporelles qu'en la vraye religion et és choses spirituelles et eternelles.

D. Ils la constituent en la pompe des ceremonies et en la puissance et és richesses mondaines, et en la grande multitude. Mais ils se trompent en maintes sortes. Car pour le premier, si l'excellence de l'Eglise dependoit des ceremonies, l'Eglise d'Israel seroit beaucoup à preferer à l'Eglise chrestienne qui a esté du temps des apostres et de leurs plus prochains successeurs. Mais qu'a-ce encore esté des ceremonies de l'Eglise d'Israel au prix de celles des payens? Car combien ont-ils esté braves, pompeux, sompteux, magnifiques et excessifs en leur religion en telle matiere? Tant s'en faut donc qu'il faille [63] fonder l'excellence de l'Eglise sur la grande multitude des ceremonies et l'apparence et pompe et somptuosité d'icelles, qu'au contraire il les faut prendre pour un certain tesmoignage d'une grande corruption qui est survenue en l'Eglise et en la religion. Et tant plus le nombre en est grand et que plus sont pompeuses et sompteueses et tant plus elles manifestent combien la corruption y est grande. Car tant plus l'estat d'icelle est eslongné de la simplicité et modestie qui a esté en toutes choses en la premiere Eglise chrestienne et tant plus elle est abastardie. Et on peut juger de son abastardissement par les fards desquels on l'a fardee. Car si elle fust demeuree en sa premiere pureté et qu'elle n'eust point esté despouillee des beaux ornemens de ses vertus anciennes, elle n'eust point eu besoin de tant de fards de ceremonies pour l'embellir. Car sa beauté naturelle luy eust suffi, laquelle n'a pas esté embellie mais difformee par les fards par lesquels on l'a voulu rendre plus brave et plus pompeuse pour recompenser par ce moyen le defaut de sa beauté naturelle et ancienne, qui consistoit en ses vertus et és dons de Dieu, et non pas en parades exterieures.

T. Je le pren bien ainsi.

De l'opinion de S. Augustin touchant les ceremonies et traditions humaines qui estoyent desja de son temps.

D. Pour ceste cause, tant s'en faut que S. Augustin ait estimé, à cause des ceremonies et autres inventions des hommes, l'estat de l'Eglise qui a esté de son temps plus excellent que celuy qui avoit [64] esté auparavant, qu'au contraire il s'est fort pleint de la grande multitude d'icelles de laquelle il voyoit desja le peuple chrestien chargé, et cependant il n'y voyoit encore point de fin.[103] Et pource il dit: "Je ne puis approuver ce qui est ordonné outre la coustume, afin qu'il soit comme l'observation d'un sacrement non obstant qu'il y ait beaucoup de telles choses, lesquelles je n'ose franchement condamner afin que j'evite les scandales d'aucunes saintes ou turbulentes personnes." Il donne bien à entendre par ces paroles que toutes les choses qu'on introduisoit journellement en l'Eglise ne luy plaisoyent pas. Pour raison de quoy il blasme grandement cela, et pour beaucoup de raisons qu'on peut recueillir de ses paroles: La premiere, pource que elles contrevenoyent à l'ordonnance et à l'intention de Jesus Christ, entant qu'il n'a point ordonné beaucoup de ceremonies, ains s'est contenté d'un bien petit nombre, mais tel qu'il emporte grande signification des choses spirituelles et qui est de grans effects, comme aussi ce S. docteur[104] le tesmoigne en un autre lieu.[105] Car puis que Jesus Christ a enseigné luy-mesme que le vray service de Dieu gist en esprit et verité et que les vrais adorateurs l'adoreroyent en telle maniere,[106] il n'a pas voulu amuser les hommes és ceremonies exterieures, lesquelles il estoit venu abolir et non pas establir. La seconde raison est qu'elles obscurcissent le benefice d'iceluy, car il a monstré par l'abolition d'icelles qu'il avoit accompli les choses vrayes et spirituelles qu'elles figuroyent. Parquoy, qui voudroit remettre en usage telles ceremonies feroit tout autant comme [65] s'il vouloit ensevelir Jesus Christ et judaïzer encore à la façon des Juifs qui attendent tousjours leur Messias. La troisieme raison est qu'elle estoyent cause qu'on se soucioit peu de plusieurs choses tresutiles commandees és livres divins,[107] et que tout estoit plein de tant de presomptions qu'on trouvoit plus estrange la violation de ces presomptueuses inventions que des exprés commandemens de Dieu. Et dit tout ouvertement qu'il est fort marri de telles choses.[108] Et pource, il adjouste encore tantost apres que combien qu'on ne pourra pas trouver comment elle sont contre la foy, ce neantmoins elles chargent et pressent de charges serviles la religion, laquelle la misericorde de Dieu a voulu estre franche avec bien peu et fort manifestes sacremens de celebrations; de sorte que l'estat des Juifs est plus tolerable, lesquels nonobstant qu'ils n'ayent pas recognu le temps de liberté, toutesfois ils sont subjets aux charges de la loy et non pas aux presomptions humaines. Mais l'Eglise de Dieu, laquelle est constituee entre beaucoup de paille et d'yvroye,[109] supporte beaucoup de choses; ce neantmoins elle n'approuve et ne tient, et ne fait pas les choses qui sont contre la foy et la bonne vie. Voila que sainct Augustin tesmoigne de l'estat de l'Eglise de son temps, en quoy il remarque encore deux fautes: La premiere est qu'il donne assez à entendre que cela est asservir la liberté chrestienne, l'autre, que les ceremonies des Juifs estoyent de l'expresse ordonnance de Dieu, et cestes ici procedent de la presomption et outrecuidance des hommes qui se sont donné ceste licen[66]ce en l'Eglise.

Quelle raison il y a de remettre en usage les ceremonies des Juifs et des payens en l'Eglise chrestienne, et quelles ceremonies et inventions humaines S. Augustin condamne le plus.

T. Puis qu'ainsi est, ce n'est pas de merveille si S. Augustin dit que l'estat des Juifs est plus tolerable en cest endroit que celuy des Chrestiens.

D. Et pourtant s'il faut que celles-la mesmes qui ont esté ordonnées de Dieu soyent abolies à cause qu'elles n'avoyent esté ordonnees que pour un temps, lequel est expiré à la venue de Jesus Christ, il est facile à juger quelle raison il y a d'en controuver des nouvelles par la seule authorité des hommes sans aucune ordonnance ne parole de Dieu pour les mettre au lieu d'icelles, ou de deguiser et transformer celles-la mesmes en quelque autre nouvelle façon comme il a esté fait de plusieurs. Et s'il y a peu de raison de ce costé, il y en encore beaucoup moins d'introduire les ceremonies et les superstitions[110] et idolatries payennes, tant deguisees et transformees qu'elles puissent estre, sous ombre de les faire servir à quelque meilleur usage, comme plusieurs l'ont fait anciennement au grand dommage de toute l'Eglise et religion chrestienne. En quoy ils ont bien fait tout au contraire de ce que Dieu a tant recommandé à son peuple par Moïse, luy defendant fort estroitement et tant souvent de se conformer en rien qui fust aux manieres de faire des peuples estranges et idolatres, et de rien prendre d'eux par imitation en matiere de religion et en la façon de vivre, luy comman[67]dant par le contraire de se tenir totalement à sa Loy et à la forme de religion qu'il luy a baillee. Or sainct Augustin, parlant de ces inventions humaines, met difference entre celles qui n'ont aucun fondement en l'authorité des sainctes Escritures et qui n'ont point esté constituees par conciles legitimes des evesques et n'ont point esté confermees par la coustume de l'Eglise universelle et les traditions qui ont ces fondemens et approbations. Et pource, quant à celles qui sont diverses et se changent diversement et par façons innumerables et par diverses moeurs, de sorte que jamais, ou à peine, on peut trouver les causes pour raison desquelles les hommes les ont instituees, il dit ouvertement qu'il est d'advis qu'elles soyent toutes retranchees sans aucun doute là où il se pourra faire. Voila le conseil et l'advis de S. Augustin, mais tant s'en faut qu'il ait esté suyvi, qu'au contraire ce mal est tousjours creu d'avantage et principalement és aages suyvans, et tousjours tant plus que plus on est allé en avant. Car il n'y a eu puis apres superstition n'idolatrie ni autres inventions qui n'ayent esté confermees, non seulement par usage et coustume, mais aussi souventesfois par conciles qui non seulement ont approuvé plusieurs choses condamnees par les conciles anciens, mais aussi en ont inventé beaucoup d'autres manifestement contraires à l'expresse parole de Dieu. Et sans en aller querir les exemples plus loin, combien en y a il en la Messe telle qu'elle est aujourd'huy, desquelles ceux-la mesmes qui la soustiennent et disent tous les jours, ne sçauroyent rendre aucune certaine [68] raison? Et combien ont elles esté multipliees d'aage en aage?

En quel temps l'estat de l'Eglise a esté le plus triomphant, si on le veut prendre sur la pompe des ceremonies et sur la puissance et les richesses mondaines.

T. Il me semble encor, outre tout ce que tu as dit, que s'il falloit cercher l'excellence et l'estat le plus parfait de l'Eglise en la splendeur et magnificence des ceremonies, il les faudroit rapporter au temps qui a esté le plus corrompu de tous, à scavoir au temps auquel le Siege romain a esté en son plus haut degré et qu'il a obtenu plus grande tyrannie sur toute la Chrestienté. Car on peut bien dire, à la verité, que dés lors a esté le grand regne des ceremonies et de toute hypocrisie, et superstition et idolatrie, desquelles la religion chrestienne a esté du tout accablee. Ce neantmoins il a bien semblé aux ignorans et aux superstitieux et idolatres que lors l'estat de l'Eglise a esté le plus excellent et le plus triomphant qui jamais ait esté au monde, de sorte qu'on la pouvoit bien appeler l'Eglise triomphante si sa nature estoit de triompher à la façon des rois et des princes du monde.

D. Nous en pouvons tout autant dire au regard de ceux qui requierent encore avec les ceremonies, les richesses et l'authorité, et la puissance. Car n'a pas esté mis l'estat ecclesiastique et principalement le Siege romain en si haute magnificence qu'il a surmonté les rois et les princes de la terre en richesses, en pompes et toutes [69] delices? Et qu'il a obtenu telle puissance, qu'il a mis le pied sur leurs coronnes et sceptres et s'est fait adorer de tout le peuple chrestien, non pas comme un roy et un prince, mais comme un dieu terrien? Mais en quel temps a jamais esté la vraye doctrine de l'Eglise et la vraye religion, et la vraye discipline ecclesiastique, et toute honnesteté de vie, plus foulees aux pieds, et toutes choses divines et humaines plus confuses et renversees qu'en ce temps-la?

T. Nul ne peut cela nier.

Des tesmoignages de saincte Hierome et de sainct Bernard touchant l'estat de l'Eglise de leur temps.

D. Et pourtant si sainct Hierome[111] a eu juste raison d'appeler le temps auquel il a vescu la lie des temps, a comparaison des aages preceden qui ont esté depuis les apostres jusqu'au sien,[112] combien y a il plus de raison de bailler ce titre aux aages qui l'ont suyvi? Et pour rendre raison de son dire, apres qu'il a dit que l'Eglise de Jesus Christ est nee et augmentee et creue par persecutions et qu'elle a esté coronnee par martyres, il adjouste: "et depuis qu'elle est venue aux princes chrestiens, elle est bien devenue plus grande en puissance et richesses, mais moindre en vertus."

T. Ce tesmoignage de sainct Hierome n'accorde pas fort bien avec l'opinion de ceux qui prennent l'estat de l'Eglise de ce temps-la pour le plus parfait et qui le proposent pour le plus vray et le plus entier patron de la vraye reformation de la religion.

D. Puis que nous avons fait mention des aages qui ont suyvi celuy de sainct Hierome, escoute aussi quelle com[70]pleinte S. Bernard[113] fait de l'estat des ecclesiastiques de son temps qui a esté environ l'an 1105. Les offices mesmes, dit il, de la dignité ecclesiastique sont convertis en vilain gain et en affaire de tenebres;[114] et on ne cerche point en iceux le salut des ames, mais la superfluité des richesses. Pour ceste cause ils sont tondus; pour ceste cause ils frequentent les eglises, ils celebrent les messes, ils chantent les Pseaumes. On se combat aujourd'huy impudemment pour les eveschez et les archidiaconats, et les abayes, et pour les autres dignitez afin que les revenus des eglises soyent dissippez en usages de superfluité et de vanité. Il reste que l'homme de peché soit revelé le fils de perdition, le diable, non seulement journal mais aussi meridional,[115] lequel n'est pas seulement transfiguré en ange de lumiere, mais aussi est eslevé sur tout ce qui est dit Dieu ou qui est honnoré. Et escrivant au Pape Eugene[116] de la pompe royale de l'Eglise romaine, il appelle les Papes en cest endroit successeurs, non pas de sainct Pierre Apostre, mais de l'empereur Constantin.[117] Et entre ses autres propos il dit notamment, addressant sa parole au Pape, Cestuy-ci est Pierre, lequel on ne scait point avoit jamais marché estant orné ou de pierres precieuses, ou d'habillemens de soye, ou estant couvert d'or ou porté par un cheval blanc, ou environné de gensdarmes et de serviteurs, menans grand bruit à l'entour de luy. Et toutesfois il a creu qu'il pouvoit bien sans ces choses accomplir le mandement salutaire qui luy a esté donné par Jesus Christ quand il luy a dit: "Si tu m'aimes, pais [71] mes bresbis."[118] Car en ces choses mondaines, à scavoir en apprests et parades et puissances, tu as succedé non pas à Pierre, mais à Constantin. Voila le jugement que saint Bernard a fait de l'estat papal qui estoit de son temps et de la succession des evesques romains au regard d'iceluy. Il en a bien encore dit des choses plus estranges en plusieurs autres lieux de ses livres. Mais il me suffit d'en avoir seulement allegué ces tesmoignages, par lesquels on pourra juger des autres semblables et du contentement qu'il a eu de l'estat ecclesiastique qui estoit de son temps, et que c'est qu'il eust peu dire s'il eust veu l'orgueil auquel depuis il est monté. Car il ne eust pas seulement dit que les evesques romains avoyent succedé à Constantin et non pas à sainct Pierre, mais à Caligula et à Domitien et à Diocletien qui se sont fait baiser les pieds et se sont voulu faire adorer comme dieux. Ce que Constantin n'a point fait, comme les papes, lesquels non contens de se faire baiser les pieds aux empereurs et rois et princes, sont encore montez en tel orgueil qu'ils en ont fait leurs pages et laquais et leur ont mis les pieds sur la teste.

Du tesmoignage de l'Archevesque de Salisburg à ce mesme propos.

T. Si l'estat de l'Eglise a desja esté tant corrompu du temps de saint Bernard, il n'est pas amendé depuis.

D. On en peut facilement juger par les compleintes que beaucoup de grans et excellens personnages en ont aussi faites puis apres de [72] leur temps, entre lesquels je produiray en premier lieu le tesmoignage d'Everhard, Archevesque de Salisburg,[119] qui parle ainsi de l'avarice et ambition des evesques romains et de leur eglise. Les prestres de Babylone, dit-il, desirent de regner seuls.[120] Ils ne peuvent endurer leur pareil; ils ne cesseront point qu'ils n'ayent foulé toutes choses de leurs pieds et qu'ils ne soyent assis au temple de Dieu et soyent elevez sur tout ce qui est honnoré; la faim des richesses, la soif des honneurs est insatiable en eux et ne peut estre remplie. Tant plus tu donneras aux convoiteux, et tant plus il appete; ten luy et luy presente le doigt, et il convoitera la main. Nous devenons tous pires par licence. Celuy qui est le serviteur des serviteurs desire d'estre seigneur des seigneurs; comme s'il estoit Dieu il deprise les sacrees assemblees et les conseils de ses freres, voire de ses seigneurs. Il craint qu'il ne soit contraint de rendre raison des choses qu'il fait de jour en jour contre les loix, et de plus en plus. Il parle choses grandes, comme s'il estoit Dieu; il brasse des nouveaux conseils en son entendement et en son coeur pour se constituer un empire propre à soy. Cest homme perdu, qu'on a accoustumé d'appeler Antechrist, change les loix et conferme les siennes; il trouble et souille, il pille, il despouille, il trompe et tue; au front duquel le nom de blaspheme est escrit: "Je suis Dieu, je ne puis errer." Il est assis au temple de Dieu; il domine au long et au large, mais comme il est au secret des saintes lettres, qui lit entende, les scavans l'entendront; tous les meschans feront meschamment, et n'entendront point.[73]

T. En quel temps a vescu cest Archevesque?

D. Il y a passé deux cens ans.

T. On ne le peut pas donc accuser qu'il ait esté ne lutherien ne huguenot. Ce neantmoins il a assez declaré par ces paroles qu'il cognoissoit bien en quelle reputation on devoit avoir le Siege romain, mais que ce secret estoit encore couvert aux ignorans et que les meschans ne le pouvoyent entendre. Et d'autant que ce tesmoin a esté de l'ordre et de l'estat mesme lequel il condamne, son tesmoignage en doit estre tant plus valable et plus authentique.

Du tesmoignage de l'empereur Frederic touchant ceste mesme matiere.

D. L'empereur Frederic second,[121] qui a esté eleu en l'Empire l'an 1212, non seulement en a autant testifié de sa part, mais a aussi monstré le moyen pour remedier à ceste tyrannie et remettre l'Eglise en son vray estat, disant que les evesques romains estans accreus en richesses et dignitez par luy et les autres empereurs, estoyent devenus envieux sur tous les rois et princes et tresobstinez imitateurs d'iceux[122] pour se rendre semblables à eux; et qu'ils ne pouvoyent souffrir aucun qui leur fust pareil et egal, et qu'ils s'efforçoyent de mains et de pieds, et de nuict et de jour, non pas tant de l'opprimer, luy qui estoit l'empereur, que tout le sacré empire romain afin que, luy comme le chef estant opprimé, ils puissent facilement mettre en service de tous les autres membres et qu'ils affectoyent domination et divinité, à scavoir afin qu'ils fussent [74] craints de tous, non autrement, mais encore d'avantage que Dieu. Il disoit encore qu'il y avoit beaucoup d'Antechrists entre ces Romanistes et qu'il n'y en avoit point d'autres qui fussent en ruine à la religion chrestienne comme leurs oeuvres le monstroyent. Et quant à luy, il tesmoignoit haut et cler qu'il sentoit tresbien de Jesus Christ et de la religion d'iceluy et qu'il ne desiroit rien plus que voir de son temps la Republique chrestienne en tel estat qu'elle recouvrast la majesté et simplicité et paix qu'elle avoit eu auparavant.

Laquelle chose ne se peut faire si les espines qui donnent l'empeschement ne sont arrachees, à scavoir si l'ambition, l'orgueil, la pompe et l'arrogance, et la superfluité, et les exces des prestres romains ne sont arrachees jusques aux racines par substraction de leur puissance et richesses.

T. Ce bon et sage empereur cognoissoit bien le moyen par lequel la tyrannie de ce siege pouvoit estre abattue. Car il voyoit bien qu'apres que les evesques romains se sont faits grands et puissans et riches, sous le nom de Jesus Christ et de l'Eglise et par la liberalité et faveur des empereurs et des rois et princes, ils ont fait la guerre non seulement à ceux par la faveur et largesse desquels ils se sont faits si grans seigneurs des grans biens qu'ils ont receus d'eux, mais aussi à Jesus Christ et à son Eglise, laquelle ils ont opprimee par leur tyrannie, se constituans monarches par dessus tous, sous le titre d'icelle. Et par ainsi ils ont fait la guerre à Dieu et aux hommes, et la leur font encore aujourd'huy aux despens mesmes de ceux contre lesquels ils com[75]battent et lesquels ils s'efforcent de tenir tousjours sous leur captivité et les rendre encore plus esclaves que jamais.

D. Cest empereur en ayant fait l'experience en a peu parler comme experimenté. Et pource il a dit encore à ce mesme propos de l'ambition et orgueil et richesses des evesques romains et de leurs supposts: "Ces choses font la perdition de la religion," de sorte que cest[123] homme qui se dit Pape, estant augmenté en richesses au tresgrand dommage de la religion chrestienne, pense que toutes choses luy soyent licites, à la façon des tyrans tresmeschans, et comme s'il estoit Dieu ne veut rendre raison à personne de ses faits et usurpe ce qui convient au seul Dieu, et demande tresimpudemment, comme commandant en prince, qu'on luy croye, qu'il ne peut errer, et qu'il ne peut estre astraint par aucune religion de mensonge.

De l'ouverture que le jugement des moeurs et des oeuvres des ecclesiastiques romains a donné au jugement de leur doctrine, et du tesmoignage d'Alberic de Rosate[124] à ce propos.

T. Il semble bien que cest empereur cognoissoit la maladie qui requeroit remede. Mais il luy estoit difficile d'y remedier.

D. La tyrannie et le desordre qu'il voyoit au Siege romain et en tout l'estat ecclesiastique luy faisoit ouvrir les yeux, comme à plusieurs autres, pour commencer à cognoistre qu'il y avoit bien besoin de bonne reformation. Mais pour autant que les tenebres d'erreur et d'ignorance estoyent fort espesses en ce temps-[76]là, ceux-la mesmes qui estoyent de meilleur esprit ne pouvoyent encore venir jusqu'au jugement de la doctrine, à cause qu'ils n'avoyent pas gens pour leur ouvrir les yeux d'avantage pour passer plus outre. Ce neantmoins, ils pouvoyent facilement juger par les oeuvres quelle[125] pouvoit estre la doctrine et la foy de ceux qui les faisoyent telles, et par les fruicts quels estoyent les arbres qui les portoyent, veu que Jesus Christ a dit, parlant des faux prophetes, "vous les cognoistrez par leurs fruicts."[126]

T. Combien que les hommes n'ont si tost peu juger de la doctrine que des oeuvres, toutesfois le jugement d'icelles a donné grande ouverture au jugement de la doctrine, de sorte que finalement on y est venu au grand regret de ceux qui maintiennent la fausseté d'icelle, afin que par ce moyen ils puissent aussi maintenir les fruicts qu'elle apporte avec soy et leur estat damnable. Et pource Dieu a tousjours suscité en tous temps quelcuns qui ont mis en avant quelques poincts, les uns touchant la doctrine, les autres touchant les moeurs, qui ont servi d'ouverture à ceux qui sont venus puis apres, et nommement certains theologiens comme Occam et Gerson[127] et autres semblables, et aussi aucuns canonistes et legistes, entre lesquels Alberic de Rosate qui a esté fort renommé du temps de l'empereur Charles quatrieme qui a regné l'an 1345, dit ainsi: "Ceux qui president en l'Eglise romaine ont par leur acte de sage prudence changé leurs statuts selon la diversité des temps, maintenant elevant en haut l'empire, maintenant le deprimant en bas de [77] temps en temps."[128] Mais pourquoy l'ont-ils fait, sinon afin qu'ils assujettissent sous leurs pieds, comme ils s'en glorifient devant tous, ouvertement toutes choses celestes et terrestres, et spirituelles et temporelles, comme ils les appellent?

T. Il n'y a point de doute que les evesques et prelats de l'Eglise romaine n'ayent eu beau moyen et facile de regner à leur plaisir et faire tout ce qu'il leur a pleu apres qu'ils n'ont plus eu de maistres ne de superieurs, ains se font faits les maistres et seigneurs de leurs seigneurs, à sçavoir des empereurs et des rois et des princes. Car ils se sont lors donné telle licence qu'ils ont voulu, ne craignans le jugement d'homme vivant et estans juges d'eux-mesmes et de leur propre cause.

Du tesmoignage de Pierre de Ferrare, practicien, à ce mesme propos.

D. Et pourtant Jean Pierre de Ferrare,[129] qui a ausi esté en grande reputation, en son commentaire de la practique de droit a pareillement dit: "Regarde que le Pape mesme, qui comme vray vicaire de Christ devroit suyvre les pas et traces d'iceluy, s'efforce de posseder et de tenir par main armee la jurisdiction és terres, citez, bourgades et lieux qui sont naturellement de l'empire romain, dés la creation du monde, comme il est escrit: "Ce qui est à

Dieu soit rendu à Dieu et ce qui est à Cesar, à Cesar."[130] Mais le Pape mesme s'efforce d'avoir superiorité sur l'empereur mesme. Laquelle chose est ridicule à dire et abominable à ouir." Et en un autre lieu, "Note', dit-il, 'comment [78] et en combien de manieres ces clercs enlacent et prennent aux filez les laics et amplifilent leur jurisdiction." Mais helas, miserables empereurs et princes seculiers qui souffrez cecy et autres choses et vous faites serfs aux papes, et voyez que le monde est par eux usurpé par des moyens infinis, et ne pensez point du remede à cause que vous n'estes point intentifs à prudence et à science. Et pourtant soyez attentifs, et mettez en vostre memoire ce que S. Hierome, s'enquerant des vielles histoires, a dit: "Je ne puis trouver qu'autres ayent divisé l'Eglise et seduit les peuples de la maison du Seigneur, que ceux qui ont esté constituez prestres à Dieu." Certes ceux-ci sont convertis en laq tortu, mettans scandales en tous lieux.

Des causes pourquoy les princes chrestiens n'ont peu cognoistre le tort qui leur a esté fait par les evesques et prelats romains, et y remedier, et à quel titre ceux-ci peuvent alleguer le droit de succession.

T. C'est merveille que les empereurs, les rois et les princes ayent esté et soyent encore tant endormis qu'ils pensent tant peu à ces choses et à y remedier.

D. Ce legiste practicien[131] en attribue la cause à leur imprudence et ignorance, en laquelle les Papes et les prelats ecclesiastiques ont tasché à les nourrir et entretenir, tant qu'il leur a esté possible, et le font encore continuellement, à cause qu'ils cognoissent tresbien [79] qu'il n'y a point de meilleur moyen que cestuy-ci pour maintenir leur tyrannie qu'ils ont usurpee sur tous les princes et toute l'Eglise et les erreurs et abus par le moyen desquels il regnent et maintiennent leur estat. Car ils se tiennent bien pour asseurez que quand ils seront descouverts, et que les rois et princes et peuples chrestiens seront bien informez de leurs droits et des tors qui leur sont faits, et à toute l'Eglise, par ceux qui s'en sont faits les seigneurs et se glorifient d'en estre les prelats et les pasteurs et conducteurs, ils ne se laisseront plus tant aisement mener par le nez boire et conduire comme povres aveugles par ceux qui sont autant ou plus aveuglez qu'eux et qui taschent à autre chose qu'à les rendre tous les jours plus aveugles pour en mieux jouir tousjours à leur plaisir, comme ils ont fait par ci devant durant le temps des tenebres d'erreur et d'ignorance.

T. Je voy bien que voila leur but. Et puis que desja de si long temps il y a eu si grand desordre et si grande confusion en cest estat qu'on appelle ecclesiastique, ce n'est pas sans bonne cause que nous desirons qu'on prenne les marques de la vraye reformation d'icelle, sur l'exemple de la premiere et plus ancienne Eglise chrestienne, afin qu'il n'y ait point de transformation au lieu de reformation et qu'on n'abuse point les hommes sous un faux titre d'une pretendue succession. Car on peut juger, par les choses que nous avons desja deduites, quel droit de succession ceux-la peuvent alleguer qui ont esté et qui sont de doctrine et de [80] moeurs du tout contraires à ceux desquels ils se glorifient estre les successeurs et qui, au lieu de maintenir en son entier la doctrine et la religion de la vraye et saincte Eglise catholique, l'ont transformee en une autre toute differente et contraire et l'ont du tout pervertie. Parquoy, ils ont beau alleguer leur succession, s'ils ne monstrent clairement qu'ils ont succedé aux apostres et à leurs vrays successeurs és choses esquelles il faut cercher les tesmoignages de la vraye succession de l'Eglise.

Que les Chrestiens ne peuvent avoir plus certain ne plus seur recours qu'aux sainctes Escritures, pour estre bien asseurez de la vraye Eglise et religion, et de la vraye reformation d'icelle.

D. Et pourtant quand tout sera bien consideré, il faudra tousjours revenir, comme nous l'avons desja dit, à la pureté de la doctrine et à la forme de la premiere Eglise chrestienne, qui a esté en l'estat le plus pur et le plus parfait qu'autre qui ait jamais esté au monde. Et pour en avoir certaine asseurance, il la faut aller cercher aux escrits des Evangelistes et des apostres. Car combien que de leur temps ils ayent encore supporté les Juifs en quelques ceremonies de la loy à cause de leur infirmité, toutesfois il ont assez declaré par leur doctrine et par leur exemple, en quoy consistoit la vraye religion et quelle estoit la pureté d'icelle, laquelle l'Eglise devoit retenir et conserver à tout jamais. Ce n'est donc pas sans bonne cause [81] que ce docteur ancien, autheur de l'oeuvre imparfait sur sainct Matthieu, qui est communement attribué à Chrysostome en l' Eglise romaine,[132] conclud par beaucoup de raisons qu'en temps d'heresie il faut avoir recours aux Escritures. Et pource il dit, parlant de Jesus Christ: "Et pourquoy commande il en ce temps que tous les Chrestiens se retirent aux Escritures? Pourautant qu'en ce temps, depuis qu'heresie a occupé ces eglises, les Chrestiens ne peuvent point avoir d'espreuve de la vraye Chrestienté, ne d'autre refuge sinon les Escritures divines, s'ils veulent cognoistre la verité de la foy." Car auparavant on monstroit en maintes manieres qui estoit l'Eglise de Christ, et qui estoit la payennerie; mais maintenant, ceux qui veulent cognoistre quelle est la vraye Eglise de Christ, ne le peuvent cognoistre en maniere que ce soit, sinon par les Escritures seulement. Pourquoy? Pource que toutes ces choses qui sont proprement de Christ en verité, ces heresies l'ont en schisme; ils ont ainsi les eglises et les Escritures mesmes, les evesques et les autres ordres des clercs, le Baptesme, l'Eucharistie et toutes les autres choses, et finalement Christ mesme. Donques si aucun veut cognoistre quelle est la vraye Eglise de Christ, dont le cognoistra-il en la confusion de si grande similitude, fors que par les Escritures seulement? En apres on cognoissoit auparavant par les miracles qui estoyent les vrais Chrestiens et les faux. Comment? D'autant que les faux n'en pouvoyent pas faire comme les vrais Chrestiens; ou s'ils en [82] faisoyent, ils ne les pouvoyent faire tels, ains les faisoyent vains, engendrans bien admiration, mais n'ayans aucune utilité comme nous l'avons souvent exposé. Au contraire, les Chrestiens les faisoyent pleins et parfaits, non seulement faisans admiration, mais aussi ayans toute utilité. Et par ces choses on cognoissoit qui estoyent les vrais Chrestiens et les faux. Or maintenant l'operation des miracles est du tout levee, et se trouve que les sains miracles sont plus faits entre ceux qui sont faux Chrestiens. Et comme Pierre l'expose vers Clement, la puissance de faire[133] des signes pleins devoit aussi estre donnee à l'Antechrist. D'avantage on entendoit auparavant qui estoit l'Eglise de Christ par les moeurs mesmes, quand la conversation de tous les Chrestiens, ou pour le moins de plusieurs, estoit saincte, laquelle n'estoit pas vers les meschans. Mais maintenant les Chrestiens sont tels ou pires que les heretiques et les payens mesmes. Et mesme on trouve encore vers ceux-ci plus grand continence, nonobstant qu'ils soyent en schisme, que vers les Chrestiens. Qui veut donc cognoistre qui est la vraye Eglise de Christ, dont le cognoistra-il que par les Escritures seulement? Et pourtant le Seigneur sachant que si grande confusion des choses devoit estre és derniers jours, commande que les Chrestiens qui sont en la Chrestienté, voulans prendre et recevoir la fermeté de la vraye foy, n'ayent refuge à autre chose sinon aux Escritures, ou autrement s'ils regardent ailleurs, [83] ils seront scandalisez et periront, n'entendans pas qui est la vraye Eglise. Et par ce moyen ils tomberont en l'abomination de la desolation qui est és saincts lieux de l'Eglise.

Combien le tesmoignage des sainctes Escritures est tousjours asseuré nonobstant que les heretiques s'en veulent aussi servir.

T. Il me semble que le tesmoignage de ce docteur ancien, quel qu'il soit, n'accorde pas seulement avec ce que nous avons desja dit du recours aux sainctes Escritures pour cognoistre par le moyen d'icelles qui est la vraye Eglise, sur l'estat de laquelle on peut prendre le plus parfait patron de reformation qui puisse estre; mais aussi il conferme le tesmoignage que tu as tantost allegué de sainct Hierome touchant l'abastardissement et la corruption qui estoit desja de son temps entre les Chrestiens, car tu vois comment il en parle. Et puis que les docteurs romains le prennent pour Chrysostome, et que mesme son oeuvre a esté imprimé sous le nom d'iceluy et meslé entre les oeuvres de Chrysostome, comme si Chrysosme en estoit le propre autheur, je ne doute point qu'il n'ait esté de ce mesme temps ou à l'environ.

D. On peut facilement juger par ses escrits qu'il est ainsi, et qu'il a esté homme scavant et bien exercité és lettres divines, de sorte que les hommes scavans ne l'estiment rien moins, en cest endroit, que Chrysostome.

T. Mais il me semble qu'il y ait quelque contrarieté en ses paroles quand [84] il renvoye tousjours aux Escritures pour la seule certaine marque par laquelle on peut cognoistre qui est la vraye Eglise; et neantmoins, il dit cependant que les heretiques ont aussi bien les Escritures divines que les catholiques.

D. Il dit cela, ayant à la diversité des manieres de faire des heretiques qui estoyent de son temps. Car comme il le dit en un autre lieu,[134] il y en avoit qui se vantoyent qu'ils ne mangeoyent et ne beuvoyent point, et qu'ils n'avoyent ne froid ne chaud, ains estoyent tousjours pendus en l'air. Il y en avoit des autres qui estoyent vestus de haires ou environnez de chaines. Et puis ils dit tantost apres: combien que ces choses trompent les insensez, toutesfois elles ne seduisent pas les sages. Mais il y en a des autres qui seduisent grandement, à cause que combien que faussement ils preschent Christ, toutesfois ils preschent, ils annoncent la foy; ils ont ainsi les Eglises, et les ordres des clercs et les fideles; ils lisent ainsi les leçons divines et semble qu'ils donnent les mesmes baptesmes et les mesmes sacremens du corps et du sang de Christ. Il declare par ces choses qui sont les heretiques les plus dangereux, qui troublent grandement les esprits et entendemens non seulement des hommes moyens, mais aussi des prudens et des sages. Parquoy il s'en faut mieux prendre garde. Mais cependant puis qu'ils n'ont point en verité tout ce qu'ils semblent avoir, et dequoy ils se glorifient, il n'y a point de moyen bien propre pour les descouvrir que par la simple et pure verité des Escritures. Car il est facile de convaincre par [85] icelles mesmes ceux-la qui les alleguent à faux titre, et qui corrompent et pervertissent le sens d'icelles par leurs fausses expositions et applications; comme Jesus Christ nous en a monstré l'exemple és responses qu'il a faites au diable quand il a esté tenté par luy et qu'il luy a allegué les Escritures.[135]

Pourquoy les docteurs romains fuyent le jugement des lettres devines, et comment ils se servent des anciens docteurs et conciles.

Je pense que voila la cause pourquoy les prelats et les docteurs et catholiques romains ne veulent venir à ce poinct de prendre les seules sainctes Escritures pour juges des differens qui sont entre nous et eux touchant la religion, ains au lieu d'avoir là leur recours comme nous, ils ont tousjours leur refuge à leurs conciles et aux docteurs, de l'authorité desquels ils se glorifient. Mais quand on en vient jusques-là, encore en besongnent-ils comme des tesmoignages des sainctes Escritures, lesquelles ils mettent en avant pour la defense de leur cause. Car ils laissent en arriere ceux qui sont manifestement contre eux, et ne prennent sinon ceux lesquels il leur semble qu'ils peuvent mieux faire servir à leur propos. Et pour ce faire, ils sont encore contrains de corrompre et pervertir souventesfois le vray sens d'iceux, comme ils le font des lettres divines. Mais puis qu'il faut juger de la doctrine et des escrits des docteurs anciens par les Escritures sainctes, et les examiner à la reigle d'icelles, comme euxmesmes [86] le tesmoignent, il est facile à voir qu'il n'y a point de juge plus competent, ni auquel on se puisse pleinement et seurement resoudre, que la pure parole de Dieu comme elle est contenue és lettres divines. Nous devons entendre le semblable de tous les anciens conciles et canons, et de toutes les constitutions et traditions humaines, veu qu'il y a mesme raison. Et puis qu'ainsi est, je conclu tousjours, comme au paravant, que nous ne pouvons trouver forme ne patron de vraye reformation de l'Eglise plus propre ne plus certain que celuy qui nous est proposé en l'Eglise la plus pure et la plus ancienne, de laquelle la forme et l'image nous est proposee par les livres tant des Evangelistes que des apostres.

T. Je ne voy pas de ma part que nous puissions prendre meilleur resolution ne conclusion.[87]

LE SOMMAIRE DU
SECOND DIALOGUE.

Quand il est question de reformer l'Eglise des erreurs et abus qui y sont survenus desja dés longtemps, plusieurs prennent la reformation d'icelle pour une transformation et un changement de religion, et afferment que ce changement apporte aussi avec soy changement de tout l'estat publique. A raison de quoy ils concluent qu'il est fort seditieux et tresdangereux. Et pource je monstre en ce dialogue quelle difference il y a entre transformation et reformation d'Eglise et de religion, et quel changement la vraye reformation d'icelles peut apporter en l'estat publique, et specialement a celuy des rois et des princes, et s'ils ont plus d'occasion de le craindre et se bander contre que de le desirer et procurer, et tous les autres estats semblablement. Et pour autant que ceux qui combattent contre la reformation taschent à la rendre odieuse sous le titre de transformation et de nouveauté, je monstre aussi depuis quel temps la vraye religion a commencé à estre transformee et par quelles gens, et quel changement celle transformation a apporté à l'estat publique, et qui sont ceux qui a plus juste raison doyvent estre tenus pour trans[88]formateurs ou pour reformateurs. Pour ceste cause j'au intitulé ce dialogue *Les Transformateurs.*

LE SECOND DIALOGUE
intitulé *Les Transformateurs.*

Du principal different qui est maintenant entre les Chrestiens à cause de la religion, et s'il est touchant la transformation ou la reformation d'icelle.

David.   Tite.

David.

Tu peux entendre par le discours que nous avons desja fait que le principal different sur lequel nous sommes à present avec les Catholiques romains n'est pas si nous devons avoir et si on peut et doit endurer deux religions diverses et contraires tout ensemble. Car nous scavons bien qu'il n'en peut estre qu'une seule vraye, et qu'il n'y en a point d'autre qui soit telle que la religion chrestienne, de laquelle nous faisons tous profession. A ceste cause nous ne travaillons pas ne les uns ne les autres à introduire en la Chrestienté ou la religion des Juifs, ou celle des Turcs, ou des payens, ou quelque autre sorte de religion, soit elle ancienne ou nouvelle, ains desirons (comme je le pense) de vivre en la religion chrestienne. Il est donc seulement question de [89] considerer si, depuis le temps des apostres, il est point survenu d'erreurs et d'abus en ceste religion de laquelle nous nous glorifions tous, par lesquels elle soit abastardie de sa premiere pureté, et deguisee et corrompue et pervertie. S'il n'y est rien survenu de tout cela, il nous faut accorder tous ensemble en une mesme forme de religion chrestienne si nous voulons estre tenus pour Chrestiens. Mais si telles choses y sont survenues, ne devons nous pas tous desirer une vraye reformation pour repurger l'Eglise et la religion de tous erreurs et abus, et la remettre en son premier et droit estat? Et qui est celuy qui puisse nier qu'il n'y ait rien à reformer s'il n'est du tout deshonté ou privé de sens commun? Et s'il y en a d'un costé qui ne vueillent point cela recognoistre ne confesser, et qu'il y en ait d'un autre qui afferment le contraire, il faut venir à l'examen de la matiere qui est en different et ouir les raisons tant des uns que des autres. Et pour en faire droit examen, nous ne pouvons user de moyen qui soit plus propre, ne mesmes qui doyve estre mis en avant, que recourir au tesmoignage des sainctes Escritures, sur lesquels la vraye religion chrestienne est fondee; et que nous nous proposions devant les yeux et prenions pour patron la vraye image et forme de l'Eglise et de la religion qui a esté du temps des apostres et de leurs vrais successeurs, avant qu'elle ait esté corrompue et pervertie par les erreurs et abus, pour raison desquels nous sommes maintenant en different les uns avec les autres. Parquoy, il n'est point de besoin que les Catholiques romains se travaillent tant qu'ils se travaillent, pour [90] persuader aux rois et aux princes qu'ils ne peuvent et ne doyvent endurer deux religions contraires en leurs terres et pays, et que les changemens des religions apportent tousjours avec eux changemens de royaumes et de principautez, et de l'estat et du repos publique.

De ceux qui demandent reformation en l'Eglise et en la religion, et de ceux qui s'y opposent et qui sont ceux qui ont la meilleure cause en ce poinct.

T. Tu touches maintenant deux poincts que les adversaires de l'Evangile font bien valoir, et par le moyen desquels ils taschent tant qu'ils peuvent à inciter tous rois, princes, seigneurs et magistrats contre la predication de l'Evangile et contre toute bonne reformation par la parole de Dieu.

D. Mais il est bien facile à faire cognoistre à tous quelle raison ils peuvent avoir en cela. Car je leur demande pour le premier si ceux demandent changement de religion qui en demandent la reformation, et qui peuvent monstrer clerement à l'oeil combien elle en est necessaire, et en quels poincts, voire par expres tesmoignage de la parole de Dieu. Car il y a grande difference entre transformation et difformation et reformation. Car nous ne demandons de nostre part, sinon qu'on considere que c'est que l'Eglise qui s'appelle romaine retient de la pure et vraye et ancienne religion chrestienne, et que cela soit inviolablement gardé. Et s'il se trouve, comme on le voit tout evidement, qu'il y ait rien d'adjousté ou de diminué ou de transformé, et changé ou de difformé et corrompu [91] et perverti, que cela soit corrigé et amendé, afin que nous n'ayons point une religion chrestienne contrefaite ou un nouveau Alchoran au lieu d'icelle. Qu'on advise semblablement si ceux qui se disent de l'Eglise reformee demandent aucune transformation ou difformation de l'estat qui a esté le plus parfait en la religion et en l'Eglise, et de la forme la plus pure et entiere qui ait jamais esté depuis le temps des apostres, et s'ils requierent autre chose qu'une reformation qui approche le plus que faire se pourra de ce premier estat et de celle premiere forme. S'ils requierent autre chose, qu'ils ne soyent pas ouys. Et s'il y en a qui se plaisent tant en leurs erreurs et abus, et en leurs superstitions et idolatries et fausse religion, qu'ils veulent tousjours là demeurer arrestez, ou à cause qu'ils vivent de telles practiques et en ont des grans honneurs et profits mondains, ou à cause qu'ils craignent correction et meilleure discipline, ou à cause qu'ils sont ignorans de la parole de Dieu, il n'est pas neantmoins raisonnable qu'ils empeschent ceux qui desirent se reformer selon icelle et servir à Dieu plus purement qu'ils ne l'ont fait par ci devant, et vivre plus honnestement et plus sainctement.

T. Il me semble qu'ils se doyvent bien contenter d'estre rebelles à Dieu et à sa parole, et de s'obstiner contre icelle, et de se damner tout seuls, sans vouloir encore faire damner les autres avec eux et les empescher de mieux faire qu'eux, et de prendre meilleur chemin pour parvenir à salut.

Si la vraye religion apporte changement ou esta[92]blissement des royaumes et principautez et de l'estat publique, et de l'exemple des patriarches et du peuple d'Israel à ce propos.

D. Et d'autre part, je leur demande encore qu'ils me monstrent si jamais la vraye religion a apporté changement de royaumes et de principautez et seigneuries dés le commencement du monde, et si elle a jamais troublé l'estat publique ordonné de Dieu. Je me tien bien pour asseuré qu'ils ne m'en pourront produire aucun exemple ne tesmoignage. Mais mettons le cas que la vraye religion ne peust estre plantee en un pays et la fausse abolie ou reformee en vraye religion, que cela n'y apportast quelque changement en l'estat publique. Faudroit-il pourtant laisser de servir à Dieu selon sa parole et sa volonté, et soustenir une fausse religion et rejetter la vraye? Mais la vraye religion n'amene point les hommes en telle necessité, ains au contraire, il me sera bien facile de monstrer que la principale cause des changemens et dissipations et ruynes des monarchies, empires, royaumes, principautez et seigneuries est procedee de tout temps de la fausse religion, et notamment quand les monarches, empereurs, rois, princes et seigneurs et leurs peuples et sujets, la soustenans, se sont elevez contre la vraye religion, et se sont mis à persecuter l'Eglise et le peuple de Dieu qui l'a suyvie. Car la fausse religion apporte avec soy tous les autres maux. Par le contraire, je me fay bien fort de faire clairement apparoistre qu'il n'y a jamais rien eu au monde qui ait tant [93] establi et conservé l'estat et l'ordre publique que la vraye religion, et qu'il n'a jamais esté peuples plus fideles ne plus obeissans à leurs princes et seigneurs que ceux qui l'ont suyvie et ont esté bien instruits en icelle, voire mesme quand leurs princes et seigneurs ont esté de religion contraire. Et s'il est advenu quelque mutination et sedition et revoltement contre les princes et seigneurs par ceux qui en ont fair profession, cela n'est advenu que quand tels mutins et seditieux l'ont delaissee et abandonee, ou par ceux qui s'en sont vantez à faux titre. Qu'on discoure pour avoir tesmoignage de ce que je dy toutes les histoires tant divines qu'humaines. Les patriarches et le peuple qui est issu d'eux ont-ils jamais rien troublé en l'estat publique des rois et des princes et seigneurs, voire superstitieux et idolatres, quand ils ont habité en leurs terres et pays? Ne se sont ils pas tousjours contentez d'avoir l'exercice de leur religion tel que le Seigneur l'a ordonné, se soumettans au reste aux loix des princes et seigneurs et peuples sous lesquels ils ont esté quand Dieu les a assujettis à iceux? Qu'on considere que c'est que le peuple d'Israel a atenté, cependant qu'il a esté en Egypte et sous les rois d'icelle, soit qu'il y ait esté traitté humainement ou inhumainement. Car quand il y a esté en prosperité, ayant un si grand appuy en Joseph, qui estoit le gouverneur de tout Egypte et le premier apres le roy, s'est-il jamais tant oublié qu'il ait rien entrepris contre le roy ne contre le pays? Et quand puis apres il y a esté traitté inhumainement et cruellement contre tout [94] droit et toute raison, voire jusques à luy meurtrir ses petis enfans, qu'est-ce qu'il a esmeu ne remué? N'a-il pas tout enduré et porté comme povres asnes autant de charges qu'on luy a imposees, non obstant qu'elles luy fussent importables? Qu'a-il fait cependant, sinon crier au Seigneur et attendre son secours? Et comment s'est-il aussi gouverné sous les Assyriens et les Babyloniens, et sous les Medes et les Perses, et sous les Grecs et les Romains, qui ont tenu les monarchies du monde les uns apres les autres? Et qui a mieux observé les edits des rois des Medes et des Perses qui ont esté donnez par eux en la faveur des Israelites, ou les autres subjets de ces rois qui estoyent payens et de mesme religion avec eux, ou les Israelites? Nous ne lisons point que les Israelites les ayent transgressez; ains s'en sont tresbien contentez avec le franc exercice de leur religion. Mais les autres peuples, et principalement leurs circonvoisins, n'ont pas laissé pour les edits expres des rois de donner à ce peuple tous les empeschemens qu'ils ont peu, et de prendre les armes contre luy. Parquoy, quand les Israelites besongnoyent en l'edification des murs de Jerusalem, travaillans d'une main en l'oeuvre et tenans les armes à l'autre, ils ne prenoyent pas les armes contre leurs rois et princes, mais contre les mutins et rebelles qui leur couroyent sus, contre les edits expres des rois, et les vouloyent empescher d'en jouir, comme plusieurs le font aujourd'huy au regard des edits de pacification. Et d'autre part considerons que c'est que ce peuple a jamais entrepris à cause de la religion contre les [95] magistrats legitimes. Et en toutes autres choses, qu'a- il aussi entrepris sans legitimes magistrats? Et quand leurs rois et princes et magistrats legitimes sont devenus tyrans et idolatres, et ennemis de la vraye religion, laquelle ils devoyent maintenir comme il leur estoit commandé de Dieu, que ont fait les prophetes? Ont-ils exhorté et incité les peuples à se rebeller et revolter, et prendre les armes contre iceux?

T. A ce que j'en ay peu voir és sainctes Escritures, ils ont tousjours fait le contraire, exhortans les fideles à prieres et à la pure invocacion du nom de Dieu, et à vraye repentance, et vraye foy et constance et perseverance et patience, et à toute saincteté et modestie, et à remettre leur cause entre les mains de Dieu. Et ceux qui ont fait autrement ont esté grandement repris et condamnez par eux.

D. Nous en avons le tesmoignage de Jeremie entre les autres,[1] qui est tout expres. Car il a non seulement repris grievement ceux qui ont rompu la foy et le serment qu'ils avoyent fait au roy de Babylone, leur annonçant le jugement de Dieu, mais aussi a exhorté tout le peuple à prier pour ce mesme roy et pour tout son empire, et pour la prosperité et la paix d'iceluy, nonobstant qu'il fust payen et qu'il detinst desja en captivité une grande partie du peuple.

T. Jeremie nous enseigne bien que c'est que nous devons aux rois et aux princes, par son exemple, soyent-ils fideles ou infideles.

De l'exemple des Chrestiens à ce mesme propos et des autheurs de la rebellion des Juifs contre les Romains.[96]

D. Venons maintenant de l'Eglise des patriarches et des prophetes et du peuple d'Israel à celle de Jesus Christ et des apostres, et du vray peuple chrestien. Considerons pour le premier que c'est que sainct Jean Baptiste et Jesus Christ, et consequemment les apostres, ont changé et troublé en l'ordre politique, je ne di pas seulement des Juifs qui estoyent pour lors le peuple de Dieu, mais aussi des Romains, tenans pour lors la monarchie et l'empire du monde, qui estoyent payens et idolatres, et encore outre tout cela fort grans tyrans. Ont ils induit les Juifs à se mutiner ou revolter contre les Romains, ou à leur nier les tributs, comme plusieurs mutins et seditieux l'avoyent fait au paravant, et l'ont encore fait puis apres à leur grande confusion et dommage, et de ceux qui les ont suyvis? Et quand les gensdarmes qui estoyent au service de l'Empire sont venus au conseil à sainct Jean Baptiste, leur a-il defendu de plus faire cest office? Et les a- il condamnez, pource qu'ils portoyent les armes pour des princes payens ausquels ils estoyent subjets?[2]

T. Il les a seulement admonestez des vices ausquels les gendarmes sont ordinairement le plus addonnez, et les a exhortez à s'en deporter et à s'acquiter fidelement de leur charge, se contentans de leurs gages sans faire tort n'extorsion à personne.

D. Et Jesus Christ a-il aussi empesché le centenier[3] qui s'est addressé à luy, et duquel il a tant loué la foy, d'exercer tousjours son office envers son prince?[4] Et sainct Pierre en a-il fait autrement envers Corneille le centenier et les autres qui estoyent avec luy.[5] Et quand les Juifs [97] se sont revoltez contre les Romains qui pour lors estoyent leurs princes et seigneurs souverains, lesquels ont-ce esté d'entre eux? Ont-ce esté ceux qui de Juifs se sont faits Chrestiens et qui, suyvans la doctrine de Moyse et des prophetes, ont receu et suyvi Jesus Christ comme leur vray sauveur, et redempteur? ou les autres qui l'ont rejetté et qui pour haine d'iceluy ont crié devant Pilate qu'ils n'avoyent et ne vouloyent point avoir d'autre roy que Cesar?[6]

T. Il est certain que ceux qui se sont faits Chrestiens n'ont esté aucunement cause de ce changement et revoltement et n'y ont donné aucun consentement. Car ils ont esté tout autrement appris en l'escole de Jesus Christ et de ses apostres que de se rebeller et prendre les armes contre les princes et les seigneurs, tant cruels tyrans qu'ils ayent esté, et que troubler en rien l'ordre politique et publique.

D. Et pource, ils ont tellement receu Jesus Christ pour leur roy qu'ils n'ont pas pourtant rejetté Cesar et les princes terriens qu'il a pleu à Dieu leur donner, et ne leur ont pas denié les tribus qui leur estoyent deus et qui leur ont esté imposez; ains les ont payez fidelement, comme Jesus Christ le leur a commandé et leur en a baillé l'exemple, le payant luy-mesme et le faisant payer à ses disciples.[7] A ceste cause il a dit: "Rendez à Cesar ce qui est à Cesar et à Dieu ce qui est à Dieu." En quoy il a donné en peu paroles la reigle que les Chrestiens doyvent tenir tant au service de Dieu qu'au service des princes. Car comme il ne veut pas qu'on secoue le joug des princes et seigneurs sous le titre du service de Dieu et de la liberté chrestienne, ainsi il ne veut pas que sous couleur du service des rois et princes terriens on delaisse le service de Dieu qui est le souverain roy et prince de tous.[98] Parquoy tant s'en faut qu'il en faille point preferer à luy que nous ne devons rien à tous les autres, sinon entant qu'il nous y oblige. Pour ceste cause il nous enseigne que c'est que nous luy devons, et que nous devons aux autres qui sont sous luy pour l'amour et par le commandement d'iceluy.

T. Ceux qui de tous temps ont suyvi la parole de Dieu et la doctrine de Jesus Christ, tant entre les Juifs que les autres peuples, ont fort-bien suyvi ceste reigle. Mais ceux qui l'ont rejetté, et consequemment la doctrine de Moyse et des prophetes, et qui n'en ont rien retenu sinon les ceremonies exterieures qui estoyent pour lors abolies par l'advenement de Jesus Christ, ont fait ce beau mesnage duquel tu as fait mention, par lequel ils ont ruiné toute leur nation et l'ont amenee au comble de ses extremes malheurs, lesquels Jesus Christ luy avoit predits.

D. Il est tout certain que ceux qui ont esté les autheurs de ceste rebellion[8] et de ce revoltement estoyent pour la plus part et presque tous libertins, epicuriens, atheistes et ambitieux et larrons et ravisseurs et voleurs et tyrans, qui n'ont pris les armes que pour la liberté charnelle et pour regner eux-mesmes, sans se soucier de la liberté spirituelle pour laquelle il n'estoit point de besoin qu'ils prissent les armes. Car elle leur estoit permise par les Romains et l'entier exercice de leur religion. Et quant au gouvernement publique, la basse jurisdiction leur estoit encore laissée. Parquoy ils vouloyent seulement secouer le joug des Romains pour se faire seigneurs eux-mesmes, et desiroyent qu'il y eust changement pour mieux faire leur main et pour trouver des bons butins, comme l'experience la monstre, et comme Josephe, leur historien, le tesmoigne,[9] lequel en a peu parler [99] comme fidele tesmoin qui en a veu l'experience. Ce n'a donc pas esté le zele de la religion qui les a esmeus à se rebeller et revolter contre les Romains. Car ceux ausquels les Romains la laissoyent en toute liberté ont esté ces mutins et seditieux qui se sont eslevez contre eux. Et ceux qui d'entre les Juifs se sont faits Chrestiens, Jaçoit qu'ils n'eussent point telle liberté en leur religion, ains fussent cruellement persecutez par les empereurs romains et par leurs serviteurs et officiers, se sont neantmoins tenus tout coy et tout paisibles, comme les autres Chrestiens, sans rien entreprendre contre leurs rois et princes, nonobstant qu'ils fussent payens et idolatres et grans tyrans et cruels persecuteurs. Et par cela mesme on peut cognoistre de quelle affection les ennemis de Jesus Christ ont crié devant Pilate, en rejettant Jesus Christ: "Nous n'avons point de roy sinon Cesar."[10] Ils ont bien monstré par effect puis apres que ce n'estoit pas pour amour qu'ils portassent à Cesar, mais seulement pour la haine qu'ils portoyent à Jesus Christ.

T. Je croy bien qu'il en a ainsi esté que tu dis, et que ceux qui pouvoyent avoir encore quelque crainte de Dieu entre ces mutins et seditieux et larrons et brigans ont esté enveloppez par necessité en ceste mutination et conjuration, pource qu'ils ne s'en sont peu despestrer. Parquoy, il n'est pas bon de demeurer avec les meschans et s'accompagner d'eux, si on ne veut demeurer enveloppé avec eux en leurs malefices et malheurs par le juste jugement de Dieu. Mais on ne peut aussi à mon avis, excuser les gouverneurs du pays et des provinces qui leur ont esté bail[100]lez par les Romains, qu'ils ne leur ayent donné de grandes occasions de mutinerie et revoltement par leur tyrannie. Car ils ont esté un fort long temps horribles larrons et ravisseurs et tyrans cruels et importables. Et mesme ils ont souvent fait beaucoup de choses contre leur religion tout expressement pour les porovoquer et irriter. Et ils ont eu leurs soldats et serviteurs de mesme, de sorte qu'on pouvoit bien dire: "Tel maistre, tel valet."

D. Je ne nie pas ce que tu dis. A ceste cause Dieu a puni les uns par les autres, à scavoir les mutins et les seditieux par les tyrans et les tyrans par les mutins, et les seditieux, et les larrons et ravisseurs, et les hommes sanguinaires les uns par les autres. Car il a bien cousté du sang et d'une part et d'autre.

T. Nous voyons aujourd'huy ordinairement beaucoup de tels jugemens de Dieu, mais les hommes ne les considerent pas comme ils devroyent. Parquoy, ils en font aussi tresmal leur profit. Nous en voyons tous les jours tant et plus qui, pour se monstrer bons serviteurs de leurs princes et de leurs maistres qui sont encores adversaires de la vraye religion, se bandent le plus qu'ils peuvent contre icelle et font à ceux qui la suyvent toutes les violences qu'ils peuvent et, en despit d'eux et de leur religion, tout ce parquoy ils leur pensent faire desplaisir pour les provoquer et irriter. Voila en quoy ils se monstrent bons serviteurs et grans zelateurs de l'honneur et de la religion de leurs seigneurs et maistres. Mais Dieu sçait au reste, quelle fidelité ils leur gardent en leurs gouvernemens et és choses desquelles ils ont les maniemens és deniers[11] qui leur passent par les mains, et comme ils ruinent et leurs [101] seigneurs et leurs princes et leurs sujets pour se faire grans.

D. Nous n'avons que trop d'exemples de ce que tu dis. Mais considerons maintenant si la religion chrestienne a esté aucunement cause de tous ces grans malheurs.

T. Cela est hors de doute qu'elle n'a point incité les Juifs à se revolter contre les Romains, et que les Romains n'ont pas deffait les Juifs à cause qu'ils l'ont receue. Mais Dieu les a punis par iceux, pource qu'il l'ont rejettee, et Jesus Christ l'autheur d'icelle et le sauveur et redempteur qu'il leur a envoyé. Vray est que les Romains n'ont pas regardé à cela, et que de leur part ils n'ont eu autre regard qu'à la rebellion et au revoltement des Juifs contre eux. Mais cependant Dieu s'est servy de ceste occasion et de ce moyen pour punir les Juifs de leurs iniquitez et faire la vengeance de ses ennemis par ses ennemis mesmes, comme il le fait ordinairement, si les hommes s'en savoyent prendre garde. Car en voulant faire leurs oeuvres et vengeances, ils font celles de Dieu, sans y penser ne sans le vouloir faire pour ce regard.

De l'exemple de toute l'Eglise chrestienne sous l'Empire romain à ce mesme propos, et des causes de la decadence et dissipation d'iceluy.

D. Puis que nous avons parlé des Juifs tant chrestiens qu'autres, venons maintenant à l'Eglise chrestienne qui a esté assemblee et composee tant d'iceux que des payens. Combien de temps a-elle esté sous l'Empire romain? Et par quel tyrans a-elle esté persecutee, pour le moins environ l'espace de trois cens ans? Et combien ont esté leurs persecutions cruelles et horribles contre icelle, s'il en a jamais point esté? Et cependant quels Chrestiens se sont elevez ne contre les empereurs [102] ne contre les magistrats et officiers constituez par iceux, si grand tort et si grande injure qui leur ait esté faite et tant cruellement qu'ils ayent esté persecutez? Et où est- ce qu'ils ont jamais attenté de changer l'ordre et l'estat publique, et qu'ils ont jamais requis autre liberté que celle de leurs consciences? Et jaçoit que les vrais Chrestiens ayent en grande horreur l'effusion du sang humain et que pour ceste cause ils ne prennent plaisir aux armes, sinon autant qu'elles sont justes et que leur devoir et office les y contraint quand il leur est commandé par leurs princes et par magistrats legitimes, toutesfois les anciens Chrestiens se sont monstrez si obeissans, voire mesme aux empereurs payens, qu'estans en leur service ils n'ont point refusé de porter les armes pour eux, pourveu qu'ils n'ayent point esté employez contre leur religion et pour respandre le sang de leurs freres plus loyaux, et qui se soyent mieux acquitez de leur office en toutes les choses esquelles on les a employez selon Dieu. Et combien que les empereurs et rois et princes et leurs officiers et ministres ayent ordinairement esté des cruels tyrans contre eux, toutesfois ils en ont tousjours laissé la vengeance à Dieu et ont prié continuellement pour eux, tant en general qu'en particulier. Et Dieu en a fait la vengeance par des autres. Car il y en a eu tant et plus qui ont esté occis malheureusement, mais ce n'a pas esté par les Chrestiens, ains ont esté tuez ou par leurs propres soldats ou par leurs propres serviteurs domestiques qui estoyent de mesme religion qu'eux, [103] et souventesfois de leurs plus proches. Et quel ministre trouvera-on de celle ancienne Eglise chrestienne qui ait jamais enseigné et incité les fidelles à faire autrement qu'office de bons et loyaux sujets et serviteurs? Et qui n'ait tousjours reprimé et repris comme mutins et seditieux ceux qui ne se vouloyent contenir dedans ces limites? Et quand est-ce que l'Empire romain a commencé à aller en decadence et à estre dissipé et desmembré, et que en ont esté les causes? A-ce esté la vraye religion chrestienne?

T. Je croy bien qu'elle en a esté cause en partie. Mais c'est par accident et non pas de la propre nature d'icelle. Car je ne doute point que le sang des Chrestiens qui a esté respandu de si long temps et si cruellement, et en si grande abondance, sous les cruels empereurs d'iceluy et leurs magistrats et officiers, n'ait demandé vengence à Dieu, comme le sang d'Abel, et que Dieu ne l'ait faite comme il l'a promis par sa parole.[12] Et puis outre cela combien d'injustices ont esté faites en cest empires, comme en tous les autres precedens, lesquelles amenent finalement les ruines de tous les empire[13] et royaumes et seigneuries et republiques, comme toutes les histoires tant divines qu'humaines et l'experience quotidienne nous en rendent tant de tesmoignages de tous temps?

D. Ce n'est donc pas à cause qu'ils ont receu et approuvé la religion chrestienne, mais pource qu'ils l'ont rejettee et persecutee tant inhumaine-ment. Et outre celle cause, qui est des principales, tu trouveras encore que depuis que les empereurs ont esté chrestiens, et qu'ils ont apporté la paix à l'Eglise, au regard des perse[104]cutions la plus grande dissipation et les plus grans changemens y sont advenus apres que les Chrestiens ont commencé à corrompre et deguiser la vraye religion, tant par les heresies par lesquelles plusieurs heretiques l'ont troublee, que par les inventions et traditions des hommes et les diverses sectes qui sont nees en icelle. En quoy il luy est presque advenu tout le semblable qu'à l'Eglise ancienne d'Israel, apres qu'elle fut delivree de la captivité de Babylone et puis des cruelles persecutions du roy

Antiochus Epiphanes[14] qui a esté des successeurs d'Alexandre le grand.

De l'estat et des persecutions de l'Eglise d'Israel sous Antiochus, et de la delivrance et restitution d'icelle par les Macchabees, et des sectes qui des lors se sont eslevees entre les Juifs.

T. Qu'est-ce qui luy est advenu?

D. Entre toutes les persecutions qu'elle a endurées, celle d'Antiochus a esté la plus cruelle et la plus dangereuse, comme Daniel l'a predite.[15] Car non seulement il est entré au temple et l'a pillé, et a tué grand nombre d'hommes, mais aussi a encore puis apres fait un edict par lequel il a commandé aux Juifs qu'ils delaissassent la Loy de Moyse et qu'ils adorassent tous l'idole de Jupiter Olympien, laquelle il avoit colloquee au temple de Jerusalem. Et pour la conserver, il y mit une garnison de tresmeschans gensdarmes. En apres, il fit recercher de toutes pars les livres de Moyse et des prophetes et les fit brusler. Il osta tout l'exercice de la religion, jusques à defendre l'administration du sacrement de la Circoncision qui estoit en l'Eglise d'Israel comme le baptesme est en l'Eglise chrestienne. Et [105] puis commanda que la feste des Bacchanales fust celebree en Jerusalem, en laquelle les choses les plus execrables et enormes qui fussent entre les payens estoyent commises. Et d'avantage il fit mourir par cruels tormens grand nombre de personnes qui ne vouloyent pas delaisser la Loy de Moyse, sans espargner hommes ne femmes, ne jeunes ne vieux, tant honnorables que les personnes fussent. Ceste persecution tant cruelle dura six ans et demi selon la prophetie de Daniel.[16] Et puis le Seigneur suscita Judas Macchabeen,[17] lequel recouvra le temple et le remit en son premier estre, environ trois cens et quarantehuit ans apres le retour des juifs de Babylone, et cent et cinquante deux ans devant la nativité de Jesus Christ. Et comme Dieu delivra son Eglise et luy donna quelque paix, ainsi il punit griefvement ce cruel tyran et toute sa race, et donna de grandes victoires à Judas Macchabeen et à ses successeurs contre les ennemis de son Eglise. Et combien qu'elle ne fut pas fort paisible, à cause des ennemis qui la molestoyent et des payens qui estoyent meslez parmi les Juifs, elle commença lors neantmoins d'estre divisee en diverses sectes, par les domestiques mesmes, par lesquels elle a puis apres esté fort corrompue et troublee.

T. Qui ont esté ces sectes?

D. Epiphanius en raconte jusque'à sept.[18] Mais je ne parleray que des principales, et notamment de celles desquelles il est fait mention és lettres divines.

De la secte des Pharisiens et de la convenance qu'il y a entr'eux et les moyens et les theologiens [106] *de l'Eglise romaine, et comment les uns et les autres ont transformé et corrompu la pure doctrine des sainctes Escritures.*

T. Qui sont celles-la?

D. La premiere a esté celle des Pharisiens, laquelle a esté la plus estimee, comme S. Paul mesme, qui en a esté du temps de son ignorance, le tesmoigne.[19] Epiphanius en fait une à part des Scribes. Mais pour autant qu'ils ont eu beaucoup de choses communes avec les Pharisiens, et que Jesus Christ les a presques tousjours conjoints ensemble, je les comprendray aussi sous celle des Pharisiens. Ceux-ci n'ont point rejetté aucun livre des sainctes Escritures, comme les Sadduceens[20] qui n'ont receu et approuvé sinon ceux de Moyse. Mais les Pharisiens les ont tellement tous receus et approuvez qu'ils les ont fort corrompus par leur mauvaise intelligence et par leurs fausses expositions. Car ils ont transformé du tout la doctrine de la Loy et les promesses du Seigneur, et notamment celles du Messias, en une doctrine philosophale et politique, de sorte qu'ils ont du tout ensevely par icelle la doctrine de la grace et de la foy et de la justification par icelle, et ont estably les merites des hommes et la justice des oeuvres. Au moyen dequoy ils ont laissé tout le principal de la Loy, et ont enseigné que c'estoit seulement une discipline exterieure par laquelle les hommes estoyent justes devant Dieu, et meritoyent la remission de leurs pechez et la vie eternelle, et principalement par les sacrifices de la Loy. Et depuis qu'ils ont ainsi constitué la justice des hommes en leurs oeuvres et merites, ils ne se sont pas contentez des oeu[107]vres commandees en la Loy, ains y ont encore adjousté beaucoup d'exercices d'autres ceremonies, et notamment de jeusnes et de lavemens, et d'autres semblables qu'ils ont inventees.

T. Il me semble que les theologiens et les docteurs et prelats et ministres de l'Eglise romaine, et principalement les moynes, ont pris ce mesme chemin, et qu'ils ont converti la doctrine des sainctes Escritures en une semblable theologie.

D. La plus grande difference que je trouve entr'eux et les Pharisiens est en ce que les Pharisiens ne se sont pas tant esloignez de l'expresse parole de Dieu et qu'ils n'ont pas introduit telles superstitions et idolatries en l'Eglise d'Israel, ne constitutions tant contraires à la doctrine des sainctes Escritures que les theologiens romains et les moynes l'ont fait en l'Eglise chrestienne. Et quant aux propheties du Messias, les Pharisiens les ont prises tellement qu'ils n'ont rien entendu en sa nature divine ni en celle de son regne et de son office et de son sacrifice et benefice. Car ils ne le se sont proposé que comme un roy temporel qui s'assujettiroit et aussi à la nation judaique tous autres peuples et nations, et regneroit sus eux un certain temps en ce monde et puis finalement donneroit des biens eternels aux siens et envoyeroit en peines eternelles les ennemis des Juifs.

T. Je croy que voila le Messias que les Juifs attendent encore aujourd'huy, et qui les empesche de recevoir Jesus Christ, pource qu'ils ne le trouvent pas tel qu'ils se sont imaginé leur Messias.

D. Quant aux docteurs et moynes et catholiques romains, ils ne font point de difficulté de confesser tout ce qui est escrit de Jesus Christ és sainctes Escritures, tou[108]chant sa personne et sa nature tant divine qu'humaine. Mais quant à son office et benefice, leur doctrine est bien contraire à celle des apostres et de la vraye Eglise ancienne. Car combien qu'ils confessent de bouche tout ce que l'Escriture saincte en tesmoigne, toutesfois ils declarent puis apres tout le contraire, tant par leur doctrine et la pratique d'icelle, que par leurs autres oeuvres, lesquelles ils appellent meritoires. Car quand tout sera bien advisé, on trouvera qu'ils ne mettent pas grande difference entre Jesus Christ et Moyse et les autres prophetes, et qu'ils ne le tiennent guere pour autre que pour un nouveau legislateur qui apporte une loy plus parfaite que Moyse, et pour un prophete plus excellent que point d'autre. Mais cependant ils ne luy font pas encore tant d'honneur qu'ils se veuillent contenter de la Loy qu'il a donnee, laquelle ils appellent la loy de grace. Car ils luy ont adjousté et adjoustent encore journellement tant d'autres lois et de constitutions et traditions controuvees de leur cerveau, et bien souvent totalement contraires à la doctrine de Jesus Christ et de tous les prophetes et apostres, qu'elle est totalement renversee et aneantie par icelles. Et comme Jesus Christ a reproché aux Scribes et aux Pharisiens[21] qu'ils faisoyent violer les expres commandemens de Dieu pour faire observer leurs traditions, ainsi en font ceux-ci, et beaucoup plus ouvertement et en plus d'endroits. Au reste, combien qu'ils recognoissent Jesus Christ pour mediateur, advocat, sauveur et redempteur, et pour souverain sacrificateur et eternel, toutesfois ils luy adjoustent puis apres une infinité de compa[109]gnons ausquels ils font presques semblables honneur, excepté qu'ils le preferent à tous les autres. Ils font le semblable de son sacrifice et benefice, et de la satisfaction qu'il a faite pour les pechez et le salut des hommes.

De la secte, doctrine et religion des Sadduceens et de la convenance qu'ils ont avec les epicuriens et atheistes tant anciens que nouveaux.

T. Je voy bien cela. Mais revenons aux Juifs anciens, et me di quelle autre secte y a-il encore eu en l'Eglise d'Israel outre celle des Pharisiens.

D. Celles des Sadduceens et des Esseens, et des Herodiens.[22] Car, comme je l'ay desja dit, je ne parle que des principales.

T. Et en quoy ont esté differens les Sadduceens aux Pharisiens?[23]

D. Au lieu que les Pharisiens chargeoyent le peuple de trop de traditions, les Sadduceens luy ont tant plus laché la bride. Pour laquelle cause leur secte a esté fort plaisante à plusieurs et s'est aquise grande puissance et authorité. Et par ce moyen le peuple a aussi esté divisé. Car les plus devots et les plus bigots, et les plus grans hypocrites se sont plus adjoints aux Pharisiens à cause qu'ils les estimoyent plus religieux, pourautant qu'ils proposoyent une regle plus estroitte et qu'ils sembloyent mener vie plus austere et plus saincte. Et les autres qui se faschoyent des Pharisiens comme de moynes trop superstitieux et bigots, suyvoyent plus volontiers les Sadduceens qui estoyent presques comme les prestres seculiers et les prelats de l'Eglise romaine au regard des moynes, ou comme les moynes qui ont plus grande liberté et licence, au regard de ceux qui sont [110] plus reformez et qui ont leurs regles plus austeres. Mais le pis a esté en ce que les Sadduceens n'ont pas seulement mesprisé les traditions des Pharisiens et qu'ils en ont deschargé le peuple, mais aussi ont rejetté tous les livres des prophetes, excepté ceux de Moyse, desquels ils ont neantmoins si bien entendu et pris la doctrine que non seulement ils ont nié la resurrection des corps, mais aussi l'immortalité des ames, et les anges et tous esprits.[24] **Et cependant ils ont enseigné qu'il falloit obeir à la loy, et que celle obeissance estoit meritoire pour obtenir vie paisible en ce monde, et que la rebellion contre icelle meritoit punition, à cause qu'elle troubloit la societé humaine et le repos publique.**

T. **Je ne voy pas qu'il y ait eu grand difference entre ceux-ci et les** Epicuriens. Car les Epicuriens ont bien aussi enseigné qu'il falloit obeir aux loix et à la justice et aux magistrats, et vivre honnestement quant au monde. Car puis qu'ils constituoyent leur souverain bien en volupté corporelle, ils cognoissoyent bien qu'ils ne le pouvoyent trouver que par le moyen de l'observation des loix qui entretiennent les hommes en paix.

De ceux qui estiment qu'il n'est rien de religion sinon en opinion,
et combien elle est necessaire à la vie humaine.

D. Et combien penses-tu qu'il y en ait eu de tout temps au monde, non seulement entre les payens, mais aussi entre les Juifs, et combien il y en a encore aujourd'huy, non seulement entre les Turcs, mais aussi entre les Chrestiens, qui ne jugent pas autrement de toutes re[111]ligions?

T. Je scay bien qu'il y en a tant et plus qui estiment que religion ne soit autre chose qu'une fantasie et une opinion des hommes, laquelle ils ont conceue en leurs cerveaux. Mais cependant ils jugent neantmoins qu'il est bon qu'ils ayent ceste opinion pour les contenir en crainte, et les ranger plus facilement à leur devoir. Car religion ne peut estre sans quelque opinion de Dieu et de son jugement, conjointe avec crainte de l'offenser. Et si ceste crainte est une fois ostee aux hommes, ils se donneront une licence debordee à tous vices ou pour le moins, ils ne seront pas si aisez à contenir en bride, quelques loix qu'on leur donne. Dont ils concluent non seulement qu'il est bien expedient, mais aussi qu'il est plus que necessaire qu'ils soyent retenus par quelque crainte de Dieu. Et pourautant que ceste crainte ne peut estre sans religion, ils concluent semblablement qu'il est necessaire que les hommes en ayent quelqu'une, quelle qu'elle soit. Pour ceste cause les sages atheistes et epicuriens de ce monde qui font telle conclusion par leur prudence et sagesse diabolique, font tout un mesme jugement de toutes religions. Car autant leur est l'une que l'autre, veu qu'ils estiment qu'il n'en est rien qu'en opinion. Parquoy, ils sont contens qu'un chacun se paisse de la sienne, pourveu qu'ils vivent à leur aise et qu'on ne les trouble point.

Que religion n'est point seulement en opinion, mais en trescertaine verité, et des absurditez qui s'en ensuyvroyent s'il en estoit autrement.

D. Pleust à Dieu qu'il n'y eust point de tels Sad[112]duceens et Epicuriens, je ne di pas seulement entre ceux qui sont des principaux au gouvernement politique du monde, mais aussi entre ceux qui sont tenus pour les prelats et les colomnes de l'Eglise. Cependant tu peux juger par ce que tu dis comment les plus grans Sadduceens et epicuriens, et atheistes mesmes sont convaincus par leur propre raison et sagesse que religion est non seulement utile, mais aussi necessaire aux hommes. Si ainsi est, il s'ensuit bien qu'elle n'est pas seulement en opinion, ains qu'il faut necessairement qu'elle soit en verité. Car selon leur tesmoignage mesme, c'est un bien necessaire au genre humain. Si c'est un bien, ou il est vray, ou il est faux. S'il est faux, ce n'est donc pas un bien, mais seulement une fausse apparence de bien qui trompe les hommes. S'il les trompe, ce n'est donc que mensonge. Si ce n'est que, il n'en peut revenir sinon mal et dommage aux hommes. Ce n'est donc pas un bien et encore moins un bien necessaire; ains est un grand mal, et bien à fuir, veu que naturellement tout homme juge estre chose vilaine et dommageable d'errer et d'estre deceu.

T. Si autrement estoit, ignorance qui est contraire à la nature de l'homme luy seroit meilleure que science, et mensonge que verité. Parquoy il auroit esté meilleur pour les hommes qu'ils eussent este creez bestes pour estre ignorans comme elles que d'avoir este creez hommes participans de raison et d'intelligence.

D. Et si ainsi estoit, on pourroit dire à bon droit que Dieu n'auroit creé l'homme different aux bestes et plus excellent qu'elles sinon pour le rendre plus mi[113]serable et plus malheureux qu'elles. Et si les epicuriens et atheistes ne veulent faire cest honneur à Dieu, de le recognoistre createur des hommes et de toutes les autres creatures, ains s'aiment mieux forger une nature pour la mettre au lieu d'iceluy, si est-ce qu'ils demeurent tousjours convaincus que religion est non seulement un grand bien, mais aussi le plus necessaire aux hommes qui puisse estre. Car quelque nature qu'ils se veuillent forger, elle ne peut estre brutale ne sans raison et intelligence, ne sans une singuliere providence, comme il appert par toutes ses oeuvres, et principalement en la nature humaine, lesquelles ne sont pas d'une brutale nature ni advenues à l'aventure. Parquoy elle n'a pas voulu procurer le bien des hommes par mensonge, mais par verité, comme elle l'auroit fait si religion estoit un bien necessaire aux hommes, et qu'elle ne fust sinon en opinion et non pas en verité. Car s'ensuyvroit de là que ceste nature ne pourroit procurer le bien des hommes sinon par un bien grand mensonge et en les trompant. Et si elle le pouvoit faire autrement et elle ne le vouloit pas, elle ne seroit pas bonne mere, mais tresmauvaise marastre; et par consequent elle ne pourroit estre bonne nature, et encore moins divine. Dont il s'ensuyvroit une horrible confusion en tout l'univers. Car si ainsi estoit, il auroit son commencement et son estre, et sa conservation du mal et non pas du bien. Et par ainsi il n'y auroit aucun bien, et Dieu ne seroit pas Dieu, et n'y auroit aucune difference de bien et de mal, ne de vertu et de vice. Et par ainsi et [114] Dieu et toute nature et tout le monde seroyent renversez.

Pourquoy il ne peut estre qu'une seule vraye religion, et comment elle ne peut estre sans la vraye Eglise, ne la vraye Eglise sans elle; et comment les hommes ne peuvent vivre sans aucune religion.

T. Nous concluons donc, non seulement par le tesmoignage de la parole de Dieu, qui nous est revelée és sainctes Escritures, mais aussi par celuy de nature, voire par celuy des atheistes, et des epicuriens mesmes, et par la commune experience, que religion est non seulement en opinion, comme ils l'afferment, mais en trescertaine verité.

D. Et si ainsi est, elle ne peut estre incertaine et diverse. Car comme il n'est qu'une seule verité, ainsi il ne peut estre qu'une seule vraye religion, veu qu'il faut qu'elle soit fondee sur icelle. Parquoy la diversité des fausses religions ne nous doit pas empescher de nous enquerir de la vraye. Car c'est cela à quoy le diable pretend, asçavoir ou de nous destourner du tout de l'inquisition de la vraye religion et les nous faire toutes rejetter, tant la vraye que les fausses, comme opinions humaines, ou de nous faire suyvre la fausse pour la vraye. Mais cela n'empesche point qu'il ne soit tousjours une vraye religion, comme il est un Dieu, et une verité, laquelle ne peut estre contraire à soy- mesme, non plus que l'Esprit de Dieu par lequel elle est inspiree.[115] Et ne peut semblablement advenir, et qu'il n'y ait aussi tousjours quelque compagnie d'hommes au monde en quelque lieu que ce soit, et tant petite ou grande qu'elle puisse estre, laquelle nous appelons Eglise, qui suyve ceste vraye religion.

Car Dieu ne l'a pas ordonnee pour rien, et pour la laisser du tout defaillir et perir au monde cependant qu'il y aura des hommes. Pour ceste cause il a conservé dés le commencement et l'une et l'autre, et les conserve et conservera tousjours miraculeusement en iceluy, si grans changemens et troubles et tempestes qui puissent advenir. Car l'une ne peut estre sans l'autre. Car, comme il ne peut estre aucune vraye Eglise sans vraye religion, ainsi ne peut estre la religion si elle n'est en quelque Eglise en laquelle elle soit receue, veu que Dieu l'a ordonnee à ceste fin. Et d'autre part, si ainsi est que les hommes ne puissent vivre sans religion, soit-elle vraye ou fausse, et s'il n'y a ne loy ne police qui les puisse contenir en leurs offices sans icelles, un chacun peut bien estimer combien la cognoissance de la vraye religion est utile et necessaire à tous, et combien elle peut plus avoir de vertu et d'efficace, veu qu'il y a plus de difference entre icelle et la fausse religion qu'entre le corps et l'ombre, et entre une chose entiere et une chose corrompue. Ce neantmoins, si voyons nous encore par experience qu'il est moins dommageable aux hommes de suyvre fausse religion et d'en avoir quelque forme, quelle qu'elle puisse estre, que de n'en avoir du tout point. Car ceux approchent encore plus de la vraye, et ont plus de se[116]mence de Dieu en eux, qui en ont quelque estincelle de reste que ceux qui l'ont du tout esteinte. Car combien que les entendemens humains s'esgarent en la fausse religion, si retiennent-ils tousjours ce fondement qu'il y a quelque Dieu et quelque divinité, et quelque jugement divin et justice divine, et qu'il y a difference entre le bien et le mal et vertu et vice, et que ce n'est pas seulement en opinion, mais en verité.

Combien la cognoissance de la vraye religion est à desirer, et pourquoy; et du miserable estat de l'Eglise d'Israel du temps des Pharisiens de des Sadduceens, et des troubles qu'ils luy ont donnez, et des causes d'iceux.

T. Cela est vray. Parquoy il n'y a rien que nous ayons tant à desirer que la cognoissance de la vraye religion, veu qu'elle ne sert pas seulement aux hommes pour la conservation de la societé humaine en ceste vie, mais aussi pour nous conduire à nostre souverain bien et nous en faire jouyr eternellement. A ceste cause j'ay grand horreur quand je considere que le peuple que se disoit estre le peuple de Dieu se soit abastardi jusques là, que telles opinions et fureurs epicuriennes y ayent este endurees et receues, non seulement entre le menu peuple, mais qui pis est, entre ceux-mesmes qui en estoyent les gouverneurs et conducteurs. Car il appert assez par le tesmoignage des Evangelistes, et notamment par les A[117]ctes des apostres,[25] qu'ils estoyent en grande authorité, et au conseil des Juifs, et au gouvernement de l'Eglise, et entre les principaux sacrificateurs. Et mesme Josephe tesmoigne qu'ils avoyent ordinairement les plus grans honneurs et les plus grandes dignitez.[26] Parquoy on peut bien juger quel pouvoit estre le peuple qui avoit de tels gouverneurs, et de tels pasteurs.

D. Et puis tu peux encore entendre quels troubles et tumultes ont esté entre eux et les Pharisiens à cause du gouvernement et de la diversité des opinions de leurs sectes, et quelles divisions ils ont mises entre le peuple, veu qu'ils estoyent tous fort ambitieux et avaricieux, et qu'il y avoit bien peu de crainte de Dieu tant d'une part que d'autre. Car il n'y avoit guere de difference entre les uns et les autres, quelque diversité d'opinions qu'il y ait eu, sinon en ce que les Pharisiens estoyent plus grans et plus cruels hypocrites, comme il appert par la haine qu'ils ont portee à Jesus Christ, et par les reproches qu'il leur a faits, et les tesmoignages que tous les Evangelistes en rendent.[27] Parquoy, la religion, tant des uns que des autres, estoit plus en paroles et en disputations et contentions et en apparence exterieure qu'en faits et en oeuvres. A ceste cause la secte des Esseens s'est levee apres ces deux-ci. Car plusieurs voyans la mauvaise vie tant des unes que des autres, et qu'il y avoit plus de paroles que d'oeuvres et d'hypocrisie que de vraye religion, se sont separez d'eux pour suyvre une autre maniere de vie, que fust en oeuvres et non pas en paroles et disputations, et qui qpprochast plus de l'observation des oeuvres qui [118] sont principalement commandees et requises en la loy; au lieu que les Pharisiens les laissoyent en arriere, s'arrestans le plus aux ceremonies exterieures et à leurs traditions, et que les Sadduciens ne se soucioyent guere ne des uns ne des autres, mais seulement d'avoir des honneurs et des richesses et de vivre à leur aise. Et pource, ils n'avoyent pas grande cure d'aucune religion, sinon entant quelle pouvoit servir à leurs commoditez, et qu'ils ne vouloyent pas estre tenus pour hommes sans religion, sachans bien qu'ils seroyent en trop mauvaise estime de tous si on avoit telle opinion d'eux.

T. Et par ainsi, la religion, de laquelle ils faisoyent profession ne leur servoit que de masque.

De la secte des Esseens et des causes d'icelle, et de leur maniere de vivre.

D. Voila pourquoy les Esseens, voyans que les uns et les autres ne faisoyent que troubler et l'Eglise et la Republique par leurs dissensions, et qu'il n'y avoit qu'ambition et avarice et pompes, et envies, et haines et piques les uns contre les autres, et plusieurs autres grans vices, se sont departis d'eux à cause qu'ils estoyent amateurs de modestie et de paix. Parquoy, ils ont voulu monstrer qu'ils vouloyent servir à Dieu par bonnes oeuvres et utiles au prochain, et non pas par dissensions et seulement en apparence, et par [119] ceremonies exterieures. A ceste cause ils se sont volontiers deportez du gouvernement de l'Eglise et de la chose publique, et se sont retirez par ensemble en certains lieux, esquels ils se sont adonnez au jardinage, et principalement à la medecine, tant à cause qu'ils estoyent en petit nombre, à comparaison des autres, que pource qu'ils ne se vouloyent point mesler des affaires publiques, voyans les dissensions et piques et confusions qui estoyent tant en l'Eglise qu'en la Republique, et principalement entre ceux qui s'en estoyent attribué le gouvernement, lesquels ils ont laissé disputer et combattre par ensemble. Au moyen dequoy ils ont distribué le jour entr'eux en temps de prieres et de leçons, et d'estudes, et de labeurs des mains, et de manger et de boire,[28] de sorte que toutes ces choses se faisoyent entr'eux par bon ordre. Et comme ils vivoyent en commun, ainsi ils n'avoyent tous qu'une bourse commune en laquelle un chacun mettoit ce qu'il gagnoit sans superstition. Et le faisoyent, non pas pour faire thresor, mais pour en aider et secourir en necessité et maladie, non seulement à eux, mais aussi aux autres honnestes personnes. En somme, leur estat estoit en ce temps-là comme une eschole excellente de medecine, et de doctrine, et d'exemples de vertus.

De la convenance entre les Esseens et les moynes anciens, et de la
mauvaise ouverture qui a esté donnee en l'Eglise par la premiere
moynerie, si belle apparence qu'elle ait peu avoir.

T. Je pense que les premiers et les plus anciens [120] moynes chrestiens ont pris leur exemple sur ceux ci. Car il me semble, à ce que j'en ay peu lire et ouir, que leur commencement a esté fort semblable.

D. Je n'en doute point de ma part. Et Philastrius,[29] en son livre des heresies, dit notamment qu'ils exerçoyent la vie des moynes. Et si on considere de pres la source et naissance des uns et des autres, on trouvera que les moynes ont eu presque du tout semblable occasion que les Esseens, non pas tant à cause des persecutions des payens tyrans et idolatres, que des dissensions et divisions qui sont advenues en l'Eglise et en la Republique, principalement entre les pasteurs et gouverneurs d'icelles. Car le semblable est advenu en la religion chrestienne en cest endroit qu'à l'ancienne Eglise d'Israel. Car apres que celle d'Israel a esté defendue et conservee par l'aide de Dieu toute manifeste et miraculeuse contre la fureur d'Antiochus, et qu'elle a finalement esté delivree incontinent apres qu'elle a obtenu quelque paix des estrangers, elle a esté divisee et dissipee par ceux de la maison, premierement par dissensions d'opinions et par sectes diverses; et puis, bien tost apres, par guerres civiles qui les ont ensuyvies et qui ont esté si cruelles que les freres mesmes se sont meurtris les uns les autres, et ont mesme demandé aide et secours des payens et des idolatres les uns contre les autres pour regner tant en l'Eglise qu'en la Republique. Ainsi en est-il advenu en la religion chrestienne apres qu'elle a esté delivree des persecutions des tyrans payens et qu'elle a esté devisee par diverses sectes et diversitez d'opinions et de [121] doctrine. Et combien que les premiers et les plus anciens moynes ayent eu pour ceste cause quelque juste occasion de suyvre l'exemple des Esseens, toutesfois leur invention et maniere de faire a porté puis apres grand dommage à toute la religion chrestienne, à cause de ce qu'elle a donné ouverture en icelle à un chacun de la diviser en sectes infinies, comme nous les voyons aujourd'huy en la moynnerie. Dont il est advenu puis apres que les autres moynes qui leur ont succedé ont plus suyvi l'exemple et la maniere de vivre des Pharisiens et des Sadduceens que celle des Esseens et des anciens moynes leurs predecesseurs, et qu'ils ont tous enseveli la doctrine de la grace et de la foy, et de la justification par icelle, et l'office et le benefice de Jesus Christ, et se sont donné comme ceux-là des titres fort glorieux, comme les hypocrites le font ordinairement.

Des titres que les moynes et les autres ministres de l'Eglise romaine et les
Pharisiens et les Sadduceens et les Esseens se sont attribuez,

et comment tous ceux-ci ont obscurci et enseveli par leur doctrine
et maniere de vivre les principaux poincts de la doctrine de la
vraye religion.

T. Qui sont ces poincts?

D. Les moynes se sont donné ce nom comme aussi celuy d'hermite et
d'anachorete pour signifier qu'ils estoyent hommes solitaires et retirez du
monde, et separez des autres pour mener vie plus religieuse et plus saincte. Et
pource ils se sont aussi appelez du nom de religieux comme par excellence
pour se discerner en matiere de [122] saincteté du rang non seulement du
commun peuple chrestien et de ceux qu'on appelle lays en l'Eglise romaine,
mais aussi de ceux qui semblablement, pour se distinguer de ceux qu'ils
appellent lays, s'appellent non seulement Ecclesiastiques, mais aussi l'Eglise,
comme si elle n'estoit qu'en eux. Quant aux Pharisiens ils se sont nommez de
ce nom qu'ils portent, lequel signifie autant comme interpreteurs et exposi-
teurs, à cause qu'ils se sont attribué grande cognoissance et intelligence de la
doctrine de la loy et des sainctes Escritures, et l'interpretation et l'exposition
d'icelles, comme les vrais docteurs et theologiens de l'Eglise d'Israel. Et
combien que les Sadduceens fussent des vrais epicuriens, si se sont ils
neantmoins baillé ce nom, qui signifie presque autant comme qui diroit les
justes ou justiciaires. Et quant aux Esseens, leur nom signifie autant comme
qui diroit faiseurs, pour declarer qu'ils n'estoyent pas comme les Pharisiens,
desquels Jesus Christ a dit qu'ils disoyent, mais ils ne faisoyent pas ce qu'ils
disoyent.[30] Et si les Pharisiens estoyent tels, il est facile à juger quels
pouvoyent estre les Sadduceens en cest[31] endroit qui estoyent encore
beaucoup moins religieux. Mais combien que les Esseens fussent de meilleur
vie et plus honneste que nuls des autres, toutesfois ils ont aussi bien enseveli les
principaux points de la vraye religion, lesquels appartiennent proprement à la
doctrine de l'Evangile et à l'office et au benefice de Jesus Christ comme les
autres, entant qu'ils ont constitué leur justification et leur salut en leurs
oeuvres.

T. Je voy ici [123] une grande convenance entre ce que tu dis et ce qui est
advenu en la religion chrestienne, en laquelle, par succession de temps, toute
la doctrine de la justice par la foy a esté convertie en celle de la justice par les
oeuvres, et en laquelle les merites des hommes ont esté partie substituez,
partie adjoints au merite et benefice de Jesus Christ, et principalement par le
moyen des moynes et de leurs reigles et voeus monastiques.

Du changement et de l'abastardissement des monasteres anciens,
et de la moynerie qui est à present.

D. Tu dois encore noter qu'au lieu que les anciens monasteres estoyent comme des colleges et des compagnies d'hommes qui vivoyent ensemble, tant pour l'estude des lettres que pour le labeur des mains, ils ont esté convertis en des habitations d'hommes oiseux qui vivent de la sueur et des labeurs de tous les autres estats du monde sous le titre d'une feinte saincteté qui n'est, comme les moyneries sont à present, que toute hypocrisie et bigotterie, et toute superstition et idolatrie. Car leurs oeuvres sont bien differentes à celles et des Esseens et des moynes anciens, imitateurs d'iceux. Car les oeuvres de ceux-là estoyent utiles à l'Eglise et à la Republique; et au lieu de charger les autres, ils les deschargeoyent et soulageoyent. Mais celles de ceux-ci sont non seulement inutiles pour la plus part, mais aussi fort dommageables à tous, à cause de leur pestilente doctrine et des superstitions et idolatries payennes par lesquelles ils ont infecté toute la vraye religion. Et [124] au lieu de descharger et soulager les hommes, ils sont en grande charge à tout le monde. Car tant d'hommes oyseux et de ventres paresseux ne vivent pas de rosee comme les cigales.

De la secte des Herodiens.

T. Tu as parlé jusque ici de trois des principales sectes des Juifs, mais tu n'as encore rien dit de celle des Herodiens.[32]

D. Ceux qui en ont escrit disent qu'ils ont ainsi esté appelez à cause qu'ils estimoyent que Herodes estoit le Messias promis en la Loy, à cause qu'il a commencé à regner en Judee apres que le septre royal a esté osté de la lignee de Juda, suyvant la prophetie de Jacob. Mais il appert assez par ce que les Evangelistes ont escrit tant d'eux que d'Herodes,[33] que c'estoit une secte qui se jouoit de la religion comme Herode qui l'accommodoit à ses affaires pour s'entretenir tant avec les Juifs qu'avec les payens, et principalement avec les Romains, à cause de son estat. Et pourtant les Herodiens estoyent une sorte de moyenneurs et de temporiseurs et des libertins qui avoyent une theologie de cour suyvant laquelle ils s'accommodoyent aux religions selon que les rois et les princes ausquels ils avoyent à faire les approuvoyent, et selon qu'ils jugeoyent que le temps le portoit, auquel ils servoyent comme aux hommes et non pas à Dieu.

T. S'il faut aujourd'huy tenir pour Herodiens tous ceux qui font ce que tu dis, le nombre en sera bien grand. Car il y en a tant et plus par tout le monde qui ne regardent à autre chose sinon de quel costé les rois et les princes et les plus grans se tournent, et quel parti [125] ils soustiennent. Voilà leur religion et leur Dieu auquel ils regardent.

Du temps auquel Mahomet et les evesques romains ont basti et eslevé leurs regnes.

D. Puis donc que desja dés tant long temps il y a eu tant de confusion entre les Chrestiens, ce n'est pas de merveille si toute la Chrestienté a esté fort abastardie et troublee, tant par les heresies des heretiques que par telles sectes et opinions et par tant de divisions qui ont esté tant en icelle qu'en la Republique, et si par ce moyen l'Antechrist a eu belle occasion d'eslever plus haut le bastiment de son regne comme il a lors fait, lequel il avoit desja commencé dés long temps. Et par cela nous pouvons cognoistre comment Dieu a de tout temps puni les hommes et leur outrecuidance, quand ils ont deguisé la vraye religion par leurs inventions et qu'ils ont rompu l'union d'icelle par leurs sectes et divisions, et comment il l'a neantmoins tousjours si bien conservee qu'elle n'a jamais peu estre du tout esteinte, qu'elle ne soit tousjours demeuree et qu'il n'y ait eu quelque reste d'Eglise par laquelle il l'a miraculeusement conservee, maintenant en secret, maintenant en public, selon que les temps l'ont porté, et que le Seigneur a plus ou moins lasché la bride à ses ennemis. Car quand s'est eslevé Mahomet qui a seduit tout l'orient et la plus grande part du monde, et qui a tant dissippé et desmembré l'Empire romain par le moyen de sa religion et du nouveau regne qu'il a dressé? En quel estat estoit desja lors mise la [126] religion chrestienne quand il a entrepris sa besongne? Et quels preparatifs en a il trouvé par les moyens que j'ay desja exposez? Et puis quel mesnage ont fait de l'autre costé les evesques romains et leurs adherans? N'ont-ils pas aussi tellement deguisé la religion chrestienne qu'elle n'est plus celle qui a jadis esté? Et n'ont-ils pas dressé sous le nom et le titre de Jesus Christ et de son Eglise, et d'une hierarchie ecclesiastique un royaume mondain, et une monarchie temporelle, laquelle a prins authorité et jurisdiction et sur toute l'Eglise de Dieu et sur tous les estats qui sont en toute la Chrestienté? Car ils ont par le moyen d'icelle assujetti à eux non seulement tout le peuple chrestien, mais aussi tous les plus grans empereurs, rois, princes et seigneurs, de sorte qu'ils ont pris l'authorité et la puissance sus eux de les constituer et deposer, et de changer et rechanger leurs royaumes et seigneuries.

De l'authorité et puissance et jurisdiction temporelle que les prelats de l'Eglise romaine se sont attribuee contre l'expres commandement de Jesus Christ, et du changement qu'ils ont apporté par ce moyen en l'estat publique.

T. Ils sont bien passez plus avant en cest endroit non seulement que Jesus Christ et ses apostres, mais aussi que Mahomet mesme. Car Mahomet n'a

90

point donné telle authorité et puissance aux ministres de sa religion, ains les a laissez sujets à leurs rois et princes. Et Jesus Christ et les apostres et tous leurs [127] vrais successeurs ont ils jamais entrepris sur les moindres magistrats du monde, voire estans payens et idolatres et tyrans, ce que ceux-ci ont entrepris sur les plus grans empereurs et rois, voire chrestiens, et souventesfois sur les meilleurs princes de tous? Ils en ont si bien besongné que non seulement ils se sont attribué toutes immunitez de tous tributs et tailles et charges publiques, mais aussi se sont exemptez de toute jurisdiction des rois et des princes et des magistrats, et la se sont attribuee au regard de leur clergé, de sorte qu'il n'y a si petit clergeau qui ne jouisse de ce privilete d'estre remis devant son evesque, pourveu qu'il ait pris la marque de laquelle il est parlé en l'Apocalypse,³⁴ et qu'il ait seulement la teste rasée du large d'un liard. Et les moynes sont encore passez plus outre. Car ils se sont exemptez de la jurisdiction non seulement des princes et magistrats civils, mais aussi des evesques. Et puis, en quelque païs et sous quelque prince que tous ceux du clergé romain soyent, n'ont ils pas tous le serment à l'evesque romain, comme à leur souverain prince et monarche Jesus Christ? Les apostres et leurs vrais successeurs, les ont-ils mis en possession d'un tel estat? N'est-ce point ceci changer et renverser l'estat et l'ordre publique qu'ils ont trouvé au monde apres eux? Et qui a esté cause de ce changement? A ce esté la doctrine et la predication de l'Evangile?

T. Il est facile à juger que non. Car c'est celle qui a tousjours travaillé à establir et confermer et conserver les principautez et seigneuries, et à induire un chacun à l'obeissance des princes et des magistrats, comme [128] Dieu le commande,³⁵ soit qu'ils ayent esté fideles ou infideles. Mais depuis qu'elle³⁶ a commencé à estre mise à nonchaloir, et quelle a cessé ou a esté bien peu frequentee, et puis corrompue par les inventions et traditions des hommes, adonc ceux qui se font appelez prelats de l'Eglise, et principalement leur souverain chef, ont haussé la teste si haut et se sont faits si grans seigneurs qu'ils se sont fait craindre et redouter de tous, ayans usurpé une authorité et puissance sur toute l'Eglise et sur tous les estats du monde, laquelle non seulement ne leur appartient point mais, qui plus est, leur est expressement defendue par Jesus Christ. Car il leur a defendu tout ouvertement³⁷ de regner et d'avoir seigneurie en la maniere des rois et des princes de la terre, et leur a commandé que, se contentans du glaive spirituel qui est la parole de Dieu, ils laissassent le glaive temporel aux princes et seigneurs et magistrats, entre les mains desquels Dieu l'a mis. Mais ils ont fait tout au contraire. Car ils les ont empoignez tous deux, et si n'ont administré ne l'un ne l'autre, comme il appartient. Car un chacun voit comment ils se sont aquittez de leur office au regard du ministere de l'Eglise, et comment ils ont en cest endroit suyvi l'exemple des apostres et des bons anciens evesques et pasteurs, les vrais successeurs d'iceux. Et quant au glaive temporel, ils se sont contentez des seigneuries et des revenus d'icelles, et ont fait leurs serviteurs et valets les magistrats, lesquels ils ont en cela constituez[38] leurs vicaires.

T. Et quand ainsi seroit qu'eux-mesmes auroyent bien administré la justice tempo[129]relle, il me semble qu'encore ne pourroyent-ils estre excusez d'avoir aucunement usurpé ceste puissance et de s'estre meslez d'autre office que du seul ministere de l'Eglise, tel qu'il a esté ordonné par Jesus Christ, et exercé et pratiqué par ses apostres et leurs vrais successeurs. Car ce sont vocations diverses, lesquelles le Seigneur n'a point voulu conjoindre ne confondre ensemble, ains a voulu qu'elles ayent esté separees et administrees par divers ministres, afin qu'il n'y eust point de confusion, ny en l'Eglise ny en la chose publique, ny au gouvernement tant de l'une que de l'autre. Car si tous les deux offices estoyent commis à une mesme personne, il ne pourroit estre que l'administration de l'un n'empeschast l'administration de l'autre, veu qu'ils sont tous deux de si grande importance et que la charge en est si grande que l'un d'iceux requiert plus que tout l'homme. Car si grand personnage qu'il puisse estre, et tant diligemment et fidelement qu'il execute sa charge, si n'y pourra il si bien satisfaire qu'il est de besoin, non pas mesme quand, par maniere de dire, il seroit un ange. Et par ainsi il ne sera possible qu'il n'y ait de **faute bien grande en l'administration de l'un et de l'autre, ou plustost de tous les deux ensemble.**

> *Du changement que la predication de l'Evangile et la reformation de l'Eglise et de la religion peut apporter à l'estat des rois et des princes et de la Republique.*

D. Tu dis fort bien. A ceste cause les rois et [130] les princes et seigneurs ne doyvent point craindre que la predication de l'Evangile et la reformation de **l'Eglise et de la religion leur apportent aucun changement qu'à leur grand** avantage, et non pas à leur desavantage, comme ceux qui craignent et haissent la reformation font tous leurs efforts de le leur persuader. Car tout le changement qui leur pourra advenir par ce moyen, touchant leurs seigneuries et l'estat publique, sera que cela que les faux pasteurs et prelats ont usurpé sus iceux à faux titre et par tyrannie, leur sera rendu et restitué, et qu'ils seront plus crains et redoutez et mieux obeis, et plus fidelement servis de leurs subjets qui seront bien instruits en la parole de Dieu, qu'ils ne l'ont jamais esté au paravant. Car ils ne leur serviront et ne leur obeiront pas seulement pour la crainte, comme des serfs à des tyrans, mais beaucoup plus pour la conscience, comme des enfans à leurs peres, ainsi que sainct Paul l'enseigne.[39] S'ils font autrement, ils declareront manifestement qu'ils se glorifient à faux titre de la predication de l'Evangile.

T. Tant s'en faut donc que les rois et les princes, et seigneurs doyvent craindre un tel changement qu'ils le doyvent grandement desirer. Car il servira de beaucoup, à mon advis, tant à l'Eglise qu'à la Republique, et à la police, et au gouvernement tant de l'une que de l'autre. Car si un chacun ne se mesle que de son office, tout s'en portera beaucoup mieux. Car l'Eglise sera mieux servie de ses ministres, et n'empescheront point les magistrats de faire leur office, et ne [131] leur osteront point ce qui leur appartient. Les magistrats feront aussi le semblable envers eux au regard de leur ministere.

Si ceux qui s'appellent eclesiastiques ont juste occasion de craindre ce changement, et si pour leur regard il faut laisser perir les ames des hommes.

D. Tous ceux qui peuvent avoir plus d'occasion de craindre ce changement sont ceux qui s'appellent les prelats de l'Eglise et les ecclesiastiques, et principalement les plus grans seigneurs et les plus grans terriens qui sont entr'eux, et sur tout leur souverain chef et monarche qui a estendu ses aisles si loin. Mais s'il y a un grain de crainte de Dieu et de foy en eux, et d'esperance d'autre vie que de ceste-ci, ils ne doyvent point craindre un tel changement, ains le devroyent plustost desirer. Car si leurs predecesseurs, desquels ils suyvent les pas, ont esté trompez et abusez, et ont trompé et abusé les rois et les princes et tout le peuple chrestien, et leur ont fait tort et injure, et à toute l'Eglise de Dieu et à tout l'ordre et l'estat publique, il faut qu'ils advisent s'ils les aiment mieux suyvre en leur tyrannie et en ce qu'ils ont mal fait, et tout au contraire de leur devoir et office, que mieux faire qu'eux et venir à restitution, et donner gloire à Dieu par vraye reformation de leur estat. Car il n'est question que de ce poinct. Car ceux qui desirent vraye reformation par la parole de Dieu ne requierent point qu'on diminue un seul [132] grain du droict que personne puisse avoir, de quelque estat qu'elle soit, ne qu'on change un seul poinct en l'estat de l'Eglise de tout ce qui aura esté bien fait, et qu'on pourra monstrer estre bien conforme à l'Evangile et à la vraye Eglise ancienne. Et s'ils sont si deraisonnables que, pour leur grandeur et leur propre gloire et leur ventre, ils aiment mieux que Dieu soit deshonoré et blasphemé, et tout l'ordre ecclesiastique et politique confus et troublé, et que les rois et princes et peuples portent tousjours leur joug tyrannyque, que se ranger à leur devoir, il faut considerer si cela est juste et s'il doit avoir lieu. Et si les rois et les princes et seigneurs sont contens que ceux qui s'appellent ecclesiastiques retiennent tousjours ce qu'ils ont usurpé injustement sur eux et sur toute l'Eglise et tout le peuple chrestien, il reste encore à considerer si pour maintenir leur estat il faut endurer que la vraye Eglise soit opprimee et ruynee, et que les povres ames pour lesquelles le propre fils de Dieu a respandu son sang, perissent par faute de la pasture celeste sans laquelle elles ne peuvent avoir vie, et par faute de bons et fideles pasteurs qui la leur administrent.

T. Cela est trop desraisonnable et trop intolerable.

Du principal poinct qui est en different touchant ce changement, au regard de ceux qui s'appellent ecclesiastiques, et des choses qu'ils doyvent considerer en iceluy. [133]

D. Si est ce toutesfois que c'est le principal different qui trouble aujourd'huy toute la Chrestienté. Car si ceux qui se nomment prelats et pasteurs de l'Eglise vouloyent et pouvoyent endurer d'estre reformez à la regle des bons anciens pasteurs et ministres d'icelle, desquels ils se glorifient estre les successeurs, tout seroit incontinent appointé. Car on ne requiert d'eux autre chose.

T. S'ils le refusent, ils declareront qu'il veulent regner non pas comme pasteurs, mais comme tyrans, et qu'ils veulent opprimer l'Eglise par force et par violence, voire comme tyrans d'ames, et non pas comme vrais successeurs des apostres.

D. Voila le poinct principal sur lequel nous sommes à present. Parquoy, il faut qu'ils considerent que s'ils ayment mieux regner comme tyrans que faire office de bons pasteurs, ils cognoistront finalement qu'ils ont à faire à trop forte partie, asçavoir à Dieu et à son Fils Jesus Christ contre lequel ils se prennent.

T. Ils le devroyent meshuy desja assez cognoistre. Car il leur en a donné dés longtemps assez de tesmoignages par lesquels ils peuvent bien cognoistre, s'ils ne sont du tout aveugles et despourveus de sens et d'entendement, de quoy leur a servy leur violence et leurs glaives, et feux et fagots.

D. Par le contraire, s'ils se veulent soumettre à raison, il ne faut pas qu'ils craignent qu'ils n'ayent des honneurs et des biens assez pour les contenter, s'ils veulent estre gens de bien et prendre raison en payement. Car si les choses sont menees par bon ordre comme il appartient, ils ne se[134]ront pas delaissez de l'Eglise qu'elle n'ait le regard envers eux que le devoir et la charité chrestienne requierent en tel cas. Et, de fait, ils en peuvent voir les exemples és pays qui ont receu l'Evangile et la reformation de l'Eglise. Car quelque faute qu'il y ait au reste, si est-ce que ceux qui s'appellent ecclesiastiques ne se peuvent pas pleindre qu'on n'ait eu aucun soin d'eux quand ils se sont voulu porter paisiblement et vivre selon Dieu. Car on leur a laissé jouir de leurs benefices, pour le moins durant leur vie, et autant qu'il a esté de besoin pour les entretenir honnestement selon leur estat.

T. Il me semble qu'ils se doyvent bien contenter d'un tel appointement s'ils ne veulent estre des ravisseurs insatiables des biens de l'Eglise qui sont les biens des pouvres.

D. Il est certain. Et ainsi faisant, ils possederoyent en bonne conscience ce qu'ils ne peuvent posseder qu'en mauvaise en l'estat auquel ils sont. Et si y a encore outre cela fort grand danger qu'en voulant tout retenir par force et tyrannie ils ne perdent tout à la longue par le juste jugement de Dieu qui fera vengeance d'eux, comme ils s'en peuvent bien tenir pour asseurez.

T. Et quand ils ne seroyent pas encore si bien traittez qu'ils le desirent, et que je pense qu'ils le seroyent, si doyvent ils encore considerer s'ils croyent qu'il y ait quelque paradis et enfer, et s'ils aiment mieux aller en enfer, estans de grans messieurs fort honnorez et fort riches en ce monde, qu'en paradis, estans pouvres et petis compagnons.

D. Je ne doute point que [135] ceux qui regardent plus avant que ceste vie, et qui croyent qu'il y ait paradis et enfer, ne pensent bien à ce que tu dis, comme plusieurs le monstrent assez tous les jours par experience. Mais il est fort à craindre qu'il n'y en ait bien grand nombre qui ne regardent pas si loin, ains se contentent bien de ceste vie, comme les epicuriens.

T. Les oeuvres de plusieurs donnent bien occasion d'en faire tel jugement.

Du tort que les rois et les princes se font s'ils craignent que la pure predication de l'Evangile leur apporte dommage, et de l'exemple de Herode et des Juifs à ce propos.

D. Tu peux maintenant desja voir bien clairement que la predication de l'Evangile n'apporte aucun changement en l'estat publique qui puisse apporter auxun dommage, mais plustost grand honneur et profit aux rois et aux princes et seigneurs et à tout l'estat publique, si les hommes ne sont tant aveuglez qu'ils attendent plus grand bien si le diable regne sur eux que Dieu. Parquoy, ils n'ont aucune matiere de craindre en cest endroit aucun changement de leur estat s'ils ne s'en donnent la crainte eux-mesmes, comme

Herodes la se donna a soy-mesme quand les nouvelles de la nativité de Jesus Christ luy furent annoncees.[40] Car il est escrit non seulement qu'il en a esté troublé, mais aussi tous ceux de Jerusalem avec luy.

T. Et qui leur en a donné l'occasion, et principalement à ceux de Jerusalem et à tous les Juifs? Car quelle [136] guerre leur a fait Jesus Christ? Et quel changement a il apporté au Royaume d'Herode ny a point d'autre qui ait pour lors esté au monde?

D. Autant qu'à l'empire romain, nonobstant qu'il ait esté accusé d'avoir fait tout le contraire comme mutin et seditieux, voire jusques à defendre de payer les tribus à Cesar et à se vouloir faire roy luy-mesme.[41] Mais tous ses dicts et faits ont bien dementi ses accusateurs.

T. Doncques si Herodes n'a point eu d'occasion de craindre en ceste endroit, les Juifs non seulement en ont eu beaucoup moins, ains, qui plus est, ils ont eu grande matiere de se resjouyr, veu que desja dés si long temps la promesse du Messias leur avoit esté faite et que leurs peres et eux l'avoyent tous des lors attendu d'un grand desir.

D. Ceux qui avoyent vraye foy aux promesses du Seigneur, et qui entendoyent bien quel estoit l'office du vray Messias, et qui attendoyent le royaume de Dieu, s'en sont aussi grandement resjouys, comme nous en avons les tesmoignages, principalement en Zacharie et en Elizabet, parens de sainct Jean Baptiste, et en Simeon et en Anne la prophetesse, et autres semblables, desquels le nombre estoit fort petit à comparaison des autres. Car l'estat du peuple d'Israel estoit lors presque semblable, au regard de l'Eglise et de la religion, à celuy du peuple chrestien qui est à present, excepté que les superstitions et les idolatries n'y estoyent pas receues ni approuvées, ne publiquement ne particulierement, comme nous les avons veues et les voyons encores maintenant entre ceux qui non seulement s'appel[137]lent chrestiens, mais aussi veulent estre tenus pour les vrais catholiques. Mais au reste, la plus grand part des Juifs, et presque tous, se contentans des ceremonies exterieures de la loy, n'entendoyent guere que c'estoit du vray service de Dieu qui est spirituel, comme Jesus Christ l'a declaré à la Samaritaine.[42] Et l'ignorance de ce poinct a aussi esté cause qu'ils n'ont pas entendu quel estoit le vray office du Messias, et qu'il devoit estre un roy spirituel qui, par son sacrifice, devoit appointer les hommes avec Dieu et leur apporter une justice eternelle, comme les prophetes l'ont predit, et nommement David, Isaie et Daniel. Ayans donc ceste opinion qu'il devoit regner en ce monde comme un prince terrien en la maniere que les Pharisiens l'ont entendu et enseigné, comme je l'ay exposé par ci devant, cela a esté cause que non seulement Herodes, qui estoit prince estranger, lequel avoit esté constitué roy en Judee par l'empereur romain, mais aussi les Juifs, et principalement ceux de Jerusalem, ont esté troublez quand les nouvelles ont esté apportees en la ville par les sages qui estoyent venus d'Orient, que le roy des Juifs estoit nay.[43] Car Herodes sçavoit bien que les Juifs attendoyent tousjours leur Messias qui devoit estre leur roy. Et si les Juifs entendoyent qu'il devoit regner en ce monde comme un roy terrien, ce n'est pas de merveille si Herodes, qui conversoit entre eux, a esté de mesme opinion et si, pour ceste cause, il a [138] eu crainte que ce roy ne le chassast du royaume qu'il occupoit, et qu'à ceste occasion et sous ceste esperance les Juifs ne se rebellassent et revoltassent contre luy et contre les Romains, et qu'ils ne fissent de grandes entreprinses et esmotions. Et les Juifs, qui estoyent mondains et charnels, craignoyent aussi le semblable. Car combien qu'ils ne portoyent que fort maugré eux le joug d'Herodes et des Romains, estans assujettis à eux, toutesfois ils aimoyent mieux encore demeurer en l'estat auquel ils estoyent, nonobstant qu'il leur despleust grandement, que voir des tumultes et des guerres en leur pays, à cause qu'ils en avoyent desja assez veu et en estoyent fort las. Parquoy, ceux qui estoyent à leur aise selon le monde et que se sçavoyent entretenir avec Herodes et avec les Romains, se contentoyent de l'estat present et craignoyent le changement pour crainte d'avoir pis et que leur repos ne fust troublé. Voila pourquoy ils ont aussi bien esté troublez de leur part comme Herodes. Mais tu vois comment toute ceste crainte et tout ce troublement n'a eu fondement tant d'une part que d'autre, sinon sur erreur et ignorance et sur la fausse opinion qu'ils ont tous eu du Messias. Car au lieu qu'il est le roy de paix, ils ont imaginé un roy de guerre, laquelle neantmoins il n'apporte jamais, mais tousjours la paix. Parquoy il n'est jamais autheur des guerres qui s'eslevent contre luy et contre son Eglise, mais ceux-la tant [139] seulement, qui rejettent la paix, laquelle il leur apporte et presente, et qui la prennent pour guerre et l'imaginent tout autre qu'il n'est.

De la crainte que tous ont de la reformation par l'Evangile, et de la difficulté qu'il y a, et des causes d'icelle, et de la crainte des tyrans.

T. Nous voyons aujourd'huy presque tout le semblable entre les Chrestiens. Car tous se plaignent, tant en general qu'en particulier, du grand desordre qui est en tous les estats, lequel est importable à tous, et principalement en l'Eglise et en la religion. Et pource un chacun desire (ou qui ne le desire est bien mal-heureux) que toutes choses soyent remises en quelque meilleur ordre, et qu'il y ait quelque reformation suyvant laquelle tout soit remis en bon estat. Mais cependant on ne peut endurer qu'on y mette la main. Car chacun craint qu'il n'y ait du changement, conjoint avec de grans tumultes et troubles, à cause qu'il y en a bien peu qui puissent endurer la reformation de leurs estats et personnes. Parquoy la pluspart aiment mieux tousjours demeurer plongez au bourbier auquel ils sont comme des pourceaux sur leur fumier et en leur estable, que de voir quelque changement qui les esveille de leur sommeil et qui leur trouble leur repos et leur plaisir mondain tant peu que ce soit. Voila pourquoy le nom de Jesus Christ et de l'Evangile les trouble tant, à cause qu'il leur semble qu'ils doyvent tout remuer et renverser. Et par ainsi la Chrestienté est [140] malade d'une maladie fort incurable, ou pour le moins bien difficile à guarir, veu que ceux qui sont les plus malades et qui ont le plus de besoin d'estre pensez sont les plus impatiens et comme du tout desesperez, de sorte qu'ils ne peuvent endurer remede quelconque et qu'ils n'ont rien en plus grand horreur que le medecin.

D. Nous pouvons cognoistre par ceci combien la malice et perversité des hommes est grande, et combien ils sont ennemis d'eux-mesmes et de leur propre salut. Car s'il est question d'une maladie corporelle, nous ne desirons rien tant que de trouver des meilleurs medecins qu'il est possible et qui cognoissent bien nostre maladie, et qui nous y baillent remede bien propre et convenable. Mais nous faisons tout le contraire és maladies spirituelles. Car nous n'y voulons point de medecin. Et si tous medecins spirituels nous faschent, nous hayssons et rejettons encore plus que nuls autres ceux qui cognoissent mieux nos maladies, et qui nous y peuvent donner meilleurs remedes. En apres quand nous sommes malades corporellement, nous ne desirons pas plus la guarison des autres que la nostre. Parquoy nous ne leur envoyons pas les medecines pour nous en despescher. Mais nous sommes fort charitables en nos maladies spirituelles, car nous aimons mieux la santé des autres que la nostre. Car un chacun est bien content qu'on reforme en la personne et en l'estat des autres ce qui luy desplaist et qui luy porte dommage, pourveu qu'on ne touche point à sa personne ni à son estat. Et par ainsi, un chacun craignant qu'on ne [141] remue rien au sien, est aussi content que les autres demeurent comme ils sont, si grand desordre et confusion qu'il y ait. Voyla donc comment Jesus Christ trouble encore aujourd'huy tout le monde, sans juste occasion, par le moyen de son Evangile, comme il a jadis troublé Herodes et tous ceux de Jerusalem dés sa premiere naissance et enfance, estant encore petit enfant, enveloppé de bandelettes et couché en la creche. Car il estoit lors fort terrible gendarme pour bien esmouvoir la terre par ses armes. Ce neantmoins, il n'a pas changé de nature depuis. Il ne faut donc point que les bons princes craignent que son Evanglile et la reformation de l'Eglise par iceluy leur trouble leur estat, ains qu'ils en attendent plustost l'establissement. Quant aux tyrans, s'ils s'en mettent en crainte, il est bien difficile de les en pouvoir garder. Ce neantmoins ce n'est pas l'Evangile proprement qui en est la cause, mais leur mauvaise conscience qui les fait craindre là ou ils n'ont point de matiere de crainte, et ne craignent pas là où ils en ont bien juste cause. Car s'ils veulent fouler aux pieds toutes loix divines et humaines, et regner non pas come hommes participans de raison, mais comme bestes insensees et furieuses suyvans leur seule volonté, sans regarder à Dieu ny à justice et equité, il est tout certain que Dieu et sa parole les espouvanteront tousjours. Car leur mauvaise conscience les empeschera de se pouvoir jamais asseurer. Et s'ils la pensent endormir en resistant à Dieu et à sa parole, ils ne se delivereront pas par ce [142] moyen de la crainte qu'ils pourront avoir, ains l'augmenteront tousjours d'avantage.

Si le changement que la pure predication de l'Evangile et la reformation de l'Eglise peut apporter est plus nuisible à point des autres estats qu'à celuy des rois et des princes.

T. S'il n'y a point de dommage pour les rois et les princes, mais plustost grand profit en toutes manieres, il n'y en a point aussi au regard de ceux qui tiennent lieu de pasteurs en l'Eglise, s'ils n'ayment mieux estre loups ravissans que bons et vrais pasteurs, et s'ils n'estiment moins la perte de la vie eternelle que celle de ceste vie corporelle. Si ne faut-il pas pourtant, s'ils aiment mieux estre loups que pasteurs, que les brebis demeurent sans vrais pasteurs.

D. Et s'il n'y a rien à craindre ne du costé des princes ne du costé des ministres, il y en a encore moins du costé du peuple. Car s'il y a vraye reformation en l'Eglise et en la religion tous les estats s'en sentiront. Parquoy il n'y en a point qui doyvent craindre en cest[44] endroit, sinon ceux qui vivent de meschantes pratiques et de gains deshonnestes et condamnez de Dieu. Car l'Evangile approuve tous les estats et mestiers honnestes et qui peuvent servir à l'honneur de Dieu et à l'utilité publique, et ne condamne sinon ceux par lesquels Dieu est deshonoré et qui sont [143] vilins et nuisibles à la societé humaine. Quand donc tous les estats seront bien reformez, comme tous le doyvent desirer, les pasteurs et les magistrats s'aquitteront beaucoup mieux de leur office, et les peuples desquels ils auront la charge auront trop meilleur traittement d'eux, principalement pour deux causes: La premiere, pource qu'ils les gouverneront comme ceux qui en ont à rendre conte à Dieu qui leur en a commis le gouvernement. L'autre est pourautant que les sujets leur osteront, par leur obeissance et modestie, l'occasion de les mal traitter et se feront mieux aymer à eux. Car sachans qu'en leur obeissant ils obeissent à Dieu, voire mesme quand ils seroyent tyrans, ils ne leur refuseront rien de tout ce qu'ils pourront faire, sans contrevenir à la parole de Dieu. Et par ce moyen ils acquerront plus grand faveur envers les bons, et si osteront aux mauvais l'occasion de tant nuire qu'ils voudroyent et qu'ils pourroyent, s'ils n'estoyent retenus par l'obeissance qu'ils leur rendront, adjoint aussi que Dieu la benira et leur fera trouver grace et faveur devant eux. Car ils ne trouveront point de sujets plus obeissans en toutes choses bonnes, et qui appartiendront à la conservation de leur estat, comme on en peut juger par tous[45] les exemples de l'ancien peuple de Dieu et des Chrestiens anciens. Car si on en fait comparaison avec les payens et les Juifs et les heretiques, on pourra facillement juger qui a le mieux observé les edits appartenans à la paix publique faits par les rois et les princes, ou les vrais Chrestiens et fideles, ou les autres.[144]

Si les catholiques romains ont aucune juste cause de tenir pour heretiques ceux de l'Eglise reformee.

T. Mais nos adversaires prennent tout ce que tu dis à leur avantage contre nous, lesquels ils tiennent pour heretiques, s'estimans eux-mesmes estre les vrais fideles et catholiques, ou pour le moins ils s'en donnent le nom.

D. Mais il faut qu'ils nous monstrent en quoy nous sommes heretiques, et si c'est ou à cause que nous rejettons la parole de Dieu, ou les traditions et inventions des hommes contraires à icelle. Quant au premier, ils ne nous en peuvent accuser, ains au contraire ils nous accusent de ce que nous ne voulons recevoir que la pure parole de Dieu qui nous est revelee par les sainctes Escritures. Ils ne nous peuvent semblablement accuser que nous renions et rejettons aucuns articles de la foy, et que nous soyons en different avec eux en la confession d'aucun d'iceux. Car nous tenons et confessons tous les articles de la foy et de la vraye Eglise ancienne, non seulement comme ils sont couchez en celle forme de confession commune de toute l'Eglise qu'on appelle communement la foy et creance, et le Symbole des apostres, mais aussi comme ils sont compris et contenus au Symbole du Concile de Nicee et de Constantinoble, et en celuy d'Athanase, lesquels on recite ordinairement en l'Eglise romaine. Parquoy nous ne faisons point de difficulté ne de refus, ains le requerons grandement, qu'on examine nostre foy et religion à la reigle d'iceux, et de toutes les sainctes Escritures. Et si nous sommes trouvez dis[145]cordans en un seul poinct avec icelles et avec tous ces trois symboles, nous le corrigerons tresvolontiers. Mais il n'y a personne qui le nous ait encore peu monstrer.

T. Si nos adversaires vouloyent soumettre leur doctrine et leur foy et religion à ce mesme examen, comme ils le devroyent[46] faire, il seroit facile à nous accorder ensemble. Et s'ils perseverent à le nous refuser, comme ils le font, ils donneront manifestement à cognoistre qu'ils ne sont pas bien asseurez de leur baston ne de leur cause. Car quels juges peuvent-ils trouver plus competens pour en decider, veu qu'ils font ordinairement si grand bouclier des conciles? Car ces symboles contiennent la foy qui a esté receue et approuvee et par les sainctes Escritures, et par les premiers et les plus anciens conciles et les mieux approuvez de tous, et esquels les principales et plus dangereuses heresies ont esté confutees et condamnees.

D. Il est ainsi. Parquoy, en les recevant, ils ne nous peuvent point accuser d'aucunes de toutes les heresies anciennes qui ont esté justement condamnees par la parole de Dieu.

De la convenance qu'il y a entre les differens esquels les Chrestiens sont aujourd'huy en matiere de religion, et ceux qui jadis ont esté tant en l'eglise d'Israel qu'en l'ancienne eglise chrestienne, entre les vrais prophetes et apostres, et les faux.

T. Ils ne nous peuvent point aussi à bon droict accuser que nous en ayons forgé des nouvelles, ou que nous en ayons renouvelé aucunes de celles qui ont esté condamnees par nos vrais predecesseurs par-ci devant.

D. Non pas s'ils ne veulent appe[146]ler heresie la parole de Dieu, par laquelle nous condamnons les traditions et inventions humaines contraires à icelle, et les erreurs et abus qui sont survenus en l'Eglise, et les superstitions et idolatries, lesquelles ceux qui s'appellent catholiques tiennent pour la vraye religion et les soustiennent contre l'expresse parole de Dieu. Parquoy quand tout sera bien advisé, on cognoistra que nous n'avons autre different avec eux que celuy mesme que les prophetes et puis Jesus Christ et les apostres, et consequemment tous les autres vrais serviteurs de Dieu ont eu avec les faux prophetes et les faux apostres, et les heretiques et les superstitieux et idolatres.

Car qui a esté la cause des differens qui ont esté en l'eglise d'Israel, touchant la religion devant l'advenement de Jesus Christ, entre les vrais et les faux prophetes?

T. Ce a esté pourautant que les vrais prophetes ont tousjours voulu retenir la loy et la parole de Dieu en son entier et en sa pureté, comme ils l'avoyent receu et leur avoit esté revelee par iceluy, et qu'ils reprenoyent les faux prophetes et les faux prestres et seducteurs qui la corrompoyent, et qui la changeoyent et desguisoyent par leurs traditions et inventions humaines, et par leurs superstitions et idolatries contraires à la loy de Dieu.

D. Et qui a esté le combat de Jesus Christ et des apostres contre les Scribes et les Pharisiens et les autres Juifs? N'a ce pas esté à cause des traditions humaines et des ceremonies exterieures, esquelles ils constituoyent la justice et le salut, qu'il faut aller cercher en la seule grace et misericorde de Dieu par Jesus Christ? Et qui a aussi esté la cause des differens qui [147] ont esté puis apres entre les vrais apostres et les faux qu'on appelle apostres de la Circoncision? N'a-ce pas esté pource que ceux-ci vouloyent mesler les observations des ceremonies de la Loy, qui pour lors estoyent abolies, avec la doctrine de l'Evangile et la religion chrestienne, comme necessaires à salut? En quoy non seulement eux, mais aussi les autres Juifs qui ont esté ennemis ouvers de Jesus Christ, avoyent plus de couleur pour faire valoir leur cause contre iceux que nos adversaires n'en ont aujourd'huy contre nous. Car leur different n'estoit pas seulement des traditions humaines, maix de la loy-mesme, laquelle tous confessoyent estre donnee de Dieu. Et pource, il estoit seulement question si les ceremonies d'icelle devoyent estre perpetuelles, ou si elles devoyent prendre fin à la venue du Messias. Les vrais apostres monstroyent pour le premier comment Jesus Christ estoit le vray Messias, et puis comment elles avoyent prins fin à la venue d'iceluy. Leurs adversaires qui le recognoissoyent aussi pour le vray Messias comme eux, et faisoyent profession de la religion chrestienne, les requeroyent encore comme necessaires à salut, principalement la Circoncision. Les autres qui ne le recevoyent par pour le vray Messias passoyent plus outre. Car ils ne nioyent pas que le Messias ne deust venir, mais ils nioyent que ce fust Jesus Christ.

T. Et d'ou procedoit cest erreur?

D. De ce que par faute de bien entendre les propheties qui estoyent faites de luy, ils ne cognoissoyent pas bien ne la nature ne l'office d'iceluy. Parquoy ils le se sont forgé en leur cerveau tel qu'il l'ont imaginé. Et n'ayans [148] pas trouvé Jesus Christ tel, ils ne l'ont peu recognoistre pour le vray Messias. Or le different que nous avons aujourd'huy avec nos adversaires n'est pas du tout semblable, ains est fort different en aucuns poincts. Quant à la personne de Jesus Christ, nous accordons ensemble quant aux deux natures d'iceluy, à scavoir divine et humaine, et à l'union personnelle d'icelles. Mais nous sommes bien differens au regard de son office, non pas tant en paroles qu'en faict. Car ils attribuent bien à Jesus Christ tous les offices et titres que nous luy attribuons. Mais cependant ils nient puis apres par oeuvres ce qu'ils confessent de bouche. Car ils ne se contentent pas de luy ne de ses benefices, ains luy donnent beaucoup de compagnons ausquels ils attribuent une partie de son office. Et au reste du different que nous avons avec eux, nous avons un grand avantage sus eux, en ce qu'ils retiennent non seulement beaucoup des ceremonies de la loy qui ont esté abolies, mais aussi beaucoup d'inventions et de traditions humaines qui sont manifestement contraires à la parole de Dieu, desquelles ils ne peuvent pas dire ce que les apostres de la Circoncision et les autres Juifs pouvoyent dire des ceremonies judaiques. Car ils ne peuvent monstrer que Dieu les ait jamais commandees ne qu'elles ayent aucun fondement és sainctes Escritures, comme nous leur pouvons tresbien monstrer qu'elles leur sont du tout contraires.

De la similitude et comparaison de la femme legitime et de l'adultere avec la vraye et la fausse Eglise, et du jugement qu'il en faut faire[47] afin qu'on ne [149] prenne l'une pour l'autre.

T. Il ne faut donc pas que nos adversaires, voulans monstrer qu'on ne peut et ne doit endurer deux religions ensemble, mettent en avant contre nous, comme aucuns d'eux le font, la comparaison de la femme legitime et illegitime, de laquelle ils usent, disans que comme un bon pere de famille ne peut avoir deux femmes tout ensemble en sa maison, desquelles l'une soit legitime et l'autre paillarde, et que cela ne se peut faire que la maison et la famille n'en soit toute troublee; ainsi un roy et un prince ne peuvent endurer deux religions contraires, desquelles l'une soit legitime et l'autre adultere, que tous leurs pais n'en soyent grandement troublez.

D. Quand ils parlent en ceste maniere, ils presupposent une chose pour vraye, laquelle est encore en question, et sur laquelle le different qui est entre eux et nous est fondé. En quoy ils se trompent grandement et nous font grand tort. Car ils presupposent que leur eglise et leur religion est la femme legitime. Et de nostre part, nous n'affermons pas seulement le contraire, mais aussi le prouvons tresbien, si nous pouvons avoir audience, de sorte qu'il ne s'est encore trouvé personne qui nous ait peu monstrer le contraire, sinon par glaives et par feux et fagots, mais non pas par la parole de Dieu. Il faut donc premierement vuider la question, afin qu'on ne retienne l'adultere au lieu de la femme legitime, et qu'on ne chasse la femme legitime au lieu de l'adultere. Et s'il y a long temps que l'adultere a pris possession de la maison et a tenu sous ses pieds la femme legitime, elle n'en est pas moins adultere pourtant, et la fem[150]me legitime ne laisse pas d'estre tousjours femme legitime.[48] Et puis que nous sommes advertis par le S.-Esprit que les rois et les princes et les peuples de la terre devoyent estre enivrez et empoisonnez et ensorcelez par le bruvage du calice d'or de la grande putain et paillarde de Babylone vestue de pourpre et d'escarlate, à cause que sa robbe est teinte du sang des martyrs et des enfans de Dieu qu'elle a fait espandre, il faut qu'un chacun considere diligemment où ceste grande paillarde sera trouvee, veu que l'Esprit de Dieu l'a si bien remarquee et si bien portraite et peinte de ses vives couleurs qu'il n'y a personne qui ne la puisse facilement cognoistre, sinon ceux qui sont du tout enivrez et ensorcelez du calice de ses abominations, comme les paillards qui sont enchantez de leurs paillardes.

T. Puis donc qu'ainsi est, il est bien de besoin qu'on s'enquiere diligemment des tesmoignages par lesquels on peut cognoistre qui est la femme legitime ou la paillarde, et quels titres l'une et l'autre peuvent produire, et de quels poids et de quelle authorité ils peuvent estre, afin qu'on ne prenne l'une pour l'autre et qu'on ne maintienne la paillarde au lieu de la femme legitime. Car la paillarde employe tousjours tous ses fards pour se faire la plus belle qu'elle peut, afin qu'elle attire mieux apres soy ses amoureux et qu'elle les retiene tousjours mieux enchainez avec soy, et qu'elle mette en plus grand mespris la femme legitime, et mesmes qu'elle la face battre et mal traitter.

Qui sont cause des dissensions qui sont entre les hommes pour raison de la vraye et de la fausse religion, et si, à cause d'icelles, il faut abandonner la defense de verité.[151]

D. Et cependant que ce proces dure, il ne peut estre qu'il n'en survienne des dissensions et des troubles, et principalement quand on le commence. Car puis que la paillarde a obtenu le lict et le lieu de la femme legitime et la maistrise en la maison, elle n'endurera pas facilement d'en estre chassee, et ne le sera pas sans bruit, et qu'elle ne jette premierement tout son venin et escume toute sa rage, et qu'elle n'incite tous ses paillards à faire la vengeance pour elle. Mais la faudra- il endurer pourtant et faire tort à la femme legitime? Et la femme legitime fait-elle tort à la paillarde si elle demande son droict? Et doict elle estre repoussee sans estre ouye?

T. On ne peut pas bien juger de sa cause si elle n'est premierement ouye et bien cognue. Parquoy, soit qu'elle ait droict ou tort, audience ne luy doit et ne luy peut estre refusee que par grande injustice et iniquité.

D. Il est vray. Mais pourtant que la paillarde sçait bien qu'elle n'a point de bon droict et que sa cause ne peut estre bien cognue qu'elle ne soit condamnee, elle tasche tant qu'elle peut à tenir par force et à empescher qu'elle ne vienne en jugement et à tout troubler et confondre, afin qu'elle demeure tousjours en son estat et qu'elle l'entretienne par ce moyen. Et cependant elle fait comme les malins esprits qui se plaignoyent de Jesus Christ et du tort qu'il leur faisoit, quand il les chassoit hors des corps des povres demoniacles et qu'il les empeschoit de nuire et de mal faire comme ils avoyent accoustumé.[49]

T. Les ennemis de l'Evangile jouent aujourd'huy ce mesme personnage. En quoy ils [152] monstrent bien qu'ils sont menez et poussez de ce mesme esprit. Car cognoissans bien qu'ils ne peuvent maintenir leur cause par bonne raison, ils la veulent gagner par crieries et menaces, et par force et violence, pour empescher qu'on n'ait jamais le droict d'eux. Parquoy ils la veulent tellement demener qu'il faut que celuy auquel le tort est fait se taise, et que le batu paye l'amende.

D. Mais s'ils ne veulent venir à raison et s'ils veulent faire des furieux et des demoniacles, faut-il pourtant delaisser la cause de Dieu et de son Eglise? Et les rois et les princes doyvent-ils laisser fouler les innocens et leur denier leur droict pour la malice et fureur de leurs adversaires ou pource qu'ils sont plus puissans et en plus grand nombre? Car pourquoy sont-ils rois et princes? Et pourquoy sont constituez les magistrats, sinon pour la defense des bons et la punition des mauvais, et pour administrer bonne justice à un chacun, sans avoir regard aux personnes, mais seulement à la cause? Et quelle cause leur doit estre en plus grande recommandation que ceste ici, qui est la cause de Dieu et de son Eglise? Car de quelque costé que le droit ou le tort soit, il faut tousjours qu'ils s'aquittent de leur devoir et office s'ils veulent estre tenus pour vrais princes et magistrats. Et ne faut pas qu'ils cedent à la malice et fureur des meschans et des mutins et sedicieux et violens et hommes sanguinaires, ains qu'ils s'opposent à eux, et qu'ils leur apprennent d'obeir et à se tenir tout coy. Car si pour leur fureur et rage, ils leur ottroyoyent ce qu'ils demandent et leur laissoyent faire, ils leur [153] donneroyent tousjours plus grande occasion de faire des mutins et seditieux, et des terribles et furieux, comme si les princes les craignoyent, au lieu qu'eux doyvent craindre les princes et les magistrats. Et par mesme moyen les meschans obtiendroyent par leur meschanceté et rebellion ce qu'ils veulent et auroyent salaire de ce de quoy ils devroyent estre grievement punis. Et un tel exemple seroit fort dangereux. Car il donneroit tousjours plus grande hardiesse aux malins. Et il y auroit danger finalement que les meilleurs et les plus modestes ne suyvissent leur exemple et que les plus patiens ne perdissent patience, voyans que les mutins et seditieux et rebelles et outrageux seroyent recompensez pour avoir mal fait, et qu'ils seroyent tousjours advouez, et que les bons n'auroyent obtenu autre chose par leur modestie et patience et vertu, sinon d'estre tousjours mal traittez et comme mis en proye pour avoir tout enduré patiemment, et que jamais justice ne seroit faite des meschans. Il est donc bien de besoin que les princes et les magistrats veillent en ceci et qu'ils n'oublient pas ici leur office. Et s'ils ne peuvent du premier jour mettre si bon ordre en toutes choses qu'il seroit à desirer, il faut qu'ils travaillent à y pourvoir par tous les moyens et remedes les plus propres et les plus moderez que Dieu leur donnera. Et cependant il benira leurs labeurs et amenera tout bien à poinct en son temps.[154]

LE SOMMAIRE DU
TROISIEME DIALOGUE

Je parle en ce dialogue de la liberté qui est donnee à un chacun en plusieurs lieux et pays de vivre en la religion qu'il approuve le mieux, et monstre en quoy ceste liberté peut estre à supporter ou non, et en quel cas elle est requise, et quels biens et quels maux elle peut apporter, et en combien de manieres les hommes en peuvent bien ou mal user, et de combien de sortes de gens il y a entre les Chrestiens qui en usent et abusent fort diversement. Et pource que la plus grande partie des hommes abusent de ceste liberté là où elle leur est donnee, et sous le titre d'icelle se donnent toute licence en matiere de religion et en leur maniere de vivre, j'ay intitulé ce troisieme dialogue *Les Libertins,* et pour les autres raisons qu'on pourra cognoistre par la lecture d'iceluy. [155]

LE TROISIEME DIALOGUE
intitulé *Les Libertins.*

Des dissensions que la diversité de religions apporte entre les hommes, et
de l'Interim par lequel on y peut remedier.

Tite. David.

Tite. Quand je considere tout ce que nous avons desja traitté entre nous à
l'occasion de l'Interim, duquel nous avons disputé par ensemble, je pense à
une autre sorte d'Interim qui est aujourd'huy fort desiré de plusieurs pour
beaucoup de raisons. Et de ma part, il me semble non seulement plus tolerable
que celuy duquel nous avons parlé par ci devant, mais aussi fort utile et
necessaire en plusieurs pays. Car il n'est point pour desguiser et contrefaire la
vraye religion, mais est seulement un moyen pour empescher les dissensions et
seditions, et les persecutions et tueries qui peuvent advenir entre ceux qui en
sont en different.

D. Declare-moy un peu plus ouvertement que c'est que tu entens par ceste
nouvelle forme d'Interim duquel tu parles maintenant.

T. Il y a aujourd'huy en la Chrestienté plusieurs nations et peuples qui sont
fort divisez et bandez les uns contre les autres à cause de la religion, comme il
advient necessairement entre ceux qui sont differens en icelle. Car il n'y a rien
qui plus bande les hommes les uns contre les [156] autres que telle diversité et
contrarieté, de sorte qu'elle separe le mari de la femme, le pere et la mere des
enfans, et les freres et soeurs les uns des autres, et fait rompre tout lien de
nature entre ceux la mesme qui devroyent estre les plus conjoints ensemble.

D. Jesus Christ a predit que cela adviendroit par la malice des infideles
quand son Evangile seroit presché entre les hommes.[1] Parquoy il ne nous faut
point trouver cela estrange ne nous en troubler et scandaliser quand nous le
voyons advenir. Car il ne peut advenir autrement, pource que le diable et
l'Antechrist ne peuvent souffrir que Jesus Christ regne par sa parole. A cause
de quoy, toutesfois et quantes que Jesus-Christ se veut faire cognoistre par
icelle pour regner au milieu des siens au lieu de l'Antechrist et du diable, et le
diable et l'Antechrist ne le peuvent endurer. Et pourtant incontinent qu'ils
s'appercoyvent qu'il leur veut faire la guerre par son Evangile, ils assemblent
toutes leurs forces pour luy resister et pour se maintenir en la possession de
leur regne et de leur tyrannie, par laquelle ils oppriment le peuple de Dieu. Et
d'autrepart les vrais enfans de Dieu ne veulent pas demeurer sous ce joug
importable, et estre vassaux et esclaves de tels tyrans d'ames et de consciences,

ains veulent rendre à Dieu leur Seigneur et pere l'hommage, l'honneur et reverence et l'obeissance qu'ils luy doyvent, suyvant ce qu'il dit par Malachie:[2] Si je suis pere, où est mon honneur? Et si je suis Seigneur, où est la crainte de moy? Par le semblable quand les brebis de Jesus-Christ, qui est le bon pasteur, oyent la voix d'iceluy,[3] l'Antechrist qui est le [157] faux pasteur et le loup qui les mange et devore en peut plus obtenir d'elles qu'elles l'escoutent. Car pource qu'elle ne peuvent plus ouyr la voix de l'estranger, elles ne taschent et ne souhaitent rien plus que de se retirer et courir vers leur vray pasteur pour ouir sa voix. Parquoy l'Antechrist ne les peut plus retenir sinon par prisons, par tortures, par glaives, et par feux et fagots. Pour ceste cause incontinent que la trompette de l'Evangile commence à sonner entre les peuples, voila guerre ouverte. Car l'Antechrist court incontinent aux armes. Mutinations, seditions et persecutions s'esmeuvent et s'eslevent soudain de toutes parts par l'instigation de Satan et de ses suppots, ennemis de verité, qui sont sanglans meurtriers et ne demandent sinon de tout troubler et confondre pour empescher le cours de l'Evangile.

De la forme d'Interim qui est entre aucuns peuples differens en religion pour les entretenir en paix.

T. Nous voyons bien aujourd'huy tout cela accompli devant nos yeux. Et pourtant il y a des princes et des seigneurs et des peuples qui, pour eviter plus grans inconveniens, se sont accordez par ensemble à une sorte d'Interim par laquelle il est loisible à un chacun de vivre en sa religion, selon que sa conscience le porte, sans point troubler, empescher ne persecuter les uns les autres. Et pourtant ils ont leurs loix faites sur cela, suyvant lesquelles un chacun sçait comment il se doit gouverner selon la religion en [158] laquelle il veut vivre. Ceux qui veulent vivre selon la pure doctrine de l'Evangile ont leurs ministres et leurs assemblees et ceremonies à part, et conviennent ensemble sans troubler les autres, et sans ce aussi que les autres les viennent troubler. Les autres font le semblable de leur part, et par ainsi, ils s'entretiennent par ensemble du mieux qu'ils peuvent, sans esmouvoir seditions ne tumultes les uns contre les autres.

De la diversité des gens qui se trouvent entre ceux qui ont ceste seconde forme d'Interim au regard de la religion, et premierement de ceux qui ne suyvent que l'une ou l'autre.

D. Je peux parler de ceste matiere comme experimenté. Car nous avons vescu en nostre ville[4] en la maniere que tu dis pour le moins l'espace de vingt et quatre ans, ayans la pure predication de l'Evangile, avec l'administration de Sacremens pour ceux qui la vouloyent suyvre, et la Messe aussi pour ceux qui avoyent encore leur devotion à icelle. Mais cependant il y en avoit plusieurs de bien bigarrez. Pour le moins je me suis prins garde que durant cest[5] Interim il y avoit de quatre sortes de gens bien differentes les unes aux autres. Les uns avoyent desja si bien profité en la cognoissance de l'Evangile qu'ils ne suyvoyent point d'autre doctrine ne d'autre religion, ains avoyent du tout renoncé à l'Antechrist et à toutes les traditions humaines. Il y en avoit des autres qui avoyent encore le cerveau tant enrouillé et tant [159] embrouillé et corrompu de la fausse doctrine et religion en laquelle nous avons tous esté abusez, qu'ils avoyent la predication de l'Evangile en abomination, comme une fausse doctrine, et une loy et religion toute nouvelle, et comme une heresie et apostasie fort execrable. Et pourtant ils bouschoyent leurs oreilles à la predication de la parole de Dieu, sans en vouloir point ouyr parler, comme il est escrit és pseaumes[6] des meschans, qu'ils ressemblent à l'aspid,[7] lequel estouppe ses oreilles afin qu'il ne soit enchanté, craignant de perdre son venin et qu'il ne puisse plus nuire. Ainsi les meschans craignent d'estre enchantez par la parole de Dieu, à cause qu'ils veulent tousjours demeurer en leur meschante et perverse nature comme l'aspid. Ceux-ci n'alloyent sinon à la messe et ne suyvoyent autre religion que la religion laquelle ils appeloyent la religion ancienne.

T. En voila desja de deux sortes toutes contraires l'une à l'autre.

Des neutres et communs qui vont de toutes pars, et de la diversité d'iceux.[8]

D. Il y en avoit des autres d'un tiers ordre qui alloyent et d'une part et d'autre, maintenant à la predication, maintenant à la messe, sans estre encore bien resolus de quel costé ils se devoyent du tout arrester.

T. Il y avoit encore meilleure esperance de ceux-ci que des autres. Car puis que ils avoyent la patience d'ouir la doctrine, il y avoit desja de l'advancement en eux, et monstroyent en [160] cela qu'ils estoyent plus raisonnables que les autres qui ne vouloyent du tout point ouir, et qu'ils n'estoyent pas tant acariastres, ni opinastres tant obstinez qu'eux.

D. Il est vray. Et pourtant plusieurs de ceux-la qui ont fait cest honneur à l'Evangile de le vouloir ouir ont esté plustost retirez d'erreur que les autres, et ont esté plustost resolus et se sont plustost adjoints à la meilleure partie. Vray est qu'il s'en est trouvé plusieurs en ceste troisieme bande qui ont panché d'un costé et d'autre, ayans plus de regard aux personnes ausquelles ils taschoyent complaire et gratifier, ou lesquelles ils craignoyent d'offenser et d'irriter, qu'à Dieu et à la verité d'iceluy. Car il y en avoit des povres qui avoyent besoin de l'aide des riches. Et pourtant, si ceux qui leur pouvoyent plus aider ou nuire faisoyent profession de l'Evangile, ils alloyent au sermon pour les mieux contenter et pour se mieux entretenir en leur bonne grace. Et s'il y en avoit aussi de ceux qui suyvoyent la messe, avec lesquels ils desirassent de s'entretenir pour mesmes causes, ils alloyent aussi à la Messe, craignans de les avoir pour ennemis. Et entre ceux-ci, il y en avoit des endebtez qui suyvoyent la religion de leurs crediteurs pour les avoir plus favorables. S'ils avoyent des crediteurs d'un costé et d'autre, ils alloyent au sermon pour complaire aux uns et à la messe pour complaire aux autres.

T. Ceux-ci donc avoyent une religion faite en forme de besace,[9] laquelle ils mettoyent devant et derriere, et puis à dextre et à senestre, selon qu'elle leur pouvoit plus profiter.

D. On les appeloit aussi besaciers.[161]

De ceux qui s'accommodent à la religion selon leurs affaires, et selon les personnes ausquelles ils ont regard.

T. Je pense qu'entre ceux qui n'alloyent sinon au sermon ou à la messe seulement, il y en avoit encore beaucoup de diverses sortes.

D. Il est tout certain qu'il y en avoit plusieurs, qui n'alloyent sinon à la messe, lesquels n'y croyoient du tout point, ou pour le moins ils n'y avoyent pas grande devotion. Mais la devotion qui les y menoit estoit les personnes ausquelles ils avoyent à faire, et lesquelles ils craignoyent ou aimoyent.

T. C'estoyent donc les saincts qui les mettoyent en celle devotion. Mais n'y en avoit-il point aussi de ceux qui alloyent au sermon tant seulement qui estoyent induits à y aller par semblable devotion?

D. N'en doute pas. Car en tels affaires, il y en a tousjours plusieurs qui dependent plus des hommes que de Dieu, et qui regardent plus aux commoditez qu'ils peuvent avoir du costé d'iceux pour la vie presente qu'au salut de leurs ames qui leur est presenté par l'Evangile et qu'à la vie qui dure eternellement.

T. C'est grand pitié que les hommes soyent tant miserables et tant aveugles et abrutis.

D. Si ceci n'advenoit qu'aux petis compagnons et aux plus simples et povres ignorans qui sont entre le menu peuple, nous ne devrions pas estre tant esbahis de ceste brutalité des hommes. Mais si tu consideres ceux qui sont estimez des plus sages et qui sont és principaux estats et dignitez, et és plus excellens offices, ou qui pourchassent apres et apres les honneurs et les richesses mondaines, ce sera là où tu verras bien jouer ceste farse d'une [162] autre sorte qu'entre le povre et menu populaire. Car il y en a tant et plus ausquels toute religion n'est que jeu, et comme une farse en laquelle ils prennent à jouer le personnage qui leur semble plus commode pour leurs affaires.

T. Mais il est bien à craindre qu'apres qu'ils se seront ainsi jouez de Dieu, Dieu ne se joue pas d'eux, ni avec eux, et principalement s'ils continuent ce mestier, car il est fort dangereux. Mais, poursuy ton propos commencé.

De ceux qui ne vont ne d'une part ne d'autre, ains meprisent toute religion.

D. Outre tous ceux-ci il y en avoit encore des autres d'un autre quatrieme ordre, lesquels ne se soucioyent ne d'Evangile ne de messe, ne de prescheur, ne de prestre, mais seulement de vivre comme leur fantasie les menoit, et comme il leur venoit mieux à plaisir.

T. Ceux-ci estoyent les pires et les plus à condamner de tous. Car ils declaroyent par leur maniere de vivre qu'ils estoyent atheistes et epicuriens, et hommes sans foy, sans loy, et sans religion. Parquoy je les estime dignes de plus grieve condamnation que les opinastres et obstinez, lesquels tu as mis au second ordre. Car il y a encore quelque apparence que ces vieux cerveaux enrouillez avoyent quelque semence de religion en leurs coeurs, et qu'ils avoyent opinion que la religion, laquelle ils suyvoyent, estoit la meilleure et la plus seure, et qu'ils avoyent quelque soin de leur salut plus que ces moqueurs qui se moquent de toutes religions, lesquels sont vrais chiens et vrais porceaux. Et quant à ces neutres ou communs, desquels [163] tu as tantost parlé, qui vont au sermon ou à la messe, ou à tous les deux, pour complaire aux hommes seulement ou pour peur de leur desplaire, il semble bien qu'ils ne soyent pas beaucoup differens à ceux desquels nous parlons maintenant, mais il m'est advis qu'il y ait quelque difference, entant qu'il y a en ceux ci qui dependent ainsi des hommes plus d'ignorance ou d'infirmité que d'evident mespris de Dieu et de religion.

De la difference qui est entre les Atheistes, Epicuriens, et libertins, et les superstitieux et idolatres, et les infirmes.

D. Tout ce que tu as dit est vray. Car le superstitieux et l'idolatre, et l'ignorant et l'infirme approchent trop plus de la vraye religion que l'atheiste et l'epicurien ou le libertin. Car superstition et idolatrie ne peuvent estre sans quelque opinion et quelque fondement de religion. Mais par faute de vraye cognoissance de Dieu, la semence de religion qui y est est corrompue, et par ce moyen convertie en fausse religion, laquelle engendre superstition et idolatrie. Et pourtant on peut mettre ceux-ci entre ceux qui pechent plus par ignorance que par malice et qui ont zele sans science.

T. Pour ceste cause il me semble que ceux-ci ne sont pas tant elongnez du royaume de Dieu que ces moqueurs, desquels tu as tantost parlé, qui sont semblables à un tas de libertins, desquels tout le monde est aujourd'huy rempli, et principalement és lieux esquels il y a plus grand different touchant la religion.

D. Il s'en est aussi trouvé plusieurs d'entre ces povres superstitieux et idolatres, esquels on a veu accompli ce que [164] Jesus Christ a dit, les premiers seront les derniers, et les derniers seront les premiers.[10] Car depuis que Dieu leur a ouvert l'entendement pour cognoistre la verité, ils ont esté aussi fermes et constans en icelle qu'ils avoyent esté auparavant opinastres et obstinez en leur erreur, et se sont portez fort chrestiennement, et ont monstré grand zele envers la vraye religion depuis qu'ils ont cognu leur erreur.

T. J'ay souventesfois veu advenir ce que tu dis.

De la diversité de ceux qui soustiennent la fausse religion à cause de la cuisine.

D. Or combien que cela advienne souvent, toutesfois il n'advient pas tousjours. Car par le contraire, il s'en est bien aussi trouvé des autres, entre ces opinastres et obstinez, qui n'avoyent pas beaucoup plus grand soin d'aucune religion que les libertins, desquels nous avons fait mention sinon par occasion. Car quant à leur conscience, ils n'en avoyent non plus que des epicuriens et atheistes. Mais toutesfois ils resistoyent fort et roide à la verité, et maintenoyent obstinement la doctrine de l'Antechrist et les traditions humaines. Mais tous ne le faisoyent pas pour mesme cause. Car il y en avoit qui ne le faisoyent sinon à cause de la souppe qui leur revenoit de la cuisine de leur dieu auquel ils servoyent pource qu'ils en avoyent des benefices, ou des parens qui en avoyent desquels ils valoyent mieux et se ressentoyent de leur graisse.

T. Il n'y avoit donc que le ventre qui les mettoit en celle devotion qu'ils avoyent de maintenir la doctrine et religion qu'ils suyvoyent.

D. Tu peux dire à bon droict que le plus grand dieu qu'ils eussent estoit le ventre qui les faisoit si grans zela[165]teurs d'icelle. Et pourtant à parler proprement, on ne peut pas appeler ceux-ci à bon droit superstitieux. Car il n'y a point de semence de religion en eux qui les esmeuve à faire ce qu'ils font. Pareillement on ne les peut pas proprement appeler idolatres, pour devotion qu'ils ayent aux idoles, mais seulement entant qu'ils ont leur ventre pour leur dieu et pour leur idole.

Des atheistes, epicuriens et libertins qui soustiennent la fausse religion de laquelle neantmoins ils se moquent en leur coeur.

T. Il y a encore aujourd'huy tant et plus de ceste sorte d'atheistes, d'epicuriens et de libertins, et principalement entre ceux qui ont plus de sçavoir ès lettres humaines, et l'esprit plus aigu ès choses mondaines que les autres. Car la fausse religion est si lourde qu'ils cognoissent bien les resveries et les sottes badineries et les grans abus qui y sont, et principalement en ce temps-ci, auquel ils sont tant descouvers par la lumiere de l'Evangile que ceux-la sont plus qu'aveugles qui ne les voyent et cognoissent. Car elle est par la grace de Dieu desja si grande que elle fait voir mesme aux plus aveugles, maugré qu'ils en ayent, les choses lesquelles ils ne voudroyent pas voir. Et pourtant si belle mine que ces epicuriens scachent faire pour monstrer qu'ils sont bien affectionnez à la religion, laquelle ils appellent la vieille et l'ancienne loy, et la saincte foy catholique, si est- ce neantmoins qu'ils ne se font que rire et moquer en leur coeur de toutes les badineries, superstitions et idolatries esquelles nous avons tous esté abusez par-ci devant, et de tous ceux qui y adjoustent foy. Mais pource que l'honneur et le profit mondain que ils en reçoyvent leur est trop plus cher que la gloire de Dieu et que leurs propres ames et consciences, lesquel[166]les ils estiment autant que celles des chevaux et des boeufs, ils contrefont les bons catholiques tant qu'ils peuvent, et les vrais zelateurs de leur religion.[11] Et par ainsi, ils ne sont en rien differens à ceux qui se moquent tout ouvertement de toute religion et qui se declarent manifestement atheistes ou libertins, sinon en ce qu'ils sont plus hypocrites, et encore plus grans moqueurs et de Dieu et des hommes que les autres, excepté qu'ils le sont plus couvertement.

Des autres sortes de ceux qui soustiennent la fausse religion, plus par opiniastreté et par mauvaise affection que par devotion qu'ils y ayent.

D. J'en ay cognu tant et plus de ceux desquels tu parles. Mais il y a encore une autre espece de ces opinastres et obstinez qui ne defendent pas la fausse religion tant pour devotion qu'ils y ayent ne pour profit qu'ils en reçoyvent, que pour opiniastreté et obstination, ou pour un plaisir qu'ils prennent à contredire aux autres, ou pour se monstrer sçavans en resistant à verité, ou pour se monstrer constans et fermes en la religion de leurs peres. Il y en a des autres qui le font à cause qu'ils sont tant glorieux et tant orgueilleux, qu'ils se reputent à grande honte et deshonneur de confesser qu'ils ayent esté abusez, et qu'ils ayent appris quelque chose de ceux ausquels Dieu a manifesté sa verité avant qu'à eux. Il y en a des autres qui font le semblable seulement pour haine et pour despit qu'ils ont contre ceux qui tiennent religion contraire, tellement qu'ils font servir la religion à partialitez, et à leurs haines et vengeances particulieres, comme si c'estoit des factions de guelphes et de gibelins, ou autres semblables.[12]

T. Le nombre de ceux desquels tu parles maintenant est aujourd'huy fort grand. Car il y en a tant et plus, [167] lesquels jaçoit qu'ils facent manteau de la religion, toutesfois ils ne combattent que pour leur querelles et haines et envies et vengeances particulieres.

De ceux qui se revoltent contre la vraye religion par despit de leurs ennemis, et nommement de la revolte de Porphyre[13] et des Assasins, et des causes d'icelle.

D. Ce n'est pas dés maintenant que les hommes ont ainsi meslé le fait de la religion parmi leurs affections privees, et que plusieurs se sont revoltez contre icelle seulement par despit et vengeance. Je t'en produiray pour exemple Porphyre en premier lieu, qui a esté grand philosophe platonique. Pour autant qu'il fut battu en Cesaree de Palestine par aucuns Chrestiens, il fut esmeu de si grande cholere et rage que, par impatience et fureur, non seulement il abandonna la religion chrestienne par haine de ses ennemis, mais aussi vomit de grans et execrables blasphemes contre icelle, et escrivit contre les Chrestiens des livres les plus diffamatoires qu'il peut.[14] J'ay leu aussi qu'en Asie, apres que les Assasins[15] eurent fait profession de la religion chrestienne et receu le Baptesme, ils envoyerent des ambassadeurs au patriarche de Jerusalem afin qu'il les enseignast plus exactement et plus pleinement en la foy. Il advint que les ambassadeurs furent en leur retour despouillez et outragez par un Chrestien. A cause dequoy, les Assasins qui les avoyent envoyez furent tellement enflambez d'ire qu'ils [168] renoncerent à leur baptesme et à toute la religion chrestienne pour une injure qui leur fut faite par un seul Chrestien. Depuis Mahomet les eut pour auditeurs, tels qu'ils convenoyent à un tel maistre. Car ils estoyent ignorans et lourds, qui pouvoyent plus facilement juger de la guerre et des armes que de la loy et des secrets de Dieu, et de la verité et de la science et sagesse et justice. Et pource, depuis qu'ils eurent receu la loy de ce faux prophete, ils l'ont observee de si grand zele qu'il sembloit que les Sarrasins n'en estoyent que transgresseurs et non pas observateurs au regard d'eux, et qu'il n'y avoit qu'eux qui l'accomplissent entierement.[16] Vray est que ceux qui ont esté de meilleur esprit et de plus grand coeur entre eux, ayans cognu la tromperie de Mahomet, l'ont abandonné, comme les historiens de ce temps-la le tesmoignent. Les autres qui ont esté les plus lourds sont demeurez en leur erreur. Mais outre ce malheur duquel j'ay desja fait mention, il en avint encore un autre fort grand presque semblable, comme nous le lisons en aucunes histoires, environ quatre cens ans apres qu'ils eurent receu la loy et religion de Mahomet, à scavoir l'an 1173.

D'une autre injure faite aux Assasins par les Chrestiens, et de l'impunité d'icelle, et des maux qui en sont advenus.

T. Qu'advint-il en ce temps-la?

D. Que leur Seigneur se trouva homme de fort bon esprit et fort scavant et bien parlant.[17] A raison dequoy, cognois[169]sant la lourdise et bestalité qui est en la loy et doctrine et religion de Mahomet, il voulut voir les livres des evangelistes et des apostres. Et puis en ayant fait conference avec l'Alchoran, non seulement il commença à se retirer des superstitions et erreurs et de la fausse religion de ce faux prophete, mais aussi travailla à en retirer ses sujets. Et ayant deliberé d'y renoncer du tout et se faire Chrestien avec eux, il envoya pour ambassadeur un homme prudent et sage, nommé Boabidellus, à Almaric roy de Jerusalem, le cinquieme apres Godefroy de Billion,[18] pour luy faire entendre sa volonté et deliberation. Et entre les autres poincts de son ambassade, il avoit charge de demander que les Chevaliers de Jerusalem, qui depuis ont esté appelez les Chevaliers de Rhodes,[19] leur quittassent un tribut de deux mille pieces d'or qu'ils leur devoyent payer toutes les annees. Le roy Almaric receut ces nouvelles fort joyeusement. Et avant qu'une si bonne oeuvre demeurast à faire, il proposa de plustost recompenser les chevaliers du sien propre s'ils faisoyent difficulté de leur quitter celle somme. Et pource, il donna conduite à l'ambassadeur qui luy avoit apporté ces nouvelles pour le mener au maistre de l'ordre des Chevaliers. Et quand il fut parvenu à Tripoli et qu'il fut entré sur leurs terres, ils se ruerent sur luy tout soudain et tuerent cest homme-la, lequel ne pouvoit presumer qu'on luy deust faire un tel outrage, se confiant de la conduite et sauf-conduit du roy, et de la foy et rondeur des Chrestiens. Et pourtant le roy [170] estant adverti de ce meurtre tant desloyal et execrable fust comme forcené de la grande tristesse et douleur qu'il en eut. Et pour y pourvoir, il fit assembler les princes du royaume pour avoir leur advis et conseil sur se faict. Tous furent d'avis d'un commun consentement qu'il faloit diligemment et vivement poursuyvre cest affaire, à cause de la grande infamie qu'il apportoit tant au roy qu'à toute la religion chrestienne. A cause de quoy ils envoyerent des gentils-hommes au maistre de l'ordre pour satisfaire au roy et à tout le royaume d'un si grand exces. Et pour excuser le forfait, on dit que ce coup avoit esté fait par un certain frere de l'ordre, nommé Gualterus de Manilio, qui estoit borgne et homme fort meschant, lequel n'avoit point de discretion. Brief, l'excuse fut que c'estoit un fol qui l'avoit fait. Mais toutesfois il avoit esté fait par le sceu et consentement des autres freres de l'ordre. Et le maistre de l'ordre, au lieu d'en faire punition, luy pardonna, et manda par des ambassadeurs au roy Almaric pour toute recompense et satisfaction qu'il avoit enjoint penitence à celuy qui avoit commis ce meurtre, et qu'avec icelle il l'envoyeroit au Pape. Et cependant il defendit de la part du Pape qu'il n'y eust personne qui osast mettre les mains sur ledit frere. Et combien que le roy le fit mettre en prison, toutesfois aucune justice n'en fut faite. Car le roy mourut bien tost apres et le meurtrier demeura impuni. Mais ce fait cousta bon aux Chrestiens. Car tout le royaume en receut [171] grand dommage et grande ruyne, et bien tost apres print du tout fin.

De ceux qui sous le titre de l'Evangile et la liberté chrestienne voudroyent estre affranchis de tous tributs et debtes.

T. Il me semble que le seigneur des Assasins et son peuple ont fait comme plusieurs qui seroyent aujourd'huy bien contens de quitter la messe et la religion et l'Eglise que se dit romaine, pour faire profession de l'Evangile si on les vouloit descharger des dismes et des censes et tributs qu'ils doyvent à l'Eglise. Il y en a des autres qui voudroyent encore, outre cela, estre deschargez des tributs qu'ils doyvent à leur prince et estre delivrez de toutes leurs debtes. Si ceux-ci pouvoyent trouver un Evangile qui apportast une telle liberté, il auroit suyte de plusieurs. Car il y en a beaucoup qui disent quel profit nous apporte cest Evangile; et dequoy sommes nous deschargez et soulagez par iceluy? Il y en a mesme plusieurs qui, ayans fait profession de l'Evangile, en apparence exterieure, sous telle esperance, se revoltent puis apres contre iceluy, et en mesdisent et le persecutent quand ils voyent qu'ils n'y trouvent pas ce qu'ils cerchent en iceluy pour la chair, et qu'ils trouvent mieux ailleurs leurs commoditez charnelles.

D. L'Evangile n'apporte pas une liberté corporelle aux hommes, mais une liberté spirituelle. Parquoy tant s'en faut qu'il affranchisse les hommes de payer et de rendre ce qu'ils doyvent les uns aux autres, qu'au [172] contraire il leur commande bien estroittement de s'acquitter fidelement et en bonne conscience envers tous, tant que faire se peut sans rien retenir de ce que les uns doyvent aux autres. Car il n'apprend pas à estre larron ny à retenir le droict de personne, mais à le rendre à un chacun, de quelque qualité qu'il soit. Et pourtant ceux qui par le moyen et sous le titre de l'Evangile et de la liberté chrestienne, se veulent aquitter de leurs debtes et des censes et tributs qu'ils doyvent, et ne veulent rien de l'Evangile s'ils ne trouvent en iceluy la liberté et le profit mondain qu'ils y cerchent, declarent bien qu'ils ne le veulent pas à cause de l'Evangile et qu'ils n'y cerchent pas ce pourquoy il est annoncé aux hommes, ains qu'ils se cerchent eux-mesmes. Quand donc tels personnages rejettent l'Evangile pour telle cause, ils luy font plus d'honneur que s'ils le recevoyent tel qu'ils le veulent avoir, et à telle condition.

T. Il est vray.

Des occasions mauvaises que les Chrestiens ont donnees aux Assasins et a plusieurs autres par leurs violences, injustice et violation de leur foy.

D. Mais combien que les Assasins requeroyent en l'alliance qu'ils vouloyent faire avec les Chrestiens d'estre deschargez des tributs qu'ils devoyent aux chevaliers, desquels nous avons parlé par ci devant, toutesfois ils ne meritoyent pas d'estre traittez comme ils ont esté traittez. Et les Chre[173]stiens eussent beaucoup gagné s'ils leur eussent accordé leur demande, et que par ce moyen ils les eussent eus pour amis, au lieu qu'ils les avoyent pour ennemis. Et si l'inimitié a esté grande entre eux au paravant, elle est beaucoup augmentee puis apres, à cause de celle grande injure qui leur a esté faite, de laquelle il ne faut douter qu'ils ne se soyent bien vengez. Car si l'injure a esté grande de soy, elle a encore esté redoublee par ce qu'elle est demeuree impunie. Et celle impunité a esté un grand deshonneur et une grande infamie, non seulement pour messieurs les chevaliers, entre lesquels ce meurtre tant vilain a esté commis, et puis en ont encore empesché la punition, mais aussi pour tous les rois et les princes chrestiens, et toute la Chrestienté.

T. On leur a pour le moins bien donné l'occasion d'avoir les Chrestiens en tresmauvaise reputation, veu qu'il y avoit si peu de foy et justice entr'eux, et que mesmes les meschans et les meurtriers et violateurs de la foy publique et du droict commun et de toutes gens y estoyent soustenus contre l'authorité des rois et des princes, sous le nom et le titre du Pape, lequel ils tenoyent pour leur chef et pour vicaire de Jesus-Christ et Dieu en terre.

D. Les anciens Carthaginois et peuples africains ont esté fort vituperez és histoires anciennes de ce qu'ils ont fort mal gardé leur foy, et qu'ils l'ont rompue à tous propos quand ils l'ont peu faire à leur avantage. Les Romains, par le contraire, ont eu la leur en telle reputation et reverence, qu'ils l'ont gardee inviolablement à leurs ennemis mesmes, et ont mieux [174] aimé mourir que la rompre et violer.

T. Pleust à Dieu qu'on peust aujourd'huy donner en verité telle louange aux Chrestiens qu'à ces payens anciens. Car il y en a bien peu, et principalement de ceux qui la devroyent avoir en plus grande recommandation, qui en tienent grand conte et qui facent grande difficulté de la violer, voire pour des causes bien legeres.

D. En es-tu esmerveillé? Puis que les Papes dispensent tant facilement des sermens, et qu'ils font violer la foy et les sauf-conduits donnez par les rois et les princes-mesmes, ce n'est pas de merveille s'il y a peu de foy en la Chrestienté de laquelle ils sont les chefs, et si les Turcs ont les Chrestiens en horreur à cause de cela. Car nous trouvons par les histoires qu'ils ont mieux gardé leur foy aux Chrestiens que les Chrestiens ne leur ont gardé la leur, laquelle ils leur ont souvent violée et rompue, et principalement à l'instigation et par le conseil de dispense des Papes, et notamment en Hongrie. Mais ils en ont bien aussi receu leur salaire pour leur apprendre à mieux garder leur foy et serment. Car il n'est guere souvent advenu que ceux qui ont rompu et violé leur foy et serment, tant entre les payens que les Chrestiens, ne s'en soyent finalement mal trouvez. Je ne doute point aussi quel les Assasins n'ayent pris de ces violences que les Chrestiens leur ont faites l'occasion de se faire tels meurtriers qu'ils ont esté, voire les plus dangereux et plus à craindre qu'autres qui ayent jamais esté au monde, si nous en croyons non seulement aux historiens qui en ont escrit, mais aussi à l'experience que les Chre[175]stiens en ont faite eux mesmes.

De l'estat des Assasins et de leurs manieres de faire, et meurtres et trahisons.

T. Expose moy un peu plus à plein ce que tu veux dire.

D. Leur coustume estoit d'avoir un chef qui estoit comme un maistre et un capitaine sus eux, lequel ne parvenoit point à cest office par droict d'heritage et de succession, mais par election de ceux de toute la compagnie qui elisoyent celuy qui leur sembloit plus digne et plus propre pour leur commander. Et ne luy bailloyent autre titre d'honneur et de dignité, entant que les Chrestiens et les Sarrasins en ont peu avoir la cognoissance, sinon qu'ils l'appelloyent le Vieil, ou l'Ancien, et comme aucuns disent, le Grand de la montagne, à cause qu'ils habitoyent és creux profonds des montagnes fort espesses, esquelles, comme aucuns le tesmoignent, ils avoyent dix forteresses avec leurs fauxbourgs et estoyent bien quarante mille hommes. Et quand ils avoyent eleu leur maistre et capitaine, ils s'obligeoyent à luy par un lien si estroit de sujection et d'obeissance qu'ils s'hazardoyent d'executer diligemment et d'un ardant courage tout ce qu'il leur commandoit, sans considerer s'il y avoit dangier ou non pour eux, et si la chose estoit facile ou difficile, et possible ou impossible. Et sur tout, quand il y avoit quelque roy ou autre prince, si grand seigneur qu'il fust, contre lequel ils eussent quelque querelle, et qu'ils l'eussent en haine, et eussent desir de le faire mourir, [176] leur maistre ayant appelé celuy qui bon luy sembloit, luy bailloit une dague en la main, et puis luy commandoit de le tuer. Et celuy qui avoit receu ce commandement ne failloit point à l'executer, si possible luy estoit, et en faisoit tous ses efforts à peine de sa vie, quoy qu'il luy en peust advenir. Et par ce moyen ils ont tué beaucoup de grans princes et seigneurs, et en ont mis plusieurs en grand danger et grande necessité, et principalement des empereurs et rois et princes chrestiens qui ont porté les armes jusqu'en Asie contre les Sarrasins et les Turcs, pour la conqueste et la conservation de Jerusalem et de la terre saincte.

T. Je pense que le mot d'assasiner, duquel on use aujourd'huy communement, est pris de là. Car il me semble qu'on le prenne pour tuer ainsi les hommes, de guet à pan et en trahison et les prendre au despourveu.

D. Il est vray.

Combien il est dangereux de mettre les hommes en desespoir, et des jugemens de Dieu extraordinaires, parlesquéls il punit souvent les violences qui demeurent impunies et les injustices des hommes.

T. Combien que celle maniere de faire est fort detestable, toutesfois cest exemple nous doit servir à mon advis, pour nous apprendre qu'il n'est pas bon d'irriter les hommes par injures et violences, soyent-ils amis ou ennemis, ne de leur refuser justice quand tort leur a esté fait, et dissimuler les [177] injures et les passer par connivence, et mettre en desespoir par faute de justice ceux ausquels le tort est fait. Car il en est souvent advenu de grans maux et advient journellement.

D. Il ne peut estre autrement. Car quand on met les hommes en tel estat et en tel desespoir qu'ils ayment autant, ou plus, la mort que la vie, et plus cher mourir qu'endurer les indignitez, vilenies, extorsions, violences et outrages qu'il leur faut journellement endurer, ils sont merveilleusement à craindre. Car quand un homme a surmonté la crainte de la mort et a une fois resolu de mourir, et desire plus la mort que l'estat auquel il vit, il est fort dangereux d'avoir affaire à luy. Et ceux qui mettent les hommes en tel estat et qui en font beaucoup de mal-contens par leur tyrannie, ne peuvent jamais estre guere bien asseurez, ayans de tels ennemis et en si grand nombre. Car si Dieu ne les retient bien, et s'ils n'ont bien sa crainte devant les yeux, et ne sont bien armez de foy, de constance, de patience et de modestie, il sera bien difficile qu'à la longue, ils ne rompent leurs liens, tant forts qu'ils puissent estre. Car comme l'ancien proverbe le dit, patience souvent blessee se convertit en fureur. Ceci n'advient jamais à ceux qui sont armez de vraye patience. Car elle ne se laisse jamais vaincre au mal, ains vaincq tousjours le mal par le bien. Mais il y en a bien peu qui l'ayent telle qu'il la convient avoir.

T. On dit communement qu'il n'est pas bon de chasser le loup jusques au bois, car il y a danger que si on le poursuit jusques-la, il ne se retourne et [178] monstre les dens. Nous voyons aussi tous les jours par experience quel danger il y a de tenir un chat enclos et de combatre avec luy à portes closes, et le mettre à l'extremité.

D. Tu dois aussi noter qu'à cause que plusieurs abusent de la simplicité, modestie et patience des debonnaires, Dieu par son juste jugement permet qu'ils rencontrent souvent des fols et estourdis qui ne sont pas tant patiens et tant modestes, par lesquels il chastie les tyrans et les autres meschans, et fait la vengeance par moyens extraordinaires des insolences, torts, injures et violences qui n'ont point esté punies par la justice et par les moyens ordinaires. Car Dieu est un merveilleux juge, lequel a diverses sortes de jugemens, tant ordinaires qu'extraordinaires, par lesquels ils sçait bien attraper quand il luy plaist ceux lesquels il veut punir.

T. Pource que la doctrine de Jesus Christ et des apostres porte qu'il faut rendre le bien pour le mal, et tourner la joue senestre à celuy qui a frappé la dextre, et laisser encore le manteau à celuy qui aura pris le saye, il y a plusieurs moqueurs de Jesus Christ et de l'Evangile qui, abusans de ces paroles, font outrage aux fideles et leur alleguent ces propos, disans qu'ils doyvent souffrir patiemment tous les maux qu'on leur fait, et que leur loy et religion le porte. Mais comme ils pervertissent le sens des paroles du Seigneur, ainsi ils rencontrent souvent des Chrestiens qui ne les entendent encore pas si bien qu'ils les sachent mettre en pratique, ains remesurent ceux qui leur font tort de la mesme mesure de laquelle ils les ont [179] mesurez.[20]

D. Ce n'est pas de merveille s'il advient souvent entre les fideles ce qui est advenu en la compagnie de Jesus Christ mesme. Il n'avoit pas appris à ses disciples de jouer des cousteaux, ains les avoit tousjours enseignez à se porter modestement et patiemment envers tous. Ce neantmoins sainct Pierre n'avoit pas si bien retenu ceste leçon qu'il ne luy soit eschappé de mettre la main au glaive pour la defense de son maistre, contre le vouloir d'iceluy.[21] Par le semblable, combien que les ministres de l'Evangile exhortent leurs auditeurs à modestie et patience tant qu'en eux est, toutesfois ils ne peuvent pas cela gagner sur tous du premier coup qu'il n'y en demeure tousjours plusieurs qui sont plus prests à defendre l'Evangile et leur religion par le glaive que par patience, comme sainct Pierre l'a lors fait, laissant ce qui luy avoit esté commandé par son maistre, pour faire ce qu'il ne luy avoit pas commandé, mais defendu, comme ceux-ci le font aussi suyvans sainct Pierre, en ce en quoy ils ne le doyvent pas suyvre, et non pas en ce en quoy ils le doyvent suyvre. Mais Dieu se sert quelquefois de ces moyens pour chastier les fols par les fols et les moqueurs par les moqueurs. Et pourtant nous devons tous bien adviser de nous contenir de toutes pars en toute modestie et patience sans nous irriter les uns les autres par injures et outrages. Et ceux qui commandent et ont charge de la justice se doyvent bien aussi garder de se laisser transporter par leurs passions et de dissimuler ce qu'ils voyent et sçavent bien, ayans un droict pour les uns, et un autre pour les autres, espargnans [180] les loups et escorchans les brebis.

Combien il seroit facile aux hommes de s'accorder en la cause de la religion s'ils en pouvoyent separer leurs mauvaises affections.

T. Si les hommes pouvoyent domter leurs affections et les mettre à part en la cause de la religion, sans les mesler, regardans seulement à la cause, comme si elle ne leur touchoit en rien en particulier, ou pour raison de leur honneur ou profit mondain, ou pour quelque autre affection particuliere, il me semble qu'il seroit fort facile à appointer, non seulement les Chrestiens ensemble, mais aussi les Juifs et les Turcs, et toutes les autres nations. Car combien qu'il y ait de grans empeschemens et de beaucoup de sortes, toutesfois il n'y en a point de plus grans que ceux lesquels un chacun se donne par ses propres affections.

D. Tu as ouy ce que j'ay desja dit par ce devant des Mahometistes de bon esprit qui ont descouvert les lourdises et tromperies de l'Alcoran de Mahomet. Et encore aujourd'huy les plus prudens et les plus sçavans qui sont entr'eux, lesquels ont un peu mieux et de plus pres consideré leur loy, ne l'ont en guere bonne estime; et n'y en a point de plus opinastres et obstinez en leur secte que les aveugles et les sourds qui ne veulent rien voir ni ouir.

T. Nous pouvons dire presque tout le semblable de la religion qu'on nous a proposee sous le nom de l'eglise romaine, au lieu de la vraye religion chrestienne. [181]

Des haines des Juifs, des Turcs et des Chrestiens les uns contre les autres sous le titre de leurs religions; et de ceux qui despitent et renient Dieu pour faire despit à leurs ennemis.

D. Et combien en y a il, non seulement entre les Turcs et Mahometistes, mais aussi entre les Juifs, qui se bandent contre la religion chrestienne, plus pour la haine qu'ils portent aux Chrestiens que pour affection qu'ils ayent à leur religion, ne pour cognoissance et asseurance qu'ils ayent de la verité ou fausseté d'icelle? Nous pouvons dire le semblable de plusieurs Chrestiens au regard des Juifs et des Turcs, lesquels ne scavent guere plus que c'est de leur loy que de celle de leurs adversaires. Et neantmoins ils sont bandez les uns contre les autres comme si c'estoit pour la religion. Mais s'il n'y avoit que la cause de la religion, il n'y auroit pas de si grandes guerres ne tant de pilleries et voleries entre les Chrestiens et les Turcs que nous y en voulons journellement et y ont desja esté dés long temps.

T. C'est une grande[22] lascheté et meschanceté aux hommes d'abuser ainsi de ce sacré nom de religion pour en faire voile de tous leurs vices et mauvaises affections. Et d'autrepart, quelle fureur et rage est-ce de se despiter contre Dieu par despit des hommes et de se venger contre luy du tort qui t'aura esté fait par iceux? Car Dieu qui est desja grandement deshonnoré par celuy qui t'aura fait tort, ne merite-il pas bien d'estre encore plus vilainement deshonnoré par toy auquel le tort est fait? N'est il pas bien raisonnable que tu te revoltes contre luy pour te venger par ce moyen de tes ennemis et pour leur faire despit, comme nous en voyons encore aujour[182]d'huy tant et plus qui le font? Car combien en y a il qui, pour ceste cause, jurent et despitent et blasphement Dieu, et vomissent des blasphemes les plus horribles et execrables qu'on pourroit imaginer, et desquels les diables devroyent avoir horreur? Et le font non seulement pour la mauvaise coustume qu'ils ont d'ainsi renier, despiter de blasphemer Dieu, mais principalement pour faire despit à ceux de l'Eglise reformee, à cause qu'ils condamnent et detestent grandement, suyvans la loy de Dieu, non seulement les blasphemes manifestes, mais aussi tous sermens esquels le nom de Dieu est pris en vain, et qui ne servent point à la gloire d'iceluy ni à l' edification et à la charité du prochain.

De quoy ceux-la profitent pour eux-mesmes qui blasphement Dieu et rejettent l'Evangile par despit et haine et vengeance.

D. Ceux-ci font tout ainsi comme si un enfant despitoit et maudisoit son pere et sa mere et se rebelloit et bandoit contr'eux pour despit de quelque sien frere, ou de quelque serviteur de la maison, qui luy auroit fait quelque tort. Qui ne trouveroit cela fort estrange? Et que seroit-ce si, quand le sujet d'un prince auroit esté outragé par quelcun des autres sujets, il se revoltoit par despit d'iceluy contre son prince et le trahissoit? Que meriteroit un tel sujet?

T. Que meritent les seditieux et les rebelles et les traistres?

D. Ce neantmoins il y a beaucoup moins de raison que les hommes se despitent contre Dieu, leur souverain prince et pere, par despit de ceux qui les ont offensez. Et pourtant ne gagnent pas beaucoup ceux qui se vengent ainsi [183] de leurs ennemis? Car à qui font-ils plus de deshonneur et de dommage, ou à leurs ennemis ou à eux-mesmes? Car c'est tout autant comme si par despit d'eux ils crachoyent contre le ciel, ou comme s'ils closoyent les yeux et les se bandoyent à fin qu'ils ne vissent pas la lumiere du soleil à cause que leurs ennemis la regardent et s'en esclairent, ou comme s'ils ne vouloyent ne manger ne boire à cause que leurs ennemis mangent et boyvent, et pource qu'ils ne veulent rien avoir de semblable à eux ne rien faire de tout ce qu'ils font.

T. C'est tout le semblable. Car qui rejette la parole de Dieu qui est la vraye lumiere spirituelle des hommes et la vraye pasture et nourriture de leurs ames se fait beaucoup plus de dommage que s'il se privoit soy-mesme de toute lumiere et nourriture corporelle. Ce neantmoins il y en a plusieurs qui font cela. Car il y en a tant et plus ausquels les abus qui sont survenus en la religion chrestienne sont si bien descouvers qu'ils les condamnent en leur coeur et les ont en moquerie, et sont contrains d'approuver en leur conscience la doctrine de l'Evangile et la vraye religion fondee sur icelle. Et pource il y en a qui disent qu'ils trouvent bonne la religion, mais que les religieux sont mauvais. Au moyen de quoy ils rejettent la religion à cause des religieux.

De ceux qui prennent l'occasion de rejetter l'Evangile et la vraye religion des vices de ceux qui en font profession.

D. S'ils avoyent quelque bonne envie de ser[184]vir à Dieu, les religieux tant mauvais qu'ils fussent ne les empescheroyent pas de suyvre la religion. Car la religion n'est pas fondee sur les religieux. Et ceux qui ne la suyvent pas comme il appartient ne sont pas religieux, nonobstant qu'à faux titre ils en portent le nom. Pour ceste cause ils devroyent regarder à la religion et à Dieu qui l'a ordonnee premierement et plustost qu'aux religieux. Et quand ils regardent aux religieux, ils doyvent plustost regarder à ceux qui leur donnent bon exemple qu'à ceux qui le leur donnent mauvais. Car tous ne sont pas semblables. Mais ils font tout le contraire. Car s'il n'y avoit qu'un seul meschant en toute la compagnie de ceux qui font profession de la vraye religion, et que tous les autres fussent les plus gens de bien et les plus irreprehensibles du monde, ils s'attacheront à celuy seul et se mettront en scandale à eux-mesmes les vices d'iceluy, et passeront toutes les vertus des autres sans y regarder comme s'ils ne les voyoyent point. Et par cela ils declarent bien où la maladie les tient, et que ce n'est pas la haine des vices ne l'amour de religion et de vertu qui les mene et pousse, mais la malice de leur coeur et la haine et l'envie qu'ils portent aux personnes, et le plaisir qu'ils prennent à calomnier et à mesdire. Et par mesme moyen, ils couvrent aussi la haine qu'ils portent à Dieu et à sa parole. Mais pourautant qu'ils ne l'osent pas declarer manifestement, ils prennent volontiers cette occasion pour couvrir leur hypocrisie et leur mauvais coeur et s'attachent à cest accessoire afin qu'ils ne viennent au principal. Car si ceux qui mettent telles excuses et tels [185] accessoires en avant estoyent hommes vertueux et bien vivans, et s'ils monstroyent par effect qu'ils haissent les vices, lesquels ils condamnent en la personne des autres, et desquels ils prennent la matiere de leur scandale, on pourroit estimer qu'ils feroyent cela pour amour qu'ils portent à vertu et pour la haine qu'ils portent aux vices.

T. Cela est tout cler.

De ceux qui se mettent pour scandale les pechez des autres, et cependant se plaisent et pardonnent és leurs propres.

D. Mais advient le plus ordinairement que ceux qui sont les plus vicieux de tous prennent ces excuses et s'attachent aux vices des autres afin que, s'ils ne peuvent autrement mesdire de la religion, ils ayent plus belle couleur d'en mesdire à ceste occasion. Et cependant ils sont sans comparaison plus vicieux que ceux lesquels ils accusent, ou, pour le moins, ils ne sont pas plus vertueux. Et en cela ils monstrent qu'ils n'en veulent pas aux vices, mais aux personnes, et qu'ils sont bien joyeux quand ils peuvent trouver quelque occasion sur les vices d'autruy pour se donner scandale à eux-mesmes. Car s'ils haissoyent les vices plus que les personnes, ils les corrigeroyent premierement en eux-mesmes, principalement pour deux bien grandes raisons. La premiere, pource qu'il est fort malseant à un homme d'estre coulpable des mesmes vices desquels il reprend les autres. Car on luy peut tousjours dire "Medecin guari toy toy-mesme." Et c'est encore le pis s'il est plus vicieux et s'il reprend les autres en petites fautes et s'en pardonne des grandes. L'autre est que [186] ses propres fautes luy touchent de plus pres que celles d'autruy. Car il n'aura pas à respondre au jugement de Dieu de celles des autres s'il ne s'en est rendu coulpable par sa propre coulpe, mais des siennes seulement. Et pourtant il me semble que ceux-ci ont une charité fort mal reglee, laquelle se passionne tant pour les pechez d'autruy et ne se soucie des siens. Et si ceux qui sont contraires à l'Evangile et à la reformation de l'Eglise sont dignes de grande reprehension en cest endroict, je n'exempte pas de semblable coulpe ceux qui se glorifians de la profession de l'Evangile et de l'Eglise reformee font aussi le semblable de leur costé. Car s'ils commettent les vices qu'ils condamnent en la personne des autres, c'est un certain tesmoignage qu'il n'y a point de vray zele à l'Evangile ni à la reformation, mais seulement une profession de bouche. Et pourtant c'est bien le meilleur qu'un chacun se considere et se corrige premierement soy-mesme, et qu'il face plus curieuse inquisition et plus rigoureux jugement de ses fautes que de celles des autres. Mais au contraire, un chacun se veut blanchir en noircissant l'un l'autre comme des charbonniers.

Comment tout ce qui est fait par despit est tousjours mauvais, voire mesme les choses qui autrement sont bonnes de leur nature; et de ceux qui ayans offensé les autres, tiennent pour leurs ennemis eux qu'ils ont offensez.

T. Ce moyen n'est pas bon pour venir en accord, comme aussi il est tousjours fort mauvais de rien faire par despit les uns des autres, tant bonne mesme que l'oeuvre puisse estre de soy. Car [187] quand ce seroit la meilleur chose du monde, elle est rendue mauvaise par celuy qui la fait pour ce qu'il ne la fait pas comme il doit ne pour la fin pour laquelle elle doit estre faite, ains la fait à mauvaise intention. Je prendray pour exemple la priere ou le chant des pseaumes. Ce sont des choses fort bonnes et par lesquelles Dieu est loué. Mais si je faisoye priere ou chantoye des pseaumes pour faire despit à ceux qui sont de contraire religion à la mienne, plus que par devotion, et pour louer Dieu, tant s'en faut à mon advis que cela fust priere et chant agreable à Dieu, que ce seroit plustost comme une espece de blaspheme. Car ce seroit vilainement abuser du nom de Dieu et des choses sainctes.

D. Si ainsi est donc, comme je le t'accorde, que la chose qui de sa nature est bonne est rendue mauvaise, et par consequent desplaist à Dieu quand elle est faite à telle mauvaise intention et pour faire despit aux personnes, il est facile à juger quel plaisir il doit prendre en ceux qui le despitent et blasphement pour faire despit à ceux qui le glorifient, veu qu'il ne peut recevoir pour louange, mais plustost pour blaspheme la louange qui luy est donnee de bouche, procedante d'un mauvais coeur et plus pour despiter les hommes que pour honorer Dieu.

T. Et pourtant il seroit fort bon que d'une part et d'autre il y eust si grande simplicité et modestie qu'il ne se fist jamais rien par despit, mais seulement pour gratifier les uns les autres en tout ce qu'on le peut faire en bonne conscience.

D. Or si ceux qui ont juste matiere d'estre offensez de ceux qui leur ont fait tort et injure [188] n'ont point de juste occasion pourtant de se despiter contre Dieu et contre la religion par despit de leurs ennemis, ains sont dignes d'estre tenus pour meschans et mal-heureux, il est facile à juger en quelle reputation ceux-la doyvent estre qui, ayans infurié les autres et leur ayans fait tort, les tiennent encore pour ennemis et en despit d'eux se bandent contre Dieu et contre la religion qu'ils tiennent. Car il y en a tant et plus qui en besongnent ainsi. Apres qu'ils ont fait au pis qu'ils ont peu, ils se plaignent encore de ceux ausquels ils ont fait tort et les accusent comme s'ils en avoyent receu de grans maux.

T. On peut bien dire de ceux-ci que le loup se plaint de l'aigneau qui boit dessous luy en la riviere, et l'accuse[23] qu'il trouble l'eau.

D. C'est presque l'ordinaire des ennemis de l'Evangile de se plaindre des serviteurs de Dieu ausquels ils ont fait injure et de les accuser, de sorte qu'il faut, comme on dit en commun proverbe, que le battu paye l'amende.

T. Cela advient souvent.

D. Il y en a plusieurs qui sont semblables à Fimbria qui, comme Cicero le tesmoigne,[24] voulant tuer Scevola son ennemi, l'accusa apres qu'il eut failli à le tuer de ce qu'il n'avoit pas bien receu le coup et qu'il n'en estoit pas mort. Aussi il y en a plusieurs qui se plaignent, et si n'en ont autre occasion, sinon qu'on ne s'est pas laissé tuer à eux et qu'on ne leur a pas laissé faire tout le mal qu'ils vouloyent faire.

T. Ils ont fort bonne raison.

*De la revolte des dix lignees d'Israel contre Roboam, et de la diversion et
haine de la religion qui l'a ensuyvie.* [189]

D. Puis que nous avons produit quelques exemples par ci devant de ceux
qui par despit se sont obstinez en la fausse religion ou revoltez contre la vraye,
nous pouvons encore adjouster à ces exemples celuy des dix lignees d'Israel
qui se sont revoltees contre Roboan leur roy et prince naturel et legitime pour
suyvre Jeroboan.[25] Car Jeroboan cognoissant que de serviteur il avoit esté
constitué roy par mutination et sedition populaire, craignoit que son regne ne
fust pas assez ferme, et que le peuple qui l'avoit eleu et suyvi ne se revoltast
aussi bien à l'advenir contre luy comme il s'estoit revolté contre son roy et
prince naturel et legitime. A ceste cause, craignant que par succession de
temps il ne se ralliast avec le reste du peuple, qui estoit tousjours demeuré en
l'obeissance de Roboan et des vrais successeurs de David et de Salomon, print
conseil en soy-mesme qu'il ne pouvoit mieux establir son regne qu'en mettant
et entretenant division entre l'un et l'autre peuple. Et pour les tenir tousjours
en division et haine les uns contre les autres, il pensa qu'il n'y avoit point de
meilleur expedient que de le diviser en matiere de religion, sçachant combien
les haines sont grandes et irreconciliables qui procedent de telles causes.[26] Et
pource, il changea de sa propre authorité, avec fort belles couleurs et
apparences, la forme et l'estat de la religion et du service divin que Dieu avoit
ordonné selon sa Loy. Et pour l'entretenir, il fit edifier temples, chappelles et
autels, et dresser images contre l'expres commandement de Dieu. Et depuis
qu'il eut ainsi retiré de l'observation de la vraye religion le peuple qui l'avoit
suyvi, il y eut [190] haine mortelle entre ces deux royaumes, à sçavoir de Juda
et d'Israel, au lieu qu'au paravant ils n'avoyent esté qu'un peuple bien uny
sous une mesme religion ordonnée de Dieu et sous un mesme roy. Et depuis
les dix lignées d'Israel, en despit et haine de Juda et de leur premier roy, ont
delaissé a vraye religion qui estoit demeuree entiere sous le regne de Roboam
et ont suyvi la fausse religion qui a esté introduite par Jeroboam. Et quand les
vrais prophetes et les autres vrais serviteurs de Dieu s'y sont opposez, les rois
et le peuple d'Israel les ont persecutez comme les superstitieux et les idolatres
et les tyrans persecutent aujourd'huy et ont tousjours persecuté ceux qui se
sont opposez à la fausse religion et ont maintenu la vraye. Et par ainsi, le
revoltement contre la vraye religion a aussi suyvi le revoltement contre le roy
et le prince, comme il est aussi advenu en la religion chrestienne. Car apres que
la pure doctrine de l'Evangile a esté corrompue par les inventions et traditions
humaines, et que la vraye religion a par ce moyen esté tellement desguisee
qu'elle a esté transformee en une autre forme, et notamment depuis que les
evesques Romains ont eu affermy leur siege, il est advenu des revoltes tant et

plus en l'empire et en plusieurs royaumes et pays. Et combien en est-il advenu par les pratiques des evesques romains depuis qu'ils se sont faits seigneurs de toute l'Eglise? Les histoires en sont toutes pleines.

De ceux qui pour regner rompent l'union des hommes et les mettent et entretiennent en division [191] tant en matiere de religion qu'en la société humaine, et de ceux qui desirent l'entretenement des Interim et edits de pacification.

T. Il ne faut point douter qu'il n'y en ait aussi plusieurs de nostre temps qui aiment mieux les divisions en la religion que l'accord, à cause qu'il leur semble que ce moyen leur serve pour les faire mieux regner, ou pour mieux faire leurs besongnes et plus aisement ruiner ceux qu'ils veulent ruiner.

D. Eusebe tesmoigne[27] qu'il y a eu jadis quelque roy en Egypte qui, craignant l'union et les conspirations de ses sujets, usa de semblable ruse et finesse et trouva le moyen de les diviser par diversité de religion selon leurs villes, afin qu'estans ainsi divisez, et consequemment bandez les uns contre les autres, ils ne se peussent jamais tout unir par ensemble. Et de faict, il y a eu de grandes haines qui ont aussi engendré de grans meurtres entre les Egyptiens à cause de la diversité et contrarieté qu'il ont eu en leur religion si nous en croyons aux tesmoignages des historiens et poetes anciens.[28] Car nonobstant qu'ils fussent tous idolatres, toutesfois ils n'estoyent pas tous de mesme accord en leurs superstitions et idolatries.

T. Il semble que ce moyen soit assez propre aux tyrans qui ne veulent pas regner selon Dieu ne sous luy. Mais il me semble fort mal propre aux bons rois et princes qui entendent bien leur estat et office et qui ne veulent point regner à autre condition, sinon que Dieu soit honoré et glorifié en leur regne et qu'ils regnent en droiture et justice et equité. Car ils sçavent tresbien que les royaumes ne sont pas conservez par [192] division mais par union[29] et que Dieu les donne et les oste, et non pas le diable, et qu'il n'y a point de vraye ne de ferme union qu'en Dieu et par le moyen de la vraye religion.

D. Et pourtant ceux qui craignent et ayment Dieu ne taschent pas à nourrir les divisions, mais à les abolir et les reduire à vraye et ferme union. Car c'est le propre des tyrans qui regnent en mauvaise conscience de regner et se faire grans et d'usurper les droits et seigneuries des autres et d'opprimer la liberté publique par tel moyen. Et sans en aller querre les exemples plus loin, nous les avons bien pres et bien evidens és evesques romains. Car quel moyen ont ils eu, duquel ils se soyent plus aidez pour dresser leur siege et principauté sur toute l'Eglise chrestienne et sur tous les empereurs, et rois et princes et peuples que les divisions qui ont esté tant en l'Eglise et entre les ministres d'icelle, qu'entre les empereurs, et rois et princes et communautez? Et pource, combien de temps ont-ils nourri et entretenu tout le monde en picque et division pour tousjours enjamber maintenant sur les uns, maintenant sur les autres, et entretenir et avancer leur grandeur? Et comment en besoignent-ils encore aujourd'huy pour empescher l'accord en la vraye religion et pour maintenir les erreurs et abus que l'Evangile condamne? Mais quand les gens de bien et les hommes modestes requierent qu'il y ait quelque interim et des edits de pacification pour la liberté des consciences et l'exercice de la religion en la diversité d'icelle, ce n'est pas pour maintenir des religions contraires, veu qu'il n'en peut [193] estre qu'une vraye, mais c'est pour empescher l'effusion du sang chrestien et pour cercher cependant le moyen par lequel on puisse venir à quelque bon accord et à quelque bonne reformation, non pas selon les fantasies et les affections des hommes, mais selon la pure parole de Dieu, comme tous bons coeurs chrestiens le doyvent desirer. Et quant aux tyrans et à ceux qui veulent pescher en eau trouble, le moyen qu'ils prennent pour establir leur regne, tant s'en faut qu'il soit à leur avantage que c'est leur vraye ruine et de toute leur maison. Car cela demeure tousjours vray qu'Isaie dit du regne de Dieu et de Jesus Christ,[30] à sçavoir que tout royaume et toute gent et peuple qui ne luy serviront, periront. Et sans en alleguer beaucoup d'exemples, celuy de Jeroboam et des dix lignees d'Israel, duquel nous avons tantost parlé, nous en peut rendre suffisant tesmoignage. Car combien a il duré et combien en a esté la fin malheureuse et la ruine horrible, comme les prophetes l'avoyent predit? Mais laissons ce propos et revenons aux autres especes de ceux qui desadvouent encore la vraye religion et la rejectent et persecutent, desquelles nous n'avons pas encore fait mention.

De ceux qui font encore profession de la fausse religion pour la crainte des hommes.

T. Je ne doute pas qu'il n'y ait aussi beaucoup de personnes infirmes et debiles entre ceux qui font encore profession de la fausse religion, qui [194] cognoissent assez les erreurs et les abus d'icelle et qui se rengeroyent volontiers du costé de l'Evangile si la crainte qu'ils ont des hommes, plus que de Dieu, ne les empeschoit de passer outre. Car combien que ceux-ci voyent que l'Evangile a quelque liberté plus qu'au paravant és lieux esquels ils sont et que les persecutions ont cessé, ou sont pour le moins moderees, si elles ne sont du tout esteintes, toutesfois ils demeurent tousjours là en suspend, comme pendus en l'air, entre le ciel et la terre, sans s'oser declarer tels qu'ils sont en leur coeur et faire profession manifeste de l'Evangile. Car à cause qu'ils regardent plus aux hommes qu'à Dieu, ils ne se peuvent bien resoudre, craignans tousjours que il n'advienne quelque changement qui les mette en dangier s'ils se sont une fois declarez. Et outre ce qu'ils sont de petit coeur et fort craintifs, il y a encore des gens tant et plus qui les intimident et leur proposent mille dangers pour les detenir tousjours en l'estat auquel ils sont. Et combien en y a-il qui n'ont point de besoin d'estre espouvantez par autres que par euxmesmes, à cause qu'ils sont tant poureux qu'il ne leur faut qu'un espouvental de chaneviere comme aux oiseaux pour les espouvanter, ou qu'une souche comme aux chevaux et mulets ombrageux? Il y en a semblablement plusieurs qui s'espouvantent de leur ombre propre et qui n'attendent pas qu'on leur donne quelque matiere de juste peur, ains la se donnent à euxmesmes, comme ils en imaginent les causes en leur fantasie sans aucune raison ny apparence. Et pourtant ils vont tousjours connillant, [195] attendans quel vent il fera, pour sçavoir de quel costé ils pourront estre le mieux asseurez.

D. Ceux-ci sont en grand trouble et cerchent une chose qu'ils ne trouveront jamais. Car quel certain arrest peut on fonder sur les conseils et les affaires des hommes qui changent d'heure en heure, et sur tout le cours de la vie humaine qui à peine peut demeurer un seul moment en un mesme estat? Parquoy tout homme qui dependra d'iceux, principalement au fait de la religion, et non pas de la providence de Dieu, n'aura jamais rien de certain ne de resolu en icelle, ains demourra tousjours flottant à tout vent comme une nacelle inconstante qui est sur la mer. Car telle est la nature d'incredulité selon le tesmoignage de sainct Jaques.

De ceux qui font encore profession de la fausse religion pour la crainte et la haine de la discipline et reformation que l'Evangile apporte avec soy.

T. J'en ay aussi cogneu beaucoup qui ne font plus profession de la fausse religion sinon pour la crainte qu'ils ont de la discipline que la pure doctrine de l'Evangile et la vraye reformation de l'Eglise apportent avec elles. Car à cause qu'ils sont hommes mondains et charnels, ils n'ont autre Dieu que leurs plaisirs et voluptez. Et pource qu'ils ne les veulent point abandonner, ils n'haissent rien tant que discipline et reformation de vie.

D. Le nombre de ceux desquels tu parles maintenant est merveilleusement grand, et si ne sont pas tous [196] d'une sorte. Car il y en a plusieurs qui contrefont les Catholiques romains, seulement pource qu'ils ne veulent pas estre tenus pour atheistes ou libertins et pour hommes sans religion. Mais pource qu'ils n'ont point d'envie de servir à Dieu, ains seulement de vivre en la licence de vie qui est permise à tous en l'Eglise qui s'appelle romaine, ils choisissent la religion d'icelle pour s'en couvrir et pour jouir cependant de

132

ceste licence, laquelle ne leur seroit pas permise en la religion et en l'Eglise reformee. Car elle ne peut estre sans la discipline que Jesus Christ luy a ordonnee[31] et sans la practique d'icelle. A cause de quoy ils haissent et detestent ceste Eglise et religion autant qu'ils haissent et detestent toute bonne discipline et reformation Chrestienne.

T. C'est merveille que les hommes haissent tant leur propre salut et ce qu'ils devroyent le plus desirer.

De ceux qui font profession de l'Evangile, et si ne veulent neantmoins recevoir la discipline qu'il apporte.

D. Il y en a des autres qui ne prennent non plus de plaisir en ceste discipline et reformation que ceux-ci, mais ils sont differens à eux en ce que ils font manifeste profession d'avoir renoncé à la religion romaine et de vouloir suyvre la doctrine de l'Evangile. Et cependant ils n'en veulent prendre, sinon ce qu'ils en peuvent faire servir à la liberté charnelle qu'ils cerchent sous un faux [197] titre de l'Evangile et de la liberté chrestienne, et ne veulent du tout rien entendre en la doctrine de repentance et de mortification et d'amendement de vie qui sont les premiers principes et rudimens de la religion chrestienne, ny en la practique de la discipline et de la vraye reformation que Dieu requiert des siens. Parquoy ils veulent avoir un Evangile et une religion à part suyvant laquelle ils ne soyent sujets aux loix ne de l'Eglise romaine ne de l'Eglise reformee, mais seulement à celles qu'il leur plaira se donner à euxmesmes. Au moyen dequoy ils voudroyent bien dresser quelque nouvelle forme de religion qui fust comme neutre, ou comme commune entre la romaine et celle de l'Eglise reformee. Car ils seroyent contens de renoncer aux superstitions et ceremonies de l'Eglise romaine et à plusieurs manieres de faire que elle a; mais ils voudroyent bien retenir la licence qu'on y a de vivre au reste comme on veut sans aucune reprehension ne censure ne correction, ne discipline ecclesiastique.

T. Mais puis qu'ils peuvent bien avoir ceste license, suyvant la religion romaine, et de vivre comme ils veulent sans discipline qui empesche la vie voluptueuse qu'ils veulent mener, pourquoy ne suyvent ils plustost l'exemple des autres desquels tu as tantost parlé sans faire aucune profession de l'Evangile?

D. C'est pourautant qu'ils ne veulent pas estre tenus pour epicuriens et pour hommes sans Dieu et sans religion non plus que les precedens. Parquoy puis qu'il faut qu'ils suyvent ou l'une ou l'autre s'ils [198] veulent estre tenus pour Chrestiens entre les Chrestiens, soyent-ils reformez ou difformez, ils font plustost profession de l'Evangile que de la religion romaine afin qu'ils ne soyent tenus pour sots des hommes de bon esprit, et pour niais de ceux qui sont desja deniaisez des abus si lourds apres lesquels le monde a esté si long temps abesty qu'il n'y a maintenant homme qui ait un seul grain de bon jugement qui n'en soit honteux. Pour ceste cause ceux qui ont maintenant un peu l'esprit ouvert tiennent pour grands sots ceux qui demeurent encore abusez en ces erreurs tant lourds. Parquoy afin qu'eux ne soyent aussi tenus pour tels, ils veulent bien faire entendre qu'ils ne sont point si lourds ne si badaux qu'ils ne cognoissent bien les abus qui sont maintenant descouvers par la predication de l'Evangile. Et cela leur suffit sans vouloir passer plus outre.

T. Ceux-ci se peuvent bien vanter qu'ils ont assez de cognoissance de l'Evangile pour les condamner et les rendre plus inexcusables que ceux qui sont plus ignorans que eux, lesquels ils tiennent pour sots et badaux.

De ceux qui se moquent ouvertement de toute la religion chrestienne.

D. Il y en a encore des autres qui sont moins hypocrites que tous ceux-ci. Car ils se moquent tout ouvertement de toute la religion chrestienne, tant d'une part que d'autre, et principalement plusieurs de ceux qui sont en telle authorité [199] qu'ils ne craignent point de reprimende, ains peuvent vivre et parler comme il leur plaist de toutes religions et faire publique profession du mespris d'icelles. Il y en a aucuns de ceux-ci qui pour ceste cause s'appellent deistes, voulans donner à entendre par cela qu'ils n'avoyent du tout point de Dieu, ains qu'ils ont bien opinion qu'il y en ait quelcun quel qu'il soit, comme s'il y avoit quelque autre Dieu que le vray Dieu d'Abraham et d'Isaac et de Jacob qui s'est manifesté par les patriarches et les prophetes et finalement en son propre fils Jesus Christ, comme il l'a predit par iceux. Et pource Jesus Christ a dit "c'est la vie eternelle qu'ils te cognoissent seul vray Dieu et Jesus Christ que tu as envoyé," à cause que qui ne cognoist ce Dieu la par Jesus Christ et en Jesus Christ en la personne duquel il s'est manifesté en chair, ne cognoit point de vray Dieu, ains a seulement une idole de son cerveau pour son Dieu.[32] Voyla donc le Dieu de ces deistes, lesquels au reste ne se font que moquer de tout ce qui est escrit et presché de Jesus Christ et de toute la religion chrestienne et de toute la doctrine des sainctes Escritures. Car depuis que les abus de la fausse religion leur sont descouvers, ils font un mesme jugement tant de la vraye que de la fausse et mesprisent autant l'une que l'autre, comme si tout n'estoit que songes et resveries de l'entendement humain. Et par ainsi comme les precedens tiennent pour niais et sots ceux qui suyvent encore les superstitions et idolatries et abus qui sont maintenant descouvers par la predication de l'E[200]vangile, ainsi ceux-ci desquels je parle maintenant font semblable jugement de ceux qui croyent en Jesus Christ et en l'Evangile et aux sainctes Escritures, excepté qu'ils estiment les premiers plus sots et plus lourds que les seconds.

T. Ils s'estiment donc voir plus cler que tous les autres, comme si ceux qui s'appellent les catholiques romains estoyent du tout aveugles, ne voyant rien de tous les deux yeux, et ceux de l'Eglise reformee borgnes, ne voyans que d'un, et eux voyans de tous les deux et estans du tout deniaisez.

D. Voila comment ils en jugent, et comment ils se moquent des uns et des autres, n'estimans estre de grand esprit, sinon ceux qui ont fait le saut tout outre comme eux qui se reputent à honte de croire de Jesus Christ et à la parole de Dieu, faisant de toutes religions comme une philosophie academique de laquelle on peut disputer de toutes pars comme d'une chose incertaine. Et ceux qui sont deniaisez au regard de la religion romaine seulement quant aux abus et ne passent point plus avant pour bien gouster Jesus Christ et son Evangile, viennent facilement du prochain degré à cestuy-ci. Car comme ils se mocquent de Dieu, ainsi Dieu se mocque d'eux et les met en sens reprouvé par son juste jugement.

T. C'est merveille de ceste grande diversité de cerveaux et d'opinions et d'affections selon lesquelles les hommes jugent de la religion et la font servir à icelles. Et cependant il semble que la predication de l'Evangile soit cause de tout ceci.

D. L'Evangile n'en est pas la cause, mais il est bien le moyen par lequel l'hypo[201]crisie et la malice des coeurs humains qui a esté cachee et couverte sous le voile d'ignorance, en laquelle le monde a vescu si longuement, est maintenant descouverte et manifestee comme il la manifeste encore tous les jours suyvant la prophetie de Simeon[33] qui a predit que les pensees de plusieurs coeurs seroyent revelees par la manifestation de Jesus Christ, lequel nous est tous les jours manifesté par la predication de l'Evangile. Or suyvant nostre propos nous trouvons de toutes ces sortes de gens desquelles nous avons parlé jusqu'à present, principalement és lieux qui ont un tel Interim que le second duquel tu as parlé. Parquoy la confusion y est merveilleusement grande. Car il advient souventesfois qu'on trouve toutes ces diversizez, je ne dy pas seulement en une mesme ville, mais en une mesme maison.

A quoy peut servir ceste seconde forme d'Interim.

T. Je t'accorde tout cela et te confesse que la confusion y est fort grande et qu'il y a du desordre à cause de celle liberté qui est permise à un chacun, ce neantmoins, il vaut encore mieux avoir une telle forme d'Interim si on ne peut du premier coup abolir les differens et les erreurs, et avoir meilleure reformation et plus generale que laisser les choses en une confusion encore plus grande et plus dangereuse, et que venir aux mains et aux armes, et susciter des guerres civiles qui sont ordinairement les plus dangereuses et cruelles de toutes, et [202] de plus longue duree et plus difficiles à appaiser. Car par le moyen d'un tel Interim, là où les seigneurs sont encore contraires à la vraye religion, les povres fideles ont plus de repos et de relasche et de liberté pour servir à Dieu et invoquer publiquement son nom que si telle permission ne leur estoit point donnee. Car la tyrannie des tyrans n'est pas pour le moins si grande ne les persecutions tant cruelles contre iceux et le sang chrestien n'est pas espandu tant inhumainement. Et d'autre part, ceux qui estans encore plongez en leurs vieux erreurs ont des princes et seigneurs qui font profession de la vraye religion ne sont point forcez, ains demeurent en leur liberté en attendant que Dieu besongne en eux plus amplement s'il luy plaist les appeler à sa cognoissance. Et par ainsi, il n'y a personne d'une part ne d'autre qui se puisse plaindre qu'on luy vueille contraindre et forcer sa conscience, laquelle chose ne se peut ne doit faire. Car la foy et la religion ne peuvent estre forcees, ains faut qu'elles procedent d'un coeur franc et entier, lequel les hommes ne peuvent pas donner, mais le seul Dieu. Car c'est luy qui illumine les coeurs et les entendemens de ceux qu'il luy plaist par son sainct Esprit, sans lequel nul ne peut avoir vraye cognoissance de la vraye religion ne la suyvre comme il appartient. Car si on veut contraindre un homme à suyvre une religion de laquelle il n'a point la cognoissance ou à laquelle il n'a point son coeur et son affection, c'est temps perdu. On le pourra bien contraindre à faire bonne mine par apparence exterieure et à faire [203] semblant au dehors d'advouer et d'approuver la religion laquelle neantmoins il desadvouera et reprouvera en son coeur. Parquoy on pourra par ce moyen facilement faire des hypocrites et des marrans, mais non pas des bons chrestiens. Et pourtant je ne condamne pas seulement ceux qui veulent contraindre les fideles par force à suyvre la fausse religion, laquelle ils ont renoncee, mais aussi ceux-la qui veulent contraindre ceux qui s'appellent Catholiques, voire mesme les Juifs et les Turcs, et tous autres qui suyvent fausse religion, à faire profession de la vraye en laquelle il ne sont pas instruicts. Car il les faut premierement gaigner par la doctrine. A ceste cause il vaut mieux remettre un chacun en la main de Dieu, et que cependant ceux qui le craignent prient pour les povres aveugles et ignorans et qu'ils facent tous les devoirs qu'il leur sera possible à les gagner par tous les moyens, lesquels Dieu a ordonnez à cela et lesquels il leur mettra en main.

De l'office des princes à maintenir la vraye religion et à oster les scandales publiques; et de la moderation de laquelle ils doyvent user envers ceux qui sont de religion contraire à la leur.

D. Je ne trouve pas tes raisons mauvaises. Mais il y a encore des poincts à considerer sur ce que tu as dit, lesquels tu n'as pas mis en avant. Le premier est qu'il y a grand dangier qu'en donnant li[204]berté aux hommes de suyvre telle

136

religion qu'il leur plaira, ceux qui seront de fausse religion et en erreur et heresie ne se nourrissent et plaisent tousjours de plus en plus en icelle sans se soucier de s'informer de la verité et de la suyvre s'ils ne sont eguillonnez et comme contrains à ce faire. Et d'autre part si les princes sont chrestiens, il appartient à leur office d'oster les scandales publiques et toutes les matieres et occasions d'iceux autant qu'ils le peuvent faire, ou autrement ils ne feront pas office de vrais princes chrestiens. D'avantage il est aussi à craindre que ceux qui suyvent fausse religion ne seduisent les autres, au lieu d'estre gagnez par iceux à la vraye.

T. Je t'accorde qu'il est bien necessaire d'avoir regard à tous ces poincts. Mais ce que j'ay dit n'empesche point qu'on n'y puisse remedier par bons moyens. Car pour le premier, si les princes sont vrayement chrestiens, ils ne seront pas ignorans de la vraye doctrine chrestienne et ne persecuteront personne pour heretique à credit, comme plusieurs le font sans estre bien informez de la cause. Dont il advient souvent qu'au lieu de persecuter les heresies, ils persecutent la vraye doctrine, et au lieu de chasser et punir les heretiques, ils les maintiennent, et par le contraire ils chassent et font mourir les vrais fideles. Parquoy il est bien necessaire d'y avoir bon esgard. En apres ils tascheront tant qu'ils pourront à avancer la vraye religion et abolir la fausse, et à oster tous scandales et toute matiere et occasion qui les pourront engendrer et donner. Mais ils pourront bien faire cela sans persecuter en extreme rigueur ceux qui ne seront pas du tout re[205]solus en la religion laquelle eux approuvent. Car ils se peuvent contenter, pourveu qu'un chacun vive paisiblement sans faire mutination ne sedition, comme les anciens empereurs et autres princes chrestiens l'ont fait durant le temps qu'il y avoit encore des Juifs et des payens en grand nombre meslez avec les Chrestiens, non pas seulement en un mesme pays, mais aussi en une mesme ville.

De l'Interim qui a jadis esté entre les payens et les Juifs et les Chrestiens, du temps qu'ils estoyent tous sous les empereurs et princes chrestiens.

D. Cest exemple lequel tu mets maintenant on avant n'est pas mal convenable à la forme d'Interim laquelle tu as tantost proposee.

T. Il est vray. Car combien que le desir des princes chrestiens fust que tous leurs sujets fussent Chrestiens comme eux, toutesfois pource qu'ils ne pouvoyent cela obtenir du premier coup ne par force, ils n'ont pas voulu user de telle rigueur contre les Juifs et les payens, que celle de laquelle les Juifs et les payens et leurs empereurs et rois et princes avoyent auparavant usé contre les Chrestiens qui ont esté de leur temps. Car non seulement ils ne leur vouloyent pas permettre de s'assembler pour l'exercice de leur religion et pour les affaires qui la concernoyent mais, qui plus est, ils les cerchoyent et faisoyent enqueste contre eux et les tormentoyent et faisoyent mourir cruellement et par divers tormens et horribles. Mais les empereurs et les princes chrestiens ont permis aux Juifs, selon que le temps l'a requis [206] et le repos publique, de faire leurs assemblées à part, et aux payens semblablement, pourveu qu'ils se tinssent serrez entr'eux³⁴ et qu'ils vesquissent paisiblement sans donner point d'empeschemens et de fascheries aux Chrestiens et sans troubler leurs eglises et assemblees. Car qu'eussent-ils peu faire eutrement s'ils n'eussent voulu remplir toute la terre de sang et mettre tout le monde en grand trouble, et estre cause de grandes mutinations et seditions contr'eux par lesquelles la vraye religion eust plus esté reculee qu'avancee? Car comme nous l'avons desja dit, on ne fait pas les bons Chrestiens à l'espee et par feux et fagots, et par force et violence. Doncques un tel support estoit trop meilleur qu'une cruelle boucherie qui eust seulement esté en diffame à la religion chrestienne. Et pourtant les princes chrestiens faisoyent beaucoup pour lors quand ils pourvoyoyent à ce que les fideles ne fussent point empeschez ne molestez par les infideles. Les Chrestiens pareillement se tenoyent tout coy, taschans en toutes manieres de gagner à la religion chrestienne tant les Juifs que les payens par bons exemples tant de bonne doctrine que de bonne vie. [207]

LE SOMMAIRE DU
QUATRIEME DIALOGUE

J'ay intitulé ce dialogue *les Persecuteurs* à cause que je monstre en iceluy que la vraye religion et la vraye Eglise ne peuvent jamais estre ruinees par la force et violence des hommes ne par les persecutions des tyrans, tant violentes et continuelles qu'elles puissent estre, et que les persecuteurs ne gaignent autre chose par icelles, sinon qu'au lieu de reculer le cours de l'Evangile ils l'avancent, et au lieu de destruire l'Eglise, comme ils pretendent, ils l'augmentent et la conferment d'avantage. Et quant à eux, tout le profit qu'ils en rapportent, c'est qu'ils provoquent l'ire de Dieu sur eux qui en fait puis apres la vengeance contre eux et toute leur race. Et pourtant je fay mention des principales persecutions qui ont jadis esté faites contre les Chrestiens et des principaux persecuteurs qui ont esté les autheurs ou les ministres et executeurs d'icelles, et des jugemens de Dieu sur eux et des punitions qui les ont ensuyvies. [208]

LE QUATRIEME DIALOGUE
intitulé *Les Persecuteurs.*

De ceux qui portans le nom de Chrestien sont plus cruels persecuteurs de ceux qui font profession de l'Evangile que les anciens tyrans payens.

David   Tite.

David. Si les anciens empereurs et rois et princes chrestiens ont usé de telle moderation que tu as dit envers les ennemis ouverts de la religion chrestienne, laquelle ces bons princes soustenoyent, ceux-là ne suyvront pas bien leur exemple qui useront de plus grande rigueur et cruauté contre ceux qui font profession de l'Evangile qu'eux n'en ont usé contre les ennemis et blasphemateurs d'iceluy, ains se declareront plustost estre les successeurs des anciens tyrans qui ont tant cruellement persecuté les Chrestiens. Parquoy ils seront non seulement condamnez par les bons princes chrestiens, mais aussi par plusieurs des payens. Car combien qu'ils tinssent la religion chrestienne

139

pour une nouvelle religion et du tout contraire à la leur et à toutes les autres qui estoyent en tout le monde, toutesfois il s'en est encore trouvé plusieurs qui non seulement se sont abstenus de tous cruels edits contre icelle, mais aussi ont revoqué ceux de leurs predecesseurs, lesquels ils n'ont pas voulu suyvre en leur crauté.[209]

Des premiers persecuteurs des Chrestiens et des persecutions des Juifs contre iceux, et de leur maniere de proceder en icelles.

T. Donne moy quelques exemples de ce que tu dis.

D. Les Juifs ont esté les premiers persecuteurs qui se sont elevez contre l'Eglise de Jesus Christ, nonobstant que les premiers Chrestiens et la premiere semence de l'Eglise chrestienne ayent esté de leur nation et de leur sang et religion, notamment Jesus Christ et tous ses apostres. A cause dequoy au lieu de luy estre plus favorables, ils ont esté plus indignez et plus furieux et enragez contre icelle que nuls autres, à laquelle ils n'ont pas fait la guerre seulement en une sorte, mais en plusieurs. Car combien que les Romains leur eussent osté la puissance souveraine et la jurisdiction et les jugemens des causes criminelles, toutesfois selon qu'il ont peu estendre leur puissance, ils ont aussi executé leur rage, s'ils ont peu jouir des magistrats et des officiers romains. Et s'ils en ont peu faire leurs bourreaux, ils s'en sont servis, accusans les Chrestiens devant eux, les poursuyvans à la mort comme ils ont fait contre Jesus Christ, à l'endroit de Pilate, et contre S. Pierre et S. Jaques envers Herodes, et contre S. Paul envers le Capitaine Lysias,[1] et envers Felix et Festus, prevosts et gouverneurs de la Province, et contre beaucoup d'autres desquels il est fait mention és Actes des Apostres.[2] Et pource qu'ils n'ont pas tousjours trouvé les magistrats et officiers romains à leur devo[210]tion comme ils vouloyent, ne tant cruels qu'ils les desiroyent, et voyans qu'ils avoyent trop de peine et de facherie de poursuyvre tel proces par devant eux, et qu'ils n'en pouvoyent pas **tousjours avoir l'issüe cruelle et sanglante telle qu'ils la souhaitoyent, ils** prenoyent souvent un chemin plus court. Car ils esmouvoyent tumultes et seditions contre les fideles, et les tuoyent par ce moyen par tumulte et sedition populaire, sans figure de proces, ou pour le moins il ne tenoit pas à eux qu'ils n'en fissent tous leurs efforts. Et quant ils[3] ont voulu pallier leur sanglans meurtres sous quelque forme de droit et sous quelque couleur de justice, ils y ont procedé en telle sorte qu'ils estoyent et juges et tesmoins, et parties, comme il appert bien clairement tant au proces de Jesus Christ qu'en celuy de sainct Estienne et de sainct Paul, et des autres apostres qui ont esté demenez en leurs cours et conseils et conciles.[4] Parquoy Tertullian,[5] au livre contre les gnostiques, n'a pas sans bonne raison appelé leurs synagogues "fontaines et sources des persecutions." Car pourautant qu'ils estoyent espars par tout l'Empire romain et qu'ils avoyent leurs synagogues en tous les lieux de leur habitation esquelles ils faisoyent leurs assemblées ecclesiastiques et traitoyent des affaires de leur religion, ils avoyent par ce moyen belle occasion de faire leurs complots et entreprises contre les Chrestiens et d'esmouvoir les payens contre-eux, comme ils l'ont fait ordinairement.[211]

Du dommage que les Juifs se sont fait à eux- mesmes par leurs persecutions contre les Chrestiens, et en combien de manieres.

T. Puis que Jesus Christ et les apostres et les premiers Chrestiens ont esté de la nation et religion des Juifs, et que la premiere Eglise chrestienne est née de la vraye Eglise ancienne d'Israel, et que ce a esté tousjours celle mesme Eglise ancienne d'Israel, et que ce a esté tousjours celle mesme Eglise reformée par Jesus Christ et mise en l'estat auquel elle devoit estre mise par luy, je ne doute point que les Juifs faisans la guerre à l'Eglise chrestienne ne l'ayent aussi faite à eux-mesmes par mesme moyen.

D. Ils la se sont faite plus dangereuse et plus dommageable, notamment en deux endroits, qu'aux Chrestiens lesquels ils ont persecutez. Le premier, en ce qu'ils l'ont faite contre Dieu et qu'ils ont tousjours provoqué de plus en plus l'ire d'iceluy sus eux, de sorte que finalement elle s'est tellement embrasée contre eux qu'il ne fit jamais vengeance si horrible de peuple ne de nation qu'il l'a fait d'eux par les Romains. Et quant au regard des hommes, s'ils ont rendu la religion et l'Eglise chrestienne fort odieuse aux Romains et à tous les autres payens par leurs accusations et mutinations et seditions et tumultes, et persecutions contre icelle, ils n'ont pas mis la leur en meilleur reputation par ce moyen. Elle estoit desja auparavant fort odieuse à tous les autres peuples et nations, à cause qu'elle estoit differente et contraire à toutes les autres religions, et que les Juifs les condamnoyent par icelle comme fausses et comme super[212]stitieux et idolatres tous ceux qui les suyvoyent. Parquoy ils ne vouloyent point avoir d'accointance ne de communication avec eux en matiere de religion.

De la liberté que les Romains ont donné aux Juifs touchant leur religion,
et de celle que le Turc donne à ses subjects.

T. Il me semble qu'ils estoyent à louer en cela, veu qu'ils sçavoyent bien que la loy et la doctrine qu'ils avoyent receüe de Moyse et des prophetes estoit celeste et divine et qu'elle condamnoit toutes autres religions que celle que Dieu a estably par sa parole revelee par ses serviteurs.

D. Il est vray. Mais il est facile à juger cependant, si les payens, et notamment les Romains qui estoyent leurs princes et seigneurs, s'en devoyent point sentir piquez et s'ils pouvoyent point estre faschez et indignez de se voir ainsi mesprisez et condamnez par eux, touchant leur religion.

T. Je n'en fay point de doute.

D. Ce-neantmoins ils les ont endurez, leur permettant non seulement l'entier exercice de leur religion, mais aussi quelque jurisdiction, comme je le t'ay desja exposé. Ce qu'ils faisoyent non pas approuvans leur religion.[6] Car ils la condamnoyent et la tenoyent pour une superstition obstinee et opiniastre, comme les Juifs condamnoyent toutes les autres. Mais pource qu'ils tenoyent les Juifs pour opiniastres et obstinez, qui s'aimeroyent mieux faire tuer que changer de religion et qu'endurer qu'on leur ostast la leur accou[213]stumee, ils n'ont pas voulu exercer une telle boucherie et telle cruauté contre eux que les empereurs tyrans leur successeurs l'ont exercé contre les Chrestiens; ains leur ont permis celle liberté, pourveu qu'au reste ils vesquissent paisiblement sans mutination ne sedition, et sans troubler l'estat publique, demourans obeissans à leurs magistrats qui leur estoyent donnez par les Romains.

T. Les Romains faisoyent donc en tel cas comme le Turc fait aujourd'huy envers ses subjets. Car combien qu'il prefere sa religion à toutes les autres, et qu'il desireroit bien qu'elle fust receüe communement de tous, toutesfois il permet que les Juifs et les Chrestiens qui ne se voudront point faire Turcs vivent un chacun selon leur religion, pourveu qu'ils luy payent les tributs qui leur sont imposez et qu'ils se contiennent en paix.

Des Juifs et des Grecs qui sont soufferts en leurs religions entre les Chrestiens, et des Catholiques romains qui ne peuvent endurer l'Eglise reformee.

D. N'allons pas si loin, ains laissons Turquie et demourons en la Chrestienté. Car combien y a il de principautez et de seigneuries qui endurent encore les Juifs avec leurs synagogues, comme les Turcs le font, et comme non seulement les Romains l'ont jadis fait, mais aussi les autres empereurs et princes qui ont tenu l'Empire devant eux et qui ont eu seigneurie sur les Juifs?

T. Mais laissons tous ces princes et seigneurs, et considerons comme le Pape mesme en besongne. Car [214] n'endure- il pas les Juifs en toutes ses terres à telle condition que le Turc, voire à Romme mesme où il a planté son siege? Et combien que les Grecs qui font profession de la religion chrestienne ne, suyvent pas la forme de l'Eglise romaine ne les ceremonies d'icelle, et notamment touchant la messe, toutesfois le Pape et les Catholiques romains les endurent és villes de l'Eglise romaine ausquelles ils se sont retirez. Parquoy je ne me puis assez esbahir des Catholiques romains qui, pour faire du tout dechasser et exterminer ceux de l'Eglise reformee, crient tousjours qu'il n'est possible que deux diverses religion puissen, durer et estre endurees ensemble en un mesme royaume et en mesme pays, et taschent tant qu'ils peuvent à mettre cela en la teste des rois et des princes.

Pourquoy les Catholiques romains tiennent pour incompatibles leur religion et celle de l'Eglise reformee, et à quelle fin ils pretendent.

T. N'entens-tu pas bien la raison pourquoy? S'ils voyoyent que ceux de l'Eglise reformee eussent les rois et les princes et les forces de leur costé, comme eux les ont, ou pour le moins les pensent avoir, et qu'ils eussent deliberé de chasser et exterminer les Catholiques romains, ils parleroyent tout autrement, et requerroyent qu'on les laissast vivre en leur religion et en la liberté de leurs consciences. Ils ne trou[215]veroyent pas lors bonnes les raisons contr'eux qu'ils alleguent contre les autres pour monstrer que deux religions diverses sont incompatibles. Il, feroyent comme les anciens ennemis de la religion chrestienne ont jadis fait quand ils ont eu à faire aux empereurs chrestiens. Cependant qu'ils avoyent les empereurs payens à leur devotion et semblables à eux, ils ne parloyent sinon d'exterminer totalement la religion chrestienne. Il n'estoit point question de moderation. Mais apres que les empereurs chrestiens ont fait abolir l'idolatrie et le faux service des dieux estranges, les payens n'ont pas lors allegué qu'il n'estoit possible que deux religions diverses et contraires peussent demeurer ensemble, en un mesme empire, ains au contraire, ils ont fait de grandes remonstrances aux empereurs chrestiens pour impetrer d'eux que leur religion leur fust permise et que le service des dieux fust restitué, concluans apres plusieurs raisons alleguees par eux que, par la benignité des empereurs, on devoit laisser à une chacune gent et à tous peuples leurs religions. Nous avons tesmoignage de ce que je dy singulierement en la harengue que Symmachus[6] le gouverneur de Rome fit au nom du peuple romain aux empereurs Valentinian, Theodose et Arcade touchant ceste matiere, laquelle il conclud en telle maniere. Ceste harangue se trouve encore aujourd'huy en plusieurs livres des anciens docteurs de l'Eglise qui ont respondu aux raisons alleguees par cest harengueur pour la restitution de l'idolatrie, lesquelles estoyent d'autant et plus grande apparence que [216] celles des plus savans qui menent aujourd'huy une telle cause entre les Chrestiens et qui combattent par tous les moyens qu'ils peuvent à maintenir les faux services et la fausse religion. Car ce Symmachus estoit homme savant et de grand autorité. Voila donc comment les payens en ont besongné selon qu'ils ont eu les empereurs favorables ou contraires. Ainsi en feroyent aujourd'huy plusieurs s'ils ne trouvoyent entre les hommes la faveur qu'ils y trouvent. Mais pource qu'ils ont ferme opinion que s'ils ont une fois gagné le premier poinct ils auront quant et quant gagné le second auquel ils pretendent, ils parlent ce langage. Car ils concluent que si une fois les rois et les princes deliberent de n'endurer qu'une sort de religion et d'exterminer l'autre par force et violence, ce sera celle de l'Eglise reformée à laquelle ils s'attacheront,[7] à cause qu'ils la tiennent pour nouvelle et heretique et la leur pour la vraye loy ancienne et foy catholique. Et d'autrepart, ils pensent bien aussi que les rois et les princes qui n'ont encore fait profession d'autre que de la religion romaine ne voudront pas exterminer celle qu'ils suyvent, mais l'autre qui luy est contaire.

Quel bien est advenu, et peut encore advenir par ci apres, de vouloir planter ou arracher les religions par violence et par armes.

D. Je say bien que voila leur but. Mais puis qu'ils ont desja assez experimenté qu'ils ne peuvent obtenir cela par le moyen qu'ils prennent et [217] duquel ils ont desja tant usé par ci devant, je suis esbahy comment l'experience ne les fait meshuy plus sages et plus humains et plus moderez. Car sont ils tant sanguinaires qu'ils ne se puissent encore contenter de tant de sang qui a desja esté espandu tant d'une part que d'autre? Veulent-ils encore ouvrir la boucherie de laquelle nous ne faisons que sortir et en laquelle il en est tant demeuré de toutes parts? Ne considerent ils point comment Dieu a frappé à deux mains et sur les uns et sur les autres pour nous faire cognoistre qu'il ne prend pas plaisir que nous maintenions et defendions en telle maniere ne l'une ne l'autre des religions, et que ce ne sont pas les moyens par lesquels il veut que l'une ou l'autre soit abolie?

T. Si l'experience qui est la maistresse des fols ne nous fait plus sages à l'advenir, et les uns et les autres, et si nous ne nous sçavons comporter plus paisiblement, il y a trop grand dangier qu'on ne retombe en une confusion **encore plus grande et plus deseperee que celle que nous avons desja veüe,** et que ceux qui en seront les autheurs ne s'en trouvent encore plus mal que ceux desquels ils voudroyent suyvre l'exemple et par l'exemple desquels ils se devroyent corriger. Car Dieu est juste juge, lequel n'est pas subjet à la force des hommes, ains comme il est plus fort que tous, ainsi il peut facilement fortifier les plus foibles et leur donner la victoire comme il le fait souventesfois. Parquoy il ne faut pas que les forces qu'un chacun se pourroit promettre tant d'une part que d'autre enflent leurs coeurs. Car ce ne sont [218] qu'autant de vessies pleines de vent.

*S'il est question de l'abolition ou de la reformation de la religion et de
l'Eglise chrestienne, et si les Juifs doyvent plustost estre supportez entre
les Catholiques romains que les Chrestiens de l'Eglise reformee.*

D. Et pourtant il vaut trop mieux laisser ces moyens tant violens et tant
desplaisans à Dieu et en suyvre de plus moderez veu qu'il n'est pas question de
l'abolition et de l'extermination de la religion chrestienne, mais seulement de
la reformation des erreurs et des abus qui y sont survenus, lesquels ne peuvent
estre reformez que par le moyen de la parole de Dieu comme nous l'avons
desja dit. Et si les Catholiques romains trouvent tant estrange que les rois et
les princes chrestiens permettent à ceux de l'Eglise reformee l'exercice de leur
religion, pourquoy ne crient-ils d'avantage contre leur Pape qui endure les
Juifs en toutes ses terres avec le franc exercice de la leur? Car y a il point de
plus grans ennemis et de plus grans blasphemateurs de Jesus Christ et de la
religion chrestienne que ceux-la? Car ils la detestent beaucoup plus que les
Turcs qui en sont ennemis comme eux. Parquoy il ne faut point douter que,
s'ils avoyent telle puissance sur les Chrestiens, que les Chrestiens et les Turcs
l'ont sus eux, ils ne les endureroyent [219] pas comme ils sont endurez par les
uns et les autres.

*De la haine des Juifs contre Jesus Christ et les Chrestiens, et combien ils
leur ont esté plus grans ennemis que les payens mesmes.*

T. On en peut bien juger par ce qu'ils en ont fait le temps passé.

D. Il est certain. Car combien qu'ils estoyent sujets à l'empire romain,
comme les Chrestiens, et que les empereurs enduroyent tant les uns que les
autres en leur religion, toutesfois les Juifs ne pouvoyent endurer les
Chrestiens, non pas ceux la mesme de leur nation, lesquels neantmoins les
payens mesmes enduroyent bien, ains faisoyent tout au pis qu'ils pouvoyent
contr'eux. Car qui a accusé et poursuyvi Jesus Christ à la mort? L'empereur
romain et Pilate et les autres qui estoyent ses officiers n'ont pas fait la
poursuite contre luy, ains se sont monstrez trop plus equitables envers luy
qu'eux, et notamment Pilate qui les a tous condamnez en condamnant Jesus
Christ pour leur complaire.[8] Et Herode eust-il mis les mains sur S. Jaques et
sur s. Pierre s'il n'eust esté incité par les Juifs, et s'il n'eust bien cognu quel
plaisir il leur faisoit en persecutant les Chrestiens? Et qui a mis S. Paul entre
les mains des officiers romains sinon eux?[9] Mais ç'a bien esté maugré eux. Car
ils avoyent bien la volonté de le tuer sans forme de proces et sans passer par les
mains des officiers romains. Mais Dieu a tellement assisté à ses serviteurs
qu'ils ont trouvé plus de justice et d'equité entre les magistrats payens qu'entre
le peuple qui se glorifioit d'estre le peuple de Dieu, et principalement entre

ceux qui estoyent en iceluy [220] comme les pilliers et les colonnes de l'Eglise.

T. On peut bien juger de ce que tu dis, principalement par le proces de Jesus Christ et par celuy de S. Paul.

Des seditions et tumultes esmeus par les Juifs contre les Chrestiens, et combien ils ont par iceux rendu les Chrestiens et eux-mesmes odieux aux payens.

Et puis considere un peu l'histoire des Actes des Apostres, et tu verras qui sont ceux qui ont principalement esmeu les seditions et les persecutions contre S. Paul et ses compagnons[10] et qui ont incité les payens à faire le semblable en toutes les villes esquelles ils sont allez prescher l'Evangile. Tu trouveras tousjours les Juifs les premiers, lesquels pour ceste cause se sont rendus fort odieux, à cause des tumultes et seditions qu'ils ont suscitees en tous les lieux de leur habitation par la haine qu'ils portoyent aux Chrestiens. Car pourautant que les payens et leurs magistrats ne sçavoyent que c'estoit des sainctes Escritures ne de la vraye religion, ne quelle difference il y avoit entre la religion judaique et la chrestienne, et que les premiers Chrestiens estoyent issus des Juifs, ils les prenoyent tous pour Juifs estimans qu'ils fussent tous d'une mesme religion, mais que le discord qui estoit entr'eux procedoit seulement de quelques opinions esquelles ils estoyent differens entr'eux, comme on en peut juger par ce que S. Luc a escrit de Gallion, le proconsul d'Achaie[11] à ce propos.[12] Et parlant d'Aquile et de Priscile sa femme[13] qui estoyent tous deux de la nation des Juifs et s'estoyent faits Chrestiens, il dit qu'ils [221] ostoyent venus d'Italie pource que l'empereur Claude avoit commandé que tous les Juifs se partissent de Rome. Et Suetone, exposant la cause de ce deschassement en l'histoire de la vie de cest empereur, dit que ç'a esté pour autant que les Juifs esmouvoyent et faisoyent des tumultes en la ville et que Christ en estoit l'autheur. Ce payen, comme un povre ignorant, tant de la religion des Juifs que de celle des Chrestiens, parle de ceste matiere suyvant le bruit commun et les calomnies des Juifs. Car combien qu'eux qui se bandoyent contre les autres Juifs qui s'estoyent faits Chrestiens fussent la cause des tumultes, toutesfois la coulpe en estoit imputée à Jesus Christ et aux Chrestiens qui en estoyent innocens. Et par ainsi toutes les fautes que les Juifs commettoyent et les seditions et tumultes qu'ils esmouvoyent n'estoyent pas seulement autant attribuez aux Chrestiens comme à eux, mais qui pis est, ils en estoyent tenus comme les principaux auteurs sans lesquels tous les Juifs eussent vescu en bonne paix et entr'eux et avec les payens. Et quant aux payens ils comprenoyent au commencement sous le nom et la religion des Juifs autant les uns que les autres. Parquoy ils estoyent tant plus offensez quand ils les voyoyent ainsi debattre entr'eux pour la cause de la religion et qu'ils ne s'en pouvoyent accorder par ensemble. Au moyen dequoy les uns et les autres leur estoyent en grand scandale par la coulpe des Juifs, et leur donnoyent grand empeschement de laisser leur religion payenne pour en suyvre une meilleur. Car ils pouvoyent bien dire "Ceux-la condamnent toutes les autres religions [222] sinon la leur et cependant ils ne se peuvent accorder en icelle, ains s'entrehaïssent plus et se supportent moins les uns les autres que ceux qui leur sont de religion toute contraire et qu'aucuns ennemis qu'ils ayent."

Du support que les Juifs mutins et seditieux ont trouvé entre les payens plus que les Chrestiens qui estoyent paisibles et modestes, et des causes pourquoy.

T. Les Juifs leur donnoyent bien juste occasion d'estre en telle reputation envers eux. Mais cependant ils faisoyent grand tort aux Chrestiens qui estoyent paisibles et modestes, à cause qu'ils estoyent enveloppez en mesme cause avec les Juifs comme s'ils en eussent esté coulpables comme eux. Car les payens, sans juger qui avoit tort ne qui avoit droit, condamnoyent tout ensemble autant les uns que les autres.

D. Il n'y avoit guere de difference sinon en ce que les Juifs qui avoyent le tort estoyent les plus supportez pour plusieurs raisons. La premiere, pource qu'ils estoyent[14] les accusateurs et ceux qui esmouvoyent les troubles. Parquoy ils avoyent tousjours l'avantage comme ceux qui frappent les premiers et puis se plaignent de ceux qu'ils ont batu et les accusent. L'autre est pource qu'ils estoyent les plus riches et les plus forts et le plus grand nombre. La troisieme pource qu'ils avoyent leurs gouverneurs et prelats [223] de leur costé, et qu'ils se vantoyent d'estre les vrais Catholiques de l'Eglise ancienne d'Israel qui retenoyent la vraye loy et religion ancienne de leurs ancestres. Par le contraire, ils disoyent que les Chrestiens estoyent des nouveaux apostats et seditieux qui les troubloyent en leur ancienne religion en laquelle eux et leurs peres avoyent si long temps vescu. Parquoy ils avoyent grande couleur envers les ignorans et principalement envers les payens et leurs magistrats qui craignoyent toute innovation.

De la convenance et difference qu'il y a aujourd'huy entre l'estat des Catholiques romains et les Chrestiens de l'Eglise reformee, et celuy des Juifs et des Chrestiens anciens.

T. A ce que j'en puis voir, nous sommes presque du tout en semblable estat avec les Catholiques romains, excepté qu'ils n'ont pas les poincts de leur religion desquels nous sommes en different avec eux, fondez en telle apparence és sainctes Escritures que les Juifs y avoyent les leurs desquels ils estoyent en different avec les Chrestiens anciens. Parquoy je suis tant plus esbahy qu'ils nous veulent mettre en pire condition qu'ils ne mettent les Juifs, veu que nous ne sommes pas tant differens à eux que les Juifs. Car comme nous l'avons desja dit une-autrefois,[15] rejettons nous et renions nous Jesus Christ comme eux ou aucun article de la vraye foy et religion chrestienne? Dequoy sommes nous en different sinon des in[224]ventions et des traditions des hommes? Si nous n'accordons pas avec le Pape et ne recevons pas tout ce qui sort de sa boutique et qui nous est proposé sous le titre de l'Eglise romaine, nous ne laissons pas pourtant de recevoir Jesus Christ et de nous accorder avec l'Eglise qui le suit vrayement, se conduisant par sa parole. Les Juifs renoncent et blasphement Jesus Christ publiquement par leur religion, et ils sont endurez, voire par le Pape plus que par nul autre entre tous les princes chrestiens, et nous qui confessons Jesus Christ et qui sommes prests à respandre nostre sang pour la confession de son sainct Nom, ne pouvons estre endurez seulement pource que nous ne voulons pas mettre le Pape au lieu d'iceluy et luy attribuer les titres et la puissance qu'il s'attribue sur toute l'Eglise de Dieu, comme si c'estoit plus grand crime de la renoncer que Jesus Christ. Et d'autrepart n'est-ce pas une chose bien estrange que les Chrestiens ne puissent trouver entre les Chrestiens le support qu'ils trouvent bien sous les Turcs?

> *Du danger qu'il y a que Dieu ne chastie les Chrestiens par les Turcs s'ils persecutent l'Evangile et ne se savent accorder par-ensemble,[16] et du jugement de Dieu sur les Juifs à ce propos.*

D. Et pource il est fort à craindre que si les Chrestiens ne se sçavent accorder les uns avec les autres, Dieu ne leur envoye les Turcs pour les accorder et pour donner liberté d'invoquer Dieu [225] publiquement selon sa parole aux vrais fideles qui sont empeschez de ce faire par ceux qui à faux titre se glorifient du nom de Chrestien.

T. Ce seroit chose bien estrange de voir ce que tu dis.

D. Ceneantmoins[17] il est plus à craindre que plusieurs ne le craignent. Car il y a desja fort long temps que Dieu a commencé à chastier et punir fort rigoureusement les Chrestiens par les Turcs, lequel a encore tousjours ce fleau en ses mains, lesquelles sont encores estendues pour frapper plus que jamais veu que nous sommes venus en l'estat auquel nous sommes. Car nous tombons en un temps, si Dieu n'y pourvoit par sa bonté, auquel la Chrestienté sera à l'endroit de plusieurs en pire estat que si elle estoit convertie en une Turquie. Car l'atheisme y a desja si grande ouverture et si publique qu'il y a grand dangier qu'il n'y demeure bien peu de Chrestienté s'il persevere à se multiplier comme il a commencé. Et ceux qui en viennent jusques là sont bien en pire estat, je ne dy pas seulement que ceux qu'on appelle Papistes, mais que les Juifs et les Turcs mesmes.

T. Voila le fruict que l'empeschement de la predication de l'Evangile apporte. Je ne sçay si ceux qui l'empeschent aiment mieux avoir des epicuriens et des atheistes qui se desborderont à toute meschanceté, vivans sans loy ne foy, que des bons Chrestiens qui cheminent en la crainte de Dieu et qui sçavent bien rendre à Dieu ce qui est à Dieu et à Cesar ce qui est à Cesar.

D. Pour ceste cause les Chrestiens qui persecutent l'Evangile doyvent bien [226] adviser à ce qui est advenu aux Juifs qui ont fait comme eux. Car qu'est-ce qu'ils ont gagné par toutes leurs persecutions? Non autre sinon qu'en cuidant exterminer la religion chrestienne, ils l'ont avancee d'avantage et ont esté exterminez euxmesmes. Car comme ils ont esté les premiers ausquels l'Evangile a esté presenté et announcé en tous les lieux de leur habitation, tant par Jesus Christ mesme que par ses apostres et disciples, et les premiers qui non seulement l'ont persecuté plus odieusement et furieusement, mais aussi qui ont incité tous les autres peuples et nations à le persecuter, ainsi ils ont esté les premiers sur lesquels Dieu a respandu la fureur de sa vengeance plus horrible que sur peuple qui ait jamais esté au monde ny au paravant ny apres comme aussi Jesus Christ l'avoit predit.[18] Et ceste vengeance de Dieu n'a pas esté seulement en particulier sur quelcuns d'eux, mais generalement sur toute la nation, et non seulement pour quelque temps, comme les autres afflictions et captivités par lesquelles Dieu les a jadis chastiez, ains dure tousjours et durera jusqu'à ce qu'ils se convertissent et reçoyvent Jesus Christ quand la plenitude des Gentils[19] sera venue, comme S. Paul l'a predit.[20] Car c'est horreur des grandes et cruelles boucheries qui ont esté faites d'eux, et comment Dieu les a poursuyvis par pestes, famines et guerres. Et ceux qui en sont demeurés de reste ont esté rendus tributaires à tous les peuples et nations de la terre et ont esté faits comme leurs esclaves afin qu'ils servent de [227] tesmoignage publique à tous de l'ire de Dieu contre ceux qui ont esté tant cruels à l'encontre de son Eglise.

T. Non seulement les Juifs qui vivent à present, mais aussi les Chrestiens devroyent bien mieux faire leur profit de ce tant horrible jugement de Dieu que les uns et les autres n'en font.

Des Persecutions d'Herodes Ascalonite[21] et de sa mort, et de la vengeance de Dieu contre luy.

D. Puis que nous avons parlé des Juifs et des jugemens de Dieu sur eux, parlons aussi des autres persecuteurs et des vengeances de Dieu contre eux et commençons par les Herodes[22] qui n'ont esté proprement ne Juifs ne payens, ains ont suyvi une religion moyenne entre celle des uns et des autres pour mieux temporiser et s'accommoder avec tous. Le premier Herodes surnommé Ascalonite, fils d'Antipater,[23] est celuy qui, selon le tesmoignage de Philo,[24] fit mourir les juges ordinaires de la maison de David qui estoyent 70 en nombre et en mit des autres selon sa fantasie pour en mieux jouir à son plaisir. Et comme sainct Matthieu le tesmoigne,[25] il fit aussi occir inhumainement les petits enfans de la contree de Bethlehem qui estoyent de deux ans et au dessous, pensant entre iceux faire mourir Jesus Christ. Mais Dieu luy fit bien sentir sa main puis apres en maintes sortes. Car combien qu'il ait peu estre estimé fort heureux selon le monde à cause des grandes richesses et honneurs ausquels il estoit parvenu, toutesfois il a esté en sa propre maison l'un des malheureux roy [228] et prince qui ait jamais esté au monde. Car se deffiant et de femmes et d'enfans il en a esté luy-mesme le meurtrier et le bourreau domestique qui les a faits mourir.[26] Et quand Dieu l'a voulu oster du monde, comme Josephe le tesmoigne, il l'a frappé d'une fort estrange maladie, de laquelle tout son corps fust saisy, et estoit tormenté de diverses douleurs et dedans et dehors. Car il estoit bruslé d'une chaleur ardente et ne pouvoit-on appercevoir ceste chaleur par dehors, ains la sentoit au dedans, pource quelle luy rongeoit les entrailles. Et par ainsi estant en une merveilleuse fievre, il avoit encore au dehors une gratelle ardente et intolerable qui luy engendroit une grande demangeson sur toute la superficie de la chair. Et cependant il estoit tant affamé qu'il ne prenoit pas le loisir de mascher sa viande, ains au lieu de manger il devouroit tout ce qui luy entroit en la bouche. A raison dequoy il luy faloit à toutes heures jetter des viandes en la gueule. Et d'autre part il estoit incessamment tormenté de coliques-passions, et avoit les intestins blessez et ulcerez et les pieds luy estoyent enflez entre cuir et chair, et l'enfleure estoit montée jusques à l'estomac. L'aine aussi luy estoit enflee, et avoit ses parties honteuses pourries de telle façon que les vers s'y engendroyent et en estoyent toutes pleines. Il avoit l'haleine fort puante et fort courte, tant qu'on n'osoit approcher de luy, et avoit les souspirs entrerompus et les nerfs et tous les membres retraicts. Brief, le jugement de Dieu estoit tant evident sur luy qu'un chacun le voyoit à l'oeil et qu'on estoit contraint de le confesser. Et [229] estant au milieu de ces grans tormens, il estoit tant impatient qu'il taschoit d'avancer sa mort, tellement qu'ayant demandé un cousteau sous couleur de vouloir peler une pomme il ne cerchoit que l'occasion de se deffaire soy-mesme, comme il l'eust fait s'il n'eust esté bien guetté et empesché par ceux qui estoyent autour de luy. Et jaçoit qu'il fust en telle destresse, il se monstra encore tant cruel envers son propre sang qu'avant que rendre l'esprit il fit tuer son propre fils Antipater, lequel il detenoit pour lors en prison. Et puis cinq jours apres il mourut luy-mesme malheureusement, cinq ans apres la nativité de Jesus Christ, ayant regné cruellement 37 ans. Voila la fin de ce cruel tyran qui, estant issu de bas lieu, avoit esté eslevé par sa sagesse humaine et ses prouesses en si haut degré. Car son grand pere, nommé Herodes comme luy, avoit fait office de secrestain ou de marguillier au temple d'Apollo en la ville d'Ascalon.[27] Voila coment Dieu esleve les meschans pour les abbatre puis apres de plus haut, afin que la cheutte en soit plus exemplaire et plus espouvantable.

Des persecutions des autres Herodes et des punitions et vengeances de Dieu contre iceux.

T. Les successeurs de ce tyran ont-ils mieux fait que leur pere? Et n'ont ils point aussi senty le jugement de Dieu sur eux suyvant la menace que Dieu fait en sa loy de poursuyvre les meschans jusqu'en la troisieme et quatrieme generation?[28]

D. [230] Combien qu'Archelaus[29] qui a succedé à son pere n'ait point suscité de persecutions contre l'Eglise de laquelle les histoires facent mention,[30] toutesfois il a pour ses males versations esté non seulement deposé de sa dignité et de son office par les Romains, mais aussi envoyé en exil perpetuel à Vienne pres de Lyon. Et son frere Herodes Antipas,[31] cest incestueux qui a fait mourir sainct Jean Baptiste pour complaire à sa putain, et s'est moqué de Jesus Christ quand il luy fut envoyé par Pilate, a semblablement esté deposé et confiné à Lyon en exil perpetuel.[32] Et son neveu Herodes Agrippa,[33] bien tost apres qu'il eut fait mourir sainct Jaques frere de sainct Jean et emprisonné sainct Pierre[34] et qu'il eut traitté fort cruellement les gendarmes qu'il avoit ordonnez pour le garder, fut frappé de l'Ange de Dieu lors qu'il estoit en ses plus grans triomphes, et puis mourut rongé des vers en extremes douleurs.[35] Depuis la race des Herodes leur regne ne fut pas de longue durée car apres celuy qui fit mourir sainct Jaques il n'y en a point eu de celle race qui ait depuis regné, sinon son fils nommé aussi Agrippa comme luy, lequel regnoit encore du temps de la destruction de Jerusalem. Car pourautant que son fils, semblablement nommé Agrippa fut seditieux et se fit compagnon de ce seditieux et faux Christ Ben-cochab, qui esmeut les Juifs à sedition et fit une armée du temps de l'empereur Adrian,[36] le regne des Herodes print fin.

T. Voila donc la maison, et la race de ces tyrans despechee. [231]

De l'inquité de Pilate et du jugement de Dieu sur luy.

D. Puis que nous avons parlé des Juifs persecuteurs et des Herodes qui ont esté à demi Juifs et à demi payens il nous reste maintenant à parler des payens qui ont aussi persecuté l'Eglise et des vengeances de Dieu contre eux; et commencerons par Ponce Pilate[37] qui du temps de l'empereur Tibere[38] a condamné Jesus Christ à mort[39] à la solicitation des Juifs, contre sa propre conscience, cognoissant tresbien qu'il estoit juste et innocent de tous les crimes desquels il estoit accusé. Mais pourautant qu'il craignoit les accusations des Juifs à cause de sa mauvaise conscience et des cruautez et crimes qu'il avoit commis en son gouvernement, et pour la crainte aussi qu'il avoit de perdre son office et ses estats, à cause qu'il estoit ambitieux et avaricieux, il a mieux aymé gratiffier aux Juifs contre toute droiture et justice que faire office de bon juge. Mais il a puis apres experimenté ce qui est escrit és Proverbes,[40] a sçavoir qu'il advient aux meschans ce qu'il craint. Car finalement estant accusé par les Juifs de sa trop grande cruauté, il fut contraint d'aller à Rome pour respondre aux accusations dressees contre luy. Et, comme il estoit en chemin, il a esté serré de si horribles angoisses qu'il se frappoit et battoit de ses propres mains, cerchant à se deffaire soy-mesme et d'avancer sa mort pour finir ses maux par icelle, comme un homme desesperé ainsi que finalement il le fit.

T. On peut bien cognoistre par cest exemple de Pilate que les [232] hommes ne gagnent rien, voulans regner par mauvais moyens, et qui pour parvenir aux dignitez et aux estats ou pour les retenir, taschent plus de plaire aux hommes qu'à Dieu, et pour leur complaire forcent leur propre conscience et renversent toute justice et droiture. Mais puis que tu as fait mention de l'empereur Tibere, a il point aussi persecuté l'Eglise?

Des persecuteurs sous les empereurs romains Tibere, Caligula, Claude et principalement sous Neron, [41] *et des autheurs et causes d'icelles.*

D. L'Eglise a esté fort persecutee du temps d'iceluy. Mais ce n'a pas esté par luy ne par les payens, mais par les Juifs, ains au contraire, selon le tesmoignage de Tertullien [42] il a esté plus favorable aux Chrestiens que contraire. Quant à l'empereur Caligula qui luy a succedé, combien qu'il ait esté un horrible monstre, toutesfois il n'a point fait d'edits contre les Chrestiens et ne les a point persecutez. Mais il n'a pas aussi empesché les persecutions qui estoyent faites contr'eux en plusieurs lieux à la poursuyte des Juifs. Le semblable a esté fait du temps de l'empereur Claude son successeur, excepté que quand il fit chasser les Juifs de Romme, à cause des tumultes qu'ils faisoyent à l'occasion de l'Evangile, les Chrestiens en ont aussi esté chassez en la maniere que nous l'avons desja exposé. [43] Mais Neron a esté le premier entre les empereurs romains qui par edits publiques envoyez par les provin[233]ces les a fait declarer ennemis du genre humain et a commandé qu'ils fussent tormentez et persecutez. [44] Et la cause principale qui l'esmeut à ce faire fut pour se descharger sus eux de la hayne que tout le peuple avoit contre luy, pourautant qu'il avoit fait mettre le feu en la ville de Rome, lequel y dura par l'espace de six jours et une grande partie de la ville fut bruslee. Et voyant que par moyen quelconque il ne pouvoit esteindre la haine et mal-vueillance [45] que le peuple luy portoit, il trouva ceste invention de faire semer le bruit que les Chrestiens en avoyent esté les boutefeux, sachant bien neantmoins que cela estoit faux. Car c'estoit luy-mesme qui l'avoit fait faire pour se representer devant les yeux quelque forme de feu de Troye, adjoint aussi que ses serviteurs avoyent esté fort joyeux d'avoir par ce moyen meilleur occasion de piller la ville. A raison dequoy ils furent bien prompts à executer son meschant vouloir.

Du tesmoignage de Cornelius Tacitus touchant la persecution de Neron contre les Chrestiens et de l'opinion qu'il a eu d'iceux.

T. Neron a trouvé un bon moyen pour prouver son innocence et celle aussi de ses serviteurs, touchant ce faict.

D. Cornelius Tacitus, historien latin, parle fort amplement de ceste persecution, et declare quant et quant quelle opinion luy et ses semblables avoyent des Chrestiens. Neron, dit il, pour effacer ce bruit qui estoit contre luy du feu mis à Rome, mit d'autres coupables en sa place, à sçavoir ceux que le populaire appeloit chrestiens [234] qui estoyent odieux à cause des meschancetez qui leur estoyent supposees et les torments de grieves punitions. L'autheur de ce nom estoit Christ, lequel, durant le regne de Tibere fut crucifié par Ponce Pilate qui estoit pour lors gouverneur de Judee. Et la superstition pernicieuse qui estoit pour lors reprimee fut derechef remise au dessus, non seulement par la Judée, origine et source de ce mal, mais aussi par la ville de Rome, là où mesmes toutes choses meschantes et infames abondent et sont prisees. Ainsi on empoignoit premierement ceux qui faisoyent quelque confession, puis il y eut une grande multitude atteinte, ayant esté decelee par les premiers, et les mettoit-on à mort, tant pour boutefeux que pour ennemis de tout le genre humain. Encore ne se contentoit-on pas de les faire mourir, ains ony adjoustoit ces opprobres et ignominies qu'on leur mettoit sur le dos des cuirs de bestes sauvages pour les faire deschirer aux chiens, ou on les crucifioit ou on les brusloit tout vifs, et encore que le jour fust failly on les brusloit pour donner clarté à la nuit.

T. Quand sont advenues ces choses?

D. Environ l'an 66 de Nostre Seigneur. Et la persecution a duré bien quatre ans jusqu'à la mort de celle cruelle beste. [46]

> *Du fondement lequel les plus savans et les plus apparens mesmes des payens ont pris sur la condamnation de Jesus Christ et des chrestiens, de la fausse opinion qu'ils ont eu d'eux et du jugement qu'ils en ont fait, et quelle[47] raison il y a.[235]*

T. Il semble que Cornelius Tacitus prenne pour un grand et legitime prejudice la condamnation de Pilate contre Jesus Christ, comme s'il avoit esté meschant et autheur de quelque grand mal à cause qu'il a esté condamné par un juge publique, voire constitué en l'office par l'empereur romain.

D. Tu peux cognoistre quelle raison il y a en cela. Car s'il faut tenir pour meschans tous ceux qui ont esté condamnez et mis à mort par la sentence des rois et des princes et des magistrats et des juges publiques, combien y aura il d'hommes innocens et de saincts personnages qu'il faudra tenir pour tels? Et sans alleguer les exemples de prophetes et des apostres et des martyrs qui ont esté condamnez et mis à mort par la sentence de tels juges, je mettray en avant contre Tacitus les exemples de ceux, lesquels luy-mesme a tenus pour grans et excellens et fort vertueux personnages entre les payens, lesquels neantmoine ont esté occis par la sentence et le mandement des tyrans et des magistrats et juges publiques. Nous avons entre les autres Socrates, Phocyon, Cicero, Rutilius, et puis Helvidius, Thrasea[48] et Seneque, lesquels Tacitus loue en son histoire comme des dieux. J'en laisse un nombre infini d'autres semblables qui ont esté injustement condamnez entre les payens mesmes. Si quelcun eust dit à Tacitus que Socrates avoit esté meschant homme pource qu'il avoit esté condamné par les Atheniens par jugement publique, et Seneque semblablement, pource que l'empereur Neron l'avoit fait mourir, il n'eust pas trové ces raisons suffisantes. C'est la semblable [236] des autres desquels j'ay fait mention. Car en tel affaire il ne faut pas seulement regarder aux accusations et à la condamnation, amis aussi aux accusateurs et aux juges qui ont donné la sentence, et aux personnes accusees et condamnees.

T. Il est tout certain que s'il suffit d'accuser[49] et de condamner suyvant les accusations sans les averer et se bien informer de la cause, et sans considerer de pres qui sont les accusateurs et les juges, et les accusez et condamnez, il se trouvera bien peu de personnes innocentes, principalement là où les meschans ont authorité et puissance. Ce neantmoins la plus grand part des hommes juge ainsi de ceux qui font aujourd'huy profession de l'Evangile. Car il leur suffit qu'ils soyent condamnez pour heretiques et schismatiques par l'authorité des prelats de l'Eglise romaine et par les magistrats lesquels ils ont à leur devotion. Ce prejudice leur suffit, soit la condemnation juste ou injuste, ils n'en veulent pas sçavoir d'avantage.

De l'approbation de la bonne cause des Chrestiens par la meschanceté de leurs juges et persecuteurs.

D. Mais Dieu fait souvent cest honneur et ceste grace à ses serviteurs qu'entre les magistrats et les juges qui les condamnent et les persecuteurs qui les persecutent, il y en a qui sont tant cruels et horribles tyrans et tant meschans et execerables, selon l'opinion et le jugement de tous, que la seule reputation que les hommes en ont peut ser[237]vir de suffisant tesmoignage pour l'approbation de l'innocence de ceux qui sont condamnez par eux. Et pource Tertullien, parlant de la persecution de Neron contre les Chrestiens,[50] prend pour une grande gloire d'iceux et pour une grande confirmation de leur doctrine et innocence qu'ils ayent esté persecutez par un tyran tant meschant et tant cruel et tant detestable qui n'a pas espargné son propre sang mesmes, non pas sa propre mere, qu'il n'ait tout pollué tant par incestes que par meurtres. A raison dequoy ce mesme autheur dit qu'un chacun peut facilement juger que rien n'a peu estre condamné par un tel monstre qui n'ait esté un fort grand bien. Car c'est chose certaine que comme rien ne luy a pleu que le mal, ainsi rien ne luy a plus despleu que le bien, tellement que la vilenie et meschanceté du juge peut suffire pour la justification et approbation de la cause condamnee et des personnes persecutees par luy. Nous pouvons dire le semblable des autres empereurs qui ont jadis persecuté les Chrestiens, et nommement de Domitien, Decius, Maximin, Maxence, Maximien et Diocletien,[51] et de leurs ministres et officiers. Car n'ont pas esté tous ceux cy fort vertueux et saincts personnages? Ils ont eu tel soin de la religion que les payens mesmes confessent qu'ils ont esté grans contempteurs des dieux, et qu'envers les hommes, ils ont esté trescruelles et horribles bestes et ennemis de toute honnesteté et de toute vertu, de sorte qu'on peut prendre pour tres-evident argument que toute chose a esté bonne qui leur a despleu. Et ces tyrans avoyent les gouverneurs des [238] provinces et les magistrats et leurs officiers et ministres semblables à eux.

T. Cela advient ordinairement, selon le proverbe commun qui dit "Tel le maistre, tel le valet."

Des diverses causes qui ont incité les officiers et ministres des tyrans à persecuter les Chrestiens.

D. Et par ainsi les uns, pourautant qu'ils estoyent de nature cruelle, prenoyent plaisir à tormenter cruellement les martyrs pour paistre leur cruauté par les tormens d'iceux. Les autres le faisoyent par ambition, pour plaire à leur prince et au commun populaire, à fin que par ce moyen ils parvinsent encore à plus grans honneurs et dignitez et qu'ils eussent la louange du peuple comme bons et loyaux serviteurs de leur prince et diligens et fideles executeurs de leurs mandemens et edits, et comme protecteurs de la religion. En quoy ils se monstrent autant bons valets de leurs princes que Pilate et tels flateurs qu'Herodes Agrippa. Car Josephe tesmoigne de Pilate qu'il a esté si prompt à executer toute chose meschante que jamais l'execution d'aucune ne luy a esté commandee qu'il ne l'ait prestement executee, tant meschante et enorme qu'elle ait peu estre. Et quant à Herodes, voyant le plaisir que le peuple infidele de Jerusalem avoit pris à la mort de sainct Jaques, lequel il avoit fait [239] decapiter, il fit encore emprisonner sainct Pierre pour paistre les yeux de ce cruel peuple par la mort de ce bon serviteur de Dieu.

T. Ces bons valets qui sont tant diligens à executer les meschans edits et mandemens de leurs seigneurs ont ordinairement de coustume d'estre autant negligens et desloyaux à leur obeir en choses bonnes qu'ils sont diligens et fideles à leur obeir en choses mauvaises, et esquelles ils ne leur doyvent point d'obeissance selon Dieu, auquel il faut tousjours plus obeir qu'aux hommes.

D. Il ne peut estre autrement. Car pourquoy est-ce qu'ils sont tant prompts à executer ce qui est mauvais et contre Dieu, sinon pource que le mal leur agree et qu'ils prennent plus de plaisir à deshonnorer Dieu qu'à l'honnorer? Parquoy il faut necessairement qu'ils haissent autant vertu qu'ils aiment vice et qu'ils prennent autant de desplaisir à honnorer dieu et le voir honnorer comme il le requiert qu'ils prennent de plaisir à le deshonnorer et le voir deshonnoré. Mais revenons à la diversité des persecuteurs des Chrestiens et des causes qui les ont induits à persecuter. Il y en a eu des autres qui le faisoyent par avarice, tant pour avoir les confiscations de ceux qui estoyent persecutez et executez, que pour avoir, sous telle couleur, meilleur moyen de piller et ravir les biens des povres fideles en toutes manieres. Il y en avoit des autres qui le faisoyent par haine de la religion, à cause qu'elle estoit fort contraire à leur mauvaise nature et mauvaises moeurs; et des autres qui par ce moyen vouloyent combattre par violence et crauté la foy, constance et [240] patience des martyrs, et experimenter qui seroyent plustost vaincus et plustost las, ou les martyrs de souffrir ou les persecuteurs de persecuter.

T. Nous avons bien experimenté toutes ces choses, et les experimentons encores tous les jours és persecutions de nostre temps. Et par cela on peut facilement juger que les persecuteurs de nostre temps ont esté menez du mesme esprit qui a poussé les anciens persecuteurs à persecution.

Des causes qui en tous temps de persectuion ont induit ceux qui ont escrit histoires et livres de ne faire mention des Chrestiens sans les blasonner.

D. Quand il a esté question des vertueux et excellens personnages payens qui ont esté condamnez et mis à mort injustement par les tyrans et les juges iniques, les hommes sçavans et de bon entendement et jugement qui ont esté entre eux ont bien sçeu considerer toutes ces choses. Mais quand il a esté question de Jesus Christ et des Chrestiens, elles ne leur sont point venues en consideration à cause qu'ils se sont voulu aveugler eux-mesmes. Tu as ouy le tesmoignage que Tacitus [52] a rendu des Chrestiens en parlant de la persecution de Neron contre iceux. Et quand Suetone [53] en a aussi fait mention, il a appelé leur religion "superstition nouvelle et malefique." Et qui a induit ces sçavans personnages à en parler ainsi? Car ils n'avoyent jamais rien leu de la doctrine ne cognu de la cause laquelle ils condamnoyent tant temerairement, ains en escrivoyent et parloyent suyvans [241] l'opinion et le bruit du commun populaire. En quoy ils ont monstré combien ils estoyent sages et dignes d'escrire histoires de telle matiere. Mais ce n'est pas de merveille s'ils en ont ainsi besogné, veu qu'il appert assez que tout leur soin et la fin de leur estude a plus esté de polir leur langue que leur esprit, et qu'ils ont esté plus songneux de bien dire pour se faire vouloir au monde que de bien faire et bien vivre à cause qu'ils ont cerché leur propre gloire et non pas la gloire de Dieu. Et d'autrepart, il y a eu encore une autre cause qui a donné occasion à ceux qui pour lors escrivoyent histoires ou autres livres de ne point faire mention des Chrestiens sans les diffamer et leur donner quelque note, s'ils n'estoyent Chrestiens eux mesmes. Car la haine tant des rois et princes que des communs peuples estoit tellement enflammee contre la vraye religion, laquelle ils tenoyent pour superstition nouvelle et mauvaise et pernicieuse et malefique, que quiconque faisoit mention d'icelle avec quelque moderation et modestie estoit incontinent tiré en souspeçon, comme s'il eust favorisé à la religion de laquelle il ne mesdisoit pas par grans outrages. A celle fin donc que ceux qui escrivoyent livres en ce temps-là se delivrassent de telle souspeçon et calomnie, ils ne faisoyent jamais mention des Chrestiens qu'ils ne les nommassent de noms outrageux et infames. Il y en avoit aussi qui le faisoyent pour les mesmes causes que les persecuteurs ont persecuté l'Eglise chrestienne. Et par ainsi les uns le faisoyent pour la crainte qu'ils avoyent des tyrans et des ennemis [242] des Chrestiens, et les autres par flatterie, et les autres par certain malice.

T. Nous voyons aujord'huy tout le semblable au regard de la doctrine et religion condamnee par les prelats romains et leurs adherans tant princes que peuples. Car il y en a plusieurs qui n'en osent faire mention sans leur donner quelque titre injurieux et diffamatoire afin qu'ils donnent à entendre par ce moyen qu'ils sont bien eslongnez de telle opinion et secte. Les autres qui sont vrais Balahamites le font comme Balaham [54] qui, contre sa propre conscience, alla maudire le peuple d'Israel, [55] lequel il sçavoit estre benit de Dieu, et ce fut pour complaire à Balac [56] le roy des Moabites et pour les honneurs et richesses qu'il en attendoit.

D. Il y a un nombre infiny de tels Balahamites au jourd'huy au monde.

Des vengeances de Dieu qui ont accompagné et suivy la persecution suscitee par Neron, et de la mort de ce tyran et du jugement de Dieu sur luy.

T. Puis que nous sommes tombés sur ce propos à l'occasion du tesmoignage que Tacitus a rendu de la persecution de Neron contre les Chrestiens, dy moy maintenant si Dieu en a point fait de vengeance comme des autres tyrans et persecuteurs desquels nous avons desja fait mention.

D. L'empereur Claude, auquel Neron a succedé, a esté empoisonné par luy afin qu'il parvinst à l'Empire,[57] et Agrippine, femme de Claude, donna la poison. Mais Neron n'en est pas passé à si bon compte. Car Dieu en a fait la vengeance bien tost apres par un [243] horrible jugement, et en maintes sortes. Car il s'ensuyvit une peste à Rome qui emporta plus de trente mille hommes. [58] Et puis l'armee des Romains fut desfaite en Angleterre et les provinces se revolterent en Armenie et les legions romaines furent mises sous le joug avec infamie publique. Finalement le tyran sentit aussi la main de Dieu sur sa propre personne. Car le Senat romain, par le consentement des principaux capitaines et des principales armees, ordonna non seulement que le tyran fust deposé, mais aussi qu'il fust ignominieusement mis à mort, et eleut un autre empereur.[59] Neron l'ayant entendu et se voyant abandonné de tous se cuida sauver par fuite, en laquelle il y eut un grand tremblement de terre auquel il luy sembla qu'elle s'ouvroit pour l'engloutir et que ceux qu'il avoit fait mourir s'eslevoyent contre luy et le poursuyvoyent. Et quand il entendit que ceux qu'il avoit fait mourir s'eslevoyent contre luy et le poursuyvoyent. Et quand il entendit que ceux que le Senat avoit envoyé pour le tuer approchoyent de luy, il se transperça de son propre glaive et fut bourreau de soymesme. Il seroit long à raconter ce que Suetone a escrit des frayeurs et angoisses qu'il a eu, et de ses diverses deliberations et de ses fremissemens et de son desespoir, et des autres choses qu'il fit et devant sa mort et en icelle. Brief, c'est un exemple fort horrible du jugement de Dieu sur luy, lequel bongré maugré qu'il en eust, il fut contraint de recognoistre. Car la sentence du Senat portoit qu'il seroit mené nud ouvertement devant tous, et qu'une faucille luy seroit mise au col et seroit battu de verges jusq'à-ce que mort s'en ensuyvist, et puis seroit jetté en bas du haut d'un [244] rocher. Et pource, voulant mourir et ne trouvant personne qui le voulust frapper, il se print à crier comme desperé: "Est-ce ainsi que je n'aye amy ny ennemy? J'ay vilainement vescu; que je meure encore plus villain-ement." Il s'est fait son procés soy-mesme et s'est condamné et puis a executé luy-mesme sa sentence par faute d'autre bourreau, excepté que Spore, ce vilain eunuque, luy aida à pousser l'espee, d'autant que la main luy trembloit. Voila la fin du premier empereur romain qui a persecuté les Chrestiens et l'Eglise de Jesus Christ et principalement à Rome.

T. Ce n'est pas de merveille si un tel monstre a fait telle fin, veu que Dieu l'a voulu mettre pour exemple de sa vengeance aux autres tyrans et persecuteurs qui l'ont suivy.

De la persecution d'Ananias Sadducien[60] contre S. Jaques et les autres Chrestiens, et de la mort d'iceluy.

D. Et du temps d'iceluy, S. Jaques fils d'Alphée[61] fut mis à mort en Jerusalem[62] par la cruauté d'Ananias, principal sacrificateur qui estoit jeune et Sadducien. Car combien qu'il n'estoit pas loisible aux Juifs de condamner personne à mort, toutesfois en l'absence du gouverneur romain l'authorité du principal sacrificateur estoit grande, principalement en ce temps là auquel Judee estoit toute pleine de seditions. Et pourtant que le Gouverneur Festus[63] estoit mort et qu'Albinus son successeur n'estoit pas encore venu en Jerusalem, Ananias print de là occasion d'inciter ceux de sa faction pour tuer S. Jaques et en fit encore mourir plusieurs au[245]tres qui estoyent accusez pour l'Evangile, voire mesme contre l'ordre des jugemens romains. Mais Dieu l'en punit puis apres par Manaimus qui le tua au commencement de la guerre des Juifs contre les Romains en laquelle Dieu vengea bien le sang de son Fils Jesus Christ et des Chrestiens qui avoyent esté persecutez et tuez par les Juifs. Car il ne les en punit pas seulement par les Romains, mais aussi par leurs seditions domestiques et guerres civiles.

De la persecution des Chrestiens sous Domitian[64] et de la mort d'iceluy, et de la diversité et qualité des ennemis des Chrestiens anciens.

T. J'ay entendu qu'il y a eu plusieurs fort grandes persecutions faites par les empereurs romains contre les Chrestiens.

D. Celle de Neron de laquelle j'ay desja parlé a esté la premiere, et puis la seconde a esté celle de Domitian qui a suivy la cruauté d'iceluy, plustost que l'humanité et vertu de Vespasian son pere et de Tite son frere.[65] Ce neantmoins il n'a pas encore esté tant cruel que Neron entant qu'il a revoqué ses edits contre les Chrestiens et a fait cesser la persecution apres qu'il a esté informé à la verité de l'estat de ceux qui estoyent encore vivans du parentage de Jesus Christ selon la chair. Car les ennemis de l'Evangile l'avoyent mis en telle crainte de ceux de la lignee de David et du parentage de Jesus Christ qu'Herode avoit esté auparavant à cause de Jesus Christ quand il entendit que le roy des Juifs estoit nay.[66] [246] Et comme Herode fit tuer les petits enfans de la contree de Bethlehem pour faire mourir Jesus Christ avec eux ainsi Domitian fit recercher ceux qu'on pourroit trouver et qui seroyent accusez d'estre de la race de David et du lignage de Jesus Christ pour les faire occir comme son pere Vespasian l'avoit desja fait auparavant, craignant que ils ne remuassent rien en l'Empire ne les Juifs à l'occasion d'iceux.[67] Mais apres que Domitian fut adverty et qu'il eut cogneu luy-mesme que ceux qui luy avoyent esté amenez sous ce titre estoyent bonnes simples gens et povres laboureurs de terre et qui ne parloyent que du royaume spirituel de Jesus Christ, il les laissa aller et fit cesser la persecution. Mais cependant il n'a non plus eschappé la main de Dieu à cause de sa cruauté et de ses malefices que Neron. Car il a esté occis par ses domestiques mesmes avec lesquels Domitia sa femme propre s'accorda, à cause qu'elle avoit trouvé le rolle de ceux qu'il avoit deliberé de faire mourir, auquel elle mesme estoit enrollee avec plusieurs autres des amis et des serviteurs et domestiques. L'histoire de sa mort n'est pas du tout si horrible que de celle de Neron, mais si est- elle fort memorable et nous est aussi un tesmoignage fort evident du jugement de Dieu contre les tyrans et principalement contre ceux qui s'attachent à luy, non seulement en persecutant son Eglise, mais aussi se voulans faire Dieu eux-mesmes comme cestui-cy. Car il a esté eslevé en tel orgueil qu'il a voulu estre appelé Dieu et Seigneur, comme il l'a aussi esté appelé par ses flateurs, et notamment par ce vilain poete [247] Martial[68] qui a ainsi escrit de luy "l'edict de nostre Seigneur et de nostre Dieu." Et pource le Dieu des dieux luy a voulu monstrer par sa mort quel Dieu il estoit, comme aussi à son predecesseur Caligula qui en avoit desja fait autant et s'estoit voulu faire adorer comme Dieu, lequel fut pareillement occis fort mal-heureusement.[69] Au reste, combien que Domitien de sa nature fust desja fort cruel, toutesfois les tumultes que les Juifs faisoyent pour lors luy donnerent encore grande occasion de persecuter tant cruellement les Chrestiens, à cause que comme les autres payens il tenoit les Juifs et les Chrestiens presque tout pour un, ne sachant pas la difference qui estoit entre eux à cause de la religion. Parquoy comme il faisoit partout tuer les Juifs tant qu'il pouvoit, ainsi en faisoit-il des Chrestiens qui pour lors avoyent un grand nombre d'ennemis et de beaucoup de sortes. Car ils avoyent les Juifs et les payens pour ennemis ouverts, et les heretiques pour ennemis domestiques, et les magiciens estoyent partie ennemie domestiques et partie estrangers.

Du respit que l'Eglise a eu des persecutions sous l'empire de Nerva,[70] et de la troizieme persecution contre icelle sous l'empire de Trajan,[71] et de la justice et humanite' d'iceluy.

T. Puis que nous avons parlé assez à plein de la persecution faite par Domitien et de la vengeance de Dieu sur luy, venons maintenant aux autres empereurs qui ont suivy son exemple comme il a [248] suivy celuy de Neron.

D. L'Empereur Nerva qui luy a succedé ne l'a pas suivy. Car non seulement il s'est abstenu de persecuter les Chrestiens,[72] mais qui plus est a fait cesser la cruauté de laquelle on usoit contre eux et par edict public il a fait semblablement casser beaucoup de decrets de Domitien qui estoyent iniques et cruels, et a voulu que les Chrestiens qui avoyent esté accusez de impieté contre les dieux fussent absous[73] et que les bannis fussent rappelez, et les biens rendus à ceux ausquels ils avoyent esté ostez. Eusebe rapporte ces choses au senat romain.[74] Mais tout revient en un. Car le senat n'eust point fait cela s'il n'eust eu un empereur favorable aux Chrestiens, lequel Dieu a suscité afin que sa povre Eglise eust comme quelque maniere de tresves pour reprendre un peu son haleine apres tant de grans combats qu'elle avoit soustenus si long temps pour rentrer bien tost puis apres en nouvelle et cruelle guerre.[75] Car Nerva sous lequel elle a eu ce respit, ayant esté eslevé à la dignité imperiale l'an de nostre Seigneur 99, ne regna qu'un an et quatre mois, auquel M. Ulpian Trajan[76] succeda,[77] lequel a esté le troisieme persecuteur des Chrestiens entre les empereurs romains.

T. Je suis bien plus esbahy de cestuy-cy que de ces cruelles bestes, Neron et Domitien. Car j'ay tousjours entendu qu'il a esté bon et louable prince et bien renommé à cause de sa justice et humanité, qui sont vertus fort contraires à persecution, en laquelle il n'y a que toute injustice et inhumanité.

D. Il a rendu un bon tesmoignage d'un naturel non mauvais quand quelquesfois, [249] ayant esleu un des princes de sa Cour pour estre son connestable ou prevost d'hostel, et luy donnant le glaive en la main, il luy dit: "Tu useras de ce glaive contre mes ennemis quand je te commanderay choses justes. Mais si tu cognois que je vienne à faire quelque mal, tu en useras contre moy."

T. Il a bien declaré par cela qu'il n'estoit pas semblable aux tyrans qui veulent avoir des serviteurs qui les servent de corps et d'ame, faisans tout ce qu'ils veulent et qu'ils leur commandent, tant iniques que leurs edicts et mandemens puissent estre.

Des causes qui ont esmeu l'empereur Trajan à persecuter les Chrestiens, et des boute-feux et harpyes qui sont ordinairement autour des princes et de leur mestier.

D. Combien que cest empereur fust de telle nature, toutesfois la persecution qui estoit de son temps a esté fort horrible et fort universelle par toutes les terres de l'empire romain, et de fort longue duree.

T. Qui en a esté la principale cause?

D. Il y en a eu beaucoup, comme de toutes les autres. Quant au regard de Trajan, la premiere a esté la fausse religion et les superstitions payennes esquelles il a esté nourry et instruit dés son enfance. La seconde, les affaires politiques et publiques esquels ceux qui ont les grans gouvernemens sont tellement enveloppez qu'ils ne leur donnent pas grand loisir de s'enquerir diligemment des choses appartenantes à la religion; adjoint aussi qu'ordinairement ils ne s'en soucient pas beaucoup et qu'ils preferent pres[250]que tousjours à icelle les affaires appartenans à leur estat, comme si celuy-la qui devroit tousjours estre le premier, par lequel ils devroyent commencer, ne leur appartenoit en rien ou leur importast bien peu. Et puis il y est la commune nature des hommes, de laquelle la plus grande prudence et sagesse et justice et vertu qui puisse estre en eux, est naturellement ennemie de Dieu.[78] Dont il advient le plus souvent que tant plus les hommes sont de grand esprit et aigu et tant plus ils sont eslongnez et adversaires des mysteres de Dieu à cause qu'ils ne peuvent estre compris par la raison humaine. Voila desja beaucoup de causes qui ont induit Trajan non seulement à mespriser et dedaigner, mais aussi à prendre en haine la religion chrestienne, d'autant qu'elle estoit contraire à la commune et publique religion de ses ancestres et à ses superstitions et idolatries. Et d'autrepart, combien, comme plusieurs historiens le tesmoignent, qu'il ne fust pas enclin de sa nature à espandre le sang et n'y prinst pas plaisir, toutesfois il ne s'est peu garder qu'il n'y ait eu beaucoup de cruauté adjointe à son humanité naturelle, à l'instigation des boute-feux qu'il avoit autour de soy, qui enflammoyent d'avantage en luy le dedain et la haine qu'il avoit desja conceu contre les Chrestiens pour les raisons que jay maintenant exposees. Car il avoit d'un costé pour soliciteurs les prestres payens,[79] et de l'autre ses gouverneurs et officiers, desquels plusieurs prenoyent argent des prestres des idoles pour mettre à mort les Chrestiens comme leurs ennemis. Et l'experience commune ne monstre [251] que trop combien les officiers et les ministres des roys et des princes sont prompts à leur donner tels conseils et à leur faire de tels services. Et pource ils ont tousjours eu des harpyes assez à l'entour d'eux qui, pour pourchasser leur bonne grace et pour avoir moyen de ravir les biens des Chrestiens sous telle couleur, ont plus tasché à enflammer les persecutions qu'à les esteindre. Car par le moyen d'icelles ils se faisoyent riches et pompeux et braves des despouilles d'iceux. Parquoy on les peut tenir à bon droit pour les vrais successeurs et heritiers des gendarmes et bourreaux qui eurent la despouille de Jesus Christ[80] apres qu'ils l'eurent crucifié et partirent ses vestemens entr'eux. Car ceux-ci font ce mesme mestier en crucifiant derechef tous les jours Jesus Christ en ses membres afin qu'ils en ayent la despouille.

T. Et quand ces harpyes et boute-feux veulent faire servir à leurs affections les rois et les princes, ils ont tousjours des raisons assez apparentes pour leur persuader ce à quoy ils pretendent.

Des crimes desquels Jesus Christ et tous les vrais serviteurs de Dieu ont tousjours esté chargez par leurs ennemis pour les rendre odieux à tous.

D. Nostre Seigneur Jesus Christ a esté accusé de deux fort grandes crimes, à sçavoir de blaspheme contre Dieu et la religion et de sedition et rebellion contre le prince.[81] Tous les prophetes qui ont esté devant luy ont esté accusez de mesmes crimes, et puis tous les apostres et les autres Chrestiens qui l'ont suyvi. Et pource, cependant que Trajan faisoit [252] la guerre en Orient, le senat romain fit publier une ordonnance contre les Chrestiens comme contre les ennemis des dieux immortels et de la religion romaine et de la republique. Car ce leur estoit chose trop importable que l'ancienne religion de leurs ancestres fust ainsi blasmee et renversee et qu'au lieu d'icelle une autre nouvelle fust receue. Et pour augmenter d'avantage la haine contre les Chrestiens, ils estoyent encore accusez qu'ils ne vouloyent faire honneur ne reverence ny offrir encensemens et sacrifices aux images et statues des empereurs, lequel refus estoit reputé entre les nations idolatres crime de rebellion publique et de lese majesté. Et puis que les Chrestiens estoyent tenus comme ennemis communs et publiques tant des dieux que des hommes et des empires et royaumes et principautez, tant plus leur religion croissoit et tant plus leurs ennemis prenoyent occasion de susciter des persecutions contr'eux. Car ils avoyent belle couleur pour leur donner lustre, mettans en avant les inconveniens qui pourroyent advenir à l'empire si de bonne heure on ne prevenoit le dangier.

Des causes qui rendent suspects aux princes les accroissemens du peuple de Dieu, et du jugement d'iceluy sur eux en cela.

T. Ils ont donc suyvi l'exemple de Pharao et des Egyptiens,[82] qui sans juste occasion craignoyent la multiplication des enfans d'Israel en leur terre et l'accroissement de leurs biens et chevances. A cause dequoy ils prindrent la deliberation de les trait[253]ter rudement et cruellement, comme ils ont fait. Mais ce n'a pas esté finalement au profit des Egyptiens, et si n'ont peu par toute leur tyrannie et toutes leurs malicieuses inventions empescher la vertu de la benediction de Dieu sur son peuple.

D. Le semblable est advenu au peuple Chrestien et à ses ennemis. Et cela a esté cause comme Sabellique le tesmoigne,[83] que la grande multitude des Chrestiens a esté plus suspecte à l'empereur Trajan et l'a fait plus craindre que la religion. Car toute nouveauté est suspecte aux princes et, craignans que leur puissance ne leur soit du tout ostee ou pour le moins diminuee, ils sont souventesfois en grand esmoy sans aucune juste cause et necessité, et craignent le plus là où ils ont moins d'occasion de craindre et principalement quand il est question de la vraye religion.

T. Je ne doute point aussi que Dieu ne les mette en tel torment d'esprit pour les punir, partie pour leur tyrannie et partie pour la negligence et nonchalance qui est en eux de s'enquerir de la cause de la religion pour en avoir vraye cognoissance et des gens ausquelles ils ont à faire. Car, s'ils s'en vouloyent enquerir, ils se mettroyent hors des souspeçons et craintes qu'ils ont sans juste occasion, esquelles les ennemis de la vraye religion qui sont à l'entour d'eux taschent à les entretenir et confermer tant qu'ils peuvent afin qu'ils soyent plus faciles à esmouvoir à persecuter les fideles.

Des raisons qui ont induit Pline à s'enquerir de [254] la cause des Chrestiens et du tesmoignage qu'il leur a rendu.

D. L'exemple de Pline second,[84] homme de grand sçavoir et fort sage mondain, nous peut servir pour confirmation de ce que tu dis. Car luy estant proconsul de Bithynie,[85] il avoit esté ordonné entre les autres juges pour persecuter les Chrestiens.[86] Cestuy-ci voyant le grand nombre d'iceux qui estoyent journellement occis, et leur foy, ardeur, constance et perseverance, et le mespris de la mort, s'en ebahissoit fort. Parquoy il fut induit à penser quel moyen on pourroit trouver pour moderer et appaiser celle persecution tant barbare et tant cruelle. Car il avoit d'un costé regard à son office et à l'ordre de justice, lequel estoit totalement violé et renversé en ces procedures tant barbares et iniques. Et d'autrepart il avoit aussi sa conscience qui le remordoit, voyant telles cruautez. Et pource, il se voulut informer diligemment de toute la cause et de la maniere de faire des Chrestiens, et y mit toute la diligence qu'il peut pour en tirer quelque chose de certain. Et apres toute inquisition, voici le rapport qu'il en fait à l'empereur: "On affermoit,' dit-il, "que c'estoit-ci la somme ou de leur coulpe ou de leur erreur,[87] qu'ils avoyent certain jour ordonné auquel ils s'assembloyent devant jour et chantoyent un cantique ou pseaume à Christ tous ensemble, comme à Dieu, et de leur bon gré s'obligeoyent par serment, non point pour commettre quelque forfait, mais à ce qu'ils ne commissent aucuns larrecins [255] ne brigandage ny adulteres, qu'ils ne rompissent la foy promise et ne niassent point ce qu'il leur avoit esté donné en garde. Et cela fait, ils avoyent accoustumé de s'en aller et puis s'assembloyent derechef pour prendre leur refection en commun, et cependant sans mal faire."

Du jugement que Pline a fait des Chrestiens et comment en les condamnant il les a absous et s'est condamné soy-mesme.

T. Voila un rapport et tesmoignage de leur juge, et de leur ennemi qui les absout.

D. C'est un tesmoignage par lequel il s'est condamné soy-mesme. Car il a confessé auparavant qu'il a interrogué ceux qui ont esté accusez devant luy comme Chrestiens, s'ils estoyent Chrestiens ou non, les menaçant de leur donner la question, et qu'il a ordonné que ceux qui persevereroyent fussent menez au supplice. Et quel crime allegue-il cependant digne de telle punition? Il ne peut mettre en avent autre raison sinon qu'il dit: "Je ne doutoye point, quoy que fust-ce qu'ils confessoyent, qu'on ne deust punir une telle contumacité et obstination endurcie," laquelle il appelle tantost apres folie insensee. Et apres qu'il a fait le rapport que tu as tantost ouy, il dit pour son avis qu'il n'a trouvé autre chose en eux qu'une perverse superstition.

T. Si cestuy-cy, qui a esté si savant et si sage mondain, et homme civilement bon et juste comme Trajan, et qui s'est voulu informer comme juge de la cause des Chrestiens, donne de tels titres à leur religion, [256] voire mesme apres avoir cognu leur innocence, et s'il les a ainsi fait mourir à credit, comme il le tesmoigne luy-mesme, seulement comme opinastres et obstinez, sans pouvoir neantmoins monstrer par bonne raison que leur opinion fust mauvaise, nous ne devons pas estre esbahis si Suetone et Tacitus et autres semblables, qui n'ont rien cognu de leur cause que par le bruit commun, en ont escrit tant temerairement.

*Des diverses causes qui ont esmeu les anciens ennemis de la religion
chrestienne à la persecuter.*

D. Mais considerons maintenant qui leur a donné occasion de les blasmer
ainsi. Oyons les crimes desquels on les a peu charger. Que les acteurs et les
accusateurs viennent en avant et que les juges soyent assis pour les ouir. Il y a
eu des acteurs et des accusateurs assez, et beaucoup de crimes selon la nature,
et les affections des hommes ausquels ils ont eu à faire. Les philosophes ont
esté marris de ce que la doctrine chrestienne contrevenoit à la leur et à leurs
principes et que, laissant l'inquisition de nature à part, elle eslevoit les
entendemens des hommes plus haut que leur philosophie. Et pource S. Paul a
esté moqué en Athenes par les Stoïciens et les Epicuriens, quand il a fait
mention de la resurrection des morts. [88] Mais il n'y avoit rien qui les faschast
plus que ce qu'ils voyoyent qu'ils seroyent en moindre reputation entre les
hommes qu'ils n'avoyent esté, veu qu'il en estoit venu [257] des autres qui
apportoyent meilleur doctrine et que leurs tenebres estoyent descouvertes par
la clere lumiere de l'Evangile. Les prelats et les prestres des dieux estranges et
des idoles estoyent semblablement marris de ce qu'il voyoyent tomber leur
authorité et leurs honneurs et richesses avec leurs dieux et leurs idoles. Et
quant aux rois et aux princes, ce leur estoit chose odieuse d'ouir parler d'une
puissance plus grande que la leur et d'entendre qu'on enseignoit qu'il y en
avoit un autre plus grand, à sçavoir Dieu eternel auquel il faloit plustost obeir
qu'à eux. Car combien qu'ils avoyent quelque opinion de leurs dieux,
toutesfois ils en tenoyent bien peu de conte. Et[89] les flatteurs qu'ils avoyent
autour d'eux les faisoyent dieux eux-mesmes, ne desirans sinon leur
complaire en toutes choses, voire plus qu'à tous leurs dieux. Mais ils n'ont pas
trouvé les Chrestiens tels, lesquels aimoyent mieux mourir que desobeir
plustost à Dieu qu'aux hommes, tant grans princes fussent-ils. Et ce n'est pas
de merveille si tel orgueil s'est trouvé entre les empereurs et rois et princes
payens, veu qu'on en voit bien encore au jourd'huy un pareil en plusieurs
princes ausquels il semble qu'on leur fait tort et injure et qu'on ne recognoisse
pas assez leur puissance et authorité quand on leur donne à entendre qu'il y a
un autre roy et prince plus grand qu'eux, à sçavoir Dieu qui est par dessus eux
et qui est tout puissant, auquel ils ont à rendre conte, et qu'eux sont hommes
mortels comme les autres. En apres, les parens estoyent indignez [258] quand
ils voyoyent leurs enfans et ceux de leur parenté courir à ce povre Jesus Christ
tout nud et tant vil et abjet selon la raison humaine, comme à une tresasseuree
retraite et franchise et sauvegarde, et qu'ils ne tenoyent conte ne de
l'excellence de leur parentage ne de la noblesse charnelle ne des heritages de
leurs parens ne des riches marriages ne des honneurs mondains ne d'autres

telles choses, lesquelles les hommes charnels ont en grande estime, ains les avoyent en mespris et dedain. Par le semblable, les orgueilleux et les glorieux estoyent fort offensez de voir comme foulez aux pieds l'orgueil, et les honneurs et la gloire du monde. Et les riches voyans la grandeur et les richesses mesprisees, n'y prenoyent pas plaisir. Les voluptueux pareillement n'estoyent pas joyeux qu'on les privast de leurs voluptez et delices charnelles, ne tous les vicieux qu'on reprinst leurs vices. Et quant aux artisans et tous autres qui faisoyent gain par mestiers deshonnestes et mauvaises pratiques, ils trouvoyent semblablement fort mauvais que leur gain fust empesché par la predication de la pure parole de Dieu,[90] comme on en peut juger par le fait des maistres de la Pythonesse de la ville de Philippes[91] et par la sedition esmeue en Ephese par la practique de Demetrius l'orfevre.[92]

T. Il n'y a point de doute que selon que la doctrine chrestienne repugnoit aux affections d'un chacun, un chacun prenoit aussi occasion d'icelles de la combattre et persecuter. [259]

> *De la principale couleur que les payens ont pris pour persecuter la religion chrestienne, et quel soin ils ont eu de la religion, et de la convenance des faux Chrestiens avec iceux.*

D. Ce neantmoins tous prenoyent pour couleur commune le mespris des dieux immortels et la violtion des religions d'un chacun païs.

T. Ceste couleur estoit de belle apparence envers tous pour couvrir leur malice et leurs mauvaises affections. Car de quel autre crime pouvoyent-ils accuser les Chrestiens sinon qu'ils ne vouloyent pas tenir pour dieux les hommes morts comme Jupiter et autres semblables, lesquels les payens tenoyent pour tels?

D. Ils ont bien esté chargez d'autres crimes fort execrables, lesquels leurs ennemis ont feint par grande fureur et rage et en ont escrit des livres diffamatoires, lesquels ils faisoyent apprendre par coeur aux enfans et en ont composé des chansons, lesquelles on chantoit publiquement. Mais, pourautant que c'estoyent faux crimes et controuvez, tous ces faux bruits s'en sont finalement allez en fumée à la confusion de ceux qui les ont semez. Et quant au crime qui sembloit avoir plus d'apparence, d'autant qu'ils estoyent accusez de contrevenir aux religions anciennes receues et approuvées par leurs predecesseurs, ils ont bien monstré par effect si cela estoit la principale cause qui les esmouvoit à les persecuter. Car s'ils estimoyent ce crime si grand, pour quoy laissoyent-ils impunis leurs philosophes? Car non seulement ils se moquoyent de toutes ces [260] vieilles manieres de religions et les condamnoyent, mais aussi plusieurs d'entre eux ne croyoyent point qu'il y eust mesme aucun Dieu et nioyent l'immortalité des ames et la providence divine envers les hommes.

T. Cela estoit bien plus que condamner les anciennes religions des payens qui n'estoyent que superstitions et idolatries. Car non seulement les fausses religions introduites par l'erreur de l'ignorance humaine sont abolies par tels personnages, mais aussi toute vraye religion est renversee de fond en fond. Ce neantmoins ceux qui tenoyent disputation de telles choses et les affermoyent, voire publiquement, non seulement estoyent tenus pour grans personnages et estoyent grandement honnorez par les principales villes et cités, mais aussi leurs livres estoyent en grande estime et couroyent par les mains de tous.

T. Nous pouvons bien dire le semblable de ce que nous voyons de nostre temps. Car il n'y a crimes tant execrables desquels les ennemis de l'Evangile n'osent bien accuser ceux qui en font profession. En quoy ils se monstrent tant effrontez menteurs et tant vilains calomniateurs qu'ils justifient par leur mensonges tant evidens et par leur calomnies tant impudentes ceux lesquels ils blasment. Et tant qu'il touche au zele de la religion, un chacun voit quel il est en ceux qui sont les plus grans et plus cruels persecuteurs et quelles inquisitions ils font faire des epicuriens et des atheistes et des blasphemateurs qui despitent et Dieu et la Vierge Marie, et tous les saincts et sainctes [261] et toute religion et de toutes autres personnes vicieuses, tant execrables que soyent leur vie et leurs moeurs. En quoy ils monstrent evidemment de quel esprit ils sont menez et quelle affection ils portent et à Dieu et à verité, et à justice et à toute vertu.

De la moderation des edits et de la persecution contre les Chrestiens et des moyens par lesquels la persecution a este' entretenue.

D. Puis que les payens trouvoyent tant estrange que les Chrestiens reprinsent et condamnassent leurs religions anciennes, ils devoyent pour le moins s'enquerir et prendre peine d'entendre quelle autre religion ils mettoyent en avant, et puis les conferer les unes avec les autres et en faire jugement apres en avoir eu bonne cognoissance. Mais il n'y a point eu de telle honnesteté et equité, ains aux cris du commun populaire ils ont esté condamnez à cause qu'ils estoyent haïs des meschans ausquels ils faisoyent la guerre par la parole de Dieu afin que par les inimitiez de ceux-cy ils amenassent les hommes à l'amitié de Dieu. Mais les hommes n'ont sçeu cela cognoistre. Et pourtant, combien que Pline ait donné conseil à l'Empereur Trajan de faire cesser les cruelles persecutions qui se faisoyent par son empire suyvant ses edicts, pour essayer si par douceur on pourroit plus facilement gagner les Chrestiens et les retirer de [262] leur religion, toutesfois elles n'ont pas esté tellement appaisees que les povres Chrestiens n'ayent tousjours eu beaucoup à souffrir. Car l'empereur ne defendit pas du tout qu'ils ne fussent plus persecutez, ains seulement de n'en faire plus d'informations et de recerches. Mais si on les accusoit qu'il les falloit punir, à telle condition neantmoins que ceux qui se dediroyent et feroyent amende honorable devant les dieux obtinssent pardon. Parquoy ce n'est pas sans bonne raison que Tertullian a dit de celle sentence de l'empereur:[93] "O sentence confuse par necessité, laquelle ordonne qu'on ne face enqueste comme contre gens innocens et cependant commande qu'on les punisse comme coulpables." Voila comment la prudence humaine se confond en soy-mesme. Combien donc que la persecution manifeste et plus cruelle fust aucunement appaisee par l'edict du prince, toutesfois les meschans avoyent tousjours grande license de mal faire contre les povres innocens. Car il estoit facile de suborner des accusateurs contre un homme chrestien, d'autant que les gouverneurs des provinces et leurs officiers, et autres meschans personnages ennemis de l'Evangile, qui estoyent desja tout accoustumez à la proye et acharnez à la chair des innocens, avoyent leurs chiquaneries et leurs ruses et cautelles de justice et mille mauvaises practiques par lesquelles ils trouvoyent facilement le moyen d'en faire mettre à mort plusieurs pour tant petite occasion que ce fust.[263]

De l'espreuve des Chrestiens en la persecution sous Trajan, et en quelles manieres.

T. Les persecuteurs de nostre temps savent fort bien ceste leçon et la pratique d'icelle. Car selon qu'ils sont affectionnez et passionnez, ils observent et glosent les edicts des rois et des princes tousjours au desavantage des povres fidelles. Mais celle persecution qui a esté sous Trajan, a elle long-temps duré?

D. Environ quatorze ans. Mais elle ne fut pas du tout si aspre et furieuse au commencement que depuis qu'elle fut enflamee d'avantage.

T. Les Chrestiens ont eu en icelle une merveilleuse espreuve pour bien esprouver leur foy et leur constance et patience.

D. Ils ont esté tentez de deux tentations fort violentes: l'une du grand nombre de ceux qu'on a fait mourir durant ce temps-la et des excellens personnages qui ont esté entr'eux, et des cruels tormens desquels on les tormentoit; et l'autre, qui estoit la plus dangereuse, a esté au regard de ceux qui se dedisoyent et revoltoyent de la religion chrestienne et sacrifioyent aux dieux des payens, desquels le nombre n'a pas esté petit, comme nous en pouvons juger par le tesmoignage de Pline, lequel parlant de ceux qui se desdits et revoltez, tesmoigne quant et quant qu'il avoit entendu que ceux qui estoyent chrestiens à la verité ne pouvoyent jamais estre induits, pour quelque force ou violence qu'on leur fist, à se desdire et revolter et à renier et maudire Jesus Christ et sacrifier aux idoles. Mais ja[264]çoit que la povre Eglise fust ainsi assaillie de toutes pars, toutesfois tant s'en faut qu'elle ait esté pourtant destruite et ruynee, qu'au contraire elle en a tousjours esté augmentee et confermee d'avantage. Car au lieu de ceux qu'on avoit mis à mort ou qui s'estoyent revoltez, Dieu en suscitoit beaucoup d'autres de nouveau en leur lieu, adjoint aussi que plusieurs de ceux qui par infirmité avoyent defailli venoyent puis apres à repentance et se reconcilioyent avec l'Eglise.

Des punitions de Dieu qui sont advenues du temps de l'Empire de Trajan et de la maladie et mort d'iceluy.

T. Puis que nous avons parlé de celle tant longue et tant cruelle persecution qui a esté sous l'empire de Trajan, declare-moy maintenant si Dieu en a point aussi fait de vengeance exemplaire et manifeste comme des autres precedentes.

D. Comme Trajan a esté maintenant plus cruel et maintenant plus humain envers les Chrestiens, ainsi son empire a esté meslé de bonheurs et de malheurs. Car il n'a pas tousjours esté heureux en toutes ses guerres. Et durant son empire, Dieu a manifesté son ire par tous les elemens.[94] Car il y eut une inondation du Tybre à Rome, beaucoup plus grande que celle qui y avoit esté du temps de Nerva, par laquelle plusieurs maisons furent ruynees. Il y eut aussi de grans feux par lesquels la maison do[265]ree, laquelle avoit esté edifiee par Neron,[95] brusla à Rome, et la famine et la peste furent fort cruelles. Il y eut semblablement de grans et espouvantables tremblemens de terre par plusieurs provinces, par lesquels plusieurs villes furent renversees, notamment en Asie, Galatie[96] et Grece. Et quant à Trajan, Dion[97] recite qu'il eut finalement les membres retraits et tout le corps stupide et les sens hebetez. A raison de quoy il print souspeçon qu'il avoit esté empoisonné. Et depuis estant devenu hydropique et fort enflé, il mourut en cest estat. Nous lisons semblablement que plusieurs qui tenoyent les gouvernemens en ce temps-la moururent fort mal-heureusement.

De la persecution contre les Chrestiens sous l'empire d'Adrian et de la moderation d'icelle, et par quels moyens.

T. Quel empereur a succedé puis apres à Trajan?

D. Elie Adrian,[98] l'an de nostre Seigneur 120.

T. Cestuy-ci est-il aussi mis au rang des persecuteurs?

D. Tu as peu entendre par ce que nous avons dit de Trajan en quel estat cestuy-ci a peu trouver l'empire au regard des Chrestiens. Vray est qu'il n'y avoit point d'edicts publics par lesquels il fust commandé de les persecuter et destruire totalement. Mais cependant il estoit bien permis à ceux qui le faisoyent. A raison de quoy les meschans se donnoyent telle license qu'ils vouloyent et en de[266]mouroyent impunis. Parquoy ce n'est pas de merveille si la persecution qui n'avoit pas esté bien reprimee, mais plustost dissimulee du temps de Trajan, a repris nouvelle force en ce changement d'empereur, **du temps de Trajan, a repris nouvelle force en ce changement d'empereur,** **lequel a eu presque toutes les mesmes causes et occasions que Trajan pour** feux ont esté les flagorneurs, calomniateurs et faux rapporteurs qu estoyent autour des empereurs qui ne cessoyent d'accuser et blasmer les povres Chrestiens, crians que c'estoyent des pestes publiques et tresdommageables et tresdangereuses à l'empire romain. Et pource Adrian permit à un chacun d'exercer cruauté contr'eux sans aucune punition. Mais Dieu suscita en ce temps-la plusieurs bons et savans personnages qui prindrent la hardiesse de defendre et faire entendre par escrit la cause et l'innocence des Chrestiens à l'empereur, luy remonstrant que c'estoit chose fort inique de faire mourir les innocens, ains cruellement à la voix et au cri d'un mutin populaire[99] et les rendre coulpables seulement de nom et de secte, sans aucun crime. Et combien qu'Adrian fust payen, toutesfois il a bien voulu voir et ouir les remonstrances qui luy ont esté faites et un peu mieux cognoistre les affaires des Chrestiens qu'il n'avoit fait auparavant. A raison de quoy il fut depuis plus doux envers eux. Et pource il n'a point voulu qu'on ait plus procedé contr'eux par crieries et tumultes, ains par accusations et preuves judiciales seulement,[100] ne qu'il y eust personne qui eust [267] liberté de les condamner s'il n'y avoit objection et accusation certaine et probation de quelque crime civil et politique. Et si quelcun procedoit contr'eux, comme par forme de calomnie, il a commandé que tels personnages fussent corrigez et chastiez et que punition en fust faite à cause de leur malice.

T. Cest empereur est à louer en ce que d'un costé il a receu benignement les escrits qui luy ont esté presentez en la faveur des Chrestiens et qu'il n'a pas esté comme les tyrans qui ne veulent rien ouir ny entendre, et que d'autrepart il a reprimé une cruauté tant inique et tant barbare.

D. Aucuns historiens recitent[101] que bien tost apres qu'il eut fait publier cest edit en faveur des Chrestiens il revint à sa premiere tyrannie.[102] Quoy qu'en soit, il a esté touché de la main de Dieu fort asprement par plusieurs et diverses maladies, et nommement de flux de sang, avec si grande douleur que souventesfois il appeloit la mort et avoit mis en sa fantasie de se tuer soy-mesme. Et puis il devint phthisique et puis hydropique.

172

T. Voila trois maladies suffisantes pour le bien domter.

D. Mais ne recognoissant point que c'estoit la main de Dieu, il fut tellement vaincu d'impatience qu'il demanda du poison à son medecin pour se faire mourir. Et n'ayant peu cela obtenir, il demanda un cousteau, promettant de donner de l'argent à celuy qui luy en bailleroit un. Mais il ne peut cela impetrer d'aucun de ses domestiques. Finalement apres qu'il eut esté beaucoup tormenté par les medecins et les magiciens, il mourut fort miserablement, n'ayant membre sur soy qui ne fust [268] moulu et brisé de tormens. Voyla la fin de cest autre persecuteur. Il y eut aussi de grans tremblemens de terre sous son empire.

De la persecution sous l'empire d'Antonius Pius[103] et de la moderation d'icelle.

T. Et quel Empereur a succedé à cestuy-ci?

D. Antonius Pius l'an de nostre Seigneur 139. Combien que cestuy-ci ait esté debonnaire, et ait obtenu de grandes louanges à cause de ses vertus politiques, toutesfois du commencement de son empire les Chrestiens estoyent occis de toutes parts, non pas par ordonnance publique, mais par la rage de leurs ennemis[104] qui les avoyent rendus odieux à tous et par tout. Car les payens, au lieu de recognoistre le jugement de Dieu qui estoit sur eux à cause de leurs pechez enormes et principalement de leurs persecutions, imposoyent aux Chrestiens que toutes sortes de maux, pestes, famines, guerres, tremblemens de terre, et prodiges advenoyent à cause d'iceux qui estoyent comme les ordures du monde. Ils les accusoyent pareillement qu'ils commettoyent des paillardises fort deshonnestes et qu'ils tuoyent des petis enfans et mangeoyent la chair humaine.[105] Et d'autrepart, toutes les meschancetez commises par les heretiques leur estoyent imputees. A cause de quoy Antonin, estant incité par ces faux rapports, n'a pas esté fort benin et clement envers eux, notamment au commencement de son regne. Et pource toutes les barbaries et tyrannies qui auparavant avoyent [269] esté exercees contre les Chrestiens reprenoyent leur vigeur, tellement qu'ordre de justice quelconque n'estoit gardé en leur cause. Mais Antonin ayant ouy les remonstrances qui luy furent aussi faites par les bons et savans personnages qui en ce temps luy ont escrit pour la defense des Chrestiens, non seulement fit edict en la faveur d'iceux, mais aussi a fait en leur louange de belles remonstrances aux payens touchant leur cruauté et mauvaise vie;[106] et a commandé que ceux qui les accuseroyent, non pour autre cause que pour leur religion, non seulement fussent deboutez de leur accusation mais aussi punis. Et comme il a esté favorable aux Chrestiens, ainsi Dieu luy a fait la grace qu'il est mort paisiblement aagé de septante ans.

De la persecution sous l'empire d'Antonin le philosophe et des flambeaux d'icelle, et des practiques des persecuteurs.

T. L'empereur qui luy a succedé a-il suyvi son exemple?

D. C'a esté son frere M. Antonius Verus, surnommé philosophe à cause de son sçavoir et de l'affection qu'il avoit à l'estude de philosophie duquel il n'y a jamais eu affaire qui l'en ait peu distraire.

T. Puis qu'il a esté homme de bonnes lettres, cela me fait penser qu'il ait esté plus humain et plus juste en la cause des Chrestiens que les tyrans qui sont du tout ignorans et barbares.

Il n'y a point de doute que, veu les excellentes vertus politiques qui [270] estoyent en luy, il n'eust esté autant doux envers eux et leur religion que y[107] leur a esté rude et rigoureux, comme homme stoïque, tant à cause qu'il avoit esté nourri dés son enfance avec les prestres du dieu Mars, nommez Saliens, que pource qu'il a esté incité par les faux rapporteurs et boute-feux comme ses predecesseurs. A ceste cause il a fait publier des edits contre les Chrestiens, desquels les calomniateurs se faisans forts ont esté incitez à piller les biens des innocens par tout où ils en trouvoyent et à brigander en toute licence.[108] Et les gouverneurs estoyent coustumierement tant gens de bien qu'ils exerçoyent tousjours plus cruelle tyrannie contre les fideles que les empereurs mesmes, contre le gré desquels telles cruautez estoyent souvent exercees. Brief, jamais persecuteur ne defailloit par tout, pourveu qu'il semblast que les empereurs passassent cela par connivence. Et les autheurs des persecutions controuvoyent des blasmes et crimes enormes contre les Chrestiens, par lesquels, comme furies infernales, ils incitoyent les peuples qui autrement n'estoyent desja que trop cruels et enragez à l'encontre d'eux. Et s'ils ne pouvoyent trouver des faux tesmoins pour donner couleur à leurs fausses accusations, ils solicitoyent et contraignoyent par tortures et questions les serviteurs et chambrieres des Chrestiens pour leur faire confesser de leurs maistres et maistresses ou d'autres les crimes desquels on les chargeoit. Et toutes ces choses, comme l'Epistre des martyrs de la Gaule le tesmoigne,[109] ont esté principalement practi[271]quee à Lyon et à Vienne. Et par ce qui a esté fait en ces deux villes il est facile à juger que les autres Chrestiens qui estoyent tant és autres lieux de la Gaule qu'és autres provinces de l'empire romain n'ont pas esté plus gracieusement traittez.

De la revocation de la persecution faite sous l'empereur Antonin le Philosophe[110] et des edits d'iceluy faits en la faveur des Chrestiens, et des causes pourquoy, et de la legion chrestienne en son armee.

T. Ceste tant cruelle persecution et les edicts qui l'ont enflammee davantage n'ont-ils point depuis esté revoquez?

D. Non seulement ils ont esté revoquez, mais aussi par autres edicts faits et publiez en la faveur des Chrestiens, l'empereur non seulement a commandé qu'on les laissast vivre en la liberté de leurs consciences selon leur religion et defendu qu'on ne les accusast point à cause d'icelle, mais aussi a ordonné que celuy qui les accuseroit seulement pour telle cause fust mis à mort.

T. Qui a esté la cause principale d'un si grand changement?

D. Cela est advenu apres que l'empereur a cognu la vertu de la legion chrestienne[111] qu'il avoit en son armee contre les Allemans qui s'esleverent en ce temps-là contre luy. Car celle legion ne combattoit pas seulement par armes materielles, mais aussi par prieres. Car pour autant que les ennemis estoyent fort dangereux et qu'il y avoit si grande secheresse en l'armee que les soldats et les chevaux mouroyent de soif, celle legion ordonna prieres publiques pour demander de la [272] pluye à Dieu et bonne issue de la guerre, apres lesquelles il s'esleva une grand tempeste en laquelle Dieu envoya abondance de pluye à l'armee romaine et grandes foudres contre les ennemis. Dont la victoire demoura aux Romains à cause de laquelle l'empereur appella celle legion la legion foudroyante. Les historiens payens font bien mention de ceste pluye et victoire mais, partie par ignorance et partie par haine de la religion chrestienne, ils la rapportent plustost à l'art des magiciens et aux vertus et à la bonne vie de l'empereur Antonin qu'aux prieres et à la foy des Chrestiens.

Si les Chrestiens refusent de porter les armes pour leurs princes, et de la faveur de Dieu envers les princes favorables à son Eglise.

T. Cest exemple est bien contraire aux calomnies des ennemis de l'Evangile qui disent que ceux qui en font profession ne sont point propres au service des rois et des princes, et qu'ils font conscience et difficulté de porter les armes pour eux. Et mesme il y en a qui ne se veulent point servir de tels personnages, ains ayment mieux des renieurs de Dieu et des blasphemateurs horribles et execrables que ceux qui l'invoquent.

D. Comme Dieu approuve les justes guerres, ainsi les vrais Chrestiens ne font famais difficulté de porter les armes pour leurs princes en icelles ne de faire tout ce qui leur est commandé plus fidellement que nuls autres pourveu qu'il ne soit manifestement contraire à la parole de Dieu. Et si, pourautant qu'ils le craignent, ils ne veulent rien faire contre sa volonté. et luy veulent plus obeir qu'aux hommes, font-ils [273] en cela tort aux rois et aux princes ny à homme quelconque? Tu vois aussi d'autre part que Dieu favorise souventesfois grandement aux empires et royaumes et aux rois et princes quand ils donnent quelque faveur à son Eglise, comme nous en avons les exemples en Cyrus roy de Perse et en Constantin et en Theodose [112] et en autres semblables.

Des mal-heurs qui sont advenus au monde du temps de l'empire d'Antonin et des vertus d'iceluy.

T. Et l'empereur Antonin, n'a il point senti en son empire quelque jugement de Dieu à cause de ses persecutions?[113]

D. Il a trouvé tout l'empire fort troublé de guerres qui estoyent fort eschaufees par tout l'Orient et la Sclavonie et l'Italie et les Gaules. Il a aussi eu ces tumultes en Allemagne, desquels j'ay desja fait mention. Il y a eu pareillement des pestes fort frequentes et si estranges que par icelles aucunes villes et vilages d'Italie furent du tout vuidees d'habitans, de sorte qu'il n'y demeura personne. Et plusieurs villes furent ruinees par tremblemens de terre. Et les locustes firent de grans maux à tous les fruits d'icelle. Brief, il ne defaillit de son temps aucun des mal-heurs ne des verges violentes et aspres, lesquelles Dieu a accoustumé d'envoyer aux hommes quand il les veut toutes desployer et les punir en grande et extreme rigueur. Et pourautant qu'il estoit au reste fort bon prince et sage et juste et modeste, et sçavant et amateur des hommes sçavans et des bonnes lettres, plusieurs hommes sçavans et grands personnages chrestiens escrivirent en ce temps-là, tant à luy [274] qu'à son frere Lucius Verus,[114] lequel il constitua empereur avec soy, plusieurs apologies pour les Chrestiens par lesquelles ils leur ont remonstré quelle estoit la saincteté de la religion chrestienne et la vanité de la payenne. Quant à sa mort il fut saisy d'une apoplexie en laquelle il eut la bouche fermee par l'espace de trois jours tellement qu'il ne pouvoit parler et en mourut finalement.

T. Il a eu une fin assez douce au pris des autres persecuteurs qui ont eu la mort tant violente.

D. Il semble que Dieu l'ait voulu espargner, comme il a espargné les Chrestiens apres qu'il a eu meilleure cognoissance de leur cause.

De la persecution sous l'empereur Severe et des punitions qui l'ont suyvie, et de la mort d'iceluy.

T. Et depuis la mort de cest Antonin Philosophe, l'Eglise a elle eu quelque paix?

D. Son estat a esté moyennement paisible sous les empereurs Commodus et H. Pertinax et D. Julien, jusqu'à l'empire de S. Severe qui fut eleu empereur l'an de Nostre Seigneur 196.[115] Combien que cest empereur fust doué de fort belles vertus civiles, toutesfois il y a heu sous luy une fort horrible persecution contre les Chrestiens, et principalement en Alexandrie. Et ne faut douter qu'il n'ait plustost esté esmeu à persecution par les faux crimes qui estoyent à grand tort imposez aux Chrestiens[116] que de haine qu'il leur portast. Car Tertullian, qui estoit de son temps, tesmoigne de luy qu'il s'est monstré non seulement debonnaire envers les Chrestiens pour quel[275]que temps, mais aussi qu'il a resisté ouvertement à la rage du peuple contre eux. Mais il a eu comme les autres empereurs de tresmauvais gouverneurs sous luy, qui ont esté les boute-feux et executeurs de la persecution.

T. Luy et son empire ont ils point aussi esté visitez de Dieu comme les autres precedens?

D. Ils ont tous experimenté ce que dit S. Cyprian,[117] à sçavoir que jamais on ne s'est elevé par meschanceté contre les Chrestiens que tout incontinent la vengeance divine n'en soit ensuyvie. Et Tertullian fait mention de plusieurs sortes de punitions qui les ont ensuyvies[118] et d'aucuns jugemens de Dieu particuliers sur les persecuteurs. Et quant à Severe, il fut heureux au commencement de son regne; mais incontinent apres qu'il eut esmeu la persecution son bon heur commença quant et quant aussi à defalir, et fut distrait par divers dangers et par beaucoup de guerres civiles et continuelles. Et se voyant prochain de la mort, il dit, deplorant les miseres humaines, "j'ay tout esté, et ne me profite rien."[119] Il est mort aagé de septante ans. Et estant fort tormenté en tous les membres de son corps, et principalement és jambes et és pieds, tellement qu'il ne pouvoit endurer telles douleurs, il se voulut empoisonner soy- mesme pour se faire mourir afin qu'il en fust delivré. Mais voyant qu'on luy avoit osté la poison, il se voulut empoisonner d'une autre sorte et mangea tant qu'il se remplit tout l'estomac de tant de cruditez qu'il en fut estouffé et mourut. Au reste il avoit eu cela de bon qu'il n'avoit jamais voulu vendre office ne dignité.

T. Pleust à Dieu que tous les rois [276] et princes le suyvissent en cela plustost qu'és persecutions qu'il a faites contre les Chrestiens.

D. Cela leur seroit beaucoup plus profitable. Mais le naturel des hommes est de suyvre plustost les mauvais exemples que les bons.

De l'empereur Alexandre Severe[120] et de la faveur qu'il a donnée aux Chrestiens, et de la mort d'iceluy.

T. Et les autres empereurs qui ont succedé à Severe, comment se sont-ils portez envers l'Eglise?

D. Combien qu'il y en ait eu de fort cruels et fort vilains et execrables, toutesfois nous ne lisons point qu'ils ayent esmeu aucune persecution jusqu'à l'empire de Maximin[121] qui succeda l'an de nostre Seigneur 237 à l'empereur Alexandre Severe, lequel a esté bien different à Maximin. Car il a esté fort bon prince qui a monstré ouvertement qu'il n'estoit point contraire à la religion chrestienne.[122] Et mesme aucuns historiens afferment que sa mere Mamea a voulu ouïr Origene et qu'elle a esté chrestienne. Et pource, combien qu'Alexandre ne se soit point declaré Chrestien, toutesfois quand les Chrestiens ont eu affaire a luy en particulier, il s'est monstré plus humain envers eux qu'envers les autres. Et entre les autres choses qu'il a faites en leur faveur, il advint qu'ils avoyent saisi un certain lieu public pour y faire leurs devotions, et les cabaretiers debattoyent qu'il leur appartenoit. Alexandre estant adverti de cela, respondit que c'estoit chose beaucoup plus honneste que Dieu fust à [277] servy et honnoré en quelque sorte et par quelque religion que ce fust que permettre que le lieu fust souillé par les ordures et vilenies des charcutiers ou cabaretiers.

T. Il a esté en cela de bien contraire opinion à ceux qui sont si grans ennemis de l'Evangile qu'ils aimeroyent mieux voir les temples des fideles, esquels Dieu est servy et honnoré selon sa parole, convertis en des cabarets et en des bordeaux, que voir les cabarets et les bordeaux convertis en temples esquels la parole de Dieu fust purement preschee et ésquels il fust glorifié selon icelle, comme ils aiment mieux voir les hommes devenir epicuriens et atheistes que faire profession de l'Evangile et vivre chrestiennement.[123]

D. Il a eu encore ce bien d'avantage qu'il a fort honnoré les hommes sçavans et a constitué gages annuels aux professeurs des bonnes lettres et disciplines à Rome. Ce neantmoins il a pleu à Dieu que luy et sa mere ayent esté tuez en Allemagne par un tumulte militaire apres qu'il eut regné humainement treze ans.[124] Et peut estre que Dieu l'a ainsi voulu punir pource qu'il n'a pas pris mieux à coeur la cause de Jesus Christ, veu l'authorité imperiale qu'il avoit et la cognoissance de la bonne cause des Chrestiens. Car Dieu ne punit pas seulement les persecuteurs ouvers de son Eglise, mais aussi souventesfois les temporiseurs et dissimulateurs qui ne luy assistent pas comme ils le doyvent et peuvent faire.

De la persecution sous l'Empereur Maximin, et du jugement de Dieu sur luy.[278]

T. Puis donc que nous sommes venus à l'empire de Maximin, parlons de la persecution qui a esté de son temps.

D. Cestuy-cy avoit autresfois esté berger en Thrace, lequel a retenu le naturel barbare de sa nation et a esté fort cruel, non seulement contre les Chrestiens, mais aussi contre tous autres. Et quant aux Chrestiens, il esmeut la persecution[125] principalement contre les docteurs et ministres et les gouverneurs des eglises, estimant que quand ceux-cy seroyent depeschez, tout le reste demeureroit comme une armee sans chef et capitaine et comme un troupeau de brebis sans pasteur, et que par ce moyen le peuple seroit facilement destourné et distrait de la religion chrestienne.

T. Cela pourroit bien advenir si l'Eglise avoit pour chef des hommes mortels et non pas Jesus Christ, Fils de Dieu immortel, et si elle n'avoit point d'autres pasteurs et conducteurs qu'eux. Mais elle a un chef et un pasteur qui vit tousjours et[126] a toute puissance et au ciel et en la terre, et qui regne tousjours, voire mesme au milieu de ses ennemis.

D. Et pource il voit tousjours la fin d'iceux et en vient bien à bout. Mais luy et son royaume qui est son Eglise demeure eternellement. Parquoy les tyrans et les persecuteurs ont beau se rompre la teste s'eslevans contre iceluy.

T. Et qui a incité Maximin à ceste persecution?

D. Partie sa cruauté naturelle et partie la haine qu'il portoit à la maison de l'empereur Alexandre son predecesseur.

T. Il luy advint donc comme à ceux desquels nous [279] avons desja parlé par ci devant, qui pour haine et vengeance contre leurs ennemis s'attachent à la religion et à Dieu mesme. Mais ce tyran a-il long temps prosperé apres qu'il s'est eslevé contre l'Eglise de Dieu?

D. Comme il avoit esté creé empereur par les gensdarmes sans l'authorité du senat romain, ainsi le senat le jugea ennemi et en despit de luy il esleut d'autres empereurs en son vivant. A cause de quoy ses propres soldats se revolterent contre luy et,[127] l'ayans trouvé qu'il se reposoit en plein jour en sa tente, le tuerent par sedition et le mirent en pieces et puis en firent autant à son propre fils qui estoit encore jeune garson, lequel il avoit fait regner avec soy. Et les soldats crioyent à haute voix qu'il ne falloit pas seulement laisser vivre et reserver un petit chien d'une meschante race. Et ce proverbe et brocard couroit publiquement par leur bouche. Et mesme tous ses favoris et tous ses familiers et amis furent pris et tuez et trainez et jettez dedans les retraits.

T. Il est bien raisonnable que les flateurs et ravisseurs et boute-feux qui sont autour des tyrans sentent aussi leur part du jugement de Dieu qui tombe sur leurs maistres.

D. Cela advient souvent et principalement aux persecuteurs de l'Eglise.

De Philippe premier,[128] empereur chrestien, et de sa mort, et de la persecution sous l'empereur Decius[129] son successeur, et du jugement de Dieu sur luy.

T. Quel empereur a succedé à ce Maximin?

D. Gordian,[130] l'an de nostre Seigneur 240 lequel a [280] esté assez bon prince. A cause de quoy Philippe qui luy a succedé a acquis fort mauvais renom pourautant que Gordian fut tué frauduleusement par luy. Parquoy combien que les historiens tesmoignent que cest empereur Philippe a esté le premier des empereurs qui a fait ouvertement profession de la religion chrestienne, de sorte que luy et son fils Philippe et sa mere Severa ont esté baptisez,[131] toutesfois ce vilain meurtre a fort obscurci ses louanges. Et Decius qui luy succeda l'an de nostre Seigneur 252 fut le fleau par lequel la vengeance en fut faite. Car il tua et le pere et le fils. Et puis par haine d'iceux, il persecuta cruellement les Chrestiens. Et jaçoit qu'il ne regna que deux ans, toutesfois durant ce peu de temps il fit beaucoup respandre de sang et mourir plusieurs grans et excellens personnages, et de grande constance et vertu.[132] Mais Dieu en fit bien tost la vengeance par les Goths. Car en la guerre qu'il eut contr'eux, son fils fut tué en l'avant- garde. Et le pere, estant esmeu d'ire et de douleur, voulant marcher plus outre, fut plongé en un bourbier de telle sorte que son corps mesme ne peut jamais estre trouvé pour estre enseveli. Aucuns ont escrit que luy-mesme s'y est jetté afin qu'il ne tombast en la main de ses ennemis. Il y a des historiens qui le louent grandement et ne trouvent aucune chose à reprendre en luy sinon ce qu'il a persecuté les Chrestiens. Ceux-la mesme ont escrit qu'il fut fait empereur par les gensdarmes qui le contraignirent à accepter l'empire. Les autres disent qu'il se revolta contre l'empereur Philippe sous lequel il estoit capitaine et qu'il le fit pour hai[281]ne de la religion chrestienne de laquelle Philippe faisoit profession. Mais il est difficile de sçavoir pour vray quelle a esté sa chrestienté. Car il y a des historiens qui tesmoignent qu'il a esté fort disloyal et meschant et qu'il est parvenu à l'empire par mauvais moyens, comme je l'ay desja exposé. Car il estoit Arabe de fort basse condition.[133] Et pour ce, ils disent qu'il faisoit du Chrestien pour couvrir ses meschancetez par ce moyen. Nous lisons bien que Fabian,[134] l'evesque romain, ne le voulut pas recevoir à la Cene le jour de Pasques qu'il ne se fust premierement rengé au reng des penitens et qu'il n'eust satisfait à la discipline de l'Eglise comme les autres avant qu'estre receu en icelle. Quoy qu'en ait esté, il y en a qui afferment que Decius qui estoit le chef de son armee en Sclavonie[135] print occasion de la religion chrestienne de se revolter contre luy, comme je l'ay desja touché, et qu'il fut tué de ses propres soldats à Veronne quand Decius alla contre luy pour luy faire la guerre.

De ceux qui de nostre temps mettent l'exemple de l'empereur Phillippe en avant pour induire les princes à ne permettre aucun exercice de religion à ceux de l'Eglise reformee et comment c'est exemple fait plus contr'eux que pour eux.

T. Il y a bien en ce temps-ci des advocats et pro[282]cureurs des catholiques romains qui sont bandez contre l'Evangile qui ont fort bien seu mettre en

avant cest exemple aux rois et aux princes pour les induire à defendre tout
exercice de religion à ceux de l'Eglise reformee, pour autant qu'ils ne les osent
plus induire à les persecuter violemment, comme ils l'ont fait auparavant, ou
pource qu'ils craignent d'estre repoussez comme trop sanguinaires ou pource
qu'ils cognoissent bien qu'ils n'ont guere avancé par effusion de sang. Pour
ceste cause ils font maintenant semblant de vouloir suyvre par ci apres des
conseils et des moyens plus moderez. Et pource ils demandent seulement qu'il
n'y ait que le seul exercice de leur religion permis. Et pour intimider les
princes, ils leur proposent cest exemple, entre leurs autres raisons, pour leur
donner à entendre qu'on les pourra aussi bien tuer par sedition et revoltemens
comme ce Phillipe, s'ils permettent de rien innover en la religion romaine et
s'ils permettent autre exercice de religion que d'icelle.

D. Et qui seront ceux qui se revolteront contr'eux et qui machineront leur
mort s'ils permettent à ceux de l'Eglise reformee l'exercice de leur religion? Ce
ne seront pas ceux de l'Eglise reformee et notamment pour deux raisons. La
premiere pource qu'ils n'en auront point d'occasion quand leurs rois et
princes leur seront humains et les traitteront comme bons pasteurs et non pas
comme cruels tyrans. L'autre est que combien que leurs rois et leurs princes
feroyent au contraire, toutesfois ils sont enseignez par la doctri[283]ne de
laquelle ils font profession de ne se jamais revolter ne rebeller contre leurs
seigneurs legitimes, mais de tousjours obeir en tout ce qu'ils le peuvent faire
sans contrevenir à l'expres commandement de Dieu, ou au cas qu'ils ne le
puissent faire faire autrement, qu'ils endurent plustost la mort s'il en faut
venir jusques-la, et qu'ils en laissent la vengeance à Dieu qui la sçaura bien
faire, comme il l'a faite de tout temps contre les tyrans et ennemis de son
Eglise. Et tant s'en faut qu'eux- mesmes s'efforcent de la faire, qu'au contraire
ils prieront plustost Dieu pour eux que de la demander contr'eux. S'ils font
autrement, ils se vantent à faux titre de la profession de l'Evangile et de la
reformation de l'Eglise. S'il y a donc des revoltemens et mutinations, et des
rebelles qui veulent voiler les edits qui servent à la paix et au repos publique,
ce sera par le moyen de ceux qui en font les menaces. Au moyen dequoy ils
peuvent bien alleguer cest exemple de ceux qui se sont revoltez contre
Phillipe, pour autant qu'il a favorisé aux Chrestiens, voire que luy-mesme a
fait profession de leur religion. Car ils suyvront bien ces seditieux qui pour
maintenir leurs vieilles superstitions et idolatries et pour haine de la vraye
religion, se sont revoltez contre leur empereur et l'ont tué. Les vrais Chrestiens
et les vrais serviteurs de Dieu n'ont jamais commis tel crime contre leurs
seigneurs legitimes, non pas contre les plus grans tyrans mesmes qui jamais les

ayent persecutez, ains ont tousjours suyvi les moyens ordonnez de Dieu. Parquoy soit ce que Philippe ait fait profession de [284] la religion chrestienne ou par feintise ou de coeur droit, tous ceux qui se sont eslevez contre luy ont fait oeuvre de seditieux et de traistres. Car ils n'avoyent pas vocation legitime pour ce faire. S'il a esté faint et meschant et s'il a abusé du nom de Chrestien par hypocrisie, et Dieu l'en a voulu punir par ce moyen et de ses autres crimes, ceux qui en ont esté les meurtriers n'en sont pas pourtant incoulpables devant Dieu, veu qu'ils l'ont fait sans vocation legitime. Mais Dieu l'a fait justement de sa part, lequel se sert des meschans-mesmes non seulement pour punir les meschans, mais aussi pour affliger et esprouver les siens quand il luy plaist. Cependant il ne faut pas semblablement attribuer à la religion chrestienne le mal qui est advenu à ce Philippe, mais en laisser le jugement à Dieu.[136]

De la persecution sous l'empereur Gallus et du jugement de Dieu sur luy.

T. Ceux qui sont bien d'advis qu'on s'abstienne de l'effusion du sang et cependant veulent oster tout exercice de religion et notamment en public à ceux de la religion reformée, aiment mieux avoir des blasphemateurs et des atheistes que des hommes religieux et bons Chrestiens qui glorifient Dieu. Et par ce moyen ils avancent beaucoup leur cause et mettront la Chrestienté en bel estat si leur conseil est creu et si leurs belles harangues sont receues. Mais laissons ce propos et revenons à l'ordre des persecutions de l'Eglise. Di [285] moy donc comment elle a esté traittee depuis la mort de Decius.

D. Vibius Gallus obtint l'empire apres luy, l'an de nostre Seigneur 254, auquel il adjoignit avec soy son fils Volusian. Cestuy-ci a pareillement esté grand ennemi de la doctrine et religion chrestienne. Et combien qu'il n'y ait point eu de persecutions notables sous luy, toutesfois selon le tesmoignage de Denys et d'Eusebe, il n'a pas eu les mains nettes du sang des Chrestiens. Et pource Eusebe a escrit de luy:[137] "Gallus n'a point cognu le mal de Decius, et n'a point preveu ce qui l'avoit seduit, mais il choppé contre la mesme pierre qui estoit devant ses yeux." Et puis tantost apres il dit encore: "Il s'est efforcé de destruire les saincts et fideles personnages qui prioyent Dieu pour sa santé et prosperité et, en ceste sorte il a rejetté et les priants et les prieres qui se faisoyent pour luy."

T. Quand les tyrans et les persecuteurs ne se feroyent autre dommage par leurs persecutions que cestuy-ci, il est beaucoup plus grand qu'ils ne le peuvent penser ne cognoistre. Car les prieres des saincts personnages ne sont pas de petite efficace.

D. C'est aussi la cause pourquoy S. Paul a exhorté Timothee[138] à faire prieres en l'Eglise pour tous rois et princes et tous hommes qui sont constituez en authorité et pour la conservation de leur estat, nonobstant qu'en ce temps-là ils fussent presque tous ennemis et persecuteurs de l'Evangile. Et comme Tertullian et les autres anciens docteurs qui ont escrit des livres pour la defense des Chrestiens le monstrent et tesmoignent,[139] l'Eglise a de tous temps fait telles prieres, suyvant la doctrine de Jesus Christ [286] qui a commandé à ses disciples de prier pour ceux-là mesmes qui les persecutent.[140] Et pourtant quand les persecuteurs font mourir les serviteurs de Dieu, ils perdent autant des meilleurs serviteurs qu'ils ayent et qui plus leur servent à la conservation de leur estat. Parquoy ce n'est pas de merveille si apres que ils ont osté du monde ceux qui en iceluy prient pour eux, ou apres qu'ils les ont empeschez de l'exercice de leur religion ils sentent la main de Dieu sur eux.

T. Puis donc que Gallus s'est privé d'un tel bien, comme les autres tyrans qui l'avoyent precedé, n'en a il point aussi senti le fruict?

D. Pour le premier, il advint durant son empire l'une des estranges et horribles pestes qui jamais ayent esté au monde, laquelle prit son commencement en Ethiopie. Et puis apres qu'elle eut consumé presque tous les peuples du Midy, elle s'espandit par l'Orient, et de là aux autres parties du monde.[141] Et par tous les lieux où elle passa, elle emmena la plus grande part des habitans et laissa plusieurs lieux deserts esquels il ne demeura personne de reste. Et à peine en peut on voir la fin de dix ans entiers ou, comme aucuns l'escrivent, de quinze. Mais ceste punition de Dieu a esté generale. Quant à l'empereur Gallus en special, ayant regné deux ans, il fut finalement delaissé de ses soldats et puis occis miserablement avec son fils Volusian.[142]

De la persecution sous l'empereur Valerien[143] et de la vengeance de Dieu sur luy, et de l'estat des Chrestiens sous Galiene son fils.[144] [287]

T. Et l'Empereur qui a succedé à Gallus, a-il esté plus favorable aux Chrestiens que luy?

D. Ce fut L. Valerien, l'an 256, lequel au commencement de son empire leur fust assez doux et humain, et se monstra assez familier envers eux, voire tout ouvertement, de sorte que toute sa Cour estoit pleine de Chrestiens et estoit comme une Eglise de Dieu. Mais il les persecuta puis apres fort cruellement, estant incité à ce faire par le maistre et principal de la synagogue des magiciens egyptiens à cause que la religion chrestienne estoit contraire à son art. Et ce malheureux empereur se laissa tellement seduire à luy qu'il luy fit sacrifier des hommes et notamment des povres petis enfans pour s'en servir en ses charmes et enchantemens execrables.[145] Mais Dieu mit bien-tost fin à ceste fureur. Car l'an quatrieme de son empire il fut vaincu et pris en guerre, aagé de septante ans, par Sapor,[146] roy de Perse. Et puis par l'espace de quelques annees, Sapor se servit de luy pour scabelle, luy mettant les pieds sur le dos quand il vouloit monter à cheval. Et puis finalement en la derniere vieillesse d'iceluy, il le fit escorcher tout vif et saler apres luy avoir osté la peau de dessus le corps depuis la teste jusqu'aux pieds. En ce mesme temps l'Eglise eut une autre persecution par les heretiques Novatiens et Cathares.[147] Au reste, apres que Valerien eut esté mené en celle perpetuelle captivité, Galiene son fils regna seul, lequel fit cesser la persecution qui au paravant avoit esté esmeüe. Et peut estre qu'il print exemple sur le malheur de son pere. Ce neantmoins il advint sous son regne plu[288]sieurs terribles rebellions et revoltemens et changemens fort pernicieux à tout l'empire. Car comme la peste qui a esté du temps de Gallus a couru par tous les pays par lesquels les meschans edicts des empereurs faits contre les Chrestiens avoyent trotté auparavant, de sorte qu'à peine elle a laissé une seule maison à visiter qui n'en fust infectee; ainsi les seditions et les revoltes ont apporté de grans malheurs par tout l'empire qui ont esté communs à tous les persecuteurs. Car Dieu ne se contente pas de punir seulement les chefs de persecutions, mais veut aussi que les boute-feux et les delateurs et accusateurs et les juges et les executeurs et les spectateurs, et tout autres qui y donnent consentement ou y prennent plaisir s'en ressentent, et que la vengeance soit fait és lieux esquels le sang des innocens et des justes a esté iniquement respandu. Quant à Galiene, combien qu'il n'ait pas esté imitateur de son pere au regard de la persecution, toutesfois comme il a vescu fort vilainement, ainsi il a esté mal-heureusement occis.

De la faveur et de la persecution d'Aurelien[148] envers les Chrestiens et de la mort d'iceluy, et de la paix de l'Eglise jusqu'à l'empire de Diocletian.

T. Et depuis la mort de Galiene, l'Eglise a elle eu grand repos?

D. Combien qu'aucuns historiens tesmoignent que Claude, l'empereur qui luy a succedé, l'a persecutee,[149] toutesfois ils ne sont pas de telle authorité qu'on leur doyve adjouster grand foy, veu que les autres historiens qui sont plus authentiques et plus dignes de foy n'en font aucune [289] mention, ains tesmoignent au contraire qu'il a esté bon prince. Et quant à son frere Quintilius [150] qui apres la mort d'iceluy fut eleu empereur en son lieu, il fut occis le dixseptieme jour de son empire. Et Aurelian qui luy a succedé, l'an 273 au commencement de son empire fut fort favorable aux Chrestiens [151] et mesme entreposa son authorité pour eux contre les heretiques qui pour lors troubloyent l'Eglise. Mais comme il estoit cruel de nature, il s'estrangea puis apres des Chrestiens, de sorte qu'estant gagné par quelques mauvais conseils il se preparoit à persecuter. Et comme il estoit en ceste deliberation et qu'il avoit desja presque souscrit à l'edit qui devoit estre publié contre eux, il fut soudainement effrayé d'un coup de foudre qui luy tomba devant les pieds.[152] Et combien que cela luy devoit servir d'un bon advertissement, toutesfois il n'en devint point meilleur, et finalement l'an cinquieme de son regne il fut tué en chemin par ses gens mesmes. Quant aux autres empereurs, à sçavoir A. Tacitus et A. Florianus, et A. Probus et Carcus[153] jusques au temps de Diocletian, presque environ l'espace de quarantequatre ans, nous ne lisons point qu'il y ait eu aucune persecution, ains que toutes choses ont esté assez paisibles et gratieuses au regard des Chrestiens, jusqu'en l'an dixneufieme de l'empire de Diocletian qui parvint à iceluy avec son compagnon Maximian,[154] l'an 288.[290]

LE SOMMAIRE DU
CINQUIEME DIALOGUE

Combien que ce dialogue est une continuation de la matiere traittée au precedent, toutesfois je l'ay intitulé specialement *les Edits,* à cause qu'en premier lieu je fay mention en iceluy de l'edict qui a esté fait du temps de l'empire de Diocletian[1] et de ses compagnons, non seulement pour persecuter les Chrestiens, mais aussi pour abolir du tout la religion chrestienne. Et puis je fay aussi mention en second lieu de l'edict fait en leur faveur par le commun accord des empereurs Constantin et Licinius[2] et de la violation d'iceluy par Licinius, et du triste evenement d'icelle pour luy. Et pourautant que Julien l'Apostat[3] a aussi fait de sa part des edicts contre les Chrestiens apres qu'il se fut revolté contre la religion chrestienne, je le conjoin avec les autres tyrans qui l'ont persecutee et monstre en quoy il a esté semblable ou different à eux et quelle a esté sa fin. [291]

LE CINQUIEME DIALOGUE
intitulé *Les edicts.*

De l'accroissement de l'Eglise, tant par le moyen de la paix que Dieu luy a donnee que par le moyen des persecutions des tyrans.

Tite. David.

T. Puis que l'Eglise a eu paix si long temps que tu l'as exposé par-cy devant, je ne doute point qu'elle n'ait ce pendant esté grandement augmentée et multipliee.

D. Il y a eu beaucoup d'occasions pour y en attirer plusieurs, selon les hommes, par la grande faveur que les empereurs luy ont donné,[4] laquelle a esté si grande envers les Chrestiens que non seulement ils leur ont ottroyé liberté et asseurance en matiere de religion, mais aussi leur ont commis les gouvernemens des provinces, et principautez; et qui plus est, ils ont permis en leurs palais mesmes à leurs domestiques et officiers de pouvoir franchement en la presence de tous suyvre la religion chrestienne et en faire profession avec leurs femmes et enfans et serviteurs et chambrieres, tant par paroles que par conversation de vie. Et d'avantage Dieu a fait trouver telle grace aux magistrats et officiers et serviteurs chrestiens des empereurs qu'ils ont esté plus aymez et favorisez d'eux que nuls autres à cause qu'ils les cognoissoyent plus gens [292] de bien. Et comme les empereurs se sont monstrez favorables envers les Chrestiens, ainsi en a-il esté au regard des princes et des gouverneurs et magistrats et des autres hommes, et principalement envers les ministres de l'Eglise. Et quant à la multitude et l'affluance des peuples qui s'assembloyent aux temples, elle estoit si grande et croissoit tellement de jour à jour qu'il falloit eslargir et amplifier les vieux temples et oratoires et en edifier des nouveaux. Et comme l'Eglise s'est multipliee ayant telle faveur, ainsi desja auparavant elle a esté fort augmentee par un autre moyen tout contraire à cestuy-ci, à sçavoir par les persecutions qui ont esté si grandes en icelle. Car plusieurs recevoyent plus volontiers la doctrine de l'Evangile voyans les crimes horribles et les fureurs des meschans empereurs et princes et des autres persecuteurs qui maintenoyent les idoles et la fausse religion, et voyans aussi les vengeances espouvantables que Dieu faisoit tous les jours d'iceux. Car les soldats s'estoyent donné si grande licence qu'ils faisoyent et deffaisoyent les empereurs comme bon leur sembloit, de sorte qu'il en eschappoit bien peu qui ne fussent occis par leurs mains. Et les capitaines qui estoyent sous eux, voyans ce train, estoyent en dissension les uns contre les

187

autres touchant l'empire, brigans les soldats pour se faire creer empereurs par eux. Et par ainsi celuy qui les savoit mieux briguer et mieux gagner leur faveur, parvenoit à l'empire, en fust-il digne ou indigne.

T. Ce n'est pas donc de merveille si durant ce temps-là il y a eu de merveilleux changemens en [293] l'empire. Et en cela un grand jugement de Dieu s'est monstré sur les empereurs, lesquels Dieu a punis par ceux-la mesmes qui ont esté les ministres de leur tyrannie et ont par mesme moyen receu la recompense de la trop grande licence et du mauvais exemple qu'eux-mesmes leur ont baillé. Mais dy-moy maintenant que c'est qui est advenu apres celle grande prosperité de l'Eglise.

De la persecution qui a esté sous Diocletian, Maximian, Galerius, Maximin et Maxence,[5] et de leurs cruels edicts contre les Chrestiens, et de leur deliberation d'abolir du tout la religion chrestienne.

D. Diocletian et Maximian, son compagnon, qui sont parvenus à l'empire l'an de nostre Seigneur 288 ont changé celle grande prosperité en une persecution la plus grande et la plus dangereuse qui eust encore esté auparavant laquelle a esté continuee par Galerius et Maximin et Maxence qui leur ont esté compagnons en l'empire. Ces empereurs eurent de grandes guerres en leur temps. Et puis ayans regné ensemble environ dix ans apres qu'ils eurent appaisé toutes les provinces et qu'ils eurent plus de paix et de repos, Diocletian et Maximian prindent deliberation ensemble de deffaire du tout les Chrestiens et en abolir totalement la race et la memoire. Car ils disoyent que la dissension, à cause de la religion engendroit de grands discords és familles et en tout l'empire. Et les boute- feux qu'ils avoyent autour d'eux leur imprimoyent encore mieux cela en l'entendement pour enflammer leux rage d'avantage.

T. Il me semble [294] que ceste deliberation n'estoit guere differente à celle d'Aman contre les Juifs[6] du temps de l'empereur Assuerus,[7] desquels il avoit entrepris de desfaire la nation du tout et en avoit desja impetré et fait faire l'edict.

D. Elle n'a pas eu aussi meilleur issue. Et pourautant que ces tyrans voyoyent qu'il y avoit beaucoup de differens et de dissensions entre les Chrestiens mesmes et qu'ils estoyent divisez les uns contre les autres, cela leur faisoit esperer qu'il leur seroit plus facile d'en pouvoir venir à bout et les defaire, sachans que comme les petites choses croissent par concorde, ainsi les grandes defaillent et sont desfaites par discorde. Et d'autre part il y avoit aussi beaucoup d'apostats qui estoyent Chrestiens reniez et revoltez et des calomniateurs tant et plus qui se nommoyent aussi Chrestiens, lesquels, comme des furies, incitoyent les empereurs tant qu'ils pouvoyent contre les Chrestiens. Ceste cruelle persecution dura environ dix ans. Car ayant esté commencee par Diocletian et Maximian, elle a depuis esté continuee par Maximin et Maxence et Galerius. parquoy on la peut bien mettre entre les principaux exemples que nous ayons des longues et cruelles persecutions des tyrans contre l'Eglise, comme elle a esté jadis en Egypte et puis sous le roy Antiochus.[8] Car il fut proposé environ la feste de Pasques un edict semblable à celuy d'Antiochus, par lequel il estoit commandé par tout l'empire que tous sacrifiassent en tous lieux aux dieux des empereurs, et que ceux qui ne leur sacrifieroyent fussent mis à mort et que les temples des Chrestiens [295] fussent destruits et ruinez de fond en fond, et que les libres des sainctes Escritures fussent bruslez et totalement abolis. Et ceux qui ne les livrerent quand on en faisoit la recerche estoyent tous en danger de leur vie et n'en eschappoyent pas s'ils estoyent trouvez puis apres vers eux. Si quelcun des Chrestiens estoit en honneur et office, il en estoit osté avec note d'infamie. Et les serfs qui perseveroyent à estre chrestiens ne pouvoyent estre affranchis. Les gendarmes et soldats qui ne vouloyent sacrifier aux idoles non seulement estoyent cassez, mais aussi executez. Bref la persecution a esté tant embrasée[9] qu'il y a eu en Phrygie une ville en laquelle le feu fut mis et tous les citoyens hommes et femmes et enfans furent bruslez à cause qu'ils estoyent tous chrestiens, et les magistrats et le peuple, et qu'ils ne voulurent point renoncer leur religion et sacrifier aux dieux des payens. Au demeurant il n'y a point eu de grande ville en laquelle tous les jours on n'en fist mourir environ un cent, de sorte qu'on a veu en ce temps-là les bestes sauvages ausquelles on jettoit les Chrestiens plus humaines envers eux que les tyrans et les persecuteurs.[10] On trouve par les histoires qu'en un mois dix et sept mille Chrestiens ont esté occis en divers lieux. Ces tyrans n'espargnoyent pas leurs domestiques mesmes ne leurs pages et valets de chambre. Et pour autant qu'en ce temps-là une partie du palais de la ville de Nicomedie[11] fut bruslée,[12] l'empereur entra en souspeçon que les Chrestiens y avoyent mis le feu. Dont par grande fureur les faisoit mourir par gran[296]des troupes.

T. Il leur est donc presques advenu comme du temps de Neron.

Du jugement de Dieu sur les Chrestiens à cause de leurs dissensions et comment il les chastie par les persecuteurs.

D. Ceci se faisoit par la cruauté de Diocletian et de Maximian et de Maximin, et puis apres par celle de Maxence fils de Maximian et de Galerius qui fut conjoint à Constantius, lequel Maximian s'estoit adjoint au gouvernement de l'empire comme Diocletian s'estoit adjoint Maximin.[13] Cestuy-ci se porta beaucoup plus humainement envers les Chrestiens au pays des Gaules et en Allemagne, desquelles il avoit le gouvernement, que ces tyrans és lieux esquels ils commandoyent, et notamment que son compagnon Galerius. Car il ne voulut point estre leur compagnon en ceste cruauté, ains espargna les Chrestiens et leur fut for humain.

T. Je ne suis pas esbahy si Dieu a lasché la bride à ces tyrans pour persecuter les Chrestiens, veu qu'ils faisoyent si mal leur profit de la parole de Dieu en laquelle ils avoyent esté instruits qu'ils ne se pouvoyent accorder les uns avec les autres, et principalement en ce temps-là auquel ils avoyent eu tant d'ennemis de toutes parts et nommement tous les empereurs. Car quand ils n'eussent point eu de regard à la religion de laquelle ils faisoyent profession, mais seulement à la grande multitude des ennemis qu'ils avoyent et qui mettoyent sus eux toute la rage du monde, ceste seule consideration leur devoit [297] bien apprendre de s'accorder et unir ensemble.

D. Il leur est advenu le semblable qu'aux Israelites quand ils estoyent sous celle tant cruelle captivité et tyrannie de Pharao en Egypte. Car combien qu'ils estoyent-là tant pressez et tant accablez de maux qu'ils n'en pouvoyent plus, toutesfois ils ne se pouvoyent encore accorder entr'eux, ains se combattoyent les uns contre les autres.[14]

T. C'estoit pource qu'ils ne recevoyent pas du mal assez des estrangers si eux-mesmes ne se fussent encore mal traittez entr'eux.

D. Le pis estoit encore, en ce que les pasteurs mesmes et les ministres de l'Eglise qui devoyent entretenir les autres en paix et concorde ne se pouvoyent accorder eux-mesmes ensemble, ains estans fiers et orgueilleux, ils portoyent envie les uns aux autres et avoyent de grandes dissensions entr'eux à cause de leur ambition et pource qu'ils estoyent desja trop à leur aise, de sorte que il sembloit plus qu'ils vouloyent exercer tyrannie en l'Eglise que le ministere d'icelle.[15] Et quant aux autres de l'Eglise, il y avoit desja une grande oblivion de Dieu et de ses benefices et une vilaine ingratitude, et un grand mespris de la parole de Dieu et de toute bonne discipline, et un grand abus de la liberté et repos que Dieu leur avoit donné.

T. Et par cela nous pouvons bien cognoistre que ce peut estre des hommes quand ils ne se peuvent comporter les uns avec les autres, non pas les freres mesmes et ceux qui se glorifient d'estre le peuple de Dieu, et de suyvre la vraye religion. Parquoy nous ne devons pas estre emerveillez se Dieu lasche la bride aux [298] tyrans pour leur en donner tant de toutes parts qu'ils apprennent à s'humilier et s'accorder ensemble, et principalement ceux qui font profession de l'Evangile entant qu'ils meritent plus tels chastimens que nuls autres.

Des Chrestiens impatiens de corrections et des correcteurs que Dieu leur donne par les tyrans.

D. Mais ils font bien encore pis quand, commettans de si grandes fautes, ils ne peuvent endurer qu'on les en reprenne et ne peuvent porter les corrections qui leur en sont faites par les serviteurs de Dieu, ains s'eslevent contr'eux et les outragent suyvant l'exemple de ce meschant Israelite, lequel pource qu'il battoit un de ses freres fut repris de cela par Moyse.[16] Car combien que Moyse l'eust admonesté de son devoir fort amiablement et sans outrage, toutesfois il ne peut endurer sa correction, ains s'esleva contre luy et l'accusa de sorte que Moyse fut contraint de s'enfuir d'Egypte comme un povre fugitif et banni pour eviter la fureur de Pharaon.

T. Nous voyons advenir cela ordinairement entre les Chrestiens, voire mesme entre les nostres qui se glorifient de l'Eglise reformée. Car il y en a tant et plus qui se contentans du nom ne peuvent souffrir ne reformation ne discipline, ains veulent avoir telle licence qu'il leur plaist, rejettant toute correction.

D. Nous [299] voyons aussi comment Dieu nous chastie tous par les tyrans. Car il y a desja fort long temps qu'ils en a beaucoup chastiez et mis d'accord par les Turcs. Et comment nous chastie-il encore tous les jours et les uns et les autres par les tyrans mesmes qui portent le nom de Chrestien? Et quelle occasion leur en donnent ceux qui sont la cause des dissensions et des troubles? Et qui leur donne plus d'esperance de venir à bout de leurs desseins que les divisions de ceux qui devroyent estre les plus unis? Et qui sont cause que plusieurs jugent de la religion chrestienne, comme Diocletian et ses compagnons, comme si elle mettoit tout le monde en trouble? Car ils ne considerent pas qui en sont la cause, ains en jettent toute la coulpe sur la religion et sur les plus innocens.

Des persecutions par les faux freres et par les Chrestiens reniez, et de l'espreuve de l'Eglise par le moyen de ses ennemis, et du profit qui luy en revient.

T. Et quant à ce que tu as dit des apostats et des calomniateurs et des Chrestiens reniez, les Chrestiens n'ont encore aujourd'huy plus grans ennemis entre les Turcs que tels personnages. Et tant qu'il touche à l'Eglise reformee par l'Evangile, elle n'en a point de plus dangereux ne par lesquels elle soit plus troublee que par ceux qui apres avoir gousté l'Evangile le vomissent, et apres en avoir fait profession le renoncent et se revoltent contre Jesus Christ, ou pour am[300]bition ou pour avarice, ou pour despit et vengeance, ou pour quelque autre mauvaise affection.

D. Ce n'est pas dés aujourd'huy que tels apostats et faux freres ont fait plus cruelle guerre aux enfans de Dieu et à l'Eglise que les plus grans tyrans du monde. Car comment est-ce qu'ils ont traité David entre les autres et quelles plaintes en fait-il? Et Jesus Christ n'a-il pas eu son Judas? Et S. Paul en a-il peu trouvé de ces revoltez? Et quels combats a-il eu contre tant de faux freres?

T. Il ne les a pas aussi oubliez en parlant de ses adversitez et persecutions.

D. Combien que ces choses soyent fort lamentables, toutesfois elles nous servent de beau tesmoignage de la fermeté de l'Eglise et de la providence et protection de Dieu envers icelle, veu qu'estant assaillie de tant de parts et de tant de sortes d'ennemis et tant cruels et tant malins et pervers, et de tant de traistres et d'hommes tant desloyaux, toutesfois elle est tellement soustenue et appuyee de la main de Dieu qu'elle demeure tousjours ferme et constante et ne peut jamais estre ruynee, nonobstant que tout le monde jette toute sa malice et rage contre icelle.

T. Je ne doute point aussi que pour ceste cause Dieu ne la mette à ceste espreuve.

D. Et pource Justin martyr[17] ne l'a pas sans bonne raison comparée à une vigne, laquelle s'abastardiroit grandement et en brief temps porteroit peu de fruict, et qui ne seroit guere bon, si elle n'estoit taillee et esmondee, comme si elle estoit tous les ans revouvelee. Et comme tant s'en faut que pour estre ainsi coupee, elle soit destruite ou rendue moins frustueuse, qu'au contraire [301]elle en porte du fruict beaucoup d'avantage, ainsi en est-il de l'Eglise quand elle est persecutee, de sorte que ses persecuteurs luy servent comme de vignerons pour la cultiver et la rendre plus fertile quand ils taschent à la mettre en friche et la destruire totalement. Elle est aussi appelee en l'Escriture[18] la vigne du Seigneur, de laquelle Jesus Christ est la racine et le vray sep et ses disciples et tous les vrais fideles sont les sarmens qui sont purgez par les persecutions afin qu'ils portent tant plus de fruict et meilleur. Et ceux qui ne perseverent pas, ains defaillent et se revoltent, sont comme les sarmens retranchez de la vigne par le retranchement desquels elle est purgee et ne valent plus rien que pour estre mis en fagots et jettez au feu de la gehenne s'ils ne se reunissent à la vigne et au sep pour porter fruict en iceluy.

Des temeraires deliberations et des furieux conseils des tyrans, et des persecuteurs de l'Evangile, et des causes d'iceux.

T. Quand je pense à l'entreprinse de Diocletian et de son compagnon, de laquelle nous avons tantost parlé, je m'en esbahy fort. Car ils avoyent bien peu entendre que c'est que les autres tyrans et persecuteurs, leurs predecesseurs, avoyent avancé auparavant par leur tyrannie et par toutes leurs persecutions contre les Chrestiens. Car s'ils n'en sont peu venir à bout, et principalement en leurs premiers commencemens quand, par maniere de dire, les Chrestiens ne faisoyent encore que naistre et que le nombre en estoit encore fort petit, ils [302]pouvoyent bien penser combien il leur pourroit estre non seulement difficile, mais aussi impossible de venir à chef de leur entreprinse alors que le nombre en estoit si grand et qu'il y avoit tant de grans et excellens personnages qui faisoyent profession de la religion laquelle ils persecutoyent. Et d'autrepart, quand mesme il leur eust esté le plus facile du monde de mettre en execution ce qu'ils avoyent deliberé , si pouvoyent-ils bien encore considerer en quel estat et en quelle confusion et desolation ils mettroyent tout l'empire et combien il y auroit de villes et de pays qui seroyent comme reduits en deserts, estans vuidez d'habitans, veu qu'il y avoit bien peu de regions et de provinces esquelles il n'y eust grand nombre de Chrestiens, voire plusieurs de fort nobles et grosses maisons. Et remplissans ainsi tout l'empire de sang, ne s'en monstroyent-ils pas plus cruels ennemis, je di eux qui en devoyent estre les conservateurs, qu'ennemis estrangiers quelconques qu'il peust avoir ne qu'il eust jamais eu? Car a-il jamais esté assailly ne molesté par ennemis qui ayent fait une si cruelle boucherie d'hommes en iceluy sans espargner ne jeunes ne vieux ne femmes ny enfans, et qui ayent mis en telle desolation tant de familles et de villes et de pays que ceux-ci l'ont fait, et l'eussent encore fait beaucoup d'avantage s'ils eussent peu executer leur meschant vouloir et conseil? Que pouvoyent pis faire les plus barbares et les plus inhumains voleurs et brigans du monde?

D. Cela est fort contraire à l'office des bons empereurs et rois et princes. Car ils [303]ne sont pas constituez pour tuer les hommes, mais pour les conserver s'ils ne sont du tout indignes de vivre, ne pour ruiner les villes, mais pour les edifier, ne pour mettre les pays en deserts, mais pour les peupler et les faire valoir. Mais les tyrans n'entrent point en ces considerations, et principalement les persecuteurs de l'Evangile et du peuple de Dieu. Car pourautant qu'ils sont menez d'un esprit meurtrier et sanglant et forcenez de fureur et de rage, il n'y a

194

aucun bon conseil qui puisse avoir lieu en leur coeur et en leur entendement, estans passionnez et transportez comme ils sont. Et si leurs passions leur aveuglent ainsi les yeux qu'ils ne puissent pas considerer les choses humaines, lesquelles ils peuvent comprendre par leur raison naturelle, et qu'ils voyent devant leurs pieds, il est facile à estimer quelle consideration ils pourront avoir des oeuvres de la providence de Dieu en la conservation miraculeuse de son Eglise parmy tant de cruelles persecutions et tant ordinaires et continuelles, et parmy tant d'orages et de tempestes et d'esmotions et de troubles, et tant de changemens et de revolutions qui adviennent journellement au monde et au millieu de toute sa rage.

De la temerité et des furieuses entreprises des persecuteurs de maintenant, et combien elles sont vaines.

T. Il me semble que cela que nous voyons aujourd'huy nous doit faire moins esmerveiller de l'entreprise des anciens tyrans et persecuteurs de l'Evangile, et principalement de celle de Dio[304]cletian et de ses compagnons contre l'Eglise et la religion chrestienne. Car combien en y a- il encore aujourd'huy, voire mesmes entre ceux qui font profession de Chrestienté qui ne sont neantmoins ny empereurs ny rois ny grans princes, ains sont bien petis compagnons au pris de plusieurs des serviteurs des anciens empereurs et rois et princes qui ont persecuté l'Eglise, lesquels neantmoins sont tant outrecuidez qu'ils osent bien entreprendre le semblable qui Diocletian et ses compagnons, et si en pensent venir à bout? Nous avons veu quels ont esté les commencemens de l'Eglise reformee, quand il a pleu à Dieu que l'Evangile ait esté presché plus purement qu'il ne l'avoit esté de long temps auparavant. Quel estoit alors le nombre tant des ministres que de leurs auditeurs? Et de quelle qualité estoyent -ils? Par le contraire, quel estoit le nombre de leurs ennemis et leur puissance, authorité et richesses? Et qu'est-ce qu'ils n'ont fait et machiné pour empescher le cours de l'Evangile et pour deffaire du tout le petit troupeau qui l'a voulu suyvre avec ses pasteurs? Quelles persecutions ont esté suscitees contre iceux et par quels personnages? Et qui en ont esté les autheurs et les boutefeux et les executeurs? Et qu'ont-ils tous profité par toutes leurs menees et pratiques et par tout ce qu'ils ont peu entreprendre et faire contre les fidelles?

T. On le voit par experience.

D. Ce neantmoins il y en a encore aujourd'huy tant et plus, en plusieurs lieux, de tant insensez et enragez qui se promettent pouvoir faire une fois cela que Diocletian et ses compagnons avoyent deliberé . Mais [305]tous ne prennent pas mesme conseil et mesme expedient. Car les uns le pensent faire peu à peu à peu en molestant et minant les fideles de longue main, estimans qu'ils en viendront plus aisé ment à bout, les prenans et opprimans en diverses manieres et les destruisans de jour à jour les uns apres les autres, que s'ils les veulent tous despecher à la fois. Il y en a des autres qui ne peuvent pas avoir si longue patience, tant pource qu'ils sont plus impatiens et plus furieux que pource aussi qu'ils voyent qu'en attendant, Dieu ne les attend pas, ains fait tousjours son oeuvre et s'avance journellement de plus en plus. A raison de quoy ils n'y pensent jamais pourvoir assez à temps s'ils ne se hastent et precipitent. Et pource ils ne songent et ne parlent que de massacres et de Vespres Siciliennes,[19] et ne considerent pas cependant comment Dieu a renversé tous les efforts de tous les persecuteurs qui ont esté devant eux tant anciens que moderne, et en quels inconveniens eux et leurs adherans sont tombez, cuidans renverser la doctrine de l'Evangile et toute la religion et l'Eglise chrestienne. Ils ne considerent pas semblablement que la doctrine de l'Evangile est selon le tesmoignage de Jesus Christ [20] comme le grain de moustarde, lequel nonobstant qu'il soit des plus petites semences qu'on seme en terre, toutesfois il croist tellement qu'il devient comme un petit arbre auquel les oyseaux peuvent faire leur nid. Et puis il est de telle nature que, n'estant point pisé ne broyé, il ne manifeste point sa force, ains tant plus il est pisé et broyé et tant plus il la fait sentir. Ainsi en est-il de la semence de l'E[306]vangile et de la religion et de l'Eglise chrestienne. Parquoy il ne la faut point avoir en dedain ne la depriser pource que ses commencemens sont ordinairement petis. A cause de quoy Jesus Christ a aussi appelé les siens le petit troupeau.[21] Car elle manifeste bien puis apres sa vertu et s'estend bien tost et en long et en large, comme espandant ses rameaux par tout le monde. Et tant plus elle est pressee et tormentee et tant mieux elle desploye et fait cognoistre sa vertu. Et pourtant si les ennemis ne la peuvent arracher ne estouffer cependant qu'elle n'est encore que comme en herbe, ils sont bien despourveus de sens et d'entendement s'ils en pensent mieux venir à bout apres qu'elle a desja pris profonde racine et qu'elle est fort creüe et augmentee, et est espandue par tout le monde. Et qui plus est, puis que c'est une semence et une plante plantee de Dieu, il est autant possible de l'arracher comme d'abbatre Dieu de son son siege celeste sur lequel elle est plantee et fondee.

De la prosperité et felicité des persecuteurs apres leurs persecutions, et du changement d'icelle, et de l'approche de leur ruine.

T. Il ne nous faut pas estre esbahis si les ennemis de l'Evangile font de telles entreprises et s'ils ne considerent point toutes ces choses, veu qu'ils ne regardent point à Dieu et qu'ils sont comme phrenetiques et hommes furieux transportez de sens et d'entendement. mais puis que nous avons parlé de la cruelle [307]deliberation et des persecutions furieuses de Diocletian et des compagnons de sa tyrannie et rage, je voudroye bien aussi entendre s'ils ont eschappé la main de Dieu, non plus que les autres tyrans et persecuteurs qui les ont precedez et desquels ils ont surmonté la cruauté .

D. Il a semblé par le contraire pour un assez bon espace de temps que Dieu les en caressoit tant plus et qu'à cause de cela tout leur venoit à souhait. Car ils ont eu de grandes victoires contre leurs ennemis. Ils ont eu leur empire fort paisible. Et avec la paix, santé et abondance de biens sans estre affligez par guerres ne pestes ne famines. Et ne faut point douter qu'eux et les autres payens n'ayent attribué celle grande prosperité et felicité à la faveur de leur dieux à cause de la boucherie qui a esté faite des Chrestiens leurs ennemis, et qu'ils ne s'en soyent bien glorifiez et que par mesme moyen ils n'ayent bien magnifié leur fausse religion et despité la religion chrestienne, et qu'ils n'ayent bien reproché aux Chrestiens que, comme ils estoyent la cause de tous les mal-heurs[22] qui advenoyent au monde, ainsi leur mort et leur extermination apportoit avec soy toute prosperité et felicité. Mais ils ont esté bien loin de leur conte. Car alors qu'ils ont pensé avoir tout gagné et que ils ont esté plus insolens et plus insuportables, comme si leurs dieux les caressoyent et faisoyent eux-mesmes la guerre aux Chrestiens pour en exterminer du tout la nation et la race, ils se sont trouvez plus pres qu'ils ne pensoyent de leur derniere ruine et de celle de leurs dieux et de leur religion, et ont veu qu'au lieu qu'ils ont du tout cuidé abo[308]lir la religion chrestienne, la leur a pris fin, pour le-moins quant à l'exercice publique d'icelle. Car leurs temples ont esté clos et ceux des Chrestiens ouvers et la liberté qu'ils avoyent paravant a esté transportee aux Chrestiens, et leur audace et fureur et rage a esté refrenée, comme je le t'exposeray tantost à l'aide de Dieu quand nous serons venus à l'histoire du grand Constantin.

T. Voila un merveilleux changement, voire alors qu'il y avoit moins d'occasion de le pouvoir esperer, ains plustost de craindre tout le contraire.

D. Et pourtant il ne faut point que jamais les fideles perdent le coeur, en si gran desespoir qu'ils voyent les affaires de l'Eglise selon le monde, ains devons esperer que lors que les ennemis de l'Evangile sont plus furieux et enragez, et qu'ils font leurs plus plus grans et derniers efforts pour du tout renverser l'Eglise qui fait profession de la vraie religion, ils sont tant plus prochains de leur ruine et à se voir tomber en la fosse qu'ils ont fouye aux fideles et voyent la chanse tournee contre eux à l'heure qu'ils s'en doutent le moins et en pensent estre plus esloignez.

De la deposition volontaire de Diocletian et de Maximian touchant leur empire, et des causes d'icelle.

T. J'ay bien bonne esperance que nous ou nos prochains successeurs verront le semblable sur les persecuteurs de l'Evangile. mais dy-moy si du temps de ces cruels tyrans, eux et leur empire n'ont point senty d'autre vengeance de Dieu que celle-la.

D. Il a esté de leur temps un tremblement de terre [309]par lequel plusieurs milliers d'hommes sont peris.[23] Et quant aux tyrans, Diocletian et Maxmian ont fait ce qu'aucun empereur n'avoit encore jamais fait auparavant.[24] Car sans estre forcez ne contrains d'autres que d'eux-mesmes, ils se sont de leur propre volonté tous deux deposez de l'empire en un mesme jour et d'un commun accord et consentement.

T. Et qui en a esté la cause?

D. Si on en veut juger selon la raison humaine, il y a apparence, comme aucuns l'ont escrit, qu'ils l'ont fait ou de douleur et de despit qu'ils ont eu de ce qu'ils n'ont peu mettre en execution leur meschante entreprise et specialement contre les Chrestiens, ou pour la crainte qu'ils ont eu de Constantin qui a esté empereur apres eux.

T. Et quelle occasion leur avoit-il donné de ceste crainte?

D. Il estoit fils de ce Constantius, duquel j'ay tantost fait mention, qui, ayant esté adjoint au gouvernement de l'empire à Diocletian et Maximian avec Maximin, a esté plus humain envers les Chrestiens que ces trois tyrans. Et comme Constantin son fils estoit en guerre en Egypte, Diocletian et Maximian luy tendirent des embusches pour le tuer. Mais Constantin, s'en estant apperceu, s'en retourna vers son pere en France. Aucuns ont escrit que Diocletian l'a fait sur son vieil aage pour se mettre à repos, creignant qu'il ne luy advint quelque mal-heur et triste changement, comme il est advenu à la plus grand part et presque à tous les autres empereurs qui ont esté devant luy. Car il a esté un fort excellent empereur et fort sage et vaillant selon le monde, et qui a eu de grandes victoires. Brief, il seroit digne de grande [310]louange au prix de plusieurs autres s'il se fust absenu du sang des Chrestiens.

T. Il a esté grand dommage, à ce que je puis entendre, de ce qu'il n'a eu des gens de bien aupres de soy pour luy faire entendre et cognoistre la cause des Chrestiens. Car il y a apparence qu'il n'eust pas esté tant cruel contre eux qu'il a esté s'il l'eust entendue.

D. On en peut juger parce que luy-mesme a dit à ses amis depuis qu'il se fut demis de l'empire. Car entre les autres raisons qu'il en rendoit, il disoit[25] qu'il n'estoit rien plus difficile que de bien regner. Car chacun parle du prince comme il veut. Et d'autre part quant le prince est enclos en sa chambre, la verité n'entre et ne parvient jamais jusques à luy à cause qu'il preste l'aureille aux siens et est esmeu et appaisé par leurs paroles, et cree et ordonne les magistrats et donne les offices par leur advis. Parquoy combien que le prince sera et bon et sage et bien advisé et provoyable, brief quand il seroit le meilleur de tous les hommes, il est vendu des siens et de ses courtisans, et est deceu par eux. Luy donc cognoissant toutes ces choses, a eu bonne occasion de craindre ce qu'il craignoit. Mais il ne faut point douter[26]que la principale cause qui l'a esmeu à se deposer de l'empire, et Maximian avec luy par son conseil, n'ait esté le juste jugement de Dieu qui les a estonnez et effrayez apres que par leur cruauté tant d'hommes nobles ont esté tuez tant en Asie qu'en Syrie, et en Italie, et que plusieurs villes sont demeurees comme desertes, ainsi qu'il adviendroit aujourd'huy en plusieurs lieux si les rois et les princes vouloyent suyvre l'exemple [311]de ces cruels tyrans et tous les cruels conseils qu'on leur donne, et s'ils vouloyent entreprendre comme eux de desfaire tous les fideles qui font aujourd'huy profession de l'Evangile en leurs terres et pays.

De la folle entreprise de ceux qui s'efforcent d'abolir la vraye religion, et de la mort de Maximian.

T. Il pourroyent bien par ce moyen depeupler beaucoup de villes et de pays et les mettre en desert, comme ceux-la ont fait. Mais ils ne viendroyent pas pour tant non plus à bout de leur entreprise que ces tyrans de la leur.

D. Ne plus ne moins que s'ils avoyent entrepris d'arracher le soleil et la lune du ciel et d'abbatre Dieu de son siege et monter en iceluy. Et pource les prophetes parlent de ceux qui font tels desseins comme s'ils avoyent entrepris de monter au ciel pour faire une telle oeuvre.

T. Mais qu'est il advenu finalement à ces deux tyrans apres leur deposition volontaire de l'empire?

D. Maximian ne peut pas si bien cacher sa peur que Diocletian. Car apres s'estre deposé il retourna à Rome pour estre encore restitué à l'empire.[27]Mais estant repoussé et chassé par son propre fils Maxence, il s'enfuit à Marseille vers Constantin son gendre. Et puis, estant là arrivé , il fut si desloyal à son propre gendre qu'il machina la mort d'iceluy. Mais sa propre fille prefera à son pere Constantin son mari et luy descouvrit la trahison. Et par ainsi, Dieu miraculeusement mit Maximian entre les mains de Constantin et par ce moyen il fut estranglé et tué à Marseille.

T. En voila desja un depesché .

De la mort de Maxence et des moeurs d'iceluy.

D. Son fils Maxence le suyvit tantost apres, lequel [312]estant devenu plus insolent pour une victoire qu'il avoit obtenue, exerça encore plus grande cruauté contre les Chrestiens, ravissant femmes et filles honnestes et permettant aux soldats une licence effrenee à toute meschanceté . A cause de quoy le senat romain demanda secretement en aide Constantin qui estoit en France, auquel Dieu donna victoire contre Maxence, lequel perit estant noyé au Tybre avec une grande multitude des siens. Pour raison de quoy les Chrestiens disoyent qu'il avoit esté puni de semblable peine que Pharaon.[28] Car s'il n'a esté plus cruel contre eux que Maximin, il ne l'a pas esté moins ne que son pere Maximian et Diocletian. Il a ravi et confisqué les biens de plusieurs; il a imposé nouveaux tributs. Il a trouvé tous les moyens qu'il a esté possible pour amasser argent en tuant et ravissant comme il a voulu. Il a esté fort vilain paillard et adonné à magie et sorcelerie. Il avoit une sorciere par laquelle il se gouvernoit entierement en ses entreprises. Mais il fut trompé par icelle, laquelle luy avoit promis la victoire de la guerre en laquelle il mourut tant miserablement. En quoy il receut le salaire que ceux qui s'adonnent à tels arts diaboliques meritent et qu'ils ont accoustumé de recevoir ordinairement.

T. Voyla donc le fils encore depesché avec le pere.

De l'orgueil et arrogance de Diocletian et de son edict pour se faire adorer, et de la mort d'iceluy.

D. Quant à Diocletian, combien qu'il ait eu de belles vertus à comparaison de Maximian, toutesfois il s'est fort oublié , non seulement en ce qu'il a esté tant cruel persecuteur des Chrestiens, mais aussi en ce qu'il fit commandement qu'honneurs divins fussent [313]donnez aux empereurs Augustes.[29] Car ils mettoyent lors difference entre les Augustes et les Cesars, de sorte que Diocletian et Maximian estoyent Augustes et les compagnons qu'ils s'estoyent adjoints estoyent Cesars, lesquels estoyent comme des vicempereurs et vicerois. Les autres empereurs qui avoyent esté devant luy se contentoyent d'estre saluez comme consuls, mais luy a esté le premier qui a voulu estre adoré comme s'il y eust eu en luy une celeste et divine majesté . En quoy il a voulu suyvre la coustume des rois de Perse qui s'appeloyent rois des rois et freres du soleil et de la lune. Au paravant les empereurs presentoyent leurs mains à baiser aux nobles et puis les soulevans de leurs mains, leur presentoyent leur visage à baiser. Les autres du commun peuple leur baisoyent les genoux. Mais Diocletian fit un edit par lequel il commanda à tous indifferemment qu'ils se jettassent en terre et luy baisassent les pieds. Et pour ceste cause, il orna ses souliers d'or et de pierres precieuses pour les rendre plus venerables. Aucuns disent neantmoins que l'empereur Caligula l'avoit desja fait paravant. Il fit le semblable au regard de ses habillemens, ne se contentant pas de l'ornement des vestemens imperiaux, desquels tous les autres s'estoyent bien contentez devant luy.

T. Je pense que les papes romains ont pris leur exemple et patron sur ces tyrans[30] car ils font tout le semblable.

D. Tu es pour le moins bien asseuré qu'ils ne l'ont pas pris sur Jesus Christ qui a lavé les pieds à ses disciples[31] ne sur S. Pierre qui n'a pas seulement voulu permettre que Corneille le Centenier[32] se soit prosterné devant luy et qu'il luy ait fait la reverence. Mais voyons maintenant quelle a [314]esté la fin de ceste fiere et glorieuse beste qui d'homme mortel s'est faire Dieu et a voulu estre honnoré d'honneurs divins, comme aussi Domitian, selon le tesmoignage d'aucuns, l'a voulu faire quelque fois. Les rois et princes et magistrats et tous les hommes d'authorité et excellens sont appelez souventesfois és Escritures du nom de Dieu pour les admonester qu'ils representent l'image d'iceluy.[33] Mais il leur est dit puis apres és Pseaumes, afin que estans par trop enflez de l'honneur que Dieu leur fait et par trop enyvrez de leur grandeur et prosperité, ils ne s'oublient, qu'ils sont neantmoins tousjours hommes mortels et qu'ils mourront comme les autres.

T. Dieu ne leur fait pas encore tousjours l'honneur de les appeler de ce monde si paisiblement que les autres, ains les en tire par morts violentes et estranges, comme nous en avons des tesmoignages infinis.

D. Diocletian nous en servira encore d'un, comme ses autres compagnons en cruauté et tyrannie. Car comme les uns le tesmoignent, il perdit le sens et l'entendement et devint tout stupide et puis, estant consumé par longue maladie, il rendit l'ame entre grans gemissemens et souspirs. Les autres disent qu'il print de la poison par laquelle il se fit mourir. Les autres qu'il a esté estranglé. Le plus certain est que ayant entendu la mort de Maxence il se tua et desfit soy- mesme.

T. Voila pour le troisieme.

De la persecution et de la maladie de Galerius. et du jugement de Dieu sur luy.

D. Quant à Galerius, qui est aussi nommé Maximian par Eusebe, lequel a esté creé Cesar avec Constantius, comme je l'ay desja touché par ci [315]devant, comme il n'a esté en rien moins vicieux et cruel et detestable que Maxence, ainsi il n'a pas espargné les Chrestiens d'avantage. Mais cependant que sa cruauté ne trouvoit point de fin, la providence de Dieu y pourvent.[34] Car ce tyran tomba en une maladie incurable en laquelle il endura des douleurs extremes et fut mangé des vers comme Antiochus et les deux Herodes, desquels nous avons fait mention par ci devant. Car les entrailles et les boyaux luy enflerent subitement et puis il luy vint un ulcere aux parties les plus profondes de la poictrine qui le mangeoit au dedans et és aines semblablement qui luy mangea les parties honteuses, et toute celle partie de son corps pourrit tellement que les vers en sortoyent comme d'une charongne morte. A cause de quoy, la puanteur estoit tant intolerable qu'il n'y avoit personne, non pas les medecins mesmes, qui en peust approcher ne qui y peust trouver remede. A cause de quoy il en fit mourir plusieurs, et entre les autres il y en eut un qui n'attendoit que la mort comme ses compagnons,[35] lequel print la hardiesse de luy dire que c'estoit la main de Dieu et que la maladie n'estoit pas humaine. Parquoy elle ne pouvoit estre guerie par les medecins et que les hommes ne pouvoyent revoquer ce que Dieu avoit ordonné et envoyé . Ce medecin luy remonstra quant et quant qu'il se souvinst des maux qu'il avoit faits contre les serviteurs de Dieu et la religion divine afin qu'il entendist dont il devoit demander les remedes pour sa maladie, luy denonçant quant et quant qu'elle estoit incurable et desesperee quant aux [316]hommes. Et mesme il n'y avoit personne qui y osast mettre la main à cause que tous craignoyent qu'il ne les tuast.

De la recognoissance que Galerius a eu du jugement de Dieu sur luy, et de son edict pour les Chrestiens.

T. Ceste remonstrance de ce medecin luy profita- elle?

D. Elle luy servit pour le moins pour luy faire penser à l'inhumanité et cruauté de laquelle il avoit usé [36]et aux crimes enormes qu'il avoit commis. Au moyen de quoy sentant le jugement de Dieu sur soy, il fust contraint de confesser qu'il avoit tres-mal fait et, comme voulant satisfaire à Dieu, il revoqua les cruels edicts qu'il avoit faicts contre les Chrestiens et, les ayant fait appeler, il leur commanda qu'ils priassent Dieu pour luy; mais ce fut trop tard. Et afin qu'ils en eussent meilleur moyen, il ne se contenta pas de faire edict en son nom et aussi de Constantius qui estoit empereur avec luy, pour faire seulement cesser la persecution contre les Chrestiens, mais aussi leur octroya par iceluy de faire hardiment publique profession de leur religion et de s'assembler pour faire l'exercice d'icelle come il avoyent de coustume et de rediffier leurs temples, par telle condition toutesfois qu'ils ne fissent rien contre la discipline publique. Et puis en la fin de l'edict il a esté adjousté que, leur ayant ceci ottroyé, ils devoyent prier Dieu pour sa santé et pour l'estat de la Republique afin qu'icelle estant conservee en son entier ils puissent aussi seurement habiter en leurs propres maisons. Or en ceste edict il confesse [317]que luy et les autres empereurs ont fait tout ce qu'ils ont peu pour retirer les Chrestiens de leur religion et les faire retourner à celle de leurs peres, laquelle ils avoyent delaissee, mais qu'ils ont esté tant obstinez qu'on n'a jamais peu obtenir cela d'eux, ains ont mieux aimé s'exposer à tous dangers et endurer des morts innumerables que d'obeir aux commandemens qui à ceste fin leur ont esté faits. A cause de quoy voyant qu'ils perseveroyent en ce propos, il leur a octroyé la liberté contenue en l'edict. Et puis l'edict ayant esté fait, il a esté tout incontinent publié par toutes les villes comme l'empereur l'avoit commandé.

Des meschantes pratiques de Maximin pour empescher la publication et l'observation de l'edict, et de ses imitateurs qui suyvent son exemple.

T. Et les gouverneurs et officiers de l'empereur ont-ils tous bien fait leur devoir à faire publier et observer cest edict?

D. Maximin qui tenoit le lieu d'iceluy come vicempereur et viceroy és parties orientales n'y print pas grand plaisir pour autant qu'il voyoit que par iceluy la matiere et l'occasion d'exercer sa cruauté luy estoit ostee. Mais combien qu'il luy despleust, toutesfois il n'y osoit pas contrevenir. Ce neantmoins il empescha cependant la publication et ne permit point que la cognoissance en vinst à tous, ains commanda seulement aux juges de parole qu'ils donnassent cependant trefves aux Chrestiens. Il faisoit cela cauteleuse-ment afin qu'il ne leur baillast point d'occasion de s'aller plein[318]dre à l'empereur touchant la violation de son edict à l'encontre d'eux jusqu'à ce qu'il peust trouver quelque occasion nouvelle pour les faire persecuter et faire rompre l'edict.

T. Maximin a laissé beaucoup de successeurs qui savent bien suyvre son exemple en telle matiere. Car il y en a plusieurs qui se font bien tirer l'aureille et bien presser et contraindre avant qu'on puisse obtenir d'eux qu'ils facent publier et observer les edicts et mandemens de leurs rois et princes quand ils ne sont pas selon leur fantasie et conformes à leur volonté et à leurs affections. Et s'ils sont contraints d'en passer par là, ils n'ont garde de les faire publier en la mesme forme qu'ils leur ont esté envoyez, sans y rien changer et y adjouster leurs modifications et gloses pour les eslargir ou restraindre comme il leur plaist. Et quand il est question de les faire observer, ils en prennent les poincts seulement qu'ils peuvent faire servir à leurs passions et dissimulent les autres ou les interpretent tellement que c'est tousjours au desavantage de ceux à la faveur desquels ils devroyent servir et qu'ils renversent du tout l'intention de leurs seigneurs.

D. Ils en font tout ainsi comme les ennemis de l'Evangile le font des sainctes Escritures et des livres qui servent à la vraye intelligence d'icelles. Car en premier lieu, ils taschent tant qu'ils peuvent à les faire supprimer afin que les hommes ne puissent avoir la cognoissance de la doctrine contenue en iceux. Et s'ils ne peuvent cela obtenir, ils n'en prennent que les passages qu'ils peuvent mieux faire servir à leurs affections, corrompans et pervertissans le sens [319]des autres qui leur sont contraires et les contournans comme bon leur semble selon leur fantasie, de sorte qu'ils font chanter l'Escriture comme il leur plaist et luy font dire par leurs fausses interpretations tout le contraire de ce qu'elle dit en son vray sens. Et tout ainsi comme ceux-cy honorent Dieu en pervertissant sa parole, ainsi sont honorez les rois et les princes par leurs mauvais serviteurs au regard de leurs edicts et ordonnances et de l'interpretation et execution d'icelles du tout contraires à leur vouloir et intention.

De la publication de l'edict de Galerius par Sabinus[37] et de l'execution d'iceluy, et du grand bien qui en est advenu à l'Eglise.

T. Ce que tu dis a tousjours esté, et est encore, et sera tousjours, à cause de la malice et perversité des hommes, cependant qu'ils seront en ce monde. Mais cest edict est-il du tout demeuré supprimé comme Maximin l'a[38]voulu faire de sa part?

D. Sabinus qui estoit grand gouverneur des provinces, en a mieux fait son devoir.[39] Car il l'a envoyé aux juges de toutes les provinces avec lettres à cest effect et a fait cognoistre à tous ce que Maximin vouloit cacher. Et apres que les juges eurent envoyé l'edict et l'eurent fait publier par toutes les villes, incontinent tous les prisonniers qui estoyent detenus pour la religion furent relaschez et ceux qui avoyent esté conedamnez aux metauz, comme ceux qui sont aujourd'huy condamnez aux galeres, furent aussi delivrez et tous les fideles re[320]tournerent par toutes les villes au franc et publique exercice de

204

leur religion et frequenterent leurs assemblées ecclesiastiques comme auparavant, et restaurerent leur temples, et remirent le ministere de l'Eglise en son vray estat, et celebrerent synodes et conciles pour pourvoir à toutes choses necessaires en icelle. Car il n'estoit possible que la dissipation et la confusion n'y eust esté grande durant la captivité en laquelle elle avoit esté sous ces tyrans et persecuteurs, tant violens et tant inhumains.

T. Comment se desportoyent lors les payens?

D. Ils estoyent merveilleusement esbahis de ce changement tant subit et tant merveilleux, tellement qu'ils estoyent constrains de recognoistre et de confesser que c'estoit une oeuvre de Dieu. Au moyen de quoy plusieurs furent convertis, disans que le dieu des Chrestiens estoit le vray Dieu. Et les vrais Chrestiens qui estoyent tousjours demeurez fermes et constans parmi ces furieuses persecutions louoyent Dieu de la grace qu'il leur avoit faite et se confermoyent de plus en plus en leur religion. Et ceux qui avoyent esté debiles et avoyent fleschi durant icelles en communiquant avec les idolatres pour eviter les dangers et la mort, recognoissoyent et confessoyent leur faute et en demandoyent pardon à Dieu et à son Eglise, et en faisant reparation publique se reconcilioyent à icelle, et les apostats et les revoltez demeuroyent tout honteux et confus.

Des moyens iniques par lesquels Maximin a tasché à renouveler la persecution et faire rompre les edicts.[321]

T. Est long temps demeuree l'Eglise en cest estat?

D. Ce tyran Maximin ne luy a peu donner trefves pour plus de six mois[40] qu'il n'ait puis apres incontinent fait tous ses efforts pour la troubler et pour renouveler les persecutions et les troubles passez par tous les moyens qu'il a peu imaginer. Pour le premier, il travailla d'empescher les Chrestiens par certaines occasions de convenir aux cimitieres afin qu'ils n'y ensevelissent leur morts et ne s'assemblassent pour les accompagner. Car luy et les autres ennemis des Chrestiens leur portoyent si grande haine qu'ils ne les pouvoyent endurer ne vifs ne morts. Et puis il choisissoit les plus meschans qu'il pouvoit cognoistre par toutes les citez, et principalement ceux qui avoyent quelque authorité et quelque moyen de faire ce qu'il vouloit faire par eux afin qu'ils incitassent les autres pour envoyer ambassades à l'empereur pour obtenir de luy qu'il ne fust plus loisible aux Chrestiens d'habiter et converser en leurs propres lieux et possessions. Et pour mieux mettre la rage de tous sur iceux, il pensa que il en avoit trouvé bien bonne occasion par le moyen d'une certaine image de Jupiter qui estoit en Antioche, autour de laquelle se faisoyent des faux miracles par art magique et par illusions diaboliques et des responses par oracles.[41] Laquelle chose on affermoit pour toute certaine envers tous, et specialement envers les empereurs. Et depuis que ce mensonge fut creu et receu, ceux qui faisoyent valoir ceste imposture et tromperie commencerent quant et quant à semer le bruit et affermer que le dieu Jupiter avoit respondu et prononcé par son oracle [322] qu'il ne failloit point laisser habiter les Chrestiens és villes ni és lieux prochains d'icelles, ains qu'il les failloit chasser le plus loin qu'on pourroit. Et depuis que ceux qui estoyent sous le regne de ce tyran eurent entendu que cela luy estoit agreable et le vouloit, incontinent telle sentence fut donnee par toutes les provinces et villes contre les Chrestiens. Et luy ayant envoyé ambassade à cest effect, ils impetrerent de luy tout ce qu'ils demanderent.

T. Voila donc la persecution recommencee et renouvelee autant furieuse que jamais.

D. Il est ainsi. Et pour l'enflammer d'avantage, ce tyran Maximin fit la plus grande diligence qu'il peut de constituer par toutes les provinces et villes des prestres des idoles, et les honnora de grans honneurs et presens, et fit tout ce parquoy il pouvoit gagner le coeur des hommes pour les mieux enflammer à haine contre les Chrestiens et à la mort d'iceux.[42] Et il luy fut facile d'obtenir cela, d'autant que tous estimoyent que tant plus ils se monstreroyent meschans et cruels contre iceux et tant plus ils seroyent en la bonne grace du tyran.

T. Voila qui est la cause que les tyrans ont tousjours tant de bons valets pour servir à leurs passions et pour executer leur mauvais vouloir.

Des faux actes intitulez de Pilate contre Jesus Christ, faincts par les payens, et du moyen qu'ils ont pris pour les faire publier et pour rendre par iceux la religion chrestienne odieuse et infame envers tous.

D. Or combien qu'il fust licite à Maximin de faire tout ce qu'il luy plaisoit, toutesfois afin qu'il ne semblast [323]qu'il le fist sans justes raisons, luy et les autres ennemis de la religion chrestienne feignirent des faux actes intitulez de Pilate,[43] comme contenant le proces qu'il avoit fait à Jesus Christ, et avoit esté demené devant luy, esquels ils n'oublierent rien de toutes les meschancetez qu'ils peurent controuver et de tous les blasphemes qu'ils peurent vomir contre iceluy pour le diffamer et toute la religion chrestienne. Et puis Maximin commanda par edict que ces actes fussent envoyez par toutes les provinces de son royaume et par toutes les villes et villages, et par les champs afin qu'ils fussent publiez partout.[44] Et pour empoisonner de meilleur heure les entendemens et les coeurs des jeunes enfans et les envenimer en haine dés leur enfance et jeunesse contre la religion chrestienne, il commanda que ces actes fussent mis entre les mains des maistres d'escole et des pedagogues pour les leur faire lire et les dicter à leurs escoliers et les leur faire apprendre par coeur.

T. Si les anciens ennemis de l'Evangile ont esté si meschans et si grans calomniateurs et faussaires qu'ils ayent ainsi feint etproduit des faux proces contre Jesus Christ mesme pour diffamer la religion chrestienne, ce n'est pas de merveille se le semblable se fait ordinairement contre ses disciples. Et cela leur est fort facile quand ils ont et les advocats, et les procureurs et les secretaires et les greffiers, et les autres officiers de mesme humeur qu'eux, et menez de mesmes affections et passions, et attitrez et apostez pour faire tout ce qu'ils veulent faire et qu'on veut qu'ils facent [324]comme ils les ont souventesfois et le plus ordinairement.

De l'inscription en tables d'airain des edicts faits contre les Chrestiens, et de la ventance de Maximin apres l'execution d'iceux.

D. Apres que les enfans avoyent apprins par coeur le contenu de ce faux proces contre Jesus Christ, on leur faisoit aussi faire des declamations publiques és escoles, desquelles ils prenoyent leurs themes sur iceluy. Et puis on en faisoit encore des chansons pleines d'horribles blasphemes,[45] des Chrestiens. Et puis fut aussi commandé que les edicts qui avoyent esté publiez contre eux fussent engravez pour perpetuelle memoire en colomnes et tables d'airain en toutes les citez esquelles le tyran avoit fait escrire, se glorifiant orgueilleusement que depuis qu'on avoit chassé les Chrestiens des villes et de leurs lieux toutes choses avoyent esté en fort bonne disposition, à sçavoir l'air bien temperé et la terre beaucoup plus fertile et plantureuse, et l'abondance des bleds et de tous les autres fruicts beaucoup plus grande. Et par ce moyen un chacun pouvoit cognoistre combien cela estoit plaisant aux dieux immortels et convenable pour acquerir leur bonne grace, et qu'il n'y avoit hosties ne sacrifices qui leur fussent tant agreables que de chasser celle sorte de gens, tant odieuse à tous, de tous les lieux esquels leur majesté estoit honoree. Et pour autant que les subjets avoyent fait celle tant saincte et religieuse requeste à l'empereur, Maxi[325]min leur fit pareillement declarer qu'il leur en sçavoit si bon gré qu'il n'y avoit rien qu'ils ne puissent impetrer de luy de tout ce qu'ils pouvoyent estimer leur estre profitable, et ne demandoit autre chose d'eux sinon qu'ils se prinsent garde diligemment que les Chrestiens n'entrassent et ne fussent receus és villes en maniere quelconque.

De la famine et de la peste, et du revoltement des Armeniens qui ont suyvi la persecution de Maximin.

T. L'estat des Chrestiens, à ce que tu en recontes, estoit lors fort miserable et fort desesperé selon le jugement des hommes.

D. Mais Dieu dementit bien tost ce tyran et luy fit bien cognoistre comment ces edicts et la persecution qu'il avoit faite contre les Chrestiens avoyent disposé et l'air et la terre et tous les elemens, et quelle felicité elle a apporté à ceux ausquels il la promettoit si grande. Car cependant qu'on envoyoit encore les edicts aux villes plus lointaines pour les faire publier, Dieu envoya une fort grande secheresse, laquelle amena avec soy une si grande sterilité de la terre qu'on ne pouvoit trouver vivres pour les hommes ne pasture pour les bestes.[46] Dont la famine fut si grande par tout que c'estoit grand horreur du grand nombre des gens qui en mouroyent et de les voir languire pasles et deffaits comme des morts, et des anatomies seiches et comme enragez de faim. Et d'autre part l'air fut tellement corrom[326]pu que les corps estoyent tout pleins d'ulceres et de charbons hideux et estoyent bruslez du feu sauvage, lequel les superstitieux et idolatres appellent le feu sainct Antoine. Et quant à ces charbons, il y en avoit tant et plus, desquels ils occupoyent tellement la face et les yeux que, s'ils n'en mouroyent, ils en demeuroyent pour le moins aveugles et fort defigurez. Ils n'estoyent pas aussi sans peste, laquelle faisoit semblablement de son costé un merveilleux degast d'hommes et de femmes et de petis enfans, tellement que tous estoyent assaillis comme de deux camps, à sçavoir l'un de la famine et l'autre de la peste, qui depeuployent horriblement et villes et villages et maisons et les mettoyent comme en deserts. Et outre ces maux qui estoyent desja fort grans, il advint encore la revolte des Armeniens qui estoyent alliez et amis du peuple Romain, desquels l'alliance luy estoit fort profitable. La cause de ce revoltement, par lequel ceste alliance fut rompue, fut pource que les Armeniens estoyent fort bons Chrestiens, et ce tyran les vouloit contraindre de changer la religion chrestienne en sa religion payenne, et delaisser le vray service de Dieu pour servir aux idoles. A raison de quoy, d'amis et d'alliez, ils devinrent ennemis et se disposerent et preparerent pour resister par armes à ses meschans edicts et l'assaillirent par guerre.

De la charité des Chrestiens envers les payens, leurs ennemis, durant le temps de la famine et de la peste.[327]

T. Voila beaucoup de mal heurs et fort grans qui sont advenus tout en un coup.

D. Dieu a par ce moyen bien rabattu l'arrogance et jactance du tyran ennemi de son peuple et a bien fait cognoistre à luy et à ses adherans quelle estoit la puissance de leurs dieux et quelle prosperité et felicité ils pouvoyent donner à ceux qui les servoyent et honnoroyent. Car il a pris tout en un coup toutes les verges desquelles il a accoustumé de chastier et punir les hommes quand il en veut faire des punitions et vengeances generales. Car ceux qui eschappoyent la famine recontroyent la peste ou la guerre. Et par ainsi il y avoit des verges et des chastimens pour tous, tant pour les riches que pour les povres, et tant pour les vieux que pour les jeunes, et pour les grans que pour les petis.

T. Et cependant puis que Dieu a ainsi desployé ses verges, les Chrestiens ne les ont-ils pas aussi senties comme les autres?

D. Il en a eu pitié, à cause qu'il les avoit desja assez chastiez auparavant par les cruelles et continuelles persecutions des tyrans. A raison de quoy il les a lors fort espargnez au prix de leurs ennemis, et a fait servir à leur avantage ce que leurs ennemis avoyent fait contr'eux pour les mettre en extreme desespoir. Car estans chassez comme povres fugitifs et errans par les champs, ils estoyent plus separez des autres, qui ainsi faisant leur avoyent donné le moyen de prendre de l'air.

T. Il semble que Dieu ait voulu par ce moyen retirer les siens d'entre les meschans pour les espargner en les affligeant par un tel deschassement et pour frapper plus rudement et plus universellement sur leurs ennemis.

D. Il n'y [328]a point de doute qu'il ne les ait ainsi voulu soulager en leur tant grande affliction, comme les payens mesmes ont esté contrains de le recognoistre. Car au lieu qu'ils avoyent esté tant inhumains contr'eux à les dechasser par tout, ils ont esté contrains puis apres d'avoir recours à eux et de leur demander aide et secours en leur extreme necessité en laquelle fils estoyent mis tant par la famine que par la peste. Car les uns transissoyent de faim, les autres mouroyent sans secours en leur maladie, et les corps des morts demeuroyent à ensevelir. Car les payens n'avoyent ne charité ne misericorde entr'ex, ains s'enfuyoyent pour se sauveà où ils pouvoyent, et s'abandon-noyent les uns les autres, de sorte qu'ils ne trouvoyent guere d'aide ne de secours que vers les Chrestiens. A cause dequoy, au lieu qu'ils les avoyent tant diffamez, ils estoyent contrains de se desdire publiquement en les louant de leur grande charité et de confesser qu'ils estoyent plus gens de bien qu'eux et qu'il n'y avoit qu'eux qui gardassent les droicts de pietéet d'humanité et de nature, et confessoyent pareillement qu'il n'y avoit point de religion tant saincte ne tant parfaite en toutes choses que la religion chrestienne, laquelle enseignoit de faire bien à tous universellement, et qu'il n'y avoit point d'autre Dieu que celuy des Chrestiens.

T. Cest exemple et ce tesmoignage que leurs ennemis mesmes ont esté contrains de leur rendre nous enseignent quel moyen nous devons tenir avec nos adversaires pour les gagner en leur bien-faisant et en leur rendant le bien pour le mal, et [329]combien ce moyen est honneste et profitable et plaisant à Dieu.

D. Ils n'ont pas fait comme les hommes vindicatifs qui ne peuvent oublier les injures qui leur ont esté faites, ains ont fait office de vrais Chrestiens qui est d'oublier toutes injures et n'avoir memoire que des bien-faits. Et pource ils ont monstré plus grande charité envers leurs mortels ennemis que les parens propres d'iceux et que ceux qui leur estoyent conjoins de plus pres par le lien de nature. Car il n'y avoit lien de nature qui les empeschast de s'abandonner vilainement et inhumainement les uns les autres. mais les Chrestiens ne se sont espargnez envers aucun auquel il ayent peu donner secours. Et par ce moyen ils ont fait grand honneur à Dieu et à leur religion et ont rompu le coeur à leurs ennemis par leurs benefices.

T. Je pense que voila la maniere en laquelle sainct Paul entend qu'il faut assembler les charbons de feu sur la teste de ses ennemis.[47]

De la mort de Galerius et des edicts faits par Constantin et Licinius et Maximin en la faveur des Chrestiens.

D. Or pour revenir à l'histoire des persecutions et des persecuteurs, Galerius duquel nous avons fait mention par ci devant, ne pouvant plus porter les griefs tormens de sa maladie, finalement se tua et desfit soy-mesme.[48] Depuis l'empire fut entre les[330] mains de Constantin et de Maxence, fils des empereurs Augustes, et sous Maximin et Licinius qui estoyent hommes nouveaux. Tu as desja ouy comment Maxence est mort et comment il a esté vaincu avec son armee par Constantin, lequel s'adjoignit Licinius qui fut fait cesar par luy. Et puis tous deux ensemble firent un edict auquel ils donnoyent de grandes louanges au dieu des Chrestiens, recognoissans qu'il estoit autheur de tout bien et qu'il leur avoit donné la victoire contre le tyran Maxence, et que pour ceste cause ils vouloyent qu'il fust servi et honnoré de tous. Ils envoyerent aussi cest edict à Maximin qui regnoit és parties orientales, lequel sembloit aussi desirer leur amitié et alliance.

T. S'est-il accordé avec eux?

D. Combien que ce qu'ils requeroyent de luy touchant leur edict fust totalement contraire à sa volonté, toutesfois il n'y ostoit resister, à cause qu'il estoit espouvanté par les belles et grandes prouësses de ces deux empereurs, et principalement par la victoire que Constantin avoit reportee de Maxence, de laquelle la memoire estoit encore toute fresche. Et d'autre part, il avoit aussi honte de faire cognoistre qu'il leur avoit consenti par crainte d'eux et de leur authorité et puissance. Et estant ainsi suspendu entre crainte et honte, lesquelles il a prises pour conseil, il s'est deliberé de faire aussi de sa part, comme à l'envie d'iceux, un edict en la faveur des Chrestiens, semblable à celuy de ses compagnons, voulant par ce moyen faire entendre à tous [331]qu'il ne dependoit point de l'authorité le faisoit de son propre mouvement et par sa propre authorité et propre plaisir. Le sommaire de l'edict estoit que les premiers empereurs, ses predecesseurs, avoyent estimé que les Chrestiens devoyent estre totalement destruits et abolis comme contraires au service des dieux et que luy-mesme avoit aussi esté quelquefois en celle mesme opinion et qu'il devoit suyvre leur advis. Mais pource que ceste maniere de gens croissoit et s'augmentoit et respandoit tant plus que plus on la persecutoit, et par cela mesme par quoy on la pensoit le plus empescher, il vouloit plustost que, s'il y avoit quelcun qui par douces persuasions fust induit au service des dieux, iceluy y fust receu, mais qu'aucun n'y fust contraint maugré soy, ains qu'il fust en la liberté d'un chacun de servir à Dieu et l'honnorer en telle maniere qu'il voudroit, et d'abondant, qu'il ne vouloit point que pour telle cause on fist aucune esmotion ne trouble aux sujets par les provinces. Et puis il escrivit à Sabinus, gouverneur, pour faire publier cest edict.

De la feintise de Maximin et de la deffiance que les Chrestiens ont eu de luy, et des causes pourquoy; et combien il est louable et necessaire aux princes de tenir leur parole et leur foy.

T. Je ne sçay qui devoit estre plus esbahi, ou les Chrestiens ou les payens, de ce grand et tant subit changement de Maximin.[49]

D. Quant aux [332] Chrestiens, quoy qu'il fist, ils ne se pouvoyent fier de luy, cognoissans sa nature et l'ayant experimenté de si long temps tant cruel tyran et tant desloyal, et non sans bonne raison. Car il ne fit point cest edict de franche volonté ne de bonne affection qu'il eust envers Dieu et son peuple, mais seulement par crainte par laquelle il estoit contraint et forcé pour les raisons que j'ay desja exposees. Et pourtant quelque bonne mine qu'il fist, les Chrestiens n'oserent entreprendre ne de rediffier leurs temples ne de faire synodes et assemblees, ne retourner à l'exercice de leur religion, ne rien attenter en public des choses appartenantes à icelle, craignans d'estre surprins et trahis par luy.

T. Je ne doute point que la longue experience qu'ils avoyent de la desloyauté et inconstance des tyrans et de leurs ennemis ne les missent tousjours en grande peine et perplexité . Car ils experimentoyent tous les jours qu'il n'y avoit ne foy ne loyauté en eux, et que, quelque chose qu'ils promissent et jurassent et de quoy ils donnassent et lettres et seaux, il n'y avoit non plus de fiance ne d'asseurance que s'ils eussent promis et juré tout le contraire, ains qui pis est, ils estoyent lors plus à craindre quand ils faisoyent de plus belles promesses et donnoyent de plus belles paroles que quand ils menaç oyent et manifestoyent ouvertement leur mauvais courage.

D. Cela est presques tousjours ordinaire aux ennemis de l'Evangile et de la vraye religion. Et d'autrepart, ils voyoyent l'inconstance et les divers changemens qui advenoyent journellement au regard des edicts [333]des empereurs et des princes. Car il advenoit tant et plus, non seulement que les uns revoquoyent ceux que les autres avoyent faits auparavant, et specialement quand ils estoyent en la faveur des fideles, mais aussi un mesme empereur revoquoit souvent en telle maniere ceux qu'il avoit faits luy-mesme comme je l'ay exposé par ci devant; ou s'il ne les revoquoit ouvertement, il permettoit facilement qu'ils fussent rompus et violez sans faire inquisition ne justice des violateurs d'iceux. Ces manieres de faire sont fort mauvaises et semble que les rois et princes ne se sauroyent faire plus grand deshonneur ne mieux prostituer leur authorité et majesté et celle de leurs edicts et ordonnances qu'ainsi faisant.

D. Il n'y a rien qui les puisse mettre en plus mauvaise estime et en plus grand mespris et plus grand danger, ne qui leur porte plus de dommage, tant au regard de leurs amis que de leurs ennemis, ne qui mettent leurs sujets en plus grand esmoy, ne qui leur baille plus d'occasion de vivre tousjours en deffiance d'eux, que quand ils ne tiennent point leur parole ne leur foy et qu'ils laissent mespriser et violer par dissimulation leurs loix et ordonnances. Car ceux qui ont affaire à eux ne savent jamais où il en sont ne qu'ils en doyvent attendre ou esperer. Et ceux qui une fois y ont esté trompez ne s'y peuvent facilement fier puis apres. Dont il advient aussi qu'ils les craignent plus comme tyrans qu'ils ne les aiment ne sont pas coustumierement si loyaux que ceux qui aiment plus qu'ils ne craignent et qui craignent pource qu'ils aiment. Et pourtant, il n'y a rien [334]qui plus face avoir les princes en honneur et reverence, ne qui les face plus craindre et estimer comme il appartient, ne qui soit plus digne de leur estat et office, que d'estre veritables et bien garder leur foy à tous, tant amis qu'ennemis. Car si c'est chose fort vilaine et detestable en un chacun, de tant petite qualité et vile condition qu'il soit, d'estre menteur et desloyal, et traistre et violateur de sa foy, combien plus sont ces vices detestables en la personne de ceux qui doyvent estre les gardiens et protecteurs de verité et de foy et de toute justice, et les miroirs et temples sacrez d'icelles? Pourautant donc que les Chrestiens cognoissoyent assez quelle estoit la loyauté et la foy de Maximin, et de sa cour et de ses officiers, ce n'est pas de merveille s'ils en doutoyent et s'ils ne s'osoyent pas trop ouvertement descouvrir ni employer leur argent à bastir et à reparer leurs temples, lesquels on leur avoit fait desja tant souvent abandonner, et qui avoyent desja esté tant de fois ruynez par les edicts des empereurs et la malice des ennemis de la religion chrestienne, s'ils n'avoyent bien bonne asseurance de la volonté du prince auquel ils avoyent affaire, de laquelle ils avoyent plus d'occasion de se deffier que de s'y fier.

De la guerre de Maximin contre Licinius et des causes d'icelle, et de la victoire de Licinius contre iceluy, et de la confirmation de l'edict de Maximin apres icelle.

T. Quelle fut donc finalement l'observation de cest edict?

T. Si Maximin eust aussi bien esté victorieux de Licinius en la guerre qu'il fit contre luy, comme il fut vaincu par luy, il eust bien monstré par effect de quel coeur il l'avoit fait.[335]Mais se voyant vaincu, sa fierté et son arrogance, qui avoyent esté la cause de la guerre, furent bien rabaissees. Car estant associé en l'empire avec Constantin et Licinius, il ne se contenta pas de son estat et de sa condition, ains se voulut eslever par dessus ses compagnons et prendre le premier et le plus haut degré en l'empire.[50] Et pource ayant rompu l'alliance qu'ils avoyent ensemble, il renouvela ses troubles et entreprit et fit la guerre contre Licinius, estant induit à ce faire tant par la confiance qu'il avoit en la force et grandeur de son armé e qu'aux promesses que les prestres de ses dieux et les magiciens devins qui estoyent ses prophetes luy avoyent faites de la victoire. Mais Dieu luy fit bien cognoistre que c'est luy qui la donne et qu'elle[51] ne consiste pas en la multitude ni en la force de la gendarmerie et de la cavalerie, comme il est escrit és pseaumes. Il luy fit pareillement bien entendre à quels prophetes il avoit eu à affaire.[52] Car Dieu le punit tellement que son armee fut defaite, et que ceux qui furent de reste, le voyant delaissé de Dieu et des hommes, l'abandonnerent aussi et se joignirent aux plus forts. Et luy, se voyant deceu de ses dieux et abandonné des hommes, mit bas les enseignes imperiales qu'il portoit pour s'enfuir honteusement et se sauver comme il peut, se cachant par les champs et les villages afin qu'il ne tombast entre les mains de ses ennemis. Et puis quand il fust retourné en son lieu avec grand deshonneur et infamie, en premier lieu, comme enflammé d'ire et de fureur, il fit mettre à mort comme menteurs et trompeurs, et comme traistres de son salut [336]et de son royaume plusieurs des prestres des dieux et des devins, lesquels il avoit eu auparavant en admiration et par la confiance desquels il avoit esmeu la guerre. Et puis, par le contraire, il donna grande louange et gloire au dieu des Chrestiens. Et se sentant pressé de maladies qui luy annonçoyent une grieve mort, il fit encore un edict pour la liberté et seurté des Chrestiens, par lequel il renouvela et reconferma le premier qu'il avoit desja fait en leur faveur en la maniere que je l'ay exposé.

Du contenu du dernier edict de Maximin, et de la mort et fin d'iceluy.

T. A eu ce dernier edict quelque chose d'avantage que le premier?

D. Il confesse par iceluy[53] que il a bien cognu qu'à l'occasion des edicts de ses predecesseurs, Diocletian et Maximian, contre les Chrestiens, et de la defense qui leur a esté faite de s'assembler, plusieurs pilleries et voleries ont tous les jours esté faites par les officiers au grand dommage des sujets, tellement qu'ils ont presque du tout esté despouillez et dejettez de leurs biens et patrimoines. Pour ceste cause, il avoit fait l'annee passee un edict par lequel il avoit ordonné que la volonté et liberté de ceux-la ne fust point empeschee qui voudroyent adherer aux Chrestiens et à leur religion, ains que chacun eust liberté sans aucune crainte ou suspeçon de satisfaire à son courage et de vivre comme il voudroit. Et d'avantage il declare encore que nonobstant qu'il eust fait un tel [337]edict, il luy est bien venu en cognoissance qu'aucuns des Juifs se sont efforcez d'esmouvoir et troubler les sujets par les provinces, faisans cela comme par son authorité pour destourner et empescher les hommes de la religion qu'ils aimoyent et suyvoyent. Au moyen de quoy, afin qu'à l'advenir toute crainte fust ostee à un chacun il ordonnoit et declaroit par son edict qu'il vouloit qu'un chacun cognust qu'il estoit loisible par permission que tous ceux qui honnoroyent la religion chrestienne servissent à icelle selon leur volonté, et que les Chrestiens restaurassent leurs temples; finalement il a encore ordonné que si par le commandement et les edicts de ses predecesseurs il y avoit ne maisons ne champs ne possessions des Chrestiens qui auparavant eussent esté confisquees ou distraites ou donnees, le tout leur fust rendu et restitué à leurs propres possesseurs.

T. Maximin parle bien ici un autre langage que quand il n'y avoit pas encore un an entier passé, il avoit fait engraver en tables d'airain, pour durer à perpetuité, les edicts par lesquels il faisoit chasser les Chrestiens comme meschans et execrables des villes et des champs, comme povres bannis et fugitifs par tout le monde, et pestes publiques.

D. Tu vois ici la grande providence de Dieu par laquelle il a contraint comme Pharaon ce tyran bon-gré mau-gré qu'il en ait eu de luy faire amende honnorable et reparation publique. Mais si ne s'est-il point pourtant converti à Dieu de bon coeur, ains a fait cela seulement pour essayer s'il trouveroit plus d'aide vers le dieu des Chrestiens que vers [338] ses dieux qui l'avoyent trompé, et pour se rendre moins suspect aux Chrestiens et se mettre aussi bien en leur bonne grace par la faveur qu'il leur portoit que Constantin et Licinius ausquels il deliberoit bien encore faire la guerre.[54] Mais comme il estoit sur ce poinct, ayant desja appareillé son armee, il fut surpris de grandes douleurs d'entrailles et de coliques violentes par lesquelles il estoit tellement tormenté qu'il ne se pouvoit coucher en lict, ains sortant de son lict, se jettoit en bas panché contre terre. Et au lieu qu'auparavant il avoit esté un grand gourmand et un grand yvrongne, il ne pouvoit lors seulement gouster de la bouche viande quelconque, ne seulement sentit l'odeur du vin. Et par ainsi estant du tout consumé et tout sec par faute de nourriture, il fut contraint de recognoistre la juste vengeance de Dieu sur luy et de confesser qu'il estoit puni pour ses crimes. Et finalement, ayant premierement perdu la veüe, il mourut en cest estat. Voila la fin de ce tyran, qui s'estoit transformé en tant de formes au regard des Chrestiens, maintenant par cruauté incroyable, maintenant par permission et benignité feinte, et qui n'avoit jamais eu vraye repentance de ses fautes, mais seulement comme forcé par la violence du jugement de Dieu qui le pressoit comme Pharao et Judas, et comme il advient presque ordinairement aux meschans apres qu'ils ont longtemps endurci leur coeur contre Dieu et mesprisé ses chastiemens et jugemens.

De l'estat de l'Eglise après la mort de Maximin, et [399] *du jugement de Dieu sur ses fils et sur les ministres de sa cruauté.*

T. Quel a esté l'estat de l'Eglise apres la mort de ce tyran?

D. Il a esté plus paisible et plus asseuré qu'il n'avoit jamais esté auparavant.[55]

Car les Chrestiens ne vivoyent plus en souspeçon et en crainte. Et leurs ennemis qui leur avoyent esté tant cruels et avoyent tant crié apres eux se repentoyent grandement de les avoir si mal traittez, et en estoyent si honteux qu'ils ne s'osoyent pas mesme monstrer en public ne lever la teste et les yeux pour regarder les hommes en face. Et au lieu que Maximin avoit fait crier et declarer publiquement par ses edicts que les Chrestiens fussent tenus de tous pour meschans et execrables, luy a esté publiquement declaré et proclamé meschant et ennemi, hay de Dieu et des hommes. Et les tableaux peincts et les images d'airain qui avoyent esté dressees en son honneur furent, les unes abattues du tout, et les autres machurees et effacees.

T. Voici un merveilleux changement. Car au lieu qu'il a tasché d'abolir du tout la memoire de Jesus Christ et de la religion chrestienne, ou de la rendre ignominieuse et infame, cela luy est advenu qu'il a machiné contre icelle.

D. Et si le tyran a senti un tel jugement de Dieu sur soy, les meschans juges et officiers qui ont esté les ministres et executeurs de sa cruauté , et pareillement les sorciers et les magiciens et les magiciens et devins qui l'avoyent ensorcelé et seduit furent aussi mis à mort par le commandement de Constantin et de Licinius. Et les faux prestres des idoles qui par leurs faux miracles et oracles avoyent [340] deceu et les empereurs et le peuple, comme je l'ay exposé par ci devant, furent si bien examinez que finalement ils confesserent la verité et descouvrirent leur tromperie et meschanceté. A cause dequoy ils furent aussi depeschez comme ils le meritoyent. Et les fils de Maximin lesquels il s'estoit adjoincts à l'empire, et semblablement ses alliez et familiers et ses parens et amis, qui sous l'aveu d'iceluy avoyent fait beaucoup de torts et d'injures à plusieurs par les provinces, ne furent non plus espargnez. En quoy ils experimenterent qu'ils n'avoyent pas bien consideré ne mis en leur coeur, ce que le prophete dit: "Ne vous fiez point aux princes n'a fils d'homme quelconque auquel n'y a point de secours." [56]

De la compagnie et alliance de Constantin et de Licinius, et de la violation par iceluy tant de l'alliance entre luy et Constantin que des edicts faits par eux en la faveur des Chrestiens.

T. Qu'est-il depuis advenu entre Constantin et Licinius?

D. Comme ils avoyent fait auparavant alliance ensemble, ainsi ils demeurent conjoins en l'Empire, à sçavoir Constantin en Occident et Licinius en Orient, lesquels regnerent ensemble environ cinq ans en bonne concorde et tindrent cependant l'empire en paix, laquelle fut puis apres troublee par la coulpe de Licinius qui estoit fort barbare, par ce qu'il rompit l'alliance faite entre eux et les edicts de pacification par lesquels ils avoyent revoqué tous ceux des tyrans qui avoyent regné devant eux. Car comme il avoit esté extrait de la race rustique des laboureurs de terre et qu'il [341] avoit esté nourri avec eux, ainsi il a esté si grand ennemi des hommes sçavans et des lettres qu'il appeloit la science d'icelles la peste de la Republique.[57] Et ce n'est pas de merveille, suyvant le proverbe commun qui dit que la science n'a ennemi que l'ignorant. Car il a esté tant ignorant qu'à peine sçavoit-il escrire son nom et signer ses edicts. Il en vouloit principalement aux philosophes et aux orateurs et aux legistes, comme aussi aux courtisans, et principalement à ceux qui estoyent les plus domestiques des princes et qui sçavoyent plus de leurs secrets et les gouvernoyent mieux à leur plaisir.[58] Et pource il les appeloit les tignes et les souris du palais. En quoy il ne seroit pas à condamner s'il avoit discerné les bons des mauvais et ceux qui abusent des lettres et des princes, de ceux qui en usent comme ils doyvent. Et tant qu'il touche à la religion chrestienne,[59] combien que Constantin n'en avoit pas encore fait profession manifeste et publique, toutesfois il prenoit grand plaisir aux accroissemens d'icelle et honnoroit principalement les ministres de l'Eglise comme representans l'image de Dieu. A raison dequoy un chacun l'honnoroit et aimoit, non seulement comme empereur, mais aussi comme pere. Mais Licinius n'a pas ainsi fait de son costé, ains en entra en jalousie et fut esmu d'envie contre Constantin, et ne taschoit qu'à luy faire quelque mauvais tour par embusches et par trahison, voire par les familiers et serviteurs mesmes d'iceluy. Mais Dieu a veillé pour ce bon prince par l'aide des prieres des Chrestiens. Licinius donc voyant qu'il ne pou[342]voit par ses cautelles et menees parvenir à ce à quoy il pretendoit, commença à manifester peu à peu la haine qu'il avoit conceue contre les Chrestiens, se pleignant d'eux, qu'ils ne l'avoyent pas en tel honneur et estime que Constantin et qu'ils ne prioyent pas pour luy en leurs solennitez et assemblees comme pour son compagnon. Et ayant prins ceste occasion sans raison, au lieu qu'il avoit au paravant prins aigrement la defense d'iceux contre les tyrans et les persecuteurs qui les avoyent mal traittez, il ensuyvit puis apres le mauvais exemple d'iceux, se bandant ouvertement contre la religion chrestienne.

Des edicts et de la persecution de Licinius contre les Chrestiens.

T. Voila un changement fort triste et scandaleux.

D. Il a commencé comme enflammé de rage soudaine par ceux de sa maison,[60] commandant pour le premier que tous ceux qui estoyent Chrestiens sortissent de son palais et puis qu'ils quitassent les armes et la guerre. Et apres cela il ordonna par edicts tyranniques que tous ceux qui faisoyent profession de la religion chrestienne fussent mis en prison. Et pour adjouster quelque nouvelle cruauté à celle des tyrans et persecuteurs qui l'avoyent precedé, il adjousta à son edict qu'il n'y eust personne qui donnast à manger ni à boire aux prisonniers, ains qu'on les laissait là mourir de faim, disant que c'estoit chose inique d'user de misericorde et d'humanité envers ceux, lesquels il avoit condamnez par ses [343] loix. Et par ainsi les povres prisonniers mouroyent de faim par grandes troupes és prisons. Et puis pour manifester encore plus ouvertement sa cruauté, il exerça incontinent la rage d'icelle sur les ministres de l'Eglise et s'attacha premierement à ceux qui estoyent les plus renommez, à cause de leur doctrine et de leur science et vertu, et les surprenoit par cauteleuses practiques, les faisant accuser de faux crimes, principalement d'injures contre luy. Et puis, sans autre inquisition du faict, il les faisoit punir, se contantant qu'ils eussent esté deferez, nonobstant qu'il n'en eust aucune preuve. Et quant à ceux qui ne vouloyent communiquer aux sacrifices des idolatres, il ne les livroit pas entre les mains des bourreaux pour les faire mourir par iceux, comme les autres tyrans ses predecesseurs, mais les remettoit entre les mains des bouchers afin qu'ils les tuassent comme les porceaux et les autres bestes, et qu'ils les missent par pieces et puis jetassent les pieces en la mer pour la nourriture des poissons.

T. Voila encore une autre nouvelle cruauté incognue aux aages precedens.

D. Quant aux temples des Chrestiens, lesquels il avoit paravant fait edifier suyvant les edicts communs de luy et de Constantin, il les fit derechef ruyner, et faisoit tous ses efforts pour surmonter en cruauté tous les autres tyrans qui avoyent esté devant luy. Et quant aux lois romaines, il convertissoit en toute barbarie celles qui estoyent bonnes et honnestes. Et comme il brusloit d'avarice insatiable, ainsi il imposoit nouvelles tailles et remplissoit de tributs les pays lesquels il vuidoit d'habitans. Et [344] si par ses meschantes practiques il avoit fait bannir quelques grans et riches personnages ou autres, il prenoit leurs femmes legitimes pour les joindre par mariage avec ses serviteurs et satelites. Et combien qu'il fust desja aagé, toutesfois il se delectoit fort en adulteres et en corruptions et violemens de pucelles. Et suyvant sa cruelle nature, il fit mourir beaucoup d'hommes nobles et vertueux pour autant qu'ils ne vouloyent pas renoncer la religion chrestienne, et ravit les biens et les femmes de plusieurs. Au moyen de quoy, grand nombre de bannis et de fugitifs se retirerent à Constantin, lesquels luy demanderent aide pour les Chrestiens.

Des remonstrances faites par Constantin à Licinius touchant la violation des edicts, et de la fierté de Licinius, et de sa guerre contre Constantin, et de sa deposition de l'empire et de sa mort.

T. Et quel secours donna Constantin aux povres affligez?

D. Pourtant que luy et Licinius avoyent d'un commun accord revoqué les edicts faicts contre les Chrestiens et en avoyent fait des autres à leur faveur, Constantin exhorta Licinius son compagnon et allié et beau-frere que, jouxte la teneur de leurs edicts, il les supportast. Mais Licinius luy respondit fierement, disant qu'il ne devoit point estre empesché par luy de faire à sa volonté en la partie de l'empire qui luy avoit esté assignee et qu'il avoit en gouvernement. Et non content de cela, il menaça encore Constantin de [345] luy faire guerre et s'esleva quant et quant contre luy. Constantin donc voyant que Licinius ayant desja violé le premier edict avoit encore rompu l'alliance et la paix, print en main la juste defense de ceux qui estoyent opprimez par Licinius contre la cruauté toute manifeste d'iceluy et luy fit la guerre en laquelle Licinius fut vaincu.[61] Et depuis Licinius rassembla encore une armee. Mais estant vaincu pour la seconde fois, il demanda la paix à Constantin auquel il envoya sa femme Constance, soeur de Constantin, laquelle impetra de son frere la vie de son mari, mais à telle condition qu'estant du tout despouillé de l'empire il vesquist comme homme privé avec sa femme en Thessalonique.[62]

T. Voila desja une bonne recompense pour avoir rompu l'edict de pacification et l'alliance qu'il avoit faite avec Constantin tant par mariage que par compagnie en l'empire.

D. Il luy advint bien encore pis. Car pource que quelque temps apres il voulut encore remuer quelque chose de nouveau, il fut tué en Thessalonique, mesme par les soldats de la garnison de Constantin, lequel luy avoit fait trop de grace. Et pource luy-mesme procura et hasta sa mort par son ingratitude et desloyauté, voulant encore machiner mal contre celuy duquel il tenoit la vie.

De l'exemple que les tyrans et persecuteurs de nostre temps doyvent prendre sur les anciens, et du soin qu'on doit avoir à garder les edicts qui servent à la paix publique.

T. Il est facile à juger que Dieu a suscité Constantin pour faire justice de tous ces tyrans, desquels nous avons fait mention par ci devant, à sçavoir [346] de Diocletian, Maximian, Maxence, Maximin et Licinius. Car il a esté l'instrument et le moyen par lequel Dieu les a tous osté du monde.

D. Constantin en a encore rendu plus certain tesmoignage puis apres estant demeuré seul en l'empire. Car il a remis les loix et la justice au dessus qui avoyent du tout esté abolies. Et ayant trouvé les provinces desertes et destruites, non seulement par les guerres civiles, mais aussi par la cruauté et les persecutions des tyrans contre les Chrestiens, il restaura et les eglises et l'empire. Parquoy il n'a pas esté surnommé sans cause le grand Constantin comme le grand Alexandre.

T. Voila des exemples qui devroyent mieux faire penser aux tyrans et persecuteurs de nostre temps qu'ils ne font, quels jugemens de Dieu leur peuvent tomber sur la teste, si haut montez qu'ils soyent, s'ils s'attachent à luy et à son Eglise. Car il n'y en a point aujourd'huy qui soyent, je ne di pas plus grans, mais mesme si grans que ceux-la. Et si Dieu n'a pas espargné les tyrans et persecuteurs qui estoyent du tout ignorans de la religion chrestienne et ennemis ouvers d'icelle, il ne faut pas qu'ils pensent qu'il espargne d'avantage ceux qui se glorifient du nom de Chrestien s'ils sont cependant autant ou plus cruels contre les enfans et serviteurs de Dieu que ces anciens tyrans.

D. Il ne nous en faut pas aller cercher les exemples si loin. Car il y en a eu assez de nostre temps ausquels Dieu a donné des advertissemens à suffisance pour leur faire entendre quel profit leur est advenu de leurs persecutions, et combien il est dangereux de remuer et violer les edicts [347] qui servent à la paix et au repos publique. Car cela ne peut advenir sans attirer de grans troubles apres soy, qui ne sont pas puis apres faciles à appaiser, ains amenent souvent de grandes guerres civiles et fort dangereuses et grans changemens au monde comme il advint du temps de Constantin et de Licinius.

Du changement qui advint en l'empire du temps de Constantin et de Licinius, et de l'importance de la cause et du different qui a esté entr'eux.

T. Que s'en est-il ensuyvi de cela?

D. Nous pouvons bien mettre le changement qui advint alors en l'empire entre les principaux qui sont jamais advenus au genre humain. Car il a esté plus difficile, et pour une cause beaucoup plus grande que celuy qui advint par la guerre de Jules Cesar contre Pompee, et par celle d'Auguste contre Antoine, pour raison desquels tout l'Orient et l'Occident et tout l'empire furent esmeus. Car Constantin et Licinius estoyent princes tous deux vaillans et de grand courage, et fort puissans. Et la cause pour laquelle ils ont combattu a esté la plus grande qui pouvoit estre. Car il n'a pas seulement esté question, lequel des deux seroit empereur, amis aussi laquelle des religions seroit du tout abolie, ou la chrestienne ou la payenne, et si tout le monde auroit à l'advenir des empereurs et des princes chrestiens qui aboliroyent du tout les religions payennes, ou des payens qui aboliroyent [348] totalement la religion chrestienne. Et comme Constantin soustenoit la meilleur cause, ainsi il eut grande aide de plusieurs nobles et excellens capitaines et soldats, desquels les peres et meres et autres parens et amis avoyent esté pillez et saccagez, et cruellement occis par les persecutions desquelles nous avons fait mention.

Du jugement de la cause qui a esté entre Constantin et Licinius, et ceux qui en icelle ont suyvi tant l'un que l'autre.

T. Puis que Constantin estoit aussi bien leur prince et empereur comme Licinius, et qu'il soustenoit la justice et la bonne cause, ils n'ont point fait à mon advis acte de mutins et de seditieux d'aller demander justice à Constantin et l'observation des edicts, desquels il devoit estre conservateur et protecteur. Car ils ne se sont pas revoltez contre leur prince pour se rendre à un estranger, ains sont seulement allez demander faveur et justice de celuy qui la leur devoit selon Dieu, comme aussi Dieu luy a assisté pour la faire.

D. Il ne faut point douter pourtant que les tyrans Licinius et les payens et idolatres qui luy estoyent adherans ne les tinsent pour tels. Car si Licinius eust esté quelque prince estranger ou sujet et vassal de Constantin qui fust de son authorité privee venu rompre l'edict du prince souverain et luy meurtrir ses sujets pour son plaisir ou par sa fureur, il n'eust pas eu tant d'apparence qu'il avoit. Car puis qu'il estoit compagnon en l'empire et non pas sujet de Constantin, il semble bien qu'il avoit [349] puissance là où il regnoit pour sa part de faire vivre ses sujets comme il vouloit et en faire à son plaisir.

T. Mais on dit que qui a compagnon a maistre. Car puis qu'ils avoyent alliance et qu'ils avoyent fait les edicts par ensemble d'un commun accord, il n'appartenoit pas à l'un de les changer et encore moins de les rompre sans le vouloir et le consentement de l'autre, veu qu'il n'y avoit non plus de puissance. Car cela estoit comme enjamber sur son compagnon et s'eslever par dessus luy.

D. Je le t'accorde tresvolontiers. Et pourtant considere si la cause de Licinius a esté mauvaise, pour les raisons que nous avons alleguees, et si pour ceste raison Dieu l'en a puni, combien celle des sujets pourroit estre approuvee qui romproyent les edicts de leurs princes, et si Dieu quoy qu'il tarde les en laissera impunis.

T. Il est facile à juger.

De l'assistance de Dieu envers Constantin et des bonnes ordonnances d'iceluy.

D. Or comme Dieu a donné victoire à Constantin contre tant de tyrans, ainsi il luy a grandement assisté en tout son gouvernement. Car il a fait de bonnes loix[63] pour la conservation des mariages et de l'honnesteté, par lesquelles il a ordonné peine de mort contre les adulteres et les bougres et les sodomites, et a defendu la pluralité de femmes, et a derechef confermé les edicts par lesquels il avoit defendu qu'on ne fist point d'injure aux Chrestiens à cause de la religion. Et si ordonna encore qu'ils fussent receus aux honneurs et aux offices comme les autres, et que les temples des payens fussent clos, et ceux des Chrestiens fussent rediffiez, et que leurs [350] pasteurs et ministres eussent gages et revenus pour leur entretenement.[64]

T. Dieu suscita ce bon empereur pour donner quelque paix et repos à son Eglise apres tant de cruelles persecutions qu'elle avoit endurees de si long temps.

D. Il y avoit passé trois cens ans qu'elle avoit tousjours esté sous la croix. Car l'empire de Constantin a commencé l'an 310 et a donné la paix à l'Eglise l'an 318. Et Constantin a esté fort contraire à Licinius, notamment au regard des bonnes lettres et des hommes savans et vertueux. Car il leur a porté grande faveur et n'a pas enduré que les gouverneurs et officiers des provinces les ayent opprimees, ains a ouy les plaintifs d'icelles et leur a fait raison.

T. Voila des oeuvres dignes d'un bon prince.

Des persecutions de l'Eglise par les heretiques et par Julien l'Apostat, et de la generation, nourriture, instruction et apostasie d'iceluy.

D. Mais depuis que l'Eglise a par le moyen d'iceluy obtenu la paix contre les tyrans et les persecuteurs estrangers, elle a eu la guerre contre les ennemis domestiques plus dangereuse que jamais, à sçavoir contre les heretiques qui ont aussi esté seduits par eux ont fort mal traité les vrais fideles qui sont demeurez les plus fermes en la pure doctrine chrestienne. Mais il n'y en a point eu par lequel elle ait esté en plus grand danger ne si mal traittee que par Julien l'Apostat, [65] neveu du [351] grand Constantin. Car il estoit fils de Constantius frere d'iceluy. Il fut instruit en son jeune aage en la doctrine de l'Eglise chrestienne, premierement à Constantinoble[66] et en toutes bonnes lettres. Et entre les autres maistres qu'il eut, il fut disciple d'Ecebolus en l'art de rhetorique, lequel du temps de l'empereur Constantius se monstroit fort fervant en la religion chrestienne de laquelle il faisoit pour lors profession.[67] Et puis sous l'empire de Julien, il se revolta aussi comme Julien, et de Chrestien se fit payen comme luy. Et puis apres la mort de Julian, voyant que l'empereur estoit Chrestien, il se fit derechef Chrestien, changeant de foy et de religion selon la foy et religion des empereurs. Et pour revenir à la premiere institution de Julien depuis Constantinoble, il fut enseigné par l'evesque de Nicomedie[68] et au college de ladite ville. Et pource qu'il estoit de bon esprit et eloquent, il fut bien tost fait lecteur en l'Eglise. Mais depuis il se destourna de la religion chrestienne et commença à se degouster de la doctrine d'icelle[69] et à la mespriser par grand orgueil, et à luy preferer les opinions payennes nees en la raison humaine. Et apres qu'il en fut venu jusques à ce poinct, finalement il se revolta tout manifestement et se declara ennemi ouvert de Jesus Christ.

Des causes du revoltement de Julien l'Apostat contre la religion chrestienne, et de ceux qui de nostre temps suyvent son exemple.

T. Qui a esté la cause de ce revoltement?

D. Il [352] y avoit en ce temps-la un rhetoricien en nicomedie, homme fort eloquent nommé Libanius[70] qui faisoit la leçon en rhetorique et en lettres humaines. Et combien que les Chrestiens ne luy envoyoyent pas leurs enfans, à cause qu'il estoit payen et idolatre, et qu'il fust defendu expressement à Julien par Constantius de ne l'aller ouir, toutesfois à cause que Julien estoit d'un esprit curieux et fretillant, il lisoit secretement les livres d'iceluy pour le commencement, et puis commença à le destourner de la doctrine chrestienne et le faire incliner du costé des payens. Et il luy fut fort facile. Car il contrefaisoit plus le Chrestien à cause de l'empereur Constantius, lequel il craignoit, qu'il ne l'avoit jamais esté à la verité, comme aussi l'evenement et l'experience l'ont finalement declaré.[71] Et depuis qu'il eut ce beau commencement, il print familiarité de peu à peu avec des autres payens, hommes eloquens et grans philosophes, qui furent cause qu'il eut ainsi en dedain la doctrine chrestienne, à cause qu'il ne la pouvoit pas si bien comprendre par sa raison humaine comme la doctrine payenne.

T. Il luy advint donc presque le semblable qu'à plusieurs de nostre temps, qui sont autrement hommes de bon esprit et de maison, lesquels sont destournez de la vraye religion par un tas d'orateurs et de poetes et de philosophes qu'on appelle humanistes et naturalistes, qui se moquent de toutes les choses qu'ils ne peuvent comprendre par leur raison naturelle. Mais il y a difference entre [353] ceux-ci et les maistres par lesquels Julien a esté destourné de la religion chrestienne, en ce que ces maistres, de Chrestien l'ont fait payen et luy ont fait suyvre la fausse religion au lieu de la vraye, mais les autres, desquels je parle maintenant, sont leurs disciples de Chrestiens ou de superstitieux et idolatres, du tout epicuriens et atheistes.[72]

D. Depuis que Julien a eu ce beau commencement il est bien encore passé plus outre et a fait de mal en pis. Car la vanité et curiosité de son entendement l'a fait addonner aux arts magiques, de sorte que, suyvant la doctrine des magiciens, il a mesme sacrifié des hommes pour s'en servir en devinations.

Pourquoy les magiciens et tous ceux qui usent de mauvais art et vivent de meschantes pratiques sont ordinairement ennnemis de la vraye religion.

T. Puis qu'il s'est oublié jusques là, ce n'est pas de merveille s'il est devenu ennemi de la religion chrestienne, veu que les arts magiques ne peuvent consister avec icelle, à cause qu'elle decouvre leur vanité et leurs meschancetez et abominations et qu'elle les empesche.

D. Il ne faut point douter que les magiciens qu'il a eus pour maistres ne luy ayent bien fait entendre ceci. Car ils se vantoyent de faire leurs oeuvres par la vertu de leurs dieux. Et pourautant que la vertu du vray Dieu qui s'est manifesté en Jesus Christ les empeschoit en icelles, comme il est advenu à Simon le magicien en Samarie et Elymas en Paphe,[73] ils donnoyent à entendre à ceux qui estoyent seduits par eux que cela advenoit à cause que leurs dieux ne vouloyent pas [354] besongner et manifester leur vertu pour raison de la haine qu'ils portoyent aux Chrestiens comme à leurs adversaires et à hommes profanes et ennemis de leur religion. Car pourautant qu'ils condamnoyent les superstitions et les idolatries, les payens les tenoyent presque comme pour atheistes. Et d'autre part cela est ordinaire que tous ceux qui usent de mauvais art ou qui abusent des bons et qui vivent de mauvaises pratiques sont tousjours mortels ennemis de l'Evangile et de la vraye religion. à cause que son office est de reprendre et condamner toutes choses mauvaises et reformer tous estats.

T. Il y en a aujourd'huy plusieurs qui suyvent l'exemple de Julien aussi bien en ce poinct de la magie comme au premier duquel tu as desja parlé. Car il ne leur suffit pas de preferer les lettres humaines aux lettres divines comme des payens, ains s'adonnent aussi à devinations et autres telles curiositez, ausquelles ils adjoustent plus de foy qu'à toutes les propheties des prophetes.

D. Ils meritent bien d'avoir le diable pour maistre, comme ils l'ont puis qu'ils aiment mieux estre ses disciples que de Dieu et de son Fils Jesus Christ. Il en ont aussi ordinairement le salaire qu'ils meritent.

De l'Empire de Julien et des moyens par lesquels il y est parvenu, et de son hypocrisie, et de l'empereur Constantius.

T. Et comment s'est gouverné Julien apres avoir passé par les mains de tels maistres?[74]

D. Il a regné six ans avec son cousin germain Constantius, le troisieme fils du grand Constantin qui l'avoit [355] fait Cesar et adjoint avec soy à l'empire. Et durant ce temps auquel il a esté loyal à l'empereur et qu'il a mené justes guerres sous luy, tout luy a fort bien succedée. Mais il fut finalement si desloyal qu'il s'esleva comme seditieux contre luy, s'estant fait declarer empereur Auguste par les soldats desquels il avoit la conduite. Vray est qu'il a bien fait semblant de le refuser et qu'il s'est fait contraindre par les gendarmes. Mais il a clairement monstré puis apres combien ce jeu luy desplaisoit. Il a tousjours esté un fin et dangereux renard et grand hypocrite. Et pour ce, avant que Constantius luy fit la guerre, il admonesta les gendarmes de s'y preparer. Et pourautant qu'il y avoit beaucoup de Chrestiens en son armee, il commanda qu'un chacun adorast les dieux qu'il voudroit et que tous suyvissent la religion qu'il leur plairoit, afin que par ce moyen il contentast les uns et les autres jusqu'à ce qu'il eust mieux le pied en l'estrief pour chevaucher puis apres comme il voudroit, quand il seroit mieux confermé en l'empire. Et afin qu'il ne semblast estre contraire à la religion chrestienne, il entra mesme au temple avec les Chrestiens[75] le jour de la feste de la nativité de Nostre Seigneur et assista avec eux au service divin. Or depuis que les gendarmes l'eurent fait empereur, Constantius mourut bien tost apres en s'en retournant de la guerre des Parthes, laquelle il avoit laissee pour aller à la guerre civile que Julien luy avoit suscitée par son revoltement et sa trahison. Et dés lors Julien demeura seul empereur.

Des moeurs et de la religion de Constantius, et des [356] *moyens desquels Julien a usé contre luy pour le mettre en haine et pour acquerir pour soy la bonne grace des sujets.*

T. Et Constantius, auquel ce traistre a rendu si mauvaise recompense pour les frans benefices qu'il avoit receus de luy, avoit il esté assez juste et moderé en jugement et justice.

T. Ce mal est assez commun és cours des meilleurs princes mesmes, à cause de tels mauvais conseillers qui ont gagné leur oreille.

D. Il a eu encore cest autre plus grand mal qu'il s'est laissé seduire par les heretiques arriens[76] et qu'il leur a favorisé contre la pure doctrine de la foy et de la vraye Eglise. Parquoy ce n'est pas de merveille si dieu l'en a chastié, tant par beaucoup de guerres civiles qu'il a eues durant son empire, par lesquels il a esté fort troublé, que par le lasche tour que Julien luy a joué, lequel a usé de merveilleuses practiques contre luy pour le rendre odieux à ses sujets et pour se mettre en leur bonne grace. Car pourautant que Constantius estoit adversaire de la religion payenne[77] à cause qu'il estoit Chrestien, il estoit hay d'une part des payens. Et quant aux Chrestiens, il estoit hay d'une part des payens. Et quant aux Chrestiens, à cause qu'ils estoyent divisez entre eux et que luy soustenoit le parti des arriens, let autres qui estoyent les vrais fideles n'estoyent pas bien contens de luy. Julien donc print occasion de ceste haine et mal-vueillance pour se rendre plus aimable tant aux uns qu'aux autres, [357] afin qu'il les eust tous plus favorables. Et pour ce au commencement de son empire, il tascha d'entretenir les uns et les autres en gratifiant à toutes les parties en quelque chose. Au moyen de quoy il se monstra fort favorable et doux et clement envers les Chrestiens, faisant rappeler les bannis et les fugutifs qui avoyent esté chassez durant les troubles suscitez en l'Eglise à l'occasion des arriens.[78] Il faisoit pareillement restituer les biens qui avoyent esté confisquez et defendoit qu'on ne fist aucune injure aux Chrestiens et qu'on ne les contraignist point contre leur religion. En quoy, comme il estoit fin et caut, il a eu principalement trois considerations. la premiere, qu'il vouloit par ce moyen aquerir bruit et renom d'estre prince humain et clement et benin à tous.[79] La seconde, pourautant qu'il avoit bien cognu que les tyrans n'avoyent jamais rien gagné sur la religion chrestienne par leurs persecutions et violences. A raison de quoy il estimoit que c'estoit chose folle de vouloir contraindre les Chrestiens par force et tormens. La troisieme, qu'il voyoit en quel danger il eust mis tout son empire, veu le grand nombre de Chrestiens qui y estoit et l'authorité qu'ils avoyent desja obtenue touchant leur religion. Parquoy il cognoissoit bien qu'il n'en pourroit venir à bout par force. Voila donc comment il se comportoit avec les Chrestiens en ses premiers commencemens. Et d'autrepart, pour mieux avoir les payens à sa devotion, il commanda que leurs temples, lesquels ses predecesseurs depuis le temps de Constantin avoyent fait clorre, fussent derechef [358] ouvers et qu'on sacrifiast aux dieux comme paravant. Et pourautant que sa deliberation estoit de redresser la religion payenne et d'abbatre et abolir la chrestienne tant qu'il pourroit, il s'est tousjours depuis monstré plus favorable aux payens qu'aux Chrestiens. Et puis s'est finalement du tout descouvert leur ennemi.

Des seditions qui ont esté entre les Chrestiens et les payens depuis le revoltement de Julien, et comment les Chrestiens ont esté traittez en icelles.

T. Puis donc que Julien s'est ainsi declaré ennemi de la religion chrestienne et fauteur et protecteur de la payenne, je ne doute point que les payens n'ayent bien levé les cornes et qu'ils n'en soyent devenus bien fiers et insolens.

D. Il est facile à juger pour beaucoup de raisons. La premiere, pource qu'il n'estoyent pas instruicts comme les Chrestiens en modestie et douceur, benignité et patience. A cause de quoy ils estoyent impatiens et vindicatifs et du tout furieux. Et tant plus ils avoyent esté tenus en serre par les bons empereurs chrestiens, et tant plus ils estoyent enragez comme une beste sauvage qui est eschappee, ayant rompu ses liens et chaines.[80] Et pourtant à la moindre occasion qui se presentoit ils s'eslevoyent en plusieurs villes contre les Chrestiens et esmouvoyent seditions et tumultes. Et quand ils pouvoyent estre les plus forts, ils en faisoyent de beaux carnages et n'ommettoyent aucune de leurs cruautez accoustumees. Car tous couroyent dessus les Chrestiens, hommes, femmes, et petis enfans, et leur fai[359]soyent tous les opprobres et outrages qu'ils pouvoyent, comme il se fait en une fureur populaire. Mais leur plus grande haine et rage estoit contre les ministres de l'Eglise pource qu'ils les prenoyent pour ceux qui estoyent la principale cause qu'on leur avoit osté l'exercise de leur religion, et fait clorre et ruyner leurs temples, et abatre leurs idoles, entant qu'ils avoyent descouverts les erreurs et abus et abominations de leur fausse religion. Et pource ils s'en vengeoyent sus eux principalement et sur les autres Chrestiens qui s'estoyent monstrez plus grans zelateurs contre leurs idoles et leurs faux dieux et fausse religion, et qui avoyent le plus travaillé à l'abolir. Et pourautant qu'ils se sentoyent supportez de l'empereur et qu'ils savoyent bien qu'il haissoit les Chrestiens et leur religion, et qu'il ne desiroit que l'abolition d'icelle pour establir la religion payenne, ils s'asseuroyent bien, ou qu'ils seroyent advoüez des violences et massacres qu'ils faisoyent, ou pour le moins, que tout seroit passé par connivence et qu'ils en demeurroyent impunis, comme il est aussi advenu. Car tant s'en faut que l'empereur en ait fait inquisition pour punir ceux qui avoyent le tort et qui estoyent les autheurs des seditions et troubles, qu'au contraire il en accusoit les ministres et les autres qui avoyent charge en l'Eglise[81] et les menaçoit de les chasser tous comme perturbateurs de la paix publique.

T. Voila une fort bonne procedure pour remedier aux troubles et seditions.

Des calomnies de Julien contre les ministres de [360] l'Eglise et de ceux qui en cela suyvent son exemple, et des autres ennemis anciens de l'Evangile.

D. Or s'il en vouloit principalement aux ministres, il haissoit encore le plus entre eux ceux qui estoyent des plus excellens. Et pource entre les autres, il commanda aux Bostrenses[82] de chasser de leur cité Tite leur evesque et pasteur, lequel escrivit un livre à l'empereur pour son excuse et sa purgation, par lequel il luy declaroit que tant s'en faloit qu'il fust cause de l'inimitié et des dissensions qui estoyent entre les Chrestiens et les payens, qu'au contraire c'estoit luy qui par ses admonitions et remonstrances avoit, à l'aide de Dieu, contenu les Chrestiens en modestie et les avoit gardez d'esmouvoir aucune sedition. Et Julien, ayant receu le livre et l'excuse d'iceluy, fut si meschant que pour mettre en haine le pasteur envers les Chrestiens qui estoyent en la ville, il leur escrivit que Tite leur ministre les avoit accusez vers luy, disant que par ses admonitions il avoit arresté le peuple et l'avoit gardé de sedition, et que cela venoit de luy et non pas de la propre volonté du peuple, comme s'il eust plus fait pour luy que pour l'honneur et reverence qu'il devoit à l'empereur. A raison de quoy il exhortoit le peuple à le chasser de la ville comme son ennemi.

T. Il a bien monstré en cela qu'ils estoit fort malin et vilain calomniateur.

D. Il y en a plusieurs qui font aujourd'huy le semblable et qui sont marris quand les ministres sont paisibles et quand par leurs admonitions ils contiennent le peuple en modestie et en paix, à cause que par ce moyen ils les empeschent de faire le mal qu'ils [361] voudroyent faire. Car ils seroyent bien aises qu'il y eust des mutinations et des seditions, desquelles ils puissent attribuer la coulpe aux fideles, afin que sous ceste couleur ils puissent prendre occasion de les chasser et persecuter, et l'Evangile avec eux, et de piller et saccager leurs maisons, et qu'ils puissent obtenir quelques bonnes confiscations de leurs biens. Car il y a des prodigues et des affamez qui en ont bien besoin, et des ravisseurs et gouffres insatiables qui ne peuvent jamais estre remplis. Et pource au lieu qu'ils devroyent contenir les peuples en paix, et principalement quand les princes leur ont declaré que telle est leur volonté, ce sont ceux-la par le contraire qui luy donnent toutes les occasions qu'ils peuvent pour le desbaucher et l'esmouvoir, laschans la bride aux mutins et seditieux et aux pas plus meschans pour agasser et irriter ceux qui ne leur demandent rien, ains se tiennent tout coy ne desirans que vivre en paix et en amitié avec un chacun. Et ceci est aussi la cause pourquoy les vrais ministres de l'Evangile qui n'exhortent qu'à paix et union et concorde leur sont intolerables et les appellent mutins et seditieux et prescheurs de sedition, et les accusent vers les rois et les princes de tels crimes pour les mettre en leur indignation et male-grace, et pour les faire puis apres chasser ou mourir. Et cependant ils endurent les prescheurs qui sont de leur costé et de leur religion, si ainsi est qu'ils en ayent quelcune qui n'ont jamais en la bouche qu'injures et propos seditieux, comme si c'estoyent des trompettes de guerre, et qui n'espargnent ne rois ne roines, ne princes ne [362] princesses, ne nobles ne vilains, qu'ils ne blasonnent et deschirent publiquement, voire mesme quelque fois jusqu'à les nommer par leurs propres noms ou à les descrire en telle maniere qu'il ne reste plus fors que les nommer. Mais ceux-la ont congé de tout dire, sans aucune reprehension et punition. Et si ceux qui les soustiennent ne peuvent par leurs agassemens et irritations inciter les fideles à faire quelque emotion et folie pour commencer quelque sedition, eux-mesmes la commencent et puis ils en accusent ceux-la ausquels ils ont fait le tort et demandent à ceux ausquels ils ont fait le tort et demandent à ceux ausquels ils doyvent. Et le pis est encore qu'ils n'ont pas faute de tesmoins pour prouver tout ce qu'ils veulent ni aussi souventesfois de juges menez de mesme affection qu'eux et qui sont du tout à leur devotion.

T. Voila un grand danger pour ceux qui vivent entre tels personnages et qui ont affaire à eux. Parquoy il est bien de besoin qu'ils se gouvernent prudemment et sagement, et qu'ils se contiennent en toute modestie et patience, recommandans à Dieu leur bonne cause et leur bon droict.

Des edicts de Julien contre les Chrestiens touchant les honneurs et les escoles, et des practiques desquelles il a usé contr'eux et leur religion en cela pour l'abolir et pour restablir celle des payens.

D. Tu peux juger par ce que tu as desja ouy des practiques de Julien, quel ennemi les Chrestiens ont eu en luy, lequel s'estant revolté contre son propre seigneur et maistre du sang duquel il estoit, et qui l'avoit tant honnoré, s'est [363] aussi revolté contre Jesus Christ le Roy des Rois, Princes des Princes et Seigneur des Seigneurs et le grand et souverain Empereur par dessus tous. Et lors il jetta bien hors le venin qu'il avoit longtemps porté enclos dedans son coeur. Car il fit des edicts contre les Chrestiens, parlesquels il commanda non seulement que les temples des idoles fussent ouverts et que le service des faux dieux fust restitué, comme je l'ay desja touché,[83] mais aussi defendit qu'ils ne fussent point receus aux honneurs militaires et qu'il ne leur fust point permis d'estre professeurs des lettres et lecteurs és escoles et colleges, afin que par ce moyen il fist renoncer la religion chrestienne à ceux qui craindroyent d'estre privez de ces honneurs et de leurs offices. Mais Dieu fit la grace, pour le moins à la plus part, qu'ils aimerent mieux tout quitter qu'abandonner leur religion.[84] Il defendit pareillement que les enfans des philosophes,[85] et que pour ceste cause les escolles ne fussent ouvertes sinon à ceux de sa religion.

T. Je suis bien esbahi pourquoy il faisoit cela. Car il me semble qu'il devoit plustost faire tout le contraire, afin que les enfans des Chrestiens, estans dés leur jeunesse instruicts en la doctrine des payens, fussent plus facilement induits à suyvre la religion d'iceux et depriser la religion chrestienne et s'en destourner du tout, comme il luy estoit advenu et l'avoit fait luy-mesme apres qu'il eut ouy Libanius et leu ses li[364]vres et ceux des autres hommes savans qui estoyent entre les payens, lesquels il avoit en si grande estime comme tu l'as declaré paravant.[86]

D. Il les prisoit et honnoroit tant qu'il en avoit sa cour et son palais tout plein, mais c'estoit d'hommes flatteurs et ambitieux qui, pour luy complaire et pour aquerir des honneurs et des dignitez et richesses autour de luy, approuvoyent et suyvoyent sa fausse religion, entre lesquels les uns estoyent tousjours demeurez payens, comme Libanius, Maximus, et autres semblables, et les autres estoyent Chrestiens reniez et revoltez, comme estoit Ecebolus, duquel j'ay desja fait mention.

T. Ils estoyent donc semblables à plusieurs de nostre temps qui abusent vilainement du savoir qu'ils ont, lequel je ne puis appeler bon, tant grand qu'il puisse estre, à cause qu'ils n'en usent pas en bien, ains font les bonnes lettres et sciences mercenaires, louans leurs langues et plumes à qui plus leur en veut donner et à ceux desquels ils peuvent esperer plus grand avancement et recompense selon le monde sans avoir aucun regard à Dieu ni à religion quelconque, ains seulement à leur ambition et avarice, et à leurs voluptez et plaisirs.

D. Selon la theologie des poëtes, Minerve et les muses, qui sont tenues pour les deesses de science entre les payens, sont aussi toutes tenues pour vierges par eux, mais ceux-ci les prostituent comme des putains publiques, les faisans plus servir au diable qu'à Dieu et à vice qu'à vertu.

Des moyens par lesquels Julien a tasché d'empescher que les Chrestiens ne fussent instruicts és lettres ni divines ni humaines, et des raisons pourquoy.[365]

T. Nous voyons tous les jours de grans jugemens de Dieu sur ceux qui abusent de ses dons tant corporels que spirituels. Mais pour revenir aux edicts de Julien, je suis esbahi comment il n'a plustost defendu que les jeunes enfans ne fussent point instruicts en la doctrine des Chrestiens qu'en celle des payens.

D. Il eust bien voulu, s'il eust peu, faire ce que tu dis. Car quand il a defendu qu'il n'y eust point de maistres d'escoles, ne de regents et professeurs chrestiens, il a bien voulu par ce moyen empescher que les jeunes enfans ne fussent point instruicts par bons maistres, desquels ils puissent recevoir bonne instruction touchant la religion chrestienne. Et d'autrepart, il a travaillé tant qu'il a peu à chasser les docteurs et les pasteurs et ministres des eglises[87] afin que par ce moyen les peuples demeurassent sans exercice de leur religion et sans doctrine et discipline chrestienne, estimant que s'ils demeuroyent guerre long temps en cest estat, et grans et petis oublieroyent facilement leur religion et l'auroyent en nonchaloir et mespris. Et pour mieux parvenir à chef de ses desseins, il osta aux eglises les biens qu'elles pouvoyent avoir et les revenus qui leur avoyent esté assignez par Constantin[88] afin qu'elles n'eussent auxun moyen d'entretenir ne ministres, ne docteurs ni escoles ni escoliers, ne les vefves et autres povres personnes, lesquelles l'Eglise avoit accoustumé d'alimenter et substanter. Et quant aux lettres humaines, il estoit marri que les Chrestiens y fussent tant savans, qu'ils faisoyent la guerre par icelles aux payens mesmes, les combattans par leurs propres livres, comme par leurs propres [366] glaives par lesquels ils leur monstroyent la vanité, fausseté et les abominations de leurs faux dieux et fausse religion. Et pource il disoit: "Nous sommes blessez par nos propres plumes."[89] Car les hommes savans és lettres humaines qui estoyent entre les Chrestiens en savoyent mieux faire leur profit que les payens et les epicuriens et les atheistes, à cause qu'ils cognoissoyent mieux le vray usage d'icelles, lequel ils avoyent appris à cognoistre par la parole de Dieu. Au moyen de quoy ils les savoyent faire servir à l'honneur et à la gloire d'iceluy, et à la vraye religion, et à la honte et confusion de la fausse, et des faux dieux.

T. Puis que les ennemis de l'Evangile ont si grand peur que la verité ne soit cognue et que leurs erreurs et abus ne soyent descouvers, je m'esbahi comment ils se contentent de defendre seulement les livres des lettres divines et, qu'à l'exemple de Julien, ils ne defendent aussi la lecture des leurs aux fideles, par lesquels on les convainc journellement de leur fausse doctrine et religion.

D. Je croy qu'ils n'y ont pas si bien pensé ne de si pres que Julien, lequel a encore fait beaucoup d'autres choses, tendant tousjours à la diminution et abolition de la religion chrestienne et au restablissement de la payenne.

T. Qu'a-il encore fait d'avantage?

De l'hypocrisie de Julien et de sa feinte reformation touchant la religion payenne, et des causes d'icelle et de ses moqueries et brocards contre les Chrestiens. [367]

D. Pource qu'il voyoit que la religion payenne n'avoit point si beau lustre que la chrestienne en honnesteté et saincteté de vie, et que les payens n'y estoyent point ainsi affectionnez comme les Chrestiens à la leur, il en estoit fort marri et leur en faisoit de grans reproches, et principalement de ce que plusieurs femmes et serviteurs des prestres mesmes de ses dieux suyvoent la religion chrestienne.[90] Il leur proposoit aussi la charité et liberalité des Chrestiens, non seulement envers les leurs, mais aussi envers tous autres de quelque religion qu'ils fussent, voire mesme envers leurs ennemis. Et pource que charité et liberalité sont vertus fort populaires et de grande efficace pour gagner les coeurs des hommes, il a fait tout ce qu'il a peu pour estre veu charitable et liberal afin qu'il obscurcist tant qu'il pourroit ceste louange et gloire de la religion chrestienne par dessus toutes les autres. Et pource, voulant reformer la religion payenne, il prit le patron et la forme de sa reformation sur celle des Chrestiens, contrefaisant leur forme de discipline et leur maniere de faire en apparence exterieure en tout ce qu'il pouvoit.

T. Il estoit en cela beaucoup plus caut et plus hypocrite que la plus part des ennemis de l'Evangile qui soustiennent au jourd'huy la fausse religion. Car il y en a de tant desbordez en blasphemes et tous vices que cela pourroit suffire pour degouster toutes personnes de bon entendement et craignant Dieu de leur religion.

D. Il y en a bien aussi des autres qui suyvent l'exemple de Julien en contrefaisant beaucoup des choses qu'ils enpruntent de l'Eglise [368] reformee. Au surplus Julien pour encore mieux honorer sa religion payenne, fit battre sa monnoye du coin des dieux et idoles des payens et des hosties qu'il avoit accoustumé de leur sacrifier le plus ordinairement. [91] Et pour mieux esbranler ceux qui estoyent des plus debiles et plus mondains entre les Chrestiens, il a deposé les uns de leurs offices et de tous honneurs, et en a banni plusieurs, et fait mourir les autres. Il a pareillement usé de brocars for venimeux contre eux. Car pourtant que Jesus Christ a dit : "Bienheureux sont les povres, car le royaume des cieux est à eux," [92] il disoit par moquerie qu'il feroit les Chrestiens bien-heureux, les appovrissant et que, les despouillant de leurs biens, il les rendoit plus legers pour aller au royaume celeste. Et quand les Chrestiens s'alloyent pleindre à luy des torts, injures et violences que les payens leur faisoyent à cause de leur religion il, leur respondoit : "Vostre office est de souffrir patiemment les maux qui vous sont faits car c'est le commandement de vostre Dieu." [93]

T. Il y a bien encore aujourd'huy de tels moqueurs entre les ennemis de l'Evangile qui font de telles responses et baillent de tels brocars à ceux qui en font profession.

Des propos tenus entre Mares, evesque chrestien, et l'empereur Julien, et des diverses armes par lesquelles Julien a fait la guerre à l'Eglise.

D. S'il a prins plaisir à se moquer de la religion chrestienne et à blasphemer Jesus Christ par ses brocars, il a bien aussi quelquesfois rencontré des personnages craignans Dieu qui luy ont fait des responses telles qu'il les meritoit, et qui l'ont bien [369] osé reprendre de son apostasie, et nommement Mares evesque de Calcedone, [94] lequel l'a appelé publiquement meschant et apostat et atheiste, [95] auquel Julien ne sçeut respondre autre chose, sinon que voyant qu'à cause de sa vieillesse il estoit mené par la main comme aveugle pour la debilité de ses yeux, il luy dit par moquerie en blasphemant Dieu : "Ton Dieu galiléen mesme ne te peut pas guerir." Surquoy Mares luy respondit : "Je ren graces à Dieu de ce que je suis aveugle. Car ceci a esté fait par sa providence afin que je ne te visse tel que tu es, homme sans crainte de Dieu et si meschant que tu es."

T. Et que luy respondit Julien, ayant ouy ceste response?

E. Il avalla cela tout doux comme laict. Car il estimoit qu'il confermeroit mieux la religion payenne s'il se demonstroit patient et benin envers les Chrestiens que s'il usoit de force et rigueur et cruauté manifeste. Il considera semblablement que ce ne luy seroit pas grand honneur de s'attacher à un povre vieillard et aveugle qui estoit sur le bord de sa fosse. Et puis il n'y a aussi point de doute que sa mauvaise conscience ne le rendist confus. Au reste pourautant qu'il estoit sçavant et eloquent, et caut et fin, il n'a pas combatu contre la religion chrestienne seulement par son authorité et puissance, mais aussi par sa langue et sa plume et par son hypocrisie. Car il menoit une vie plus que philosophale, fort sobre et fort continente et de grande apparence devant les hommes.⁹⁶

T. Voila un dangereux ennemi, lequel a fait la guerre à l'Eglise par beaucoup de sortes d'armes et toutes for dangereuses.[370]

Des calomnies de Julien ⁹⁷ contre la doctrine de Jesus Christ touchant la vengeance, et de la distinction qu'il convient mettre entre la vengeance ordonnee et non ordonnee.

D. Comme il a dit et fait tout ce qu'il a peu par subtils moyens contre les Chrestiens, ainsi il a escrit comme Lucien l'atheiste des livres contre Jesus-Christ et contre la doctrine de l'Eglise, laquelle il a calomniee fort vilainement, principalement touchant la defense qu'elle fait de la vengeance, et dit qu'elle abolit les magistrats et les jugemens, et la justice, et les punitions des malefices, et les guerres legitimes, et qu'elle introduit et conferme toutes voleries et brig. Et sous ceste couleur il ordonna que les gouvernemens des provinces ne l'administration et les offices de justice ne fussent point commis aux Chrestiens, disant que leur loy leur defend d'user du glaive.⁹⁸ Brief, il dit que c'est une doctrine qui repugne mesme au sens commun et qui oste tous les nerfs de la societé humaine et met tout le genre humain en confusion.

T. Il a bien monstré par cela qu'il estoit d'un esprit fort malin et diabolique. Car y a-il doctrine plus contraire à ce qu'il dit qu'elle conferme, ne qui conferme plus ce qu'il dit qu'elle abolit, que la doctrine chrestienne?

D. Il n'a pas entendu, ou n'a pas voulu entendre la difference qu'il faut mettre entre la vengeance privee et particuliere qu'un chacun pourroit faire pour soy en son propre et privé nom, et la vengengeance publique qui se doit faire par l'authorité du magistrat et de la justice. Car la doctrine de l'Evangile ne defend que la premiere. Et en ce[371] faisant, tant s'en faut qu'elle defende aussi la seconde, qu'elle la conferme d'avantage en defendant la premiere. Car s'il estoit loisible à un chacun de cercher et executer ses vengeances particulieres, quelles briganderies et confusions y auroit-il en tout le monde, ausquelles on couppe chemin par le moyen du glaive de la justice et du magistrat? Car puis que Dieu veut que la vengeance luy soit reservee,[99] il a ordonné les magistrats pour l'executer sur ceux qui la meritent selon les loix qu'il leur en a donnees.

De ceux qui calomnient la doctrine de l'Evangile comme Julien et Mahomet, et des docteurs qui ont escrit contre Julien, et des moqueries d'iceluy contre leurs escrits.

T. Si elle estoit permise à tous indifferemment, il ne faudroit point d'autres magistrats. Et si ainsi estoit, un chacun peut juger en quel estat le monde seroit. Mais il ne faut pas estre esbahi si Julien a ainsi parlé et escrit de la doctrine chrestienne. Car il y en a encore assez aujourd'huy qui ne la trouvent pas moins estrange que luy.

D. Pource que Mahomet a eu pour ses premiers disciples les Sarrasins qui estoyent soldats et gendarmes, et dés long temps accoustumez à pilleries, il prit aussi occasion de leur rendre la religion chrestienne plus odieuse et leur faire trouver la sienne plus convenable à leurs moeurs et affections et maniere de vivre. Et tant qu'il touche à Julien l'Apostat, les evesques chrestiens et hommes sçavans qui ont respondu à ses calomnies et qui ont escrit contre luy n'ont pas traitté la cause qu'ils demenoyent [372] si bien qu'il estoit requis contre un tel adversaire. Car au lieu de luy proposer la distinction qu'il convient mettre entre la vengeance ordonnee de Dieu et appartenante à l'ordre politique et celle qu'il a defendue contraire à cest ordre, ils ont mis en avant assez mal à propos la difference et distinction que les theologiens mettent communement entre les commandemens et les conseils, laquelle ne peut ici avoir lieu, veu que la defense que Jesus Christ fait de toute vengeance particuliere n'est point seulement de conseil, mais aussi de commandement expres.[100] Et pourtant quand Julien avoit leu les livres escrit pour la defense de la doctrine chrestienne, il les rendoit avec une brieve response par escrit en telles paroles : "Je les ay leus, je les ay entendus, je les ay mesprisez et condamnez."

T. Puis qu'il estoit empereur et sçavant aux lettres humaines, ce n'est pas de merveille si comme il estoit enflé d'orgueil, tant à cause de sa grandeur que de son sçavoir, il n'a pas tenu conte des escrits des Chrestiens faits pour la defense de leur religion, et principalement s'il a trouvé les argumens d'iceux mal fondez et mal menez. Car combien qu'ils eussent esté faits en la plus grande perfection qu'ils pourroyent estre, il n'en eust pas mieux fait son profit, veu qu'il estoit ennemi ouvert et juré de verité contre laquelle il s'estoit revolté et que par faict d'avis il avoit deliberé d'abolir du tout la religion chrestienne s'il pouvoit, à laquelle il portoit une haine extreme.

Des cauteles de Julien contre les Chrestiens et des crimes d'iceluy. [373]

D. Il a bien monstré que son intention estoit telle par ce que, non content de redresser tant qu'il pouvoit la religion payenne, il a encore incité les Juifs par haine des Chrestiens à restaurer leur religion et police, leur promettant assistance d'or et d'argent et protection et immunitez.[101]

T. Il est facile à juger par cela qu'il avoit le coeur bien envenimé contre la religion chrestienne. Car il ne donnoit pas ceste faveur aux Juifs pour amitié ni affection qu'il portast, ni à eux, ni à leur religion, veu qu'elle estoit totallement contraire à la religion payenne, laquelle il maintenoit, mais seulement pour la haine qu'il portoit à Jesus Christ et aux Chrestiens, pour les empescher et fascher par tous les moyens qu'il pourroit.

D. Pour autant qu'il voyoit bien qu'il n'en pouvoit venir à bout, ne par force ouverte ne par toutes ses cauteles et pratiques, il taschoit à les miner peu à peu et à susciter tant d'ennemis contre eux qu'il pouvoit, et à les fascher en toutes sortes pour les deffaire ainsi petit à petit et les mettre en tel desespoir que d'ennuy ils abandonnassent tout et, qu'estant fort affoiblis et diminuez, il les peust finalement plus facilement abatre du tout, ou pour le moins les mettre bien bas.

T. Mais quelle recompense en a-il finalement receu?

D. Digne de ses vertus. Car pour le premier, il a esmeu sedition contre l'empereur et a occupé l'empire d'iceluy, et depuis il a tousjours adjousté mal sur mal et peché sur peché. Car il s'est depuis declaré ennemi de Jesus Christ, et est devenu payen et idolatre et blasphemateur et magicien et cruel tyran contre les Chrestiens ausquels il a fait la guerre et par glaive et par [374] escrit, et par pilleries et confiscations de leurs biens, et par diverses cauteles et tromperies pour les induire à renoncer Jesus Christ, les uns par flatteries et par honneurs, et dons et dignitez et offices, et les autres par crainte et menaces et cruauté. [102] Il a esté plus fin que les autres persecuteurs en ce qu'il a plus persecuté les fideles par allechemens, persuasions, flateries, honneurs, gages et guerdons que par tormens et effusion de sang, et a plus gagné le peuple par ces moyens que par nul autre. Il a espouvanté les debiles et poureux par menaces et violence. Il a gagné ceux qui estoyent de plus grand coeur et ambitieux par honneurs et offices et dignitez, et les avaritieux par dons et richesses.

De la mort et de la fin de Julien.

T. Je ne doute point que la povre Eglise chrestienne n'ait lors receu une grande playe et qu'elle n'ait esté en grande douleur et tristesse, et en grande crainte.

D. Non sans cause. Car elle n'avoit point eu auparavant de tel ennemi qui, estant Chrestien renié et revolté, avoit en main et les cauteles et la force, et tout ce qu'il eust peu souhaitter pour la ruiner du tout. Mais il luy est advenu ce qu'Athanase en[103] a prophetisé pour la consolation des povres fideles, disant que c'estoit une petit nuée et un brouillas qui passeroit bien tost, comme il advint. Car bien tost apres il fust blessé au bras et au foye en la guerre contre les Perses, et si n'a-on jamais peu sçavoir au vray qui fit le coup ne s'il l'a reçeu de quelcun des ennemis ou des siens mesmes ne s'il est venu ou du ciel ou de la terre.[104]

T. Il luy est donc advenu comme à Achab qui fut blessé et tué en la ba[375]taille par un archer qui, tirant seulement à l'aventure, n'avoit pas pris sa visee sur luy.[105] Mais Dieu adressa le coup afin que la prophetie d'Elie et de Michee [106] touchant sa mort fust accomplie en luy.

D. Il a pour le moins eu cela de commun avec Achab [107] que comme Achab avoit proposé de mal traitter Michee apres son retour de la guerre en laquelle il fut occis, lequel il avoit fait mettre prisonnier avant qu'il y allast, ainsi Julien avoit bien deliberé de venir à bout des Chrestiens apres son retour de la guerre en laquelle il est demeuré. Au reste, dont que le coup soit venu, il ne faut point douter que Dieu ne l'ait adressé. [108] Et ce tyran et apostat l'a bien senti et a esté contraint de le confesser de sa propre bouche. Car estant reporté en l'ost apres qu'il fut blessé, il receut son sang en la paume de sa main et le jetta en haut en l'air par despit et comme desesperé, criant: "Tu as finalement vaincu, Galileen." Il a bien declaré par ce cri sa meschante volonté et en quelle angoisse et fremissement il estoit, et quel torment il sentoit. Il a aussi esté contraint de recognoistre le vertu et puissance de Jesus Christ, lequel il avoit accoustumé d'appeler Gailieen par moquerie. Voila l'estat auquel il a fini ses jours, aagé de trentedeux ans, estant en la fleur de son aage. Et en cela il luy est advenu le semblable qu'au grand Alexandre, auquel aussi ce glorieux tyran s'est voulu comparer. Car Alexandre est mort presque en ce mesme aage, quand il estoit au millieu de ses plus grans triomphes et qu'il estoit parvenu à sa plus grande gloire. Voila qu'il a eu de semblable avec Alexandre. [109]

Des apostats et du jugement de Dieu sur eux. [376]

T. Il a lors peu cognoistre combien il eust esté meilleur pour luy s'il eust suyvi l'exemple de son oncle Constantin le grand et de ses autres predecesseurs qui l'ont suyvi, et qu'il eust laissé vivre les Chrestiens en paix comme eux, et qu'il eust bien gardé et fait garder leurs edicts faits en la faveur de la religion chrestienne. Mais au lieu que Constantin et ses successeurs, de payens se sont faits Chrestiens, luy de Chrestien s'est fait payen. Et pource, tous les apostats et Chrestiens reniez ont un bel exemple en luy pour les faire mieux penser aux jugemens de Dieu qu'ils ne font.

D. Nous avons beaucoup d'exemples és histoires anciennes de plusieurs autres apostats et Chrestiens reniez et revoltez qui ont comme luy receu le salaire digne de leur apostasie et rovolte. Et si Dieu n'a pas espargné ceux-la mesmes qui par infirmité ont renoncé la religion chrestienne, se voyans en danger de perdre leurs biens et leur pays et mesme leur vie, il est facile à juger si ceux-la ont eschappé sa main et son jugement qui l'ont renoncee en s'en sont revoltez comme par gayeté de coeur et pour leur plaisir, non pas pour crainte d'aucun danger evident auquel ils se soyent veus, mais tout de guet à pan, seulement pour s'accommoder au temps et pour plaire aux hommes et specialement aux grans, afin que pour rassasier leur ambition et avarice et mieux vivre à leur plaisir, ils peussent parvenir à plus grans honneurs et dignitez et richesses. Car si les premiers sont une fois coulpables, qui pour crainte de povreté et de deshonneur entre les hommes ont plus estimé la perte et privation des biens terriens et des honneurs [377] mondains que celle des biens et honneurs celestes, et des richesses eternelles, et d'estre bannis de la terre que du ciel, et qui ont plus craint les prisons des tyrans que celles d'enfer, et la mort temporelle que la mort eternelle, sans nulle doute ceux-la sont doublement coulpables, qui estans hors de tous ces dangers ne se sont pas contentez des biens et honneurs qu'ils ont receus de Dieu, ains pour en avoir d'avantage, l'ont vilainement renoncé et se sont revoltez contre luy pour embrasser et suyvre le monde et le diable qui est appelé le prince d'iceluy[110] et le dieu de ce siecle,[111] qui fait telles promesses à ceux qui le veulent adorer comme nous en avons le tesmoignage en la tentation de Jesus-Christ par luy.[112] Mais ceux qui se laissent allicher par telles promesses ne s'en trouvent jamais bien. Et pource il est souvent advenu que ceux qui pour fuir la croix et mieux vivre à leur aise ont renoncé Jesus Christ sont tombez en de grans inconveniens. Car les uns sont[113] morts par les mains des bourreaux et Dieu ne leur a pas fait la grace qu'ils ayent souffert pour son nom et qu'ils ayent eu cest honneur, mais pour leurs malefices ou pour quelque autre cause que n'a pas esté si honneste et glorieuse, que celle des martyrs de Jesus Christ. Les autres sont morts desesperez et plusieurs se sont tuez eux mesmes. Les autres ont esté tormentez en diverses manieres par lesquelles Dieu leur a bien fait sentir sa main. Et s'il n'a pas espargné les rois et les empereurs mesmes, ceux qui ne sont que bien petis compagnons aupris d'eux peuvent bien penser s'ils en seront quites à meilleur conte et s'ils seront plus puissans pour luy resister.[378].

De la duree de l'empire de Julien et de la persecution qui a esté sous iceluy, et du voeu qu'il a fait du sang des Chrestiens, et de la taille qu'il leur a imposee, et de la prophetie de sa mort par un pedagogue.

T. Et combien a duré l'empire de cest apostat Julien et la persecution qui a esté sous iceluy?

D. Tu le peux à bon droict appeler empire. Car il est bien tousjours allé en empirant et specialement depuis qu'il a esté tout seul empereur. Et quant au temps de son empire, les uns ont escrit qu'il a regné six ans avec Constantius et puis seul un an et sept mois.[114] Les autres disent qu'il est mort la troisieme annee de son empire et la septieme depuis qu'il fut creé Cesar pas Constantius.

T. Dieu a fait grande grace à son Eglise de l'avoir delivree si tost d'un tel enmi. Car si en si peu de temps qu'il a regné seul il l'a si mal traittee, qu'eust-il fait s'il eust plus long temps vescu et si Dieu luy eust lasché la bride?

D. On en peut bien juger par les deliberations qu'il avoit faites contre icelle. Car avant qu'il allast en la guerre en laquelle il est mort, il avoit fait voeu à ses dieux du sang des Chrestiens,[115] se deliberant de persecuter tout ouvertement les eglises s'il pouvoit obtenir victoire de ses ennemis, et avoit bien proposé de prendre son passe-temps à veoir faire deschirer et devorer les Chrestiens aux bestes sauvages, et principalement les ministres de l'Eglise.

T. Cela est assez ordinaire aux tyrans et aux persecuteurs d'entreprendre de faire la guerre à Dieu en persecutant son peuple quand il leur donne quelque paix, et [379] apres qu'il leur a donné victoire contre leurs ennemis, ou pour le moins quelques treves ou quelque respit apres des longues guerres.

D. C'est pour recognoissance des biens qu'il leur a fait et de la paix qu'il leur a donnee. Mais il les met bien aussi loin de leur compte, et sçait bien trouver les moyens pour renverser leurs mauvaises entreprises et pour leur faire la guerre et les renger eux-mesmes par des moyens qu'ils ne sçavent pas et ne peuvent imaginer. Quant à Julien, il ne se contentoit pas de ce qu'il en avoit desja fait, ains voulut encore passer plus outre. Et cognoissant que l'argent est le nerf de la guerre et combien elle en consume, pour en faire meilleur provision, il en mit grosse taille sur les Chrestiens qui ne vouloyent point sacrifier à ses dieux.[116] Et par ce moyen il en fit grand amas, appovrissant et debilitant tousjours les povres fideles comme il le leur avoit promis, affin qu'ils fussent plus legers, comme il le disoit, pour entrer au royaume des cieux. Et puis apres avoir fait la guerre à leurs despens contre ses ennemis, il leur en preparoit une autre plus dangereuse. Et pour estre plus asseuré de la victoire qu'il esperoit,[117] il s'adressa à la façon des payens aux magiciens et devins, et aux oracles des faux dieux, lesquels il honnoroit au lieu du vray Dieu, qui luy donnerent tous grande esperance et asseurance de la victoire, et le tromperent par l'ambiguité de leurs responses, comme le diable a accoustumé de faire en ses oracles et comme luy l'a aussi experimenté quand il a senti la main de Dieu sur soy. Voila les prophetes ausquels il a eu recours, rejetant les vrais prophetes [380] de Dieu. Mais toutesfois il en a eu un auquel neantmoins il ne s'est pas addressé, qui toutesfois a esté plus certain et a mieux predit au vray ce qui luy devoit advenir, et qui luy est advenu puis apres, que tous ceux ausquels ils s'est addressé. Il y avoit un pedagogue en Antioche fort homme de bien auquel Libanius, ce meschant homme duquel j'ay desja fait mention,[118] demanda, se moquant de la religion chrestienne: "Que penses-tu," dit-il, "que le fils du charpentier face maintenant?" Il appeloit Jesus Christ fils du charpentier, suyvant l'opinion des Juifs et des ennemis de l'Evangile qui estimoyent qu'il fust fils de Joseph qui estoit charpentier. A cause de quoy ils l'appeloyent charpentier et fils du charpentier.[119] Et pource que Libanius sçavoit bien l'entreprise de Julien et avoit bien entendu les menaces qu'il avoit faites contre les Chrestiens, il s'attendoit comme tout asseuré que Julien obtiendroit la victoire de ses ennemis et qu'il executeroit puis apres sa mauvaise intention contre les Chrestiens, et que lors ils cognoistroyent par experience quel secours leur Dieu charpentier et Galileen leur donneroit contre luy.

T. Et que respondit le pedagogue à ce moqueur et blasphemateur?

D. "Sophiste," dit-il, "tu appelles charpentier le Createur de toutes choses: Je te declare que ce charpentier prepare un sarcueil à Julien." Et bien tost apres qu'il eust fait celle response, laquelle Dieu luy mit en la bouche comme à un prophete, les nouvelles furent apportees de la mort de Julien, duquel le corps fut mis en un sarcueil comme le pedagogue l'avoit predit.

T. Libanius peut alors bien cognoistre à quel charpen[381]tier et Julien et luy avoyent affaire. Et n'y a point de doute qu'il ne se soit trouvé bien peneux quand, au lieu des nouvelles qu'il attendoit de la victoire de Julien, il a ouy celles de la mort d'iceluy, lesquelles il a trouvees certaines.

D. On ne dit pas sans bonne raison qu'il ne se fait pas bon jouër ni avec Dieu ni avec son prince, ni avec son oeil, car le danger y est trop grand. Voila donc tous les desseins de Julien et des ennemis de l'Eglise renversez en toutes sortes par la mort de cest apostat, duquel il a acquis le nom solennel par sa revolte malicieuse et desloyale contre Dieu et les hommes. Car Jovinian qui luy a succedé, et puis Valentinian, lesquels il avoit deposez de leurs honneurs et offices, ont esté fort bons empereurs chrestiens, lesquels ont aussi eu plusieurs bons successeurs apres eux qui ont esté vrais nourriciers de la vraye Eglise, selon la prophetie d'Isaie.[120] [382]

LE SOMMAIRE DU
SIXIEME DIALOGUE.

. J'ay intitulé ce Dialogue, *Les moderez*, pource qu'apres que j'ay parlé assez
à plein des violens qui, rejettans toute moderation, veulent tout rompre par
force et par violence, je parle en cestuy-ci de la moderation et discretion qui est
requise en temps de troubles pour la diversité des religions, et monstre quelle
voye les princes et les magistrats et les peuples, tant d'une religion que d'autre,
doyvent tenir pour venir à quelque bon remede qui serve à la paix publique
sans contrevenir neantmoins à leur office et à la vraye religion. Et afin que
ceux qui ont la puissance et l'authorité ne persecutent point l'Evangile à
credit, je leur remonstre aussi en quels dangers ils se mettent, s'ils le font, et
quel dommage ils font à eux-mesmes, et par quels moyens. [383]

LE SIXIEME DIALOGUE
intitulé *Les Moderez.*

Si les exemples des persecutueurs et des apostats proposez par ci devant conviennent point à nostre temps, et à qui mieux.

Tite.   David.

Tite. Le discours que nous avons fait par ci devant des exemples tant des persecuteurs que des apostats de l'Eglise, devroit bien faire penser ceux qui font aujourd'huy le semblable en quel danger ils se mettent et quelle recompense ils en doyvent attendre. Mais ils n'y veulent pas penser à cause qu'ils se veulent tromper tout volontairement, se faisans à croire qu'ils sont ce qu'ils ne sont pas, à sçavoir qu'ils sont les vrais Chrestiens eux-mesmes, et que ceux lesquels ils persecutent sont apostats et schismatiques et heretiques, et que pour ceste raison tant s'en faut qu'ils doyvent estre tenus pour tyrans et persecuteurs, qu'au contraire ils doyvent estre tenus pour grans et fervens zelateurs de la vraye religion chrestienne, et de la saincte foy et Eglise catholique. Et quant aux apostats et revoltez, ils estiment qu'on doit tenir pour tels, non pas ceux qui apres avoir fait profession de l'Evangile en l'Eglise reformee s'en retirent et retournent à leurs premiers erreurs, mais ceux qui se sont retirez et separez de l'Eglise pretendue catho[384]lique romaine pour s'adjoindre à l'Eglise reformee et suyvre la religion pretendue nouvelle par ses adversaires.

D. Pour bien vuider ce different, il nous faut seulement proposer devant les yeux les exemples des persecuteurs et apostats, desquels nous avons fait mention par ci devant, et de ceux qui ont esté persecutez par eux et la doctrine et la religion, et les moeurs et la vie et la conversation, et les practiques et menees, et les manieres de faire et de proceder tant des uns que des autres, et puis en faire comparaison avec ceux qui persecutent maintenant et qui sont persecutez, tant d'une religion que d'autre, et considerer qui sont ceux qui ressemblent plus ou aux uns ou aux autres et qui en ont plus belles marques et enseignes et plus apparentes. Et par ce moyen il sera facile à juger que c'est qu'un chacun tient ou des uns ou des autres et qu'il y a de commun et de semblable, ou de different ou contraire. Car il ne nous faut point flatter ne les uns ne les autres, ains nous faut contempler en ces miroirs et examiner nos

243

actions par la conference des exemples que nous avons proposez et par l'imitation d'iceux, tant en bien qu'en mal.

T. Tu dis bien. Et puis que nous avons parlé assez longuement des persecuteurs anciens de l'Eglise chrestienne qui n'ont point voulu user de moderation au regard de la religion et que nous avons aussi desja touché comme en passant quelque chose de ceux qui au contraire ont esté plus moderez et ont usé de moyens pour eviter troubles et seditions et contenir toutes les parties en paix qui estoyent en different à cause de la religion, il me semble qu'il sera [385] bon que nous poursuyvions encore maintenant plus à plein ce propos, si tu as plus rien à dire sur iceluy.

De l'interim qui a jadis este´ entre les vrais fideles et les Arriens et autres heretiques.

D. Le semblable a presques esté fait du temps que les eglises ont esté troublees et divisees par les heretiques, et que les heretiques ont esté en si grand nombre et si puissans qu'ils n'ont peu estre abattus ne chassez, sans evident danger de grandes seditions et effusion de sang, principalement du temps des Arriens. Car leur heresie a esté tellement receuë et approuvee de plusieurs que le nombre d'iceux n'a pas seulement esté egal au nombre des vrais Chrestiens, mais qui plus est les a souvent surmontez en plusieurs lieux, de sorte qu'ils estoyent les plus forts. Et le pis estoit que non seulement les peuples estoyent infectez de ceste heresie execrable, mais aussi une grande partie des evesques et des pasteurs et ministres, voire de ceux-la mesmes qui tenoyent les principaux lieux et qui estoyent des plus prochains de la personne des empereurs et des princes et princesses, et qui avoyent le plus d'authorité et en leurs cours et en l'Eglise. Il est aussi souventesfois advenu que les empereurs mesmes ou leurs femmes, ou tous les deux ensemble, ont soutenu la partie des Arriens et de plusieurs autres heretiques, et ont esté contraires aux vrais Chrestiens qui detestoyent ces heresies et les ont chassez, bannis et persecutez furieusement.

T. Quand cela est advenu, je pense bien que les vrais Chrestiens n'ont pas trouvé grande faveur vers tels em[386]pereurs, ni aussi en leurs cours.

D. Il est tout certain que quand les empereurs et les princes ont esté purs et nets de ceste heresie arrienne et autres semblables, et leur maison et leur cour semblablement, les vrais fideles ont trouvé plus de faveur vers eux. Mais toutesfois ils ont encore souvent supporté les Arriens et autres, et leur ont permis d'avoir leurs eglises et assemblees à part, se contentans qu'ils fussent separez des vrais fideles, comme il faloit necessairement qu'il fust fait. Car comme les vrais fideles ne pouvoyent endurer en leurs assemblees la fausse doctrine des heretiques, ainsi les heretiques ne pouvoyent endurer la doctrine des vrais fideles. Pour ceste mesme cause, les uns ne pouvoyent aussi estre receus par les autres en la communion d'aucuns sacremens, veu qu'elle emporte avec soy la protestation et la profession de la doctrine et de la religion qui est receue et approuvee en l'assemblee, en laquelle ils sont administrez et receus. Et comme les empereurs et les princes chrestiens supportoyent les heretiques pour les causes lesquelles nous avons desja exposees, de l'autre costé aussi, quand les empereurs et les princes estoyent heretiques, ils estoyent contrains de supporter les vrais fideles plus qu'ils n'eussent voulu. Et par ainsi, combien que les uns ou les autres estoyent plus ou moins supportez, selon les empereurs et les princes qu'ils avoyent pour amis ou ennemis, toutesfois les persecutions n'y estoyent pas si grandes que les uns et les autres n'eussent quelque liberté de faire leurs assemblees jusqu'à ce que par quelque bon moyen tous peussent estre reduits à l'union de la foy, ou pour le moins [387] qu'on peust refrener les scandaleux à l'edification et non pas à la destruction de l'Eglise.

Du moyen et de l'ordre qu'il convient tenir pour obvier aux heresies et erreurs et scandales, et pour les abolir.

T. Il me semble que quand les heresies et les erreurs et scandales commencent à naistre et à pulluler, et qu'il y a encore peu de gens qui y soyent enveloppez, il est lors beaucoup plus facile non seulement de les reprimer, mais aussi de les supprimer et abolir du tout. Et si la necessité contraint d'user du glaive du magistrat, il se peut lors faire avec moins de danger et de dommage.

D. Tu dis vray. Mais ce n'est pas par le glaive qu'il faut commencer. Car c'est un remede fort rigoureux et le plus extreme qu'on puisse appliquer à telle maladie. Parquoy il n'en faut user qu'en extreme necessité, apres qu'on a experimenté que tous les autres n'ont rien peu profiter et qu'il n'y a plus aucune esperance qu'ils profitent. Et puis il faut encore considerer, s'il n'y a plus de remede que par le glaive et la force, si ce remede pourra plus profiter que nuire. Car s'il en doit revenir plus de dommage que de profit, il s'en vaut mieux deporter et en attenter quelque autre, ou attendre en patience que Dieu y pourvoye par sa providence, et que le temps amene quelque meilleure opportunité et donne quelque meilleure occasion. Car ce n'est pas remedier aux maux quand on les augmente, et ce n'est pas guarir le malade quand on le tue du tout. Quand donc on peut sauver tout le reste du corps en retranchant quel[388]que membre d'iceluy qui peut corrompre tous les autres et apporter la mort à tout le corps, on peut lors user seurement de ce remede, nonobstant que il soit fort rigoureux. Car il vaut encore mieux perdre un membre seul ou deux que tout le corps entierement. Mais si la corruption est en tant de membres qu'on ne les puisse retrancher sans apporter la mort à tout le corps et aux autres membres qui sont encore sains et entiers, ce remede sera malpropre en tant qu'au lieu d'oster la maladie il apportera la mort, pour laquelle eviter on cerche les remedes contre les maladies. Quand donc il est question d'arracher l'yvroye du champ du Seigneur, il faut adviser de le faire si bien à poinct et si proprement qu'on n'arrache le bon fromment avec icelle et les bonnes plantes avec les mauvaises. Il faut donc mettre difference entre les erreurs et les abus qui commencent et ceux qui ont desja esté receus de longtemps, et qui sont desja tellement inveterez qu'ils sont convertis en coustume et sont tenus pour religion. Car comme ils ne sont pas d'un jour ne d'un an, ainsi ils ne peuvent pas estre arrachez et abolis en une heure et en un moment, ains faut que cela se face avec le temps, et par les plus doux moyens qu'on pourra trouver, et principalement par le moyen de la doctrine. Car si un homme est persuadé que l'opinion et la religion qu'il suit est bonne, et la tient pour vraye et certaine, on ne la luy arrachera pas du coeur et d'entre les mains si on ne luy fait premierement cognoistre son erreur, et s'il n'est persuadé d'autre persuasion contraire à la sienne premiere. Laquelle [389] chose ne se peut faire que par la doctrine prise de la pure parole de Dieu. Et pourtant il n'y auroit point de raison, si au lieu d'amener les Juifs et les Turcs à la religion chrestienne par ce moyen, on les y vouloit contraindre par glaives et par feux, et par force et violence. Car on n'en feroit jamais un seul Chrestien par ce moyen. Nous pouvons dire le semblable des Chrestiens abusez par les traditions des hommes qui s'estiment estre la vraye Eglise catholique et tiennent leurs superstitions et idolatries pour vraye religion et pour la vraye loy ancienne, et la vraye religion pour fausse, et la pure doctrine de l'Evangile et la vraye reformation de l'Eglise pour loy et religion nouvelle, et pour heresie. Parquoy si on ne leur oste premierement ceste opinion de la teste par la pure predication de l'Evangile, on ne profitera pas beaucoup avec eux par force et par violence, ains on les rendra plustost plus opiniastres et obstinez en leurs erreurs et en leur fausse religion, comme on le voit par experience. Car on ne gagne rien sur les hommes, et specialement en matiere de religion, si on ne gagne leur volonté, laquelle ne peut estre forcee ne contrainte ou autrement elle ne seroit plus volonté. A ceste cause, combien qu'un homme puisse estre contraint à faire exterieurement beaucoup de choses contre sa volonté, toutesfois il ne peut jamais estre contraint à le faire de franche volonté, telle qu'elle est requise en la religion, s'il n'est tellement persuadé que sa volonté s'y accorde de bon gré.

T. Si cela advient à ceux qui sont en erreur, il est facile a juger que c'est qu'on [390] pourra gagner par force et par violence sur ceux qui suyvent la verité de Dieu et sont bien asseurez de leur religion en leur consciences par le tesmoignage de la parole d'iceluy.

D. L'experience l'a assez monstré de tout temps en toutes les persecutions de tous les tyrans et persecuteurs contre la verité, et contre tous les vrais serviteurs de Dieu, et nous en rend encore tesmoignage tous les jours. Car ceux qui sont en heresie et suyvent fausse religion ne peuvent jamais avoir certaine asseurance d'icelle. Car ils n'en ont point d'autre fondement qu'en opinion qui n'est jamais certaine. Mais les vrais fideles ne sont point fondez sur leur opinion, ni d'autres hommes quelconques, mais sur la pure et expresse parole de Dieu sur laquelle ils sont fondez, non pas par opinion, mais par certaine foy, laquelle est autant differente à opinion que certaine science. Et pourtant il ne faut pas que les tyrans et les persecuteurs pensent jamais[1] gagner leur mauvaise cause et obtenir victoire par leur force et violence contre les vrais fideles et les vrais serviteurs de Dieu, quoy qu'ils puissent gagner par ce moyen sur les hypocrites. Quand donc il est question de pourvoir aux erreurs et aux heresies, il faut premierement bien adviser si ce qu'on appelle erreur et heresie l'est ou non. Car on se trompe souvent en ce poinct, comme nous l'experimentons bien aujourd'huy en ces differens esquels nous sommes touchant la religion. Et puis s'il se trouve qu'il y ait erreur ou heresie, il faut travailler à en retirer par bonnes raisons et bonnes remonstrances [391] et admonitions prises de la parole de Dieu ceux qui en sont infectez, et garder envers eux tous les degrez qui doyvent estre observez en la discipline et és censures ecclesiastiques jusques au dernier. Et si après toutes ces choses il est encore requis que le magistrat y mette la main, il ne faut pas aussi qu'il vienne du premier coup à l'extreme rigueur, mais qu'il use premierement de tous les moyens les plus convenables qu'il pourra trouver pour plustost gagner les errans que les perdre du tout. Et cependant il faut mettre grande difference entre erreur et heresie, et entre ceux qui faillent seulement par ignorance et se rendent dociles, et ceux qui faillent par certaine malice et se rendent du tout indociles et obstinez. Et puis en appliquant les remedes, il est de besoin de bien adviser à tous les poincts que j'ay desja touchez afin qu'on ne ruyne au lieu d'edifier.

T. Les remedes ne sont pas remedes qui nuisent au lieu d'aider.

De la necessité qui a jadis induit les rois et les princes et les peuples à comporter la diversité de religions.

D. Tu peux donc cognoistre par la consideration de toutes ces choses la necessité en laquelle ont jadis esté mis, tant les bons empereurs et princes chrestiens qui ont esté unis en doctrine et en foy avec la vraye Eglise, que les autres qui ont esté fauteurs des heretiques. Nous pouvons aussi dire le semblable des vrais Chrestiens et des Juifs et des payens et des heretiques, leurs adversaires, qui ont esté sous [392] tels empereurs et princes. Car s'ils eussent tousjours voulu user de force et de violence les uns contre les autres, toute la Chrestienté eust esté beaucoup plus troublee qu'elle n'a esté, et tout cela eust esté plus à l'avantage des heretiques que des vrais fideles. Car les vrais fideles ont tousjours mieux aimé gagner et vaincre leurs ennemis, et combattre contre eux par bonne doctrine, par foy, par charité et par constance et patience et par prieres et oraisons, et par toutes bonnes oeuvres, que par feux et par glaives, et que par force et violence. Et pourtant les heretiques ont ordinairement tousjours plus persecuté les vrais fideles que les vrais fideles ne les ont persecutez. Car quand les heretiques se sont veus et sentis les plus forts, ils ont fait tous leurs efforts d'abatre du tout les fideles et les ont fait persecuter cruellement. Les Juifs et les payens en ont fait tout autant. Nous voyons encore aujourd'huy le semblable en ceux qui maintiennent leurs anciennes superstitions et idolatries et leur fausse religion. Car de quelles cruautez ont ils usé contre les fideles quand ils l'ont peu faire? Et combien est ordinairement leur cruauté insatiable et difficile à souler de sang humain? Mais quand les vrais fideles ont eu l'avantage de leur costé, ils ont tousjours usé de plus grande moderation et douceur envers leurs ennemis et s'en sont bien trouvez quand ils se sont peu contenir sous telle modestie. Car finalement la verité a tousjours obtenu victoire.

T. Voila aussi comment jadis les anciens Chrestiens se sont gouvernez entre les Juifs et les payens, et ils n'y ont jamais rien perdu. Et ceux [393] qui se glorifient de l'Evangile, et font autrement, usans de violence et de cruauté, monstrent assez par effect qu'ils s'en glorifient à faux titre et qu'ils ont encore bien peu profité en l'escole de Jesus Christ.

Des Chrestiens indiscrets et temeraires qui par leur indiscretion et temerité ont jadis esté cause de grandes mutinations et meurtres entre les Juifs, les payens et les Chrestiens.

D. Ce que tu dis a esté fait par les Chrestiens, qui ont esté prudens, sages et moderez, mais tous n'ont pas tousjours esté tant discrets et modestes qu'il estoit de mestier. Car comme nous en avons les tesmoignages és histoires ecclesiastiques il s'est souventesfois trouvé des fols et estourdis zelateurs, tant d'une part que d'autre, qui ont esté cause de grandes mutinations et seditions et effusions de sang. Et si les Juifs et les payens ont failli de ce costé, plusieurs d'entre les Chrestiens n'en ont pas moins fait de leur part. Car il s'en est trouvé plusieurs entre eux qui par leur zele indiscret et inconsideré sont quelquesfois allez chatier[2] tant les Juifs que les payens, et mesmes ont abattu des idoles lesquelles les payens honnoroyent. Lesquelles choses ont plus reculé les adversaires de venir à la religion chrestienne qu'ils n'y ont esté attirez, et ont souvent esté cause de grans tumultes et de grandes batteries, esquelles les Chrestiens n'ont pas tousjours eu du meilleur, nonobstant qu'ils eussent la faveur des empereurs et des autres princes qui estoyent chrestiens. Mais Dieu les a ainsi voulu humilier et les corri[394]ger de leur temerité et insolences pour les admonester de se gouverner plus modestement, et de ne donner point d'occasion aux ennemis de verité de s'irriter et obstiner d'avantage contre icelle, au lieu de les induire par bonne vie et bons exemples à la suyvre et l'embrasser. Et pourtant il seroit fort bon que tous suyvissent l'advertissement que S. Augustin, parlant du rompement des images, fait à ce propos,[3] lequel il a fondé sur ce que le Seigneur a commandé aux Israelites touchant la demolition des autels et le rompement des images et des autres instrumens d'idolatrie qui estoyent en la terre de Canaan, laquelle il leur a donné en possession et heritage.[4]

Des choses qui sont à considerer au rompement et en l'abolition des images et des autres instrumens d'idolatrie, et de l'advertissement et conseil de sainct Augustin à ce propos.

T. Que contient cest advertissement?

D. Il remonstre pour le premier que le Seigneur a commandé à son peuple, que, quand il l'auroit mis en possession de la terre de Cannaan et qu'il l'en auroit fait seigneur, il abattist et rompist les autels et les images et les autres instrumens d'idolatrie des peuples idolatres qui y avoyent habité auparavant. Sur quoy il a tresbien noté et consideré que le Seigneur n'a pas commandé à son peuple de faire ceste execution en celle terre avant qu'il l'en ait fait posses[395]seur et Seigneur. Et par cela il conclud qu'il n'appartient pas aux Chrestiens d'abattre ne de rompre les autels et les images et autres telles choses des payens et superstitieux et idolatres, sinon là où Dieu leur en a donné seigneurie. Et pource il dit: "Ne faites pas ces choses, quand il n'est pas en vostre puissance de le faire." Et puis tantost apres "Quand vous aurez receu la puissance, faites ceci." Nous ne le faisons pas là où la puissance ne nous est pas donnee, et là où elle nous est donnee nous ne l'omettons pas. Plusieurs payens ont ces abominations en leurs possessions, y allons-nous et les rompons-nous? Non certes, ains nous travaillons premierement à ce que nous rompions les idoles en leur coeur. Et quand ils sont aussi chrestiens comme nous, ou ils nous convient à une si bonne oeuvre, ou ils nous previennent et y mettent la main premier que nous. Et pource il nous faut maintenant prier pour eux.

T. Voila une fort bonne procedure et bien digne d'estre observee et suyvie. Car il me semble que ce soit le vraye moyen pour amener les hommes à raison. Car qui pourra endurer que je prenne authorité là où je n'en ay point et que je me face seigneur sur ceux desquels je ne suis que compagnon? Mais il y a autre raison en ceux ausquels Dieu a donné l'authorité et la puissance.

D. Et pourtant l'homme particulier qui a la cognoissance de verité, peut faire au regard de sa personne et de ceux qu'il a en charge ce qu'il cognoist estre juste et raisonnable selon la parole de Dieu et tascher à abattre les idoles tant au de[396]dans qu'au dehors, là où Dieu luy a donné puissance legitime, et qu'il le peut faire sans esmotion et scandale. Et quant aux autres qui sont encore en erreur sur lesquels il n'a point de puissance, qu'il travaille à les gagner s'il peut par bonne doctrine et bon exemple. Et puis ayant fait son devoir envers eux par tous les moyens que Dieu luy a donné, qu'il les laisse puis apres en la main de Dieu. Car ce n'est pas l'office des particuliers d'oster les scandales publiques, mais des princes et des magistrats, lesquels doyvent tousjours regarder à ce qu'ils peuvent et doyvent faire selon leur office, tant pour la gloire de Dieu que pour l'edification de son Eglise et le repos public. Et s'ils ne font pas leur office il faut remettre entre les mains de Dieu ce que nous ne pouvons faire jusqu'à ce qu'il donne les moyens legitimes pour le faire. Et cependant quoy que les ennemis de l'Evangile facent, taschons tousjours à les vaincre par patience et modestie, et suyvons envers eux le conseil que sainct Augustin donne aussi aux vrais fideles contre les heretiques nommez Donatistes. Il dit que combien que les heretiques se monstrent fort meschans et cruels contre les vrais fideles, toutesfois il ne les faut pas delaisser, ains faut tousjours travailler à les gagner et leur donner aide et secours en leurs necessitez.[5] Et donne une fort bonne similitude à ce propos, disant que quand les chevaux et les mulets ont quelques ulceres et playes, ils ne se laissent pas volontiers penser, ains regimbent et mordent ceux qui sont aupres et qui les veulent guerir, à cause que ce sont bestes qui ne cognoissent pas le bien qu'on leur veut fai[397]re et qu'on leur fait. Ainsi en est-il des hypocrites et des superstitieux et idolatres et de tous les infideles. Car ce sont bestes farouches qui n'ont pas tel usage de raison que ceux qui sont bien instruicts en la parole de Dieu. Parquoy si nous supportons bien les bestes et ne laissons pas de les penser et procurer leur bien, nonobstant qu'elles ne le sçavent cognoistre et qu'elles n'en sçavent gré, ains rendent le mal pour le bien, n'avons nous pas beaucoup plus juste raison de faire le semblable envers les hommes? Car tant farouches et bestiaux qu'ils puissent estre, si sont-ils hommes creez à l'image de Dieu comme nous. Parquoy quels qu'ils puissent estre, nous leur sommes tousjours plus tenus par le commandement de Dieu qu'aux bestes brutes et devons beaucoup plus faire pour eux. Doncques si les fideles desirent de gagner les infideles, il faut qu'ils se tiennent pour asseurez qu'ils ne les gagneront pas en se moquant d'eux et en les picquant et outrageant, et en leur voulant arracher par force leur religion des mains et leur idoles et dieux estranges. Ils ne gagneront autre chose par tels moyens, sinon qu'ils les feront despiter et endurcir d'avantage et les rendront tousjours plus farouches et plus sauvages. Et s'il est difficile d'avoir les superstitieux et les idolatre et les infideles par force et par violence, il est bien encore plus difficile de faire changer de religion aux vrais fideles par tels moyens, comme l'experience l'a monstré de tous temps. Car comme les payens, au lieu d'estaindre la religion chrestienne par leur persecutions, l'ont tousjours fait augmenter d'avanta[398]ge, ainsi nous voyons de nostre temps, combien nos adversaires ont profité par leurs persecutions contre les fideles, lesquels ils appellent heretiques.

De la moderation et modestie de laquelle les fidelles doyvent user entre les infideles.

T. Si cela que tu as tantost dit est advenu entre les Chrestiens anciens et les payens et les Juifs, lors mesme que les empereurs et les princes estoyent chrestiens, nous pouvons bien estimer quel avancement les fideles qui ont encore les magistrats contraires à eux, pourront faire aujourd'huy, s'ils sont insolens et s'ils ne se gouvernent pas modestement envers les ennemis de verité, qui ont encore en beaucoup de lieux trop plus à leur faveur les rois et les princes et leurs officiers, que eux ne les ont.

D. Et pourtant qu'est-ce qu'on gagnera de les irriter sans cause? ils sont desja assez irritez de la simple predication de verité. Parquoy il est plus de besoin de cercher les moyens par lesquels on les pourra pour le moins amadouër, si on ne les peut du tout gagner à l'Evangile, afin qu'ils se monstrent moins adversaires, que les moyens par lesquels on les peut irriter et effaroucher d'avantage pour les rendre plus furieux et plus sanglans. Pour ceste cause le meilleur moyen est de gagner leur coeur par obeissance et modestie, et par bonne et saincte conversation et vie irreprehensible, tant pour leur fermer la bouche, afin qu'ils ne puissent blasmer la doctrine de l'Evangile, que pour les convaincre en [399] leur conscience et les contraindre de recognoistre et confesser que les fideles ne sont point hommes esventez ne temeraires et insolens, ne mutins ne seditieux, ne moqueurs, ne gaudisseurs, ne libertins, ni atheistes, mais qu'ils sont vrais agneaux et vrayes brebis de Jesus Christ qui suyvent la nature de leur pasteur.

Des esventez et estourdis et libertins meslez parmi les vrais fideles, qui sont cause de plusieurs scandales entre eux.

T. Ce que tu dis est bien à souhaiter. Et pleust à Dieu qu'il fust autant facile à obtenir, qu'il est à desirer, et qu'il est necessaire. Car il y a plusieurs esventez, estourdis, temeraires et moqueurs et libertins, qui se glorifient de l'Evangile, lesquels luy font grand deshonneur et grand tort, et à tous les fideles qui en font vraye profession. Et par ce moyen ils sont souventesfois cause que l'avancement de l'Evangile est grandement reculé, et qu'il advient de grans scandales et de grans troubles és Eglises dedans lesquelles ils se sont fourrez, et que grandes persecutions s'eslevent contre icelles.

D. A ceste cause, il a jadis esté decreté par les conciles anciens que ceux qui, abbatans les idoles des payens et idolatres, avoyent esté tuez par eux ne fussent point mis au nombre des martyrs qui avoyent esté occis pour la confession de l'Evangile. Car ils n'avoyent pas pareille cause. A raison de quoy ils meritoyent plus d'estre tenus pour temeraires et seditieux que pour martyrs, s'ils n'avoyent vocation legitime pour ce faire, ou ordinaire ou extraordinai[400]re. Mais pourautant qu'il n'appert pas aux hommes des vocations extraordinaires comme des ordinaires, il faut qu'ils en laissent le jugement à Dieu, veu qu'eux ne peuvent juger, sinon de ce qui leur apparoist par le dehors et selon la reigle qui leur est donnee de Dieu pour suyvre en jugement. Et pourtant si on pouvoit aujourd'huy obtenir là où la fausse religion a regné plenement jusques à present un tel Interim que tu l'as proposé et que plusieurs le souhaitent, semblable à celuy qui a esté jadis entre les Chrestiens anciens et les payens et les Juifs, et les heretiques, duquel nous avons aussi tantost fait mention, il seroit bien requis que les fideles se monstrassent fort modestes de leur part, afin que tant plus tost l'Interim cessast pour estre changé en une meilleure et plus entiere reformation, comme il est jadis advenu entre les Chrestiens anciens. Car par succession de temps, la religion chrestienne a tellement surmonté toutes les autres que la payenne a esté finalement du tout abolie, pour le moins en public. Le semblable est aussi advenu touchant les heresies. Et de nostre temps il y a beaucoup de lieux esquels l'Evangile a du tout surmonté, apres que luy et la fausse religion ont longtemps combattu ensemble, et l'Interim a cessé et a esté converti par le consentement des parties en meilleure reformation.

Combien il est aujourd'huy requis en plusieurs lieux d'avoir un Interim tel qu'il a esté proposé par ci devant.

T. Tu peux maintenant entendre quelle est ceste seconde forme d'Interim, laquelle plusieurs [401] desirent à present pour les causes lesquelles nous avons desja deduites pour la plus part. Car il est bien difficile qu'on puisse, en aucuns pays qu'il y a, eviter de grans dangers et de grans troubles et tumultes, si pour le moins on n'y use de ce remede et de ceste moderation, de laquelle nous avon parlé, sous le nom d'Interim. Vray est que les vrais fideles aimeroyent trop mieux qu'il n'y eust point de tel Interim par lequel les superstitieux et les idolatres eussent licence et liberté de vivre du tout comme ils voudroyent, ains desireroyent beaucoup mieux que tous fussent bien unis en la vraye religion. Mais pource que cela ne se peut obtenir du premier coup, et qu'ils sçavent bien qu'il ne faut pas tirer par force les superstitieux et les idolatres, ains qu'il les faut gagner par bonne doctrine et bons exemples, ils sont contens de les attendre et supporter en toute douceur et benignité jusqu'à ce que Dieu leur face grace et leur change le coeur. Pareillement les ennemis de l'Evangile ne desirent rien plus que d'estaindre et d'abolir du tout la vraye religion et tous ceux qui la suyvent, comme ils l'ont bien monstré et le monstrent encore assez tous les jours par les persecutions, lesquelles ils ont faites des long temps et font encore journellement contre iceux. Mais combien qu'ils ayent ce desir, et aussi d'establir tellement leur religion qu'il n'y en ait point d'autre, toutesfois la lumiere de la parole de Dieu a illuminé les yeux de tant de personnes, et en tous estats, que les persecuteurs ne peuvent plus en plusieurs lieux persecuter les fideles en telle fureur qu'ils les ont persecutez jusques à present, qu'ils ne se mettent eux-mesmes en grand danger, non seulement de rui[402]ner leur sujets, mais aussi leur propres maisons.

Du deshonneur que les princes qui se nomment chrestiens se font en persecutant les fideles, et du danger auquels ils se mettent que Dieu n'execute des horribles vengeances sur eux.

D. Les rois et les princes qui se nomment chrestiens, devroyent mieux penser qu'ils ne font à ce que tu dis. Car pour le premier, s'ils veulent meurtrir tous ceux lesquels les ennemis de verité leur veulent faire persecuter, à cause qu'ils ont la cognoissance de l'Evangile et en font profession, comme les empereurs et les autres tyrans payens l'ont jadis fait touchant les Chrestiens anciens, et comme l'Antechrist a accoustumé le faire et a esté predit qu'il le feroit, ils seront tyrans semblables à ceux la, et ministres et executeurs de la cruauté des ennemis de Dieu, au lieu qu'ils se devroyent opposer à eux.

T. Voila le titre et l'honneur qu'ils meriteront par telles prouësses.

D. Mais il y a bien d'avantage. C'est qu'ils provoqueront tellement Dieu à ire contre eux qu'il fera, quoy qu'il tarde, des vengeances horribles, tant sur eux que sur leurs femmes et leurs enfans et toute leur race, comme il les a jadis faites sur les anciens tyrans, desquels ils suyvront ainsi faisans les exemples et la tyrannie. Car depuis qu'ils s'attachent aux enfans de Dieu et qu'ils se ruent contre son Eglise, on peut dire d'eux à bon droit ce que Jesus Christ a dit des Scribes et des Pharisiens,[6] et des princes de Jerusalem et de tous les autres Juifs ses ennemis, à sçavoir qu'ils remplissent la mesure des iniquitez de leurs peres afin que tout le sang des justes respandus [403] par eux soit requis de leurs mains.[7]

T. Certes ils se devroyent bien contenter des autres fautes, lesquelles ont esté commises en grand nombre, tant par leurs ancestres que par eux-mesmes, sans y en adjouster d'avantage. Car de tout temps il s'est trouvé bien peu de rois et de princes, et seigneurs, tant saincts et justes qu'ils ayent peu estre, qui ne se soyent oubliez en plusieurs choses appartenantes à leur office, comme nous en avons les exemples és plus parfaits mesmes, desquels il est fait mention és sainctes Escritures. Parquoy si Dieu vouloit plustost user de sa rigueur que de sa misericorde, il auroit tous les jours bien juste occasion d'estendre sa main forte sus eux, comme il l'a jadis fait sur tant d'autres, lesquels il a chastiez et punis fort rigoureusement, s'il ne les attendoit à repentance, par sa grande douceur et longue patience, veu qu'il en y a plusieurs qui abusent grandement du sacré nom de justice et de l'honneur que Dieu leur a fait.

De l'attente et longue patience de Dieu envers les tyrans, et combien l'abus d'icelle leur est cher vendu, et comment ils comblent la mesure de leurs peres.

D. Il est tout certain que si Dieu vouloit traiter les hommes comme ils le meritent, et principalement ceux lesquels il a eslevé en plus hautes dignitez et qui en abusent, il faudroit qu'il eust tous les jours la foudre en la main pour les foudroyer. Mais combien qu'il est de nature si douce et si patiente qu'il les attent long temps, si est-ce toutesfois qu'il les sçait bien trouver et punir comme ils le meritent, apres qu'il les a long temps attendu et qu'ils [404] ont long temps abusez de sa douceur et longue patience, et de leur puissance et authorité, et des dons et graces qu'ils ont receus de luy. Cependant qu'il les attend, il leur laisse remplir la mesure de leurs peres, mais[8] depuis qu'elle est pleine et qu'elle commence desja à combler et verser, il convertit sa douceur en grande ire et courroux, et en vengeance horrible et espouventable. Car lors il leur fait payer l'usure du long temps qu'il leur a donné pour les attendre à repentance et à amendement. Et pour ce qu'ils ont tousjours endurci leur coeur d'avantage, au lieu de l'amollir, ils ont acquis et amassé un plus grand thresor de l'ire de Dieu sus eux,[9] comme tous les meschans le font ordinairement, ne pouvans estre induits à repentance par la douceur et patience[10] de Dieu. A raison dequoy il faut necessairement qu'il parle à eux en son ire et qu'il prenne la verge de fer pour frapper sur eux, comme David en menace ceux qui ne veulent prendre instruction d'iceluy. Or les tyrans remplissent et comblent la mesure de leurs peres, lors principalement qu'ils se mettent à persecuter la vraye Eglise, et à respandre le sang des brebis de Jesus Christ et des povres innocens et fideles qui confessent le nom d'iceluy. Car ils viennent au comble de toutes leurs iniquitez, veu qu'ils s'attachent à ceux lesquels Dieu a chers et precieux, comme la prunelle de ses yeux, et desquels il recueil les larmes en ses barils et les met en son registre, comme il est escrit,[11] pour en faire puis apres la vengeance au temps de leur visitation. Nous avons des tesmoignages infinis tant és lettres divines qu'humaines pour confirmation de ce que [405] je di. Car quand est-ce que Dieu a mis la main sur Pharaon, sur Sennacherib[12] et sur les autres tyrans, tant des Assyriens et Babyloniens que des Perses et Medes, et des Grecs, et puis des Romains? Et quand est-ce que leurs monarchies et empires ont mieux commencé à venir en decadence? Et quand est-ce qu'ils ont esté du tout ruinez et transportez à des autres peuples et familles? N'a ce-pas esté lors principalement qu'ils se sont mis à tyranniser et persecuter le peuple de Dieu et qu'ils ont perseveré en telle cruauté? Et s'il est question des vengeances de Dieu particulieres sur les personnes des empereurs et rois et princes et magistrats tyrans et persecuteurs, nous en avons des fort evidentes preuves[13] en tous ceux desquels nous avons parlé par-ci devant.

Des jugemens de Dieu, lesquels on voit tous les jours en ce temps-ci sur les tyrans et persecuteurs qui persecutent l'Evangile et de l'aveuglissement des hommes qui ne peuvent voir ne cognoistre tels jugemens.

T. Il ne seroit pas fort de besoin d'aller querre ces exemples tant anciens si nous sçavions bien considerer ceux-la, lesquels Dieu nous met tous les jours devant les yeux.

D. Ce que tu dis est vray. Mais il y a peu de gens qui ayent les yeux pour voir ce qu'ils devroyent bien voir. Car la plus part des hommes sont du nombre de ceux desquels il est escrit qu'en voyant ils ne voyent rien, et qu'en oyant ils n'oyent rien.[14] Car combien que les jugemens de Dieu leur crevent les yeux par leur clarté, toutesfois ils sont tant aveugles qu'ils ne les peuvent voir ne cognoistre. Et pourtant puis que les [406] hommes ont la teste si lourde et si dure qu'ils ne peuvent rien entendre, ce n'est par de merveilles si Dieu frappe dessus à grans coups, et s'il la leur rompt pour les faire entendre, puis qu'autrement ils ne veulent entendre. Et par mesme moyen il les met en exemple aux autres, afin que s'ils sont sages ils apprennent aux despens d'iceux et qu'ils puissent eviter de tomber en tels inconveniens.

T. On dit en commun proverbe qu'on bat le chien devant le lion. Mais Dieu bat souvent les lions devant les chiens, afin que non seulement les chiens, mais aussi les lions et lionnesses et lionceaux y prennent exemple, et qu'ils apprennent à craindre le lion de Juda, duquel il est parlé en l'Apocalypse.[15]

D. C'est un lion qui est agneau aux brebis desquelles il est le pasteur et qui se laissent conduire et gouverner par luy. Mais c'est un lion fort espouvantable contre les loups et toutes les bestes sauvages qui se jectent sur son troupeau.

T. Il ne faut point douter qu'il n'en ait grand soin, veu qu'il est le bon pasteur qui met sa vie pour ses brebis.[16]

Comment Dieu punit les tyrans qui n'ont point de superieurs entre les hommes qui les puissent punir.

D. Brief, Dieu besongne en telle sorte sur tels personnages, qu'il donne à cognoistre assez manifestement que c'est luy qui y a mis la main et non autre. Car puis qu'il n'y a nul plus grand et plus puissant qu'eux qui en puisse faire la justice et la punition, Dieu la fait luy-mesme. Car il est encore plus grand et plus puissant. Et d'autrepart il est leur roy et leur prince souverain, duquel ils ne sont sinon ministres et officiers, et serviteurs et sujets. Parquoy il appartient [407] à luy de les corriger pour les faire charrier droict et de refrener leur tyrannie quand ils abusent de leur office et puissance. Car il ne le leur a pas commis et ne leur a pas donné le glaive qu'il leur a mis entre les mains pour couper la gorge à ses brebis et à ses enfans, mais pour les defendre et pour estre leurs pasteurs et protecteurs. Pour ceste cause les rois et les roines, et princes et princesses sont appelez par Isaie, comme nous l'avons desja ouy, nourriciers et nourrices de l'Eglise.[17] Et pourtant ils doyvent bien ouvrir les oreilles pour entendre à l'admonition laquelle David leur fait,[18] disant: "Vous Rois maintenant entendez, et vous gouverneurs de la terre, prenez instruction. Servez au seigneur en crainte et vous esjouissez en tremblant. Baisez le fils (c'est à dire, faites hommage au fils de Dieu) de peur qu'il ne se courrouce et que ne perissiez de la voye quand son ire s'embrasera tant soit peu; O que bien-heureux sont tous ceux qui ont esperance en luy." David adresse ces paroles aux rois et aux princes tyrans et rebelles à Dieu, desquels il a dit au paravant![19] "Pourquoy se mutinent les gens et murmurent les peuples en vain? Pourquoy s'avancent les rois de la terre et consultent ensemble les princes, contre le Seigneur et contre son Christ?" Rompons disent-ils, leur liens, et rejettons de nous leurs chevestres. Voila comment ces rois et princes et magistrats mutins et rebelles contre Dieu et Jesus Christ, leur souverain roy et prince, parlent, du joug d'iceluy, auquel ils ne se veulent pas soumettre, ains le veulent rejetter loin d'eux pour regner à leur plaisir. Mais quel honneur et quel pro[408]fit acquerront-ils par ce moyen?

T. Si les rois et les princes et les magistrats, voire mesme les plus grans tyrans qui puissent estre, ne peuvent pas endurer les mutins, les seditieux et les rebelles qui s'eslévent contr'eux, non pas mesmes combien qu'ils leur auroyent donné par leur trop dure et trop cruelle tyrannie grande occasion de se mutiner, ils peuvent bien penser si Dieu, qui est leur souverain roy et prince, les pourra mieux endurer s'ils se revoltent contre luy et luy font guerre ouverte en persecutant ses enfans. Car puis qu'il est tant juste et tant equitable qu'il est luy-mesme la fontaine de toute justice et de toute equité, il ne leur donne pas occasion de se revolter et mutiner contre luy, comme les tyrans la donnent souvent à leur sujets, lesquels ils pressent quelquesfois si fort par leur tyrannie importable qu'ils les contraignent à se rebeller et mutiner maugréqu'ils en ayent, les mettans en extreme desespoir.

D. Tu es bien asseuré que Dieu leur monstrera bien aussi de sa part s'ils ont point de Seigneur et de maistre, et si c'est point luy-mesme, lequel ils doyvent recognoistre. Parquoy s'ils ne luy veulent rendre de bon coeur l'honneur et l'hommage qu'ils luy doyvent, si leur fera il bien cognoistre bon gré maugré qu'ils en ayent, qu'il faut qu'ils soyent sujets à luy et qu'il ne leur profitera rien de regimber contre luy, non plus qu'au boeuf contre l'eguillon. Car s'il n'y a pas des princes et des magistrats qui ayent puissance sus eux pour les corriger et chastier, ou si ceux qui le doyvent et peuvent faire ne le font pas, toutesfois la justice et la punition n'en demourront pas pour[409]tant à faire. Car Dieu, leur souverain Roy et Prince, sçaura bien trouver le moyen pour les renger et domter. Car il a des verges assez, et de toutes sortes, et de bien grosses et bien fortes, pour rompre la teste et l'eschine à ceux qui ne se voudront volontairement ployer sous son joug et sous son obeissance.

T. Il est bien raison que ceux qui ne veulent ployer sous sa main forte soyent rompus et froissez par icelle.

Comment Dieu se rit et se moque des tyrans et de leurs entreprises, et des menaces qu'il leur fait.

D. Et pourtant oyons encore ce que David dit à ce propos,[20] au mesme passage que j'ay desja allegué, "Celuy,' dit-il, 'qui reside és cieux, s'en rira: le Seigneur se moquera d'eux. Lors il parlera à eux en son courroux, et les estonnera par sa fureur." Et puis tantost apres, il dit encore parlant du roy, lequel le Seigneur a[21] constitué pour en faire la vengeance, "Tu les casseras d'un sceptre de fer, et les briseras comme un vaisseau de potier."[22]

T. Voila une menace, par laquelle il me semble, que le Seigneur ne les menace pas seulement de les chastier et punir, mais aussi de les destruire et desfaire totalement.

D. Il declare cela encore plus manifestement par ce qu'il dit en un autre lieu par Isaie,[23] usant de ceste mesme maniere de parler et de ceste mesme menace contre les meschans, à sçavoir non seulement qu'il les froissera comme un pot de terre, mais aussi il adjouste pour plus grande declaration de ceci qu'il en fera voler les esclats et qu'il les brise[410]ra si menus qu'on n'en trouvera pas seulement un test ou une petite piece pour aller querre un peu d'eau ou de feu. Mais si nous considerons que c'est que David a dit au commencement du pseaume que j'ay allegué, touchant les complots et entreprises des rois et des princes de la terre contre Dieu et contre Jesus Christ son fils, et si nous en faisons comparaison avec ce qu'il dit tantost apres de Dieu qui les regarde du ciel et se moque de leur folie et rage et fureur, nous y trouverons de fort belles choses, bien dignes de noter et de considerer. Car tu vois comment d'un costé il nous propose les peuples qui s'esmeuvent et se mutinent, et qui fremissent et font complots pour resister au Seigneur et pour combattre contre luy. Et puis il leur adjoint quant et quant les rois et les princes de la terre. Ils s'assemblent aussi et consultent et deliberent et font leurs entreprises par ensemble, estans fort esmeus et eschauffez, et bien deliberez de faire guerre contre le Seigneur.

Comment ceux qui resistent à la parole de Dieu et à ses serviteurs, combattent contre Dieu.

T. Combien qu'ainsi soit que tu dis, toutesfois il ne leur semble pas que ce soit contre le Seigneur qu'ils combattent. Parquoy ils ne veulent pas estre tenus pour tels mutins et rebelle, qui luy vueillent resister et faire guerre, ains au contraire, se font à croire qu'ils ont bonne et [411] juste cause et qu'ils combattent pour la defense d'icelle et pour leur liberté, afin qu'elle ne soit point opprimee. Et ceux qui de nostre temps s'opposent à la doctrine et à la predication de l'Evangile, se font à croire qu'ils combattent pour la defense et maintenance de la vraye religion de Jesus Christ, laquelle ils taschent neantmoins à opprimer et abolir totalement en soustenant la fausse religion qui luy est contraire.

D. Je say[24] bien qu'ils se trompent ainsi que tu dis, les uns ignoramment et les autres tout volontairement. Mais l'esprit de Dieu, qui ne sçait point deguiser les choses, les appelle du nom qui leur convient et les manifeste telles qu'elle sont. Car quiconque ne se veut soumettre à l'obeissance de Dieu et de sa parole, et ne veut recognoistre pour ses serviteurs ceux lesquels il a envoyez, ains les rejette et persecute, un tel personnage ne resiste pas aux hommes, mais à Dieu et s'attache à luy. Car le Seigneur dit à Samuel: "ils[25] ne t'ont pas rejetté mais moy." Et ce qui est dit de Samuel se doit aussi entendre de tous les autres serviteurs de Dieu. Pour ceste cause Jesus Christ dit aussi à ce mesme propos, parlant à ses apostres et disciples: "Qui vous reçoit me reçoit, et qui vous escoute m'escoute.[26] Par le contraire qui vous desprise me desprise et qui vous rejette me rejette." Et quand Jesus Christ dit: "Saul, Saul, pourquoy me persecutes- tu?" il[27] declare manifestement que qui persecute les povres fideles, qui sont ses membres, le persecutent luy-mesme et qu'il repute cela comme fait à sa propre personne, suyvant ce qu'il dit en un autre lieu,[28] qu'il prend tout çe qui est fait au moin[412]dre des siens, soit ce bien ou mal, comme s'il avoit esté fait à luy mesme.

T. Puis qu'ainsi est, les tyrans et tous les persecuteurs se mettent en grand danger et ne considerent pas à qui ils ont à faire et à qui ils se prennent. Car ils ont bien plus forte partie qu'ils ne pensent. D'autrepart les fideles se doyvent bien resjouir et consoler, et se bien asseurer en leur bonne cause, veu qu'ils sont certains que Dieu la prend en main comme sienne et qu'il est leur protecteur et defenseur, qui a le soin d'eux jusques à un poil de teste.[29]

*Du travail que les ennemis de Dieu prennent pour combattre contre luy,
et comment Dieu tout en riant renverse toutes leurs entreprinses.*

D. Et pourtant cependant que les peuples mutins s'effrayent et se tormentent, et courent et trottent d'un costé et d'autre, et que les rois et les princes s'assemblent et se travaillent à consulter et deliberer, et à faire leurs complots, et qu'ils envoyent deçà et delà espies, messagers, ambassadeurs, postes, lettres et paquets, et qu'ils amassent gens, et font grand appareil et grand bruit, le Seigneur, qui a son siege au ciel, ne se bouge point cependant, ains les regarde seulement depuis son throne celeste, sans s'esmouvoir aucunement pour toutes leurs entreprises et menaces. Car c'est luy duquel il est escrit[30] "Le Seigneur regarde du ciel et voit tous les enfans des hommes." Il prend garde du lieu de sa residence sur tous les habitans de la [413] terre. Et pource il les laisse troter et courir et tormenter et tempester et luy cependant ne s'en fait que rire et moquer. Car il les peut tous dissiper par un seul regard et en un guein[31] d'oeil. Il leur laisse faire leurs complots et leurs entreprises, et puis quand ils ont fait leurs conclusions et leurs arrests, et qu'ils les pensent executer et avoir tout gagné et tout fait, ils en sont plus loin que jamais. Car le Seigneur en un moment renverse tous leurs conseils au rebours, et les fait prendre aux filez qu'ils ont tendus eux-mesmes. Car c'est luy duquel il est escrit "Il prend les fins en leurs finesses et les cauts en leurs cautelles."[32] Et pour ce faire, il n'a besoin d'espies ne d'armee, ne d'aide aucune de creature qui soit. Car quand ses ennemis font complots et entreprises contre luy et contre les siens, il est luy-mesme present en leurs conseils et y assiste, comme David le tesmoigne.[33] Et combien qu'eux ne le voyent pas et mesmes n'y pensent pas, toutesfois luy les voit bien et les sçait bien contreroller. Car il ne cognoist pas seulement leurs paroles et leurs faits, mais aussi toutes leurs pensees avant mesme qu'ils les ayent encore pensees eux- mesmes. Car c'est luy, qui comme David le tesmoigne,[34] a formé le coeur d'eux tous ensemble et qui cognoist toutes leurs oeuvres, et qui les sonde jusques au plus profond. Et pourtant Isaie dit à bon droict aux ennemis du peuple de Dieu: "Vous peuples assemblez vous serez desfaits; escoutez vous tous de terre lointaine, equippez vous et vous serez desfaits; soyez equippez et vous serez desfaits. Prenez conseil, et il sera [414] dissipé; dites la parole et elle ne sera point establie, pource que le Seigneur est avec nous." Mais quand il parle de Dieu et des conseils et arrests d'iceluy, il parle bien autre langage. Le Seigneur, dit-il, a cela decreté et arresté, et qui l'empeschera que il ne soit executé? Il a estendu son bras qui le luy fera retirer?[35] Doncques quand Dieu a deliberé une chose et qu'elle est passée par son conseil, il faut necessairement qu'elle soit mise en execution maugré tous les hommes et tous les diables et tous ceux qui y voudront resister. Et quand il a mis la main à la besongne, il faut necessairement qu'elle soit faite. Car il n'y met pas la main qu'il n'en vueille venir à chef et qu'il ne la puisse facilement faire, sans ce qu'aucun le puisse empescher. Mais c'est tout le contraire des hommes. Ils ont beau consulter, definir, arrester et conclure tout ce qu'ils voudront, tous leurs conseils, toutes leurs determinations et conclusions et arrests seront anneantis, s'ils ne sont passez et conclus par le conseil d'iceluy. Ils ont beau mettre la main à l'oeuvre, ils n'en viendront point à chef si le Seigneur leur est contraire. Et s'il les peut tous dissiper en riant seulement, comme David le tesmoigne,[36] que sera-ce d'eux quand il leur parlera en son ire?

T. Ce que tu dis est tout certain. Car Dieu les peut bien empescher seulement en soufflant sur leurs entreprises, mais eux ne le peuvent aucunement empescher.

Comment les ennemis de l'Evangile ne peuvent empescher le cours d'iceluy, ains l'avancent par les moyens par lesquels ils tachent à l'empescher.[415]

D. Et pourtant puis que le Seigneur a ordonné que son Evangile soit presché, et puis receu par ses esleus et par ses enfans, tous les tyrans et tous les persecuteurs ont beau se rompre la teste avec leur Antechrist, lequel ils suyvent. Qu'ils fremissent, qu'il enragent, qu'ils esmeuvent le ciel et la terre, si ne changeront-ils pas le conseil de Dieu et ne revoqueront pas ses arrests et n'en empescheront pas l'execution, mais au contraire, en la cuidant empescher, Dieu se servira d'eux-mesmes, maugré qu'ils en ayent pour l'executer par leurs mains mesmes. Car il convertira à leur confusion tout ce qu'ils entreprendront contre luy et avancera son oeuvre par les moyens mesmes par lesquels ils tascheront à l'empescher.

T. Il ne nous faut pas aller cercher d'autres exemples de tout ce que tu as dit que ceux que tu as desja proposez, et ceux que nous-mesmes avons veu par experience de nostre temps. Car nous avons veu comment presque tout le monde s'est elevé comme furieux contre un petit trouppeau de brebis, lequel Jesus Christ, le bon pasteur, a rassemblé par la predication de l'Evangile,[37] de la dispersion qui en avoit esté faite par les faux pasteurs. Il n'a pas tenu à ces loups ravissans et lions furieux et à toutes les autres bestes sauvages, qui se sont conjointes ensemble par semblable rage et fureur, qu'ils n'ayent deschiré, mangé, devoré et englouti tout ce povre petit trouppeau. Mais Jesus Christ a monstré qu'il en estoit le pasteur et qu'il luy tendoit la main du ciel et qu'il l'a pris en sa sauvegarde.

D. C'est luy aussi qui luy a dit: "Ne crain point petit trouppeau. Car il a pleu [416] au Pere de te donner le royaume."[38] Et derechef: "Toute puissance m'est donnee au ciel et en la terre. Voici, je suis avec vous jusques à la consommation du monde."[39]

Comment les persecutions des tyrans avancent l'Evangile en despit de leurs dens, au lieu qu'ils taschent à l'esteindre du tout par icelles.

T. Il a bien monstré par effect qu'il est veritable en ses promesses et en toutes ses paroles, et en avons les tesmoignages bien certains és exemples desquels nous avons fait les discours. Car nous avons veu en iceux que c'est qu'ont avancé et profité tous les tyrans et tous les persecuteurs par leurs glaives et par leurs feux et fagots, lesquels ils ont desployez et allumez contre les povres fideles. En ont-ils pourtant desfait la race et ont-ils saoulé et appaisé leur rage et leur fureur par leur cruauté, de laquelle ils les ont poursuivis?

D. Tu as entendu si par ce moyen ils ont augmenté ou diminué le nombre des fideles, et si leur zele, leur foy, et leur constance sont pourtant defaillies. Parquoy tant s'en faut aussi que la fureur et rage des tyrans et des persecuteurs ait peu estre appaisee par tous ces moyens, qu'au contraire elle a tousjours esté enflammee d'avantage avec leurs feux et fagots, tellement qu'ils en ont esté tout forcenez. Car ce leur est un grand crevecoeur et une douleur extreme quand ils voyent de leurs yeux qu'ils reculent leur besongne au lieu de l'avancer, et qu'ils avancent l'oeuvre de Dieu au lieu qu'ils la veulent recu[417]ler et du tout empescher.

T. Il ne faut point douter qu'ils ne soyent tormentez comme s'ils estoyent en la torture quand ils voyent qu'ils font multiplier l'Eglise, au lieu qu'ils travaillent tant qu'ils peuvent à la ruiner et desfaire du tout, et que tant plus ils pensent espouvanter les fideles, et tant plus ils leur font croistre le coeur, tellement que toute leur force, armee de toute tyrannie et cruauté, n'est pas suffisante ne assez puissante pour le vaincre et surmonter.

Comment la foy et la constance des martyrs de Jesus Christ et des vrais Chrestiens ne peut estre vaincue ne surmontée par les tormens et les persecutions des tyrans, ains en est plus confermee.

D. Puis qu'ainsi est, ils ont beau allumer leurs feux et fagots. Car ils ne leur servent sinon pour enflammer tousjours d'avantage le coeur, la foy, le zele et la constance des fideles. Car les cendres qu'ils en font sont comme une semence nouvelle, laquele multiplie ttellement que pour un bruslé il en revient et en ressuscite cent et mille. Parquoy l'Antechrist et tous les tyrans et persecuteurs qui luy servent se trompent bien, s'ils pensent obtenir la victoire par les moyens qu'ils tiennent, non plus que les anciens tyrans et persecuteurs payens qui ont persecuté cruellement les anciens Chrestiens et martyrs. Car ces anciens tyrans et persecuteurs ont trouvé telle ardeur de foy et telle constance en iceux, qu'ils ont esté vaincus par icelle. Car ils [418] en ont trouvé tant et plus qui ont trop mieux aimé mourir et endurer les plus cruels tormens que leurs ennemis ayent peu imaginer et controuver, que renoncer Jesus Christ et son Evangile, tellement qu'à la fin les tyrans et les persecuteurs se sont trouvez plus effrayez d'en tant meurtrir, que les fideles d'estre meurtris par eux. Et par ainsi les fideles se sont monstrez de si grand coeur et de si grande vertu que leurs ennemis ont esté plustost las de les persecuter qu'eux d'estre persecutez.

T. J'espere bien que le semblable adviendra encore de nostre temps, si les tyrans et les persecuteurs ne mettent quelque fin à leurs tyrannies et persecutions, et à leur rage et fureur. Et de faict nous en voyons desja des exemples. Car les plus cruels mesmes de nostre temps, et qui taschent le plus à arracher du tout toute la semence de l'Evangile, sont desja contrains de confesser qu'ils cognoissent bien qu'on n'a rien profité par les cruelles persecutions, desquelles on a usé jusques à present. Parquoy ils sont contrains eux-mesmes de dire qu'il est de besoin d'user de plus grande moderation par-ci apres.

D. Nous voyons par experience en cela comment les fideles vainquent leurs ennemis en souffrant et en mourant pour soustenir la verité et l'Evangile de Jesus Christ, tellement que les tyrans qui les persecutent font plus de dommage à eux- mesmes qu'aux fideles lesquels ils persecutent.

Du dommage que les tyrans font à eux-mesmes par [419] leurs persecutions, et des bons sujets et serviteurs qu'ils perdent par icelles.

T. Voila pourquoy j'ay dit au commencement que si on ne peut obtenir meilleur et plus parfaite reformation en l'Eglise, il sera pour le moins necessaire d'avoir quelque maniere d'Interim telle que celle de laquelle nous avons parlé en second lieu. Car si les rois et les princes vouloyent suyvre les exemples des tyrans et des persecuteurs, desquels nous avons fait mention, et servir aux affections des ennemis de l'Evangile, et estre les ministres et executeurs, ou pour le moins les fauteurs de leurs cruautez, plustost que penser à quelque bon moyen pour moderer la rage et fureur de plusieurs, et pour entretenir comme bons pasteurs leurs peuples en paix, et plustost conserver leurs biens et leurs vies que les mettre en proye et les ruiner et perdre du tout, non seulement ils provoqueroyent tousjours de plus en plus l'ire de Dieu sus eux, comme tu l'as desja dit, mais aussi se mettroyent en grand dangier du costé et au regard des hommes mesmes. Car il adviendroit beaucoup de choses de leurs persecutions, lesquelles leur seroyent toutes fort dommageables. La premiere, c'est qu'ils trouveront beaucoup de fideles qui endureront patiemment les persecutions et les pilleries et confiscations de leurs biens, les prisons, les liens, les chaines et les tortures, et finalement le feu, et la mort cruelle, avant qu'on leur face delaisser et renoncer leur religion. Et quel profit reviendra-il de cela à leurs seigneurs?[420]

D. Le profit qu'ils en recevront sera qu'ils auront de cendres au lieu des hommes et qu'ils perdront les meilleurs personnages qu'ils ayent entre tous leur sujets, et ceux qui leur sont les plus loyaux et les plus fideles et les plus obseissans de tous, et desquels ils se peuvent le mieux asseurer et recevoir de plus grans services et plus fideles que denuls autres. Mais cela advient aux tyrans par un juste jugement de Dieu qui les aveugle tellement qu'ils ne peuvent cognoistre ni endurer ceux lesquels ils devroyent preferer à tous les autres, pource qu'ils ne sont pas dignes d'avoir de si bons et de si loyaux sujets et serviteurs, ains meritent mieux d'avoir des flateurs, des maquereaux, des pillars, des ravisseurs, des larrons, des mutins et seditieux et des traistres, qui les trompent, desrobent, pillent et les mettent en trouble et les trahissent, et mesme les ruinent souvent du tout, comme il est advenu à plusieurs de ceux desquels nous avons parlé. Parquoy on peut bien dire en cest endroit, ce qui[40]. est escrit en l'Epistre aux Hebrieux,[41] a sçavoir que les meschans persecutent les vrais serviteurs de Dieu, et Dieu permet qu'ils soyent ostez du monde par eux à cause que le monde n'est pas digne de les avoir. Pour ceste cause Dieu les retire, afin qu'ils ne soyent plus tormentez au monde et que les meschans y demeurent tout seuls pour s'y tormenter et se manger les uns les autres comme bestes sauvages, afin que puis apres il face horrible vengeance de tous quand il aura retiré ses enfans du millieu d'iceux.[421]

De la cause pourquoy les rois et les princes ne peuvent entendre la perte qu'ils font par leurs persecutions contre les fideles.

T. La chose est ainsi à la verité, comme tu dis. Mais les princes et seigneurs sont souvent empeschez de bien entendre et cognoistre ceci par les flatteurs et les faux prophetes, et les autres ennemis de Dieu qui sont autour d'eux, à cause qu'ils travaillent tant qu'ils peuvent pour leur persuader que les fideles ne sont que mutins et seditieux, et heretiques et schismatiques, et les plus dangereux ennemis qu'ils ayent. Au moyen de quoy ils leurs donnent aussi à entendre qu'ils ne se peuvent mieux asseurer ne mieux regner à repos qu'en les exterminant du tout, comme s'ils estoyent des pestes publiques et les ennemis publiques des royaumes et principautez, et de tout le genre humain. Et cependant ces flatteurs et trompeurs, et ces boute-feux et larrons et brigans remplissent leurs bourses et leurs maisons des butins et pillages des biens qu'ils ravissent par divers moyens aux povres fideles et se font grans et riches, non seulement au despens d'iceux, mais aussi aux despens des princes, ausquels ils font perdre le service que ils pouvoyent avoir tant de leurs sujets que des biens d'iceux, lesquels sont du tout perdus pour eux.

D. Si Dieu punit les rois et les princes à cause de ces choses, ces tyranneaux qui sont au tour d'eux qui les seduisent et les enchantent ainsi se peuvent bien aussi asseurer qu'ils n'eschapperont pas la main de Dieu, qu'il ne leur en face bien rendre gorge, et non seulement à eux, mais aussi à leurs enfans [422] et aux enfans de leurs enfans, lesquels ils ont voulu faire grans par tels moyens.

De la cause pourquoy les rois et les princes ne peuvent pas facillement entendre que les verges desquelles Dieu les chastie procedent principalement des persecutions qu'ils font contre l'Evangile.

T. Ces flatteurs et ennemis de Dieu font le semblable quand Dieu visite les rois et les princes et leurs cours, et qu'il les punit des fautes qu'ils ont commises, et qu'ils commettent encore tous les jours, et principalement à cause du sang des innocens et des brebis de Jesus Christ lequel les tyrans se soucient moins d'espandre que les bouchiers d'espandre celuy des veaux et des chevreaux. Car ils tiennent pas grand conte de la vie des hommes, et principalement des plus gens de bien. Ces flatteurs et ennemis de Dieu qui sont autour d'eux, et les faux prophetes pareillement, qui ont le serment à l'Antechrist et qui sont à ses gages, n'ont garde de leur remonstrer que Dieu les punit à cause de leur ambition et avarice, et de leurs paillardises et adulteres, et de leurs incestes et ravissemens de femmes et de filles, et de tant d'autres vilenies et abominations qui sont les esbats et passetemps ordinaires de plusieurs, et qui regnent en leurs cours et en toutes leurs terres et païs. J'enten ceci des mauvais et des tyrans et non pas des bons rois et princes. Mais au lieu de faire telle remonstrance à ceux qui en [423] ont besoin, par le contraire ils leur donnent à entendre que tous les maux qui adviennent tant à eux qu'à tout leur pays leur adviennent à cause des heretiques qui y sont par trop soustenus et qui ne sont pas persecutez et exterminez comme ils le devroyent estre. Et ceux-la leur sont heretiques qui renonçans à toute fausse religion veulent servir à Dieu purement selon sa parole. Et pource ils font à croire aux princes qu'ils ne prospereront jamais, ains auront tousjours Dieu contre eux cependant qu'ils endureront telle sorte de gens en leurs terre et pays. Car ces sanglans meurtriers sont tellement insatiables du sang des brebis de Jesus Christ que la cruauté sanglante des tyrans autour desquels ils sont ne

266

les en peut rassasier, tant cruels et tant sanglans persecuteurs qu'ils puissent estre. Voila les exhortations et remonstrances qu'ils leur font pour les induire à repentance de toutes leurs fautes passees, afin qu'ils parachevent de remplir leur mesure et la mesure de leurs peres, comme tu l'as dit par ci devant, et de haster la ruine tant d'eux que de leurs maisons et royaumes.

Comment les rois et les princes ne peuvent point avoir de meilleurs et plus loyaux serviteurs et sujets que les fideles qui suyvent l'Evangile.

D. Tu as touché deux poincts qui sont bien à noter. Et quant au premier, les rois et les princes, voire mesme quand ils seroyent les plus grans tyrans qui puissent estre, se trompent grandement s'ils pensent trouver des sujets et des serviteurs plus [424] loyaux et qui procurent plus fidellement leur honneur et leur profit et le bien de tous leurs royaumes et seigneuries, que les vrais fideles et vrais serviteurs de Dieu, lesquels les flatteurs, les faux prophetes et les ennemis de verité qui peuvent estre autour d'eux, appellent heretiques et schismatiques, et rebelles et mutins et seditieux. Car les vrais fideles ont tousjours Dieu et sa crainte devant les yeux. Et pourtant ils cheminent tousjours en bonne conscience et n'obeissent et ne servent pas seulement à leurs rois et princes pour mieux valoir d'eux et pour s'avancer en honneurs en leurs cours, et s'enrichir avec eux par leur moyen, comme les flatteurs, les ambitieux, les avaricieux, les ravisseurs et les tyranneaux, qui taschent d'estre tousjours à leurs oreilles et qui sont communement les plus avancez en leurs cours, ont accoustumé d'en besongner. Car ceux-la qui ne servent aux princes si non pour les honneurs et les richesses qu'ils attendent d'eux, ne servent pas tant aux rois et aux princes qu'à eux-mesmes. Car ils ne se mettent pas en leur service pour amitié qu'ils portent ni à eux ni au bien public, mais seulement pour la convoitise qu'ils ont des honneurs et des richesses et de regner sous leur adveu et sous leur nom. Et pour tant ils sont à qui plus leur donne et ne se soucient à bon escient ne de l'honneur ne du profit de leurs maistres, sinon d'autant qu'eux aussi en peuvent avoir leur part, voire souventesfois plus grande que leurs maistres mesmes. Et comme l'honneur et le profit de leur maistre ne leur est rien, si ce n'est aussi à leur grand avantage, par le semblable, s'ils [425] voyent quelque moyen par lequel ils en puissent avoir, ils ne le laisseront pas eschapper, nonobstant que leurs maistres n'en ayent point d'honneur ne de profit, mais plustost grand deshonneur et dommage, et semblablement toute la chose publique. Car puis qu'ils ne se sont proposé devant les yeux, sinon l'honneur et le profit mondain, ils ne pretendent aussi jamais sinon à ce but, laissans Dieu en arriere et le vray honneur et profit qui ne se peut aquerir sinon par vertu. Pour ceste cause ils sont tousjours prests de servir à leurs maistres en choses vilaines et meschantes si on les y veut employer, plus qu'en choses honnestes et bonnes. Mais c'est alors qu'ils leur applaudissent le plus. Et qui pis est, ce sont eux-mesmes qui songent jour et nuit à trouver les moyens par lesquels ils pourront mettre en avant quelques nouvelles vilenies et meschancetez pour se monstrer meilleurs valets, tellement que quand les rois et les princes seroyent les meilleurs personnages du monde, ils les corromproyent totalement. Et combien qu'ils se monstrent si bons valets non seulement là où il est moins de besoin, mais aussi là où ils ne peuvent faire ce qu'ils font et estre hommes de bien, toutesfois ils ne sont pas tellement affectionnez à leurs princes et à leurs seigneurs et maistres qu'ils ne soyent bien tost prests à se revolter contr'eux et à les vendre et trahir, et s'aller rendre aux ennemis d'iceux, s'ils ne peuvent du tout avoir leur conte et si on les fasche et despite. Mais les hommes craignans Dieu et qui sont bien instruits en sa parole font tout au contraire. Car comme ils ne preferent point leur honneur et leur profit mondain à l'honneur et au profit de leurs [426] princes et seigneurs, et de toute la chose publique, ainsi ils ne leur servent et ne leur obeissent pas seulement par crainte et par contrainte, comme les mutins et les rebelles, mais singulierement pour la conscience et pour le devoir qu'ils ont à eux selon Dieu, comme sainct Paul admoneste les vrais Chrestiens qu'ils le doyvent faire.[42]

Du jugement corrompu de plusieurs rois et princes et des exemples des sainctes Escritures qui leur pourroyent ouvrir les entendemens s'ils les lisoyent, pour mieux juger des bons et loyaux subjets et serviteurs qu'ils n'en jugent.

T. Pleust à Dieu que tous les rois, les princes et les seigneurs peussent bien entendre et bien cognoistre ce que tu dis. Car ce seroit un bien inestimable, non seulement pour eux, mais aussi pour tous leurs peuples et sujets. Car il leur en reviendroit à tous un honneur et un profit incroyable. Mais il est non seulement difficile, ains aussi comme impossible de le pouvoir faire à croire à plusieurs pour les causes lesquelles tu as desja proposées. Car quand Dieu les veut punir, il leur oste et le sens et l'entendement et tout bon jugement, en sorte qu'ils choisissent tousjours les pires au lieu des meilleurs.

D. Voila un grand mal et qui est bien à deplorer. Et toutesfois il y a de beaux exemples és sainctes Escritures à ce propos, lesquels leur devroyent et pourroyent bien ouvrir les yeux et l'entendement pour leur faire cognoistre et entendre ce que nous disons, s'ils les lisoyent, et s'ils les consideroyent [427] de bien pres.

T. Tu dis fort bien s'ils les lisoyent et s'ils les consideroyent. Car les flatteurs et les ministres de voluptez et les tyranneaux qui les gouvernent n'ont garde de leur proposer tels exemples, ne de les exhorter à lire les sainctes Escritures, ains au contraire taschent de tout leur pouvoir à les en destourner. Car ils ne craignent autre chose, sinon que les princes ausquels ils servent soyent plus gens de bien qu'ils ne sont. Mais puis que nous sommes sur ce propos, je voudroye bien ouir quelcun de ces exemples desquels tu as fait mention.

D. Pource qu'il y en a beaucoup et fort beaux, nous remettrons ceste matiere à une autre fois. Ce pendant, quand je considere le discours des matieres que nous avons traittées par ci devant, il me semble qu'entre toutes les autres nations qui sont aujourd'huy au monde, les François ont grande occasion de louër Dieu de la grace qu'il leur fait à present.

> *Des divers estats qui sont aujourd'huy entre les hommes à cause de la religion, et de la difference d'iceux.*

T. Pourquoy dis-tu cela?

D. Il y a aujourd'huy bien peu de royaumes et de seigneuries et de peuples et de pays en la Chrestienté qui ne se ressentent aucunement des troubles qui y sont aujourd'huy à cause de la religion. Mais il y a grande difference des uns aux autres touchant leurs estats. Car il y en a qui ont la pure predication de l'Evangile et l'exercice de leur religion selon la doctrine d'iceluy, en toute liberté, sans point d'autre [428]forme de religion differente ou contraire à icelle. Mais cependant il y a beaucoup de choses à desirer en plusieurs de ceux qui sont en cest estat. La premiere est qu'il y en a tant et plus qui abusent grandement de ceste tant grande liberté, tellement qu'ils ne se veulent soumettre au joug du Seigneur ni à aucunne bonne discipline, sinon autant qu'il leur plaist, comme nous l'avons desja touché une autre fois. La seconde est qu'il en est encore demeuré beaucoup en leur vielle peau, lesquels, quelque beau semblant qu'ils facent, n'ont point encore quitté leur superstitieuse religion ne renoncé à leur idolatrie, ains la retiennent tousjours en leur coeur, partie pource qu'on leur a osté leur religion accoustumee avant qu'ils ayent esté instruits en une autre meilleure, partie pource qu'on ne les a pas tousjours pris et traittez en telle prudence et douceur et modestie qu'il estoit requis pour le commencement. Il y en a aussi plusieurs qui demeurent arrestez en leur fausse religion pource qu'ils ne voyent pas telle discipline et amendement en ceux qui se glorifient de la reformation que leur profession le requiert, ains voyent que plusieurs de ceux qui s'en glorifient le plus convertissent la liberté chrestienne qui leur est donnee par l'Evangile en licence charnelle. Laquelle chose n'a pas seulement esté cause qui plusieurs se sont ainsi obstinez en leurs vieux erreurs, mais aussi que plusieurs sont devenus Anabaptistes,[43] cerchans quelque religion plus parfaite en laquelle il y eust plus de discipline chrestienne et une regle plus estroicte, et une reformation plus parfaite qu'ils ne la voyent, non [429]seulement en l'Eglise qui se dit romaine, mais aussi en celle qui se dit reformee et se glorifie de la pure predication de l'Evangile. Il y en a des autres qui n'ont point d'exercice publique d'autre religion que de la pretendue ancienne religion qu'on appelle romaine, entre lesquels ceux-la sont rigoureusement persecutez qui font profession de la religion pretendue nouvelle. Il y a mesme des lieux où il suffit d'en estre seulement souspeçonnez pour estre en danger de perdre corps et biens, et esquels il y a des inquisitions et des procedures tant estranges, tant barbares et tant contraires à tous droicts divins et humains qu'il n'y en eut jamais point de telles entre tous les persecuteurs qui ont persecuté les Chrestiens anciens, tant barbares et tant inhumains et cruels qu'ils ayent peu estre.

T. L'estat des povres fideles qui sont en ces lieux là est fort miserable.

D. Ils ne pourroyent estre en plus grande captivité ne sous plus cruelle tyrannie. Or il n'est plus de besoin de disputer que c'est que ceux-ci peuvent gagner et avancer par leurs persecutions et par leurs manieres de proceder tant rigoureuses et tant extremes, à cause qu'il est facile à en juger par les discours que nous avons desja faits à ce propos. Il y en a des autres qui ne sont pas seulement divisez en deux sortes de religions, mais en plusieurs. Car il y en a qui ont des Juifs entre eux qui ont aussi l'exercice de leur religion. Et entre ceux-ci, il y en a qui n'ont avec la religion des Juifs sinon la religion romaine. Il y en a des autres qui encore avec icelles ont la religion de l'Eglise reformee. Et là où les Turcs regnent, il [430]y a en plusieurs lieux des hommes de toutes les sortes de religions qui sont aujourd'huy les plus cognues au monde, et l'exercice d'icelles, par la permission du prince. Car outre la religion mahometiste, toutes les autres desquelles j'ay tantost fait mention, sont permises à ceux qui veulent vivre selon icelles. Il y en a des autres qui sont en meilleur estat, à cause qu'ils ont ce remede duquel nous avons desja fait mention paravant, pour moderer ces rigueurs tant extremes et ces cruautez tant barbares, et tant contraires à l'humanité qui doit estre, non seulement en ceux qui veulent estre tenus pour hommes chrestiens, mais aussi en ceux qui veulent plus estre tenus pour hommes participans de raison que pour bestes sauvages et cruelles, et si ne sont pas neantmoins divisez en tant de sortes de religions et tant contraires. Car ils n'ont tous à parler proprement qu'une religion, de laquelle ils sont nommez Chrestiens. Mais le different est seulement touchant la corruption et la pureté ou impureté d'icelle et la reformation qu'elle requiert. Et pour autant que ceste pureté n'est pas telle par toutes les eglises qui se disent chrestiennes, la premiere chose qui est a souhaiter c'est d'avoir ceste pureté et d'estre bien uni en icelle. Si on ne peut cela obtenir, encore est beaucoup meilleur l'estat de ceux qui ont quelque moyen d'avoir ceste pureté, combien que tous ne la reçoyvent pas encore et que les uns vivent meslez avec les autres, nonobstant qu'ils soyent distinguez quant à l'exercice de leur religion les uns des autres, [431]que ceux qui n'ont que la religion impure, et que ceux qui, suyvans la pureté de la religion, n'ont aucun franc exercice d'icelle, ains sont chassez et persecutez. Et tant moins il y a de diversitez en religion là où on n'y peut si bien estre unis qu'il est à desirer, tant moins il y a de mal. Or entre les autres peuples qui jouissent aujourd'huy de ce benefice de moderation et de liberté , Dieu a fait la grace au Royaume de France de luy en faire aussi avoir la jouissance par l'humanité et clemence de son roy, et le prudent et sage conseil de madame sa mere et des princes de son sang, et des autres seigneurs de son conseil, qui ont trouvé le moyen le plus convenable qu'ils ayent peu penser pour ce temps-ci, pour espargner le sang des sujets de sa Majesté, et les contenir et entretenir en paix sous la conduite et obeissance de leur Roy avec tout son royaume.

Du tesmoignage que l'experience nous donne de la necessité des edicts de pacification et de moderation, et de l'observation d'iceux, et des causes du mescontentement que plusieurs en ont, et de leur tort en cela.

T. Il est facile à juger combien ce remede est propre et utile et necessaire au temps auquel nous sommes à present. Et pleust à Dieu que tous l'eussent bien seu cognoistre avant qu'en avoir fait l'experience qui est la maistresse des fols, et que les fols qui ne l'ont pas encore bien appris à cognoistre par icelle commençassent meshuy à l'apprendre et le [432]bien entendre. Car un chacun a assez experimenté en quel repos tous ont esté, cependant qu'on a rendu au roy et à ses edicts l'obeissance qui leur est deüe. Et cela se voit encore aujourd'huy à l'oeil. Par le contraire, nous avons veu par-ci devant et voyons encore journellement quels troubles la violations d'iceux a apportez, et apporte et apportera encore par-ci apres continuellement par la rebellion et la malice et les furies des ennemis de paix et des perturbateurs du repos publique, si Dieu n'y pourvoit, et ceux ausquels il a donné les moyens pour y remedier.

D. Et qui est cause de tout ceci?

T. Les passions de ceux lesquels on ne peut contenter, s'ils n'ont à leur souhait tout ce qu'ils requierent, soit-il juste ou injuste. Or il est bien difficile, voire mesme impossible, quand on a à faire à plusieurs parties et à plusieurs testes d'humeurs toutes diverses et contraires, et menees d'affections et de passions vehementes, violentes et turbulentes, de pouvoir si bien et si proprement moyenner entre icelles, qu'un chacun demeure content pour sa part, ains par le contraire, il advient le plus souvent que tous demeurent mal contens de l'appointement qu'on leur a fait de sorte qu'au lieu d'en vouloir bien à ceux qui s'en sont meslez, ils leur en veulent mal, et au lieu de les en loüer et remercier, ils en sont blasmez et vituperez.

D. cela est advenu à plusieurs, tant d'une part que d'autre, et plus de l'une que de l'autre, en cest appointement duquel nous parlons maintenant. A raison de quoy il s'en est trouvé plusieurs de si temeraires qu'ils n'ont pas espargné mesmes les plus grans, qu'ils n'en ayent [433]babillé à leur plaisir, et qu'ils ne les ayent blassonnez de leurs blasons. Mais cela vient par faute de bon sens et de bon jugement et par faute de considerer les oeuvres de la providence de Dieu comme il appartient. Car ceux qui sont cruels et inhumains ne peuvent jamais estre contens si on ne satisfait à leur inhumanité et cruauté , et si on n'arrouse toute la terre de sang, et si feux ne sont allumez de toutes parts, et si on ne renverse tout, et ciel et terre, et si on ne met tout en extreme confusion. Les autres qui ne sont pas du tout tant sanglans, et neantmoins sont violens et impetueux, vondroyent aussi avoir de leur part tout ce qui leur semble leur appartenir de droit. Et cependant ils ne considerent pas que leur adverses parties en estiment et en requierent aussi autant de leur costé , et que ce droit qu'un chacun pense avoir pour soy est encore en different entre les parties, et qu'il est de besoin qu'un chacun cede de son costé en quelque endroit pour bien de paix, autant qu'on le peut faire en saine conscience, jusqu'à-ce que Dieu face la grace tant aux juges qu'à toutes les parties de bien cognoistre quel est le droit d'un chacun, et qu'on en puisse venir en bon appointement, plustost par voye amiable que par extreme rigueur et au fil de l'espee. Car il vaut trop mieux conserver les hommes que les tuer et les perdre, s'ils ne sont du tout intolerables et desesperez, et indignes de vivre. Car cependant qu'ils vivent, outre le service qu'on en peut tirer, il y a tousjours esperance que Dieu leur fera quelquesfois grace et misericorde. Car combien en est-il mort par les seditions et [434]guerres civiles que nous avons eües, qui pourroyent maintenant estre bons amis et bien unis ensemble s'ils vivoyent, lesquels neantmoins ont pris les armes les uns contre les autres, et s'en sont entretuez? Je ne dy pas ceci seulement des sujets d'un mesme prince, mais aussi de ceux qui estoyent fort proches parens et conjoins ensemble par le lien naturel de consanguinité et d'affinité.

T. On en peut juger par ce que nous en voyons maintenant en beaucoup de ceux qui sont demeurez en vie apres ces dissensions civiles. Car quel changement et quelle conjonction et amitié voyons nous en plusieurs, qui ont esté fort bandez les uns contre les autres?

De la consideration qu'un chacun doit avoir des difficultez qui sont en la charge de ceux qui gouvernent, et de l'honnesteté de laquelle on doit user envers eux au regard de leurs infirmitez.

D. D'autrepart il nous faut encore considerer, qu'il n'y a que le seul Dieu qui puisse rien faire de parfait. Parquoy si les conseils des hommes ne sont pas tousjours tant sages et tant utiles, et si bien pris qu'il seroit à souhaiter, il nous faut tousjours considerer qu'ils sont hommes, tant excellens qu'ils puissent estre en sagesse et vertu, et non pas Dieu, lequel est à bon droict appelé seul bon et seul sage en l'Escriture.[44] En apres nous devons encore considerer combien sont grans les affaires qui sont entre les mains des grans personnages qui gouvernent et qui commandent, [435]et en quelles difficultez ils se peuvent trouver en iceux, et combien ils peuvent voir de choses que les autres ne voyent pas, et combien aussi ils en peuvent ignorer qui leur sont cachees, et sont congnues des autres. Car ils ne peuvent estre par tout, ne tout voir et tout sçavoir comme Dieu, ny estre si fermes et si constans et immuables comme luy. Et pour mieux nous faire penser à ces choses, il nous faut considerer combien nous serions empeschez nous mesmes si nous avions une si grande charge et tant difficile qu'eux, et à manier les grans affaires qui leur surviennent journellement, et combien il est difficile de bien regner et bien commander et de contenter les hommes, et facile de les mescontenter; et combien il est plus facile de parler à plaisir de ceux qui gouvernent et qui sont en office que de faire ce qu'ils font et bien executer la charge qui leur est commise.

T. Si nous considerions bien tous ces poincts, nous serions plus prompts à les excuser et prier Dieu pour eux qu'à les accuser, quand mesmes ils nous bailleroyent juste occasion de mescontentement, et que d'en mesdire et les calomnier et blasonner.

D. Au surplus, puis que nous leur devons honneur et reverence comme à nos propres peres, quand mesmes il y auroit en eux de grandes fautes et imperfections, ce neantmoins nous devrions plustost travailler à les couvrir qu'à les descouvrir et esvanter, et nous en laver la gorge, comme plusieurs le font souvent. En quoy ils suyvent plus l'exemple de Cham qui se moqua de son pere Noé, l'ayant trouvé dormant et les parties honteuses d'iceluy descouvertes, qu'à [436] Sem et Japheth ses freres[45] qui estimerent la honte de leur pere la leur, et se destournerent pour ne les voir point, et les recouvrirent. Ils ont aussi obtenu benediction, au lieu que Cham et sa race ont esté heritiers de la malediction. Et d'avantage, comme il est defendu en la loy de maudire pere et mere sous peine de mort, ainsi il est escrit: "Tu ne mesdiras point du prince de ton peuple."[46] Et si ceux qui sont tant prompts à mesdire d'un chacun, sans espargner ne rois ne princes ne seigneurs, ne s'en veulent abstenir pour la defense que Dieu en a faite, qu'ils advisent pour le moins au dangier auquel ils se mettent au regard des hommes mesmes, et qu'ils considerent diligemment et mettent en practique l'advertissement que Salomon fait à tous à ce propos quand il dit: "Ne dy mal du roy en ta pensée mesme: ne dy mal aussi du riche en la chambre de ta couche, car les oiseaux du ciel porteront la voix, ce qui vole annoncera la parole."[47]

Combien on se doit garder de mal parler des grans, et du dangier qu'il y a.

T. Que veut dire Salomon par ces paroles?

D. Puis que Dieu a constitué les rois et les princes et tous ceux qu'il a donnez pour superieurs aux hommes, et que pour ceste cause il les a ornez de titres fort nobles et fort honnorables, et leur a donné authorité d'exercer et administrer jugement et justice et puissance sur les biens et les corps et la vie des hommes, il est plus que raisonnable que tous les ayent en grande estime et reverence et que, s'as[437]sujettissans à eux, ils se gardent de les offenser et outrager, non seulement de faict, mais aussi de paroles, suyvant la loy que j'ay desja alleguee à ce propos. Et pourautant que la langue est la messagere du coeur et que, selon le tesmoignage de Jesus Christ[48] elle parle de l'abondance d'iceluy, Salomon commence par la reformation du coeur, celle de la langue. Car selon que le coeur sera disposé ou bien ou mal envers ses seigneurs et superieurs, ainsi sera-il de la langue. Et il conjoint au roy le riche, par lequel il entend ceux qui sont constituez en authorité et dignité sous les rois et les princes, ou pourtant que tels personnages ont plus d'acces en leurs cours et y sont plustost eslevez en honneur que les povres, ou pourtant que ceux qui sont en dignité et offices se font riches par le moyen d'iceux, ou pource que les riches sont ordinairement les plus forts, et que pour ceste ceste cause ils usurpent domination sur les autres et tiennent ceux qui sont moindres et plus povres qu'eux sous leur sujection. Et pource il n'est pas bon de les irriter par mesdisance. Et pour eviter ce vice et ce danger, il est requis de se bien garder de se mal affectionner à l'encontre d'eux par haine et mal-vueillance. Car si les pensees et les affections sont mauvaises envers eux, il sera difficile de les contenir au dedans, qu'elles ne soyent quant et quant sur la langue et en la bouche pour les pousser hors et les manifester par paroles de detractions et de mesdisances, ausquelles les hommes sont tousjours plus prompts qu'à bien dire et qu'à honnorer ceux lesquels Dieu leur commande honnorer. A raison de quoy [438] Salomon compare à bon droit la legereté des pensees et de la langue et des paroles des hommes à la legereté des oiseaux et de leur vol. Car il n'y a oiseau qui vole plus viste que la parole, et specialement quand elle est mauvaise. Et pource quelcun des payens n'a pas dit sans bonne raison qu'il n'y a rien plus facile à bouter hors que mesdisance, ne qui soit plustost receu, ne qui soit plus loin semé et porté.[49] Au moyen de quoy il advient aussi que comme les hommes sont prompts à mesdire, ils trouvent aussi des auditeurs qui ne sont pas moins prompts à rapporter ce qu'ils ont ouy, et qui augmentent plus tost le mal qu'ils ne le diminuent, principalement les flatteurs et les calomniateurs et detracteurs, desquels les oreilles des grans sont presque ordinairement tellement assiegees qu'il est bien difficile aux autres d'y avoir aucun accés. Parquoy ce n'est pas de merveille s'il advient souvent que ce qu'on a dit bien secretement et qu'on pense estre bien caché est incontinent et soudainement rapporté et esvanté par tout.

T. Voila aussi pourquoy on dit en commun proverbe que le loup est au conte et que les parois et les murailles ont oreilles. Et s'il est bien difficile que les plus justes et mesme les plus sobres en paroles puissent eviter les langues legeres des flatteurs et calomniateurs et detracteurs envers les grans, il est facile à juger en quel danger ceux-là se mettent qui sont desbridez et desbordez en paroles, et hardis à les brocarder et à en mesdire et detracter.

D. Il en a mal pris à plusieurs anciennement, d'avoir esté temeraires à brocarder, et blasonner [439] leurs empereurs et seigneurs et gouverneurs, et principalement aux Alexandrins et Antiochiens. Et quant aux Antiochiens, ils ne sont pas à louër en leurs brocards et moqueries contre Julien l'Apostat,[50] par lesquels ils se sont mis en grand danger. Car combien qu'il estoit ennemi de la religion chrestienne et fort meschant, toutesfois il estoit leur empereur et leur prince, lequel ils ne rendoyent pas meilleur par leurs brocards et blasons, ne plus doux et plus benin envers les Chrestiens, ains l'enaigrissoyent et l'envenimoyent tousjours d'avantage contre iceux.

T. Ils n'avoyent pas appris de l'Evangile de ce faire.

Du moyen qu'il convient tenir avec les princes, soyent-ils bons ou mauvais, et a` qui il appartient de les reprendre de leurs fautes, et en quelle modestie il le convient faire.

D. Voicy donc le moyen qu'il convient tenir envers les princess et les grans qui ont authorité et puissance de commander. S'ils font bien leur office, ceux-la sont fort meschans qui les blasment et en mesdisent. Et ce seul tesmoignage suffit pour cognoistre qu'ils sont vrayement meschans. Car il n'y a que ceux-la qui puissent mesdire des bons princes, à cause que les bons princes ayment les bons et haissent les meschans, et ne les puevent endurer aupres d'eux ni en leurs cours, comme David le tesmoigne de soy et de sa cour. Par le contraire, s'ils ne font pas bien leur office, il n'appartient pas à un chacun d'estre leur juge et d'en dire sa rastelee,[51] ains en faut laisser le jugement à Dieu, et la char[440]ge de les admonester et reprendre de leurs fautes à ceux ausquels Dieu l'a donnee, à sçavoir à ceux qui tiennent le lieu de prophetes et de ministres en son Eglise et qui leur sont envoyez de Dieu comme ses ambassadeurs, pour les admonnester de leur office comme les anciens prophetes l'ont jadis fait selon la charge qui leur en a esté commise. Car ceux ausquels Dieu a donné ceste charge sont envoyez pour parler en son nom. Et pource ils n'usent pas de mesdisance et de detraction pour rendre les princes et les seigneurs odieux et contemptibles à leurs sujets, et les leur faire mespriser au lieu de les induire à les honnorer, et pour les faire mutiner et rebeller contr'eux, comme les faux prophetes et les prescheurs seditieux le font souvent, au lieu de les induire à leur rendre l'obeissance qu'ils leur doyvent. Ils ne les flattent pas aussi, leur applaudissant en leurs vices, comme les flatteurs de cour qu'ils ont autour d'eux, ains leur remonstrent leurs fautes et qui est leur office en toute modestie et avec tout honneur et reverence; si les personnes ne sont si vicieuses et les vices si enormes, qu'ils soyent contrains d'user de plus grande aigreur en leur annonçant le jugement de Dieu et de leur faire entendre et cognoistre qu'ils parlent au nom et en l'authorité d'un plus grand seigneur qu'ils ne sont. C'est aussi l'office de ceux qui leur sont donnez pour conseillers et qui ont plus d'acces à eux.

T. Si les grans seigneurs ne reçoyvent pas bien telles admonitions et reprehensions qui leur sont faites par les vrais serviteurs de Dieu, qui par le commandement d'iceluy ont charge expresse de ce fai[441]re, ains s'en faschent et s'en irritent bien souvent sans raison, il est facile à juger de quel coeur ils pourront recevoir les blasons et outrages qui seront degorgez contr'eux non pas pour leur instruction, mais seulement pour les vituperer et diffamer.

D. Et pour tant il est bien de besoin qu'un chacun advise comment il parle des princes et des grans, afin qu'on ne les irrite point, et qu'en les irritant Dieu ne soit aussi grandement deshonnoré et offensé en leur personne, et qu'il n'en face la punition et la vengeance, veu que c'est luy qui les a constituez en leur office, et qu'ils representent son image.

T. Puis qu'ils sont images de Dieu il nous faut tenir si bon moyen que nous ne deshonorions point Dieu en son image, et de l'autre costé qu'on ne mette point l'image au lieu de Dieu lequel elle represente.

De la puissance que Dieu a sur les coeurs des princes, et comment il les dispose selon qu'il veut traiter les hommes.

D. Au reste le principal que nous avons encore à considerer, c'est comment Salomon le tesmoigne, que le coeur du roy est en la main du Seigneur, comme le decours des eaux, et l'incline à toutes choses qu'il veut.[52] Or ce qu'il dit du coeur du roy se doit aussi entendre de tous les autres hommes, et principalement de ceux qui sont en authorité. Car il n'a pas moins de puissance sur leur coeur que sur celuy des rois. Mais il propose celuy des rois tant à cause de la grande consequence qui depend [442] de la disposition de leur coeur que pour monstrer que c'est qu'il peut envers tous, et comment tous sont en sa puissance. Car combien que les rois et les grans seigneurs soyent crains et redoutez de tous, et qu'ils puissent commander à leurs sujets et inferieurs, toutesfois ils ne sont pas seigneurs et maistres des coeurs d'iceux pour les ployer et disposer et incliner à leur plaisir, ains cela est en la seule puissance de Dieu, laquelle il a non seulement sur les serviteurs, mais aussi sur les maistres, et les seigneurs. Puis donc qu'ainsi est, selon qu'il luy plaist traitter les hommes ou en sa misericorde ou en son ire, ainsi il dispose les coeurs de ceux qui les conduisent et gouvernent, et qui ont puissance sur eux. Et pource s'ils les veut traitter en douceur et benignité, il leur donne des seigneurs de coeur doux et benin, et leur fait trouver grace envers eux, comme aussi il leur rend leurs sujets obeissans et traitables quand il les veut benir et les faire prosperer en leur seigneurie et gouvernement. Par le contraire, s'il veut chastier et punir les hommes à cause de leurs pechez, il leur donne des rois et des princes et des gouverneurs, en son ire et en sa fureur, de coeur fier et felon, qui ne les gouvernent pas comme bons pasteurs, mais comme tyrans inhumains pour les affliger et tormenter. Et pour ce quand il a voulu que son peuple ait esté receu et traitté humainement en Egypte, il a disposé tellement le coeur du roy qu'il a fait que Jacob et tous les siens ont trouvé grace envers iceluy par le moyen de Josep,[53] et qu'ils ont esté fort bien venus [443] en Egypte.[54] Par le contraire, quand il l'a voulu affliger et chastier, il a autrement disposé le coeur des autres rois qui ont regné depuis, et l'a endurcy de sorte qu'ils ont esté convertis en cruels tyrans qui ont traitté ce povre peuple fort rigoureusement et fort cruellement.

De la consideration des oeuvres de la providence de Dieu au gouverne-
ment des princes tant bons que mauvais et comment les Chrestiens se
doyvent porter envers eux, et comment Dieu se sert de tous instrumens.

T. Il me semble que cest exemple nous peut suffire pour tous les autres qu'on pourroit alleguer à ce propos.

D. Il est certain. Car comme ce peuple nous est proposé en l'Escriture[55] pour image du peuple de Dieu qui est et sera en tout temps au monde, ainsi les rois et les princes et seigneurs sous lesquels il a esté, tant bons que mauvais, nous sont proposez pour figure de tous ceux sous la sujection desquels l'Eglise est et sera cependant qu'elle conversera ça bas en terre. Et pourtant si Dieu incline les coeurs des rois et des princes et des seigneurs à douceur et benignité envers leurs sujets, et s'ils sont humains et bons pasteurs, les subjets ont bien occasion de recognoistre la faveur de Dieu envers eux, et de luy en rendre graces, et de le prier incessamment qu'il les leur conserve en toute prosperité, et les enrichisse de toutes ses benedictions. Et d'autrepart, ils se doyvent bien garder d'abuser de leur douceur et benignité et de ceste faveur et [444] grace que Dieu leur fait. Par le contraire, s'ils sont tyrans inhumains et cruels, il ne faut pas qu'ils s'attachent à eux, et qu'ils s'indignent et fremissent et se mutinent contre eux, ains qu'ils regardent à Dieu et qu'ils recognoissent son jugement sus eux, et leurs fautes et pechez, par lesquels ils l'ont provoqué à ire et luy ont donné l'occasion de les chastier par telles verges et tels fleaux. A raison de quoy il ne se faut pas amuser à la verge, mais faut regarder à celuy qui la tient et qui la peut convertir en baston de defense, pour ceux lesquels il en a frappez auparavant, ou la changer en une autre, ou la retirer du tout et la jetter au feu. Il est donc besoin en tel cas d'avoir recours aux prieres et à vraye repentance et humilité et modestie et patience, et les prendre pour armes et defense en attendant la bonne volonté du Seigneur, lequel sçaura bien pourvoir à toutes choses comme il appartient et en temps convenable. Et quant à l'estat auquel nous sommes à present, ne nous faschons et ne nous tormentons point, ne d'une part ne d'autre, si nous n'avons pas tout ce que nous voudrions, et si Dieu par sa divine providence dispose et mesle ainsi les choses comme nous les voyons. Car s'il ne luy plaisoit ainsi, il en pourroit bien disposer autrement. Et puis qu'il luy plaist ainsi, il est beaucoup meilleur pour son Eglise et pour les siens que s'il en estoit autrement. Car il sçait trop mieux ce qui nous fait besoin que nous mesmes, et a tousjours les moyens en sa main pour faire revenir toutes choses à son poinct. Et combien qu'il prenne et choisisse les instrumens selon l'oeuvre qu'il en veut faire, toutesfois on ne [445] luy peut point imputer la coulpe du mal qui se peut trouver ne ceux desquels il se sert. Car c'est un ouvrier qui sçait bien faire de bonnes oeuvres par des mauvais instrumens. Et comme on n'en peut pas donner l'honneur aux mauvais instrumens, mais à luy seul qui, maugré qu'ils en ayent, les fait servir à sa gloire et au salut des siens, ainsi on ne les peut exempter de coulpe pour raison du mal qu'ils apportent de leur part en l'oeuvre que Dieu fait par eux. Car il ne tient pas à eux qu'ils n'executent leur mauvaise volonté, à laquelle Dieu regarde plus qu'à l'oeuvre qu'ils font, et selon laquelle il juge de leur oeuvre. Et pource s'il convertit en bien le mal qu'ils ont voulu et veulent faire, il ne laisse pas neantmoins d'estre tousjours mal de leur costé. Car le bien qu'il en tire n'est pas d'eux, mais de luy.

> *De la providence de Dieu, en ce que ceux tant d'une que d'autre religion n'ont pas du tout leur conte et combien il est utile et necessaire que la croix accompagne l'Evangile.*

T. Il est donc bien de besoin que nous considerions les oeuvres de sa providence, tant en ce que nous avons desja veu par ci devant qu'en ce que nous voyons encore et pourrons voir par ci apres.

D. Il est ainsi. Car que seroit-ce si és lieux esquels les hommes sont en different à cause de la religion, les ennemis de l'Evangile avoyent la puissance selon la mauvaise volonté qu'ils ont? Et qu'est-ce [446] qu'ils feroyent contre la vraye religion si Dieu ne les tenoit bridez, ou par les loix et les edicts des rois et des prince, ou par sa secrette providence et par des moyens incognus aux hommes?

T. On en peut bien juger par ce qu'ils font encore journellement, là où Dieu leur lasche la bride et où ils ont les magistrats favorables et contempteurs des loix et edicts de leur prince.

D. Et d'autrepart considerons aussi comment ceux qui se glorifient de l'Evangile ont usé de la liberté que Dieu leur a donnée par ci devant, et comment ils usent encore de celle qu'ils ont à present. Durant les troubles, une chacune partie eust bien voulu avoir la victoire entiere de son costé. Mais Dieu ne l'a pas ainsi voulu, à cause qu'il n'eust pas esté bon ne pour les uns ne pour les autres. Car si ceux qui combattoyent contre la religion reformee eussent eu du tout le dessus, il est facile à juger comment ils se fussent comportez envers leurs adversaires. Et si leurs adversaires eussent aussi obtenu ce qu'ils desiroyent, il leur eust esté fort difficile d'user de leur victoire en telle moderation que la modestie chrestienne le requiert. Car il eust semblé à plusieurs que leurs armes eussent plus servi à planter l'Evangile que la doctrine et la predication d'iceluy, et n'eust esté question de le planter à l'endroit de plusieurs sinon à coups de poings et d'espees. Et puis on peut juger par l'experience combien il est difficile de le planter et d'edifier les eglises avec telle discipline qu'elle est requise en icelles, et sans laquelle l'Eglise ne peut estre vraye Eglise bien [447] reformee selon la parole de Dieu, si la croix n'accompagnoit la predication de l'Evangile.

T. Nous avons les exemples fort evidens de ce que tu dis en la plus part des lieux esquels l'Evangile a esté presché et planté sans croix. Car Dieu sçait quel Evangile il y a en plusieurs, et quel ordre et quelle discipline, et quelle reformation.

Du profit que la croix apporte à l'Eglise au regard de la discipline d'icelle quand elle est conjoinct avec la predication de l'Evangile.

D. Et pource Dieu fait à ceux qui reçoyvent l'Evangile avec la croix beaucoup plus de grace qu'ils ne pensent, laquelle ils devroyent neantmoins bien recognoistre. Car par ce moyen il tient son Eglise plus nette, entant qu'il clost la porte d'icelle à beaucoup d'hypocrites et d'hommes mal-complexionnez qui se fourreroyent dedans à tort et à travers s'il bailloit pleine liberté à tous, et tout en un coup et à la fois, et s'il ne presentoit point de croix à ceux qui se voudroyent renommer des siens. Et si ainsi estoit, quel ordre et quelle discipline pourroit-on obtenir en une telle confusion d'hommes qui seroyent advouez pour estre de l'Eglise, comme il se fait en plusieurs lieux, sans aucun examen de leur doctrine, et sans confession de leur foy, et sans tesmoignage de leur vie? Mais quand Jesus Christ presente sa croix et qu'il y a des difficultez et des empeschemens, ceux qui sont de meilleur coeur sont par ce moyen mieux esprouvez et se rendent plus dociles, se soumettant volontiers à [448] toute discipline à cause qu'ils ne seroyent pas aussi receus à autre condition, comme il n'est raisonnable et ne se doit faire si on veut avoir Eglise bien reformee. En apres nous voyons aussi par experience que les hommes, tant rebelles qu'ils soyent, se soumettent tousjours plus volontiers et plus aisement au reng de Jesus Christ quand ils sont dontez par beaucoup d'adversitez que quand ils sont en prosperité bien à leur aise. Et puis quand le commencement est fait par ceux qui se soumettent volontiers à toute raison et à tout devoir, et quand és premiers commencemens on a donné à l'Eglise la forme qu'elle doit avoir selon la parole de Dieu, il est puis apres plus aisé de la maintenir et continuer, et de bastir sur ce fondement. Mais si on faut de le mettre au commencement, il est bien difficile puis apres de le pouvoir obtenir, à cause que la plus grand'part surmonte facilement la meilleure, et que plusieurs s'arment de la force contre la raison et soustiennent les rebelles à la discipline, à laquelle plusieurs, et principalement ceux qui pensent estre quelque chose et ont grande estime d'eux-mesmes, ne se veulent pas facilement soumettre.

T. Cela n'est que trop naturel aux hommes que fuir correction et discipline, choses qui leur sont plus necessaires par maniere de dire que le pain et le vin. Et pource, il est bien de besoin que cest orgueil soit donté, duquel toute rebellion procede.

De quoy la croix conjoincte à la predication de l'E[449]vangile sert au ministere d'iceluy, et par quels moyens.

D. D'avantage quand il y a plusieurs peuples qui peuvent avoir en liberté l'exercice de leur religion, il est difficile et mesme impossible de trouver incontinent autant de ministres qu'on en requiert et tels qu'ils sont à desirer. Et cependant, pourautant qu'un chacun tasche à s'en pourvoir, il en advient souventesfois de si grans desordres qu'il voudroit trop mieux que plusieurs eglises en demourassent despourveues qu'estre pourveues de tels ministres qu'elle ont. Car par ce moyen plusieurs courent sans legitime vocation, et la porte est ouverte aux coureurs et aux ventres ennemis de la croix et à tous garnemens qui sont hardis et presomptueux à se presenter et s'ingerer eux-mesmes, entre lesquels les uns ont desja esté chassez d'autres eglises à cause de leurs vices, les autres sont moynes, qui partans freschement de leurs cloistres avant qu'estre desmoynez et avant qu'ils ayent encore laissé la farine et le levain de leur doctrine impure, et qu'ils ayent eu aucune experience touchant le gouvernement et la discipline de l'Eglise, se fourrent par dedans quand ils voyent qu'il y a liberté et qu'il n'y a plus d'occasion de craindre la croix; et non seulement s'en estiment bien dignes, mais qui plus est se preferent à tous les autres, pourveu qu'ils ayent quelque babil et qu'ils soyent bien deshontez, et ne se veulent soumettre à la discipline commune, ains veulent estre privilegez plus que les autres. Et par ce moyen ils [450] mettent souvent schismes és eglises.

T. Il est advenu de grandes confusions et divisions, et de grans troubles en aucunes eglises par le moyen que tu dis.

De l'ingratitude des hommes et du mespris de l'Evangile qui est en eux quand ils l'ont en liberté et sans croix, et en quelle maniere Dieu les en chastie.

D. Nous voyons semblablement par experience quel conte les hommes tiennent de l'Evangile et de tout le service de Dieu quand ils en ont l'exercice en liberté, et combien ils sont difficiles à contenter. Car leur naturel est de mespriser coustumierement les dons de Dieu quand ils les ont presens. Et tant plus ils les ont en grande abondance, et tant plus il y a d'ingratitude en eux, et ne peuvent jamais bien cognoistre qu'ils leur vaillent et combien ils sont à priser jusqu'à ce qu'ils en sont privez. Et puis quand ils en sont privez, ils requierent absent ce qu'ils ont mesprisé quand ils l'avoyent present.

T. Si on n'a faim et soif, on ne mange ne boit point de bon appetit. Et si on n'a bon appetit, on ne trouve point si bon ce qu'on mange et qu'on boit. Mais, quand on a jusné quelque bon espace de temps, on reprend l'appetit. Et quand l'appetit est bon, on n'est point tant difficile en viandes et bruvages comme quand on est soul et degousté et qu'on cerche des delices et des nouveaux appetits.

D. Nous experimentons tous les jours le semblable en la predication de l'Evangile. Car plusieurs l'ont mesprisé quand ils l'avoyent en grande liberté, lesquels maintenant apres l'avoir perdue, [451] en sentent le dommage et s'en apperçoyvent mieux et regrettent fort le bien qu'ils ont perdu, et ce tant plus qu'il leur est plus difficile de le recouvrer.

T. Nous voyons ce jugement de Dieu sur plusieurs, desquels les uns ont eu les oreilles tant chatouilleuses qu'à peine on pouvoit plus trouver ministre tant sçavant et tant eloquent qu'il peust estre qui les peut contenter. Les autres les avoyent tant delicates qu'ils ne pouvoyent ouir ny endurer patiemment aucune correction ne reprehension qui les touchast. Les autres estoyent tant curieux qu'ils ne demandoyent que choses nouvelles. A raison de quoy ils eussent tous les jours voulu avoir des prescheurs et des ministres nouveaux pour mieux satisfaire à leur curiosité.

D. Dieu en donne aussi souventesfois de bien nouveaux à ces curieux et glorieux qui se faschent de sa parole et mesprisent la simplicité d'icelle, mais ce sont des faux prophetes et des heretiques, ausquels il lasche la bride par son juste jugement, pour punir par ce moyen tels personnages. Parquoy nous ne devons pas estre esbahis si, quand l'Evangile est presché purement, il se leve quant et quant grand nombre de faux prophetes et d'heretiques, et s'ils trouvent aussi des auditeurs et disciples à force qui les suyvent.

T. Il y en a eu encore des autres qui, estans trop impatiens de correction, desiroyent aussi changement de leurs ministres, à cause qu'ils en requeroyent des plus doux et gratieux qui les flattassent en leurs vices, et ne les reprinssent pas tant rondement, et ne fussent point tant sogneux et tant diligens à conserver la discipline de l'Eglise, [452] de laquelle ils eussent voulu estre exempts. Et pourtant plusieurs se sont tresmal portez envers leurs pasteurs, les uns par negligence et mespris d'eux et de leur doctrine, les autres par haine et mal-vueillance, et les autres par extreme chicheté et avarice, les laissans souventesfois en grande necessité, sans leur secourir comme Dieu les y a obligez. Il y a aussi eu en plusieurs lieux des ministres qui ne se sont pas si bien portez ne si bien acquitez de leur office qu'ils devoyent.

D. Nous ne devons donc pas estre esmerveillez si Dieu les a ostez du tout et s'il a chastié les uns et les autres, et si plusieurs qui ont eu l'exercice de leur religion en grande liberté ne peuvent pas maintenant avoir seulement la liberté de s'assembler en bien petite compagnie pour faire quelques prieres par ensemble.

T. Plusieurs ont mesprisé le pain blanc quand ils en avoyent en abondance, qui se contenteroyent bien maintenant s'ils pouvoyent avoir de bon pain bis pour en manger leur saoul, lesquels n'en peuvent avoir que quelque bien petit morceau par fois, lequel il faut encore qu'ils aillent mendier bien loin et comme à la desrobee. Et plusieurs qui ne pouvoyent trouver le vin bon, si ce n'estoit malvaisie ou hyppocras, ne peuvent pas maintenant avoir de bonne eau. Et ceux qui ne pouvoyent endurer la discipline du Seigneur, qui est tant douce, la voudroyent bien maintenant recevoir, au lieu du joug qu'ils sont contrains de porter, nonobstant qu'il leur soit fort importable.

De l'exemple que ceux qui abusent encore de la [453] liberte' de l'Evangile doyvent prendre sur les chastiemens passez, et de la grande providence de Dieu en la paix apres la guerre civile.

D. Et pourtant, ceux qui sont encore aujourd'huy sujets à tels vices et n'en ont pas encore esté chastiez et punis comme ceux-la, devroyent bien prendre exemple sur eux, afin que le semblable, ou pis, ne leur advienne, comme il est fort à craindre. Car il est bien raisonnable que ceux-la apprennent et soyent corrigez à leurs propres despens, qui n'ont pas sçeu apprendre et ne se sont pas sçeu corriger aux despens d'autruy. A cause de quoy, Dieu punit coustumierement en plus grande rigueur les derniers que les premiers, pourautant qu'ils ont abusé de la grace qu'il leur a faite, les espargnant quand il a chastié et puni les autres, pour leur donner exemple en eux. Si nous considerons donc diligemment toutes ces choses, nous ne devrons pas estre fort esmerveillez de ce que nous voyons aujourd'huy au faict de la religion, ains aurons bien plus d'occasion de louër Dieu de la voir encore en meilleur estat, et aussi tout l'estat publique, que nous ne l'avons merité tant d'une part que d'autre, si Dieu nous eust tous voulu punir comme nous l'avons deservy. Et si tout n'y est pas encore en si bon ordre qu'il est à desirer ny au contentement de tous, et principalement des meilleurs, il ne nous en faut pas prendre ny en donner la coulpe aux rois et aux princes et à ceux qui gouvernent et commandent, mais plustost à nousmesmes et à noz pechez. Et pource il seroit fort bon que nous nous contentissions de toutes pars de la liberté [454] que Dieu nous donne de le servir selon sa parole, et que nous en jouissions paisiblement, sans nous entrepiquer et entremanger les uns les autres, en attendant qu'il luy plaise la donner plus ample à ceux qui en ont besoin, et nous reunir les uns avec les autres en son service. Et certes c'est merveille que la guerre civile que nous avons veuë n'y a pas long temps, tant enflammee et tant furieuse, ait peu estre esteinte et appaisee en la maniere qu'elle l'a esté et si soudain. Car combien qu'il y ait tousjours des mutins et des seditieux en plusieurs lieux qui troublent la paix et le repos publique et font de grandes violences et outrages, et notamment là où les magistrats ne font pas leur devoir, ains laissent dormir justice ou en abusent, soustenans les meschans et les coupables contre les bons et les innocens, toutesfois c'est beaucoup fait et oeuvre vrayement divine que le mal qui estoit tant universel par tout le corps y ait tellement perdu sa force qu'il ne tienne plus qu'en quelques membres en particulier, et que les autres ayent soulagement. Parquoy il sera beaucoup plus facile à y remedier, si on le veut faire, que si le mal occupoit egalement tout le corps.

Du vray remede pour appaiser les troubles et combien il est necessaire, et de l'office des magistrats en cest endroit.

T. Il est bien aussi de besoin qu'on y cerche remede. Car combien que la maladie n'occuperoit que quelques membres, toutesfois elle se [455] peut facilement respandre par tout le corps si remede n'y est donné de bonne heure, et tel que la maladie le requiert. Or en ceste maladie de laquelle nous parlons, le remede qui luy est necessaire c'est administration de bonne justice et bien egale, sans aucune passion des administrateurs d'icelle et sans regarder aux personnes ni aux partialitez, mais seulement au droit et au merite de la cause.

D. L'experience nous rend tesmoignage de ce que tu dis. Car ce que toute la force des armes n'a peu faire a esté fait par le moyen d'un peu de papier contenant un edict de pacification, auquel Dieu a donné telle vigueur et efficace qu'il a esté comme un deluge d'eau qui tomberoit du ciel sur un grand feu fort embrasé, lequel on ne pouvoit esteindre. Et par cela, nous pouvons cognoistre le soin paternel que Dieu a de nostre foy et de tout son royaume, et de la grace et misericorde qu'il luy a faite, en ce non seulement qu'il luy a conservé sa couronne ferme, voire en ce jeune aage, auquel il a esté, parmi de si grandes et si perilleuses esmotions de tout le royaume, mais aussi le luy a rendu paisible, comme en un instant et comme par un singulier miracle. Laquelle chose doit tant mieux induire tous ses sujets et grans et petis à luy rendre la fidelité et l'hommage et l'honneur et la reverence et l'amour et l'obeissance qu'ils luy doyvent, selon tout droit divin et humain, le voyant tant favorisé de Dieu, le Roy des rois, s'asseurans bien que Dieu, qui a eu un tel soin de luy et de tout son royaume, et qui a esté son protecteur jusques à present, le sera encore tousjours par ci apres, et que comme il poursuyvra de sa faveur et de sa benediction ceux [456] qui seront paisibles et obeissans, ainsi il ne laissera pas impunis ceux qui seront tumultueux et rebelles. Et sur tout Dieu benira les magistrats si, se conformans à la volonté d'iceluy, ils se monstrent par effect amateurs de justice et de la paix et du repos publique, en administrant bonne et egale justice à un chacun, et s'acquittans fidelement de leur charge. Et par mesme moyen ils feront cognoistre à tous combien ils sont bons et fideles serviteurs de leur maistre et Seigneur. Car s'ils administrent justice et font leur office comme il appartient et comme il leur est commandé, il ne faut point douter qu'il n'y ait bonne paix là où ils seront. S'ils font autrement, leurs gouvernemens ne seront jamais paisibles, ains seront comme des brigandages et des franchises publiques aux mutins et seditieux et rebelles, et aux larrons et meurtriers et brigans, veu que justice est le seul moyen d'entretenir et conserver la paix, comme l'experience le tesmoigne tous les jours. Car là où les gouverneurs et les magistrats sont prudens et sages et moderez, et tiennent droit la balance de justice, se monstrans justes et equitables envers tous, sans pancher non plus d'une part que d'autre, tout y est paisible, et n'y a peuples tant farouches ne tant mutins, tant seditieux, tant rebelles et tant intraitables qu'ils ne contiennent facilement en leur devoir et office. Car Dieu fait reluire son image en eux et les benit et toutes leurs oeuvres, et leur rend les peuples obeissans en maintenant les bons et punissent les mauvais. Et comme ils donnent par ce moyen courage aux bons et aux vertueux de faire tousjours de bien en mieux, ainsi ils font craindre les meschans [457] et les tenans en serre, non seulement ils les gardent d'estre insolens et desbauchez, mais aussi les mettent en voye de s'acheminer à vertu et à prendre meilleur train. Par le contraire, on n'oit tousjours nouvelles que d'esmotions populaires et de seditions et de violences et pilleries et voleries et meurtres et carnages et massacres, des lieux qui ont les gouverneurs et les magistrats imprudens, estourdis, turbulens, temeraires, passionnez et partiaux, qui soustiennent le menton aux meschans et furieux et laissent fouler les paisibles et innocens.

T. Il n'y a point de doute que toute la principale faute ne vienne de là. Car les peuples cognoissent bien à qui ils ont affaire. Et selon qu'ils cognoissent les humeurs et les moeurs et affections de ceux qui les gouvernent, ils se disposent aussi pour se conformer à leur vouloir ou en verité ou par faintise.

De l'office des ministres pour nourrir et entretenir la paix publique, et comment il ne faut point que les enfans de Dieu la se promettent entiere et perpetuelle en ce monde, et de leur office envers tous.

D. Combien que l'authorité et puissance des magistrats ayent grande vertu à contenir les hommes en leur rang, toutesfois si elle est aidee[56] par les admonitions et remonstrances des ministres de la parole de Dieu envers le peuple, les magistrats en seront beaucoup soulagez; comme par le contraire si au lieu d'exhorter à paix et à concorde ils sont des trompettes de sedition et de guerre, ils leur [458] donneront de grans empeschemens. Et pource il est bien de besoin et fort convenable à leur office qu'ils aident en cela tant qu'ils pourront aux bons magistrats. Et s'ils sont mauvais encore rompront-ils beaucoup de mauvaises entreprises et empescheront beaucoup de tumultes et troubles par leurs admonitions. Au reste, si bon devoir que tous puissent faire et si bon ordre qu'on puisse mettre au monde, il ne faut point que les enfans de Dieu se promettent jamais telle paix en iceluy qu'il n'y ait tousjours angoisse pour eux, comme Jesus Christ les en a admonnestez.[57] Car comme ils ne peuvent avoir double paradis, à sçavoir un en ce monde et un autre en l'autre, ainsi ils ne peuvent avoir double paix. Car s'ils ont paix avec Dieu, ils ne la peuvent avoir avec le diable son adversaire, et avec le monde duquel il est appelé le Prince par Jesus Christ et par sainct Paul, comme nous l'avons desja ouy. Et pourtant il faut que les enfans de Dieu tiennent tousjours pour tout resolu ce que sainct Paul a dit, à sçavoir qu'il faut entrer au Royaume de Dieu par beaucoup de tribulations,[58] et que tous ceux qui veulent vivre en la crainte de Dieu, en Jesus Christ, souffriront persecution. Et pource il faut qu'ils ayent tousjours recours au remede lequel Jesus Christ leur propose quand il dit: "Possedez vos ames par vostre patience:"[59], et à celuy pareillement qui nous est proposé par Isaie quand il dit: "En silence et esperance sera vostre force."[60] Cela vaut autant comme s'il disoit: "Tenez vous tout coy et paisibles et mettez vostre fiance et [459] esperance en Dieu, et il sera vostre force et vostre bouclier et defense, qui combattra pour vous et vous tiendra en sa sauvegarde."

T. Puis donc qu'ainsi est, c'est le meilleur qu'en usant des moyens que Dieu nous donne, et nous recommandant à luy, nous-nous remettions totalement entre ses mains, et que nous nous gardions bien d'avoir guerre avec luy en voulant avoir paix avec le diable et le monde, et que nous ne perdions le vray paradis celeste pour en avoir un terrestre en ceste vie mortelle.

D. Nous devons bien adviser à cela. Car nous ne gagnerions pas au change. Et au surplus, cependant qu'il plaira à Dieu que nous vivions en ce monde, il nous faut travailler à bien practiquer la doctrine qui nous est proposee par S. Paul, quand il dit:[61] "Benissez ceux qui vous persecutent; benissez les, di-je, et ne les maudissez point. Resjouissez vous avec ceux qui s'esjouissent et pleurez avec ceux qui pleurent, ayans un mesme sentiment entre vous, n'affectans point choses hautes, mais vous accommodans aux basses. Ne soyez point sages en vous-mesmes. Ne rendez à personne mal pour mal. Procurez choses honnestes devant tous hommes. S'il se peut faire entant qu'en vous est, ayez paix avec tous hommes. Ne vous vengez point vous-mesmes, mes bienaymez, mais donnez lieu à l'ire, car il est escrit, 'A moy est la vengeance: je le rendray, dit le Seigneur.' Si donc ton ennemi a faim, donne luy à manger; s'il a soif donne luy à boire, car en ce faisant, tu luy assembleras charbons de feu sur sa teste. Ne sois point surmonté du mal, mais surmonte le mal par le bien." Ainsi faisant, nous serons; [460] tels que Jesus Christ veut que ses disciples soyent quand il dit:[62] "Ainsi reluise vostre lumiere devant les hommes afin qu'ils voyent vos bonnes oeuvres et glorifient vostre Pere qui est és cieux." C'est cela aussi à quoy sainct Paul nous exhorte, disant "Faites tout sans murmures ne questions, afin que soyez sans reproche et simples, enfans, di- je, de Dieu, irreprehensibles au milieu de la nation tortue et perverse, entre lesquels luisez comme flambeaux au monde, qui portent au devant la parole de vie."[63]

T. Ce bon Dieu nous vueille faire la grace, et à tous ceux qui se glorifient du nom de Chrestien, de bien mettre en effect ceste saincte doctrine.

[FIN]

NOTES

Conventions et abréviations:

Nous donnons les notes marginales telles qu'elles figurent dans l'ouvrage de Pierre Viret. Nous ajoutons les précisions qui conviennent.

Pour les abréviations de la Bible, nous suivons les abréviations de la Vulgate: *Bibliorum Sacrorum iuxta vulgatam Clementinam*, nova editio, curavit Aloisius Gramatica, Mediolani, 1913; 1951, p. xv:

Ac	Actus Apostolorum	Ju	Iudae epist.
Am	Amos	Lc	Evang. sec. Lucam
Ap	Apocalypsis	Lv	Leviticus
Bar	Baruch	1 Mc	I Machabaeorum liber
Cn	Canticum canticorum	2 Mc	II Machabaeorum liber
Col	Ad Colossenses epistula	M1	Malachias
1 Cor	I Ad corinthios epist.	Mr	Evang. sec. Marcum
2 Cor	II Ad Corinthios epist.	Mt.	Evang. sec. Matthaeum
Dn	Daniel	Nm	Numeri
Ec	Ecclesiastes	Os	Osee
Ecli	Ecclesiasticus	Ph	Ad Philippenses epist.
Eph	Ad Ephesios epist.	Ph1	Ad Philemonem epist.
Est	Esther	Pro	Proverbia
Ex	Exodus	Ps	Psalmorum liber
Ez	Ezechiel	1 Pt	I Petri epist.
Gal	Ad Galatas epist.	2 Pt	II Petri epist.
Gn	Genesis	Rm	Ad Romanos epistola
Heb	Ad Hebraeos epist.	1 Rg	I Regum lib.
Is	Isaias	2 Rg	II regum lib.
Jb	Job	3 Rg	III Regum lib.
Jc	Iacobi epist.	4 Rg	IV Regum lib.
Jd	Iudicum liber	Rt	Liber Ruth
Jdt	Iudith	Sap	Sapientia
Jn	Ionas	Tb	Tobias
Jo	Evangelium sec Ioannem	1 Th	I ad Thessalonicenses
1 Jo	I Ioannis epist.		

2 Jo	II Ioannis epist.	1 Tm	I ad Thessalonicenses
3 Jo	III Ioannis epist.	2 Tm	II ad Thimoth.
Jr	Ieremias	Tt	Ad Titum epist.
Js	Iosue	Zc	Zacharias

L'abréviation de l'Epître de Jacques est: Jaq. et celles des Chroniques est: Chro. (D'après les conventions de *La Sainte Bible*, nouvelle édition, par Son éminence le Cardinal Liénart, Montréal: La Bible pour tous, 1955).

Quant au texte de la Bible, il est cité d'après la Vulgate mentionée ci-dessus. Dans le cas des Chroniques et de l'Epître de Jacques, le texte est cité d'après *La Sainte Bible* du Cardinal Liénart.

Sauf mention spéciale l'expression "dans le texte" renvoie toujours à l'original de *L'Interim* utilisé pour cette édition.

L'Interim (italiques) signifie l'ouvrage de Viret (cette édition).
L'Interim (sans italiques) réfère à la notion historique.

Nous donnons ci-dessous les abréviations usuelles utilisées dans les notes et nous les faisons suivre du titre de l'ouvrage. Pour la référence bibliographique complète, voir notre bibliographie choisie:

Antiq.j.: Josephus Flavius, *Antiquités juives.*
Guerre j.: Josephus Flavius, *La guerre juive.*
Hist. adv. pag.: Orosius, *Historia adversum paganos.*
Hist. eccl.: Eusèbe, *Histoire ecclésiastique.*
Hist. Trip.: *Historia Tripartita.*
Barnaud I: Jean Barnaud, *Pierre Viret.*
Barnaud II: Jean Barnaud, *Lettres....*
Butler's Lives: Butler, A., *Butler's Lives of Saints.*
Dict. de la Bible: Vacant, Mangenot, Amann, *Dictionnaire....*
Dezobry: Louis Charles Dezobry et Th. Bachelet, *Dictionnaire général....*
Dizion. eccles.: *Dizionario ecclesiastico....*
Encicl. Cattol.: *Enciclopedia Cattolica.*
Encicl. Brit., XIᵉ: *Encyclopaedia Britannica*, XIth edition.
HDTh.: Hatzfeld, Darmsteter et Thomas, *Dictionnaire....*
Hughet: Edmond Huguet, *Dictionnaire de la langue française....*
Micro.: *Encyclopaedia Britannica, Micropaedia.*
Macro.: *Enclyclopaedia Britannica, Macropaedia.*
New Cath. Encycl.: *New Catholic Encyclopedia.*

Orbis Latinus: Graesse, Benedict, Pleche, *Orbis Latinus....*
P. Wissowa R.E.: Pauly-Wissowa, *Real Encyclopädie der Classischen....*

Philosophie de l'éditeur concernant l'état présent des notes ci après:

Nous reproduisons fidèlement les notes marginales de l'original tout en cherchant à les éclairer dans la mesure du possible. Comme nous l'avons signalé précédemment, les notes sont souvent incomplètes et nous avons conscience que dans bien des cas il faudrait retrouver les passages précis auxquels Viret fait allusion. Notre but premier étant de mettre le plus tôt possible à la disposition de nos collègues et étudiants ce texte important de Pierre Viret, nous avons choisi de compléter les notes à une date ultérieure.

NOTES DE L'INTRODUCTION

1. Voir Linder, p. 50.
2. Voir la bibliographie et les notes.
3. Voir Linder, p.189; Barnaud, I, 612-622.
4. Rappelons ici que Viret est né en 1511 et mort en 1571.
5. Voir Jean Barnaud, II.
6. A propos de ces deux derniers pseudonymes, voir le *General Catalogue of Printed Books*, The British Museum, vol. 249, col. 446. On ne sait au juste si ces pseudonymes se rapportent à Pierre Viret ou à Th. de Bèze. Sur les deux premiers pseudonymes, voir G. Berthoud, *Aspects de la Propagande religieuse*, *T.H.R.* XXVIII, "La chasse aux pseudonymes", pp. 137-138.
7. Orbe constituait avec Echallons un bailliage commun de Berne et de Fribourg, alternativement administré par l'un et par l'autre, par l'intermédiaire d'un bailli nommé pour cinq ans. Sur Orbe, voir Frédéric de Gingins-La Sarra, *Histoire de la ville d'Orbe et de son château dans le moyen âge*, Lausanne, 1842. Le pays de Vaud était alors dans la plus grande partie sous la domination du Duché de Savoie.
8. Voir Barnaud, I, 12; 12, note 1; Barnaud, II, 82, note 4; 142, note 3.
9. Voir Charpenne, pp. 191 et 197; Barnaud, II, p. 8, note 1.
10. Voir Linder, p. 19; 19, notes 3 et 4. Linder souligne que Viret se souvient ne pas avoir toujours mangé à sa faim avec ses deux frères.
11. Selon Pierrefleur, p. 27, ch. 17; voir Barnaud, I, 13.
12. Anthoine (ou Antoine) Viret qui mourut à Orbe le 15 mai 1574; Jean Viret qui mourut à Orbe le 22 juillet 1575 sans avoir été marié. Viret fait allusion à son frère Antoine dans une lettre à Farel du 2 mai 1551: avoir Barnaud, II p. 55; 55, note 2.
13. Toutefois ni Viret ni sa famille n'embrassèrent immédiatement la cause de la Réforme. C'est à Paris lorsqu'il était étudiant au Collège Montaigne que Pierre Viret découvrit véritablement la Réforme. Voir Henri Vuilleumier, *Notre Pierre Viret*, 1911, p. 13; Barnaud, I, p. 48; 48, notes 1 et 2.
14. Voir Pierrefleur, p. 27. Le seul maître vraiment estimé de Pierre Viret fut Marc Romain, un des premiers, d'ailleurs, à embrasser l'Evangile à Orbe.

15. Voir Linder, p. 19, note 6.

16. Voir Barnaud, I, 23; 23, note 2.

17. Voir Barnaud, I, 27.

18. A signaler que Calvin et Ignace de Loyola firent aussi leurs études au Collège Montaigu. Ce collège avait en outre la réputation d'avoir une discipline de fer. Voir Linder, p. 20; 20, note 7; Barnaud, I, pp. 15-16; Courvoisier, Postface, p. 185. Le Collège Standouch est aujourd'hui le Collège Sainte Barbe.

19. Voir Pierrefleur, p. 27, ch. 16; Barnaud, I, p. 21. Linder, p.20, écrit: "Viret apparently absorbed a great deal of knowledge while at the school (Le Collège Montaigu) and profited from the tutelage of highly gifted instructors such as Pierre Bosset, the celebrated teacher of Literature and Rhetoric, and John Major, the famous Scottish philosopher who also had taught John Knox". Voir Linder, p. 20, note 8.

20. Voir Barnaud, I, 35. Pierrefleur écrit dans ses *Mémoires*, p. 27: "Lui (Viret) étant à Paris, fut noté tenir la religion luthérienne, en sorte qu'il lui prit bien de se sauver et tourna au dit Orbe en la maison de son père où il séjourna jusques à ce qu'il fut prédicant". Soulignons ici qu'il ne faut pas prendre la parole de Pierrefleur à la lettre car, en réalité, la conversion formelle de Viret à la Réforme ne date que d'après son retour à Orbe. Il dut fuir Paris, non parcequ'il était luthérien, mais à cause des amis qu'il s'y était faits parmi les partisans de la Réforme.

21. Voir Linder, p.20.

22. Voir Linder, p. 20; Courvoisier, Postface, p. 186.

23. Sur les sermons de Farel, voir Pierrefleur, p. 25, ch. 14. Selon Linder, pp. 20-21, Viret résista d'abord à l'invitation de Farel passer à la religion luthérienne, mais il accepta en fin de compte. A l'âge de 20 ans Viret reçut sa charge pastorale des mains de Farel le 6 mai 1531 et il prêcha ce même jour son premier sermon devant le peuple d'Orbe. Voir Linder, p. 21, note ll; Courvoisier, p. 189. Il est important de noter que Courvoisier a de sérieuses réserves quant à cette consécration pastorale de Farel.

24. Sur la timidité de Viret on ne sait pas grand chose: voir Charpenne, pp. 191-192 et 194. A part le portrait de Viret dans *Icones* de Théodore de Bèze et dans Barnaud, I, pp. 46; 46, note 1; p. 47; p. 49, on n'est guère renseigné sur la personnalité de Viret. Sur le premier sermon de ce dernier: voir Linder, p. 21, note 11; Pierrefleur, pp.

27-30, ch. 16.

25. Voir Courvoisier, p. 187; Linder, 0. 21.

26. Sur cette question, voir Courvoisier, p. 187.

27. Granson: autre petite ville du Comté de Vaud. Voir Barnaud, I, 50.

28. Voir Linder, p. 21.

29. Payerne: ville célèbre pour son prieuré bénédictin, alliée a Berne et à Fribourg, mais sous la seule souveraineté du Duc de Savoie. Les Réformés de Berne n'y avaient pas de temple. Sur l'incident avec le prêtre, voir Linder, p. 22; Courvoisier, p. 188. La Réforme était venue à Neuchâtel à l'instigation de Farel en 1531.

30. Où la Réforme progressait justement grâce à Farel et à Antoine Froment. Voir Linder, p. 22, note 16.

31. Le poison était-il dans la soupe ou dans les épinards? Les avis sont partagés. Ce qui est certain c'est que Viret ne put jamais reprendre une vie active normale après cet empoisonement. Sur cet épisode et ses suites, voir Barnaud, I, pp. 92, 93 et p. 95, note 3. Voir aussi Linder, p. 23; Courvoisier, p. 189 et, surtout, Jean-François Bergier, "Un épisode de la Réforme à Genève: l'empoisonnement de Pierre Viret", *Revue de Théologie et de Philosophie*, série 3 (19610, 236-250).

32. Voir Bergier, p. 250; Barnaud, I, p. 96.

33. Sur les effets de la Dispute, voir Barnaud, I, 99. "Viret, rappelons-le, "était un homme d'action doté d'une forte personnalité, d'une vitalité intellectuelle considérable malgré une santé fragile, et d'une éloquence entrainante". Claude G. Dubois ("Quand empirent les empires...Imaginaire et Idéologie de la décadence au XVIe siècle d'après le "Monde à l'Empire de Pierre Viret," *Eidôlon*, Université de Gascogne, Bordeaux III, oct. 1979, p. 47ss.

34. Viret s'arrêta, paraît-il, à Berne, à Bâle, à Strasbourg et à Neuchatel. Il se serait aussi rendu à Zurich selon Linder (p. 24), ce que nie Courvoisier (p. 189).

35. C'est probablement à Bâle que cette rencontre se fit: voir Barnaud, I, p. 107, note 3; Linder, p. 24; 24, note 23.

36. C'est ainsi que lorsque Calvin revint à Genève après son exil en septembre 1541, c'est à Viret qu'il fit immédiatement appel. Viret resta avec lui jusqu'en juillet 1542, date à laquelle il lui fallu retourner à Lausanne. Sur cet épisode de l'exil de Calvin et sur le rôle de Viret, voir Courvoisier, pp. 191-193.

37. Voir Courvoisier, p. 190.

38. Voir Linder, p. 25.

39. Sur les Disputes du XVIe siècle, voir Courvoisier, p. 90. Farel composa dix thèses pour cette seule Dispute de Lausanne. Voir aussi Barnaud, I, pp. 140 et 141, note 4; Georges Bavaud, "La Dispute de Lausanne", *Studia Friburgensia*, Nelle série, No. 14, Fribourg, 1956; Linder, p. 25.

40. Viret avait alors 25 ans, à son arrivée à Lausanne en mars 1536. Voir Linder p. 26. Sur l'exil de 1559, voir de Pierre Viret, voir Barnaud, I, p. 182. A la suite de la Dispute, Viret et Pierre Caroli furent nommés pasteurs de l'église de Lausanne. L'année suivante, en 1537, Viret devint professeur des Deux Testaments à l'Académie de Lausanne: voir Linder, pp. 26, 27, note 35 et p. 28. Viret n'abandonna son poste de professeur qu'en 1546 pour pouvoir donner tout son temps à son pastorat. La cause de départ de Lausanne c'est que Berne refusait d'installer à Lausanne la discipline écclésiastique à la Calvin, alors que Viret l'exigeait absolument. Les choses s'envenimèrent à tel point que Bèze démissionna de son poste à l'Académie par solidarité pour Viret.

41. Sur l'existence bien remplie de P. Viret, voir Courvoisier, p. 191.

42. Voir Linder, p. 29, note 41; Courvoisier, p. 192; Barnaud, I, pp.182. 183; pp. 313 et 314.

43. Sur le rôle de Calvin dans le remariage de Viret, voir Barnaud, I, p. 315. Sur la seconde femme de Viret, voir Barnaud, I, p. 318. Sur les enfants morts de Pierre Viret, voir Linder, p. 32; Sur Sébastienne, épouse, voir Barnaud, II, p. 144, note 5.

44. Voir Linder, p. 30. Viret, en fait, retournera à Genève en 1544 et deux fois encore en 1546 comme médiateur.

45. Voir Barnaud, I, pp. 186 et 193; Linder, pp. 31-32

46. Sur Bèze, voir Linder, p. 40, note 88; Courvoisier, p. 192. Sur l'Académie de Genève, voir Grimm, pp. 349-349.

47. Voir Barnaud, II, p. 109, note 10; p. 138, note 3. Sans sous estimer les ennuis de santé de Pierre Viret, il faut tout de même reconnaître que son exil fut en très large partie motivé par son bannissement de Lausanne et du Pays de Vaud par ordre du Conseil de Berne (1559). Voir Linder, pp. 33-37; p. 33, note 57; voir Courvoisier, pp. 192-193. En septembre 1561 Calvin annonça que Pierre Viret devait s'éloigner sur l'ordre des médecins et chercher un meilleur climat en Languedoc. Les raisons de santé de cet éloignement n'étaient probablement pas les seules. Voir Linder, pp. 40-41.

48. Voir Linder, p. 43, p. 42, p. 41, et p. 41, note 90. Il faut avouer que l'on n'est guère renseigné sur cette époque de la vie de Pierre Viret. On sait en tout cas qu'il profita de son séjour à Montpellier pour y consulter des médecins. Voir Linder, p, 43; Courvoisier, pp. 194-195 et Barnaud, I, pp. 570, 574, et 578. Sur l'itinéraire de Viret après Montpellier, voir Linder, p. 44; p. 44, note 100.

49. Sur les deux versions de cette histoire, voir Barnaud, I, 579; Barnaud, II, p. 122, note 10. Voir aussi et plus probablement Linder, p.44; p. 44, note 102.

50. Voir Barnaud, I, 646. Pour avoir des penchants tolérants en matière humaine, Viret était loin d'être un saint apôtre de la tolérance! En fait, en matière religieuse il était franchement intolérant. On sait que Viret cherchait surtout, en le sauvant, à gagner Auger à la Réforme.

51. Les Protestants contrôlaient Lyon depuis le 30 avril 1562, protégés par le Baron des Adrets.

52. L'Edit fut appliqué rétroactivement à Viret en été 1564. Sur cette période de la vie de Viret à Lyon, voir Barnaud, III, p.123, note 12 et Courvoisier, p. 195.

53. C'est le Jésuite Auger (voir ci-dessus la note 52) qui obtint que Viret soit expulsé de Lyon. On donna 8 jours à Pierre pour qu'il quitte les lieux. C'est à la suite de cet exil que Viret décida de s'enfuir vers le sud de la France. De Lyon, Viret se dirigea sur Vienne, mais menacé d'arrestation, il se sauva vers Orange. Sur les circonstances d'impression de l'*Interim*, voir Barnaud, I, pp. 590, 612, 630, 631 et Barnaud, II, pp. 134-135; 135, note 9.

54. Voir Barnaud, II, 143, note 1.

55. Voir Barnaud, I, 635; Barnaud, II, p. 143, note 2; Courvoisier, p. 195; Linder, p. 50; Robert M. Kingdon, *Geneva and the Consolidation of the French Protestant Movement, 1564-1572*, Genève, Droz, 1967, p. 82.

56. Sur les activités de Viret en Béarn, voir Henri Meylan, "un texte inédit de Pierre Viret: le règlement de 1570 sur la discipline", *Revue de théologie et de Philosophie*, série 2, no. 106, janvier-mars 1938, XXVI, 60-68.

57. Bien que presque tous les ouvrages consacrés à Viret le fassent mourir à Orthez!

58. Voir Courvoisier, p. 195; Linder, p. 50 et note 129. Nos propres recherches sur les lieux et dans les archives locales n'ont mené à rien. Le lieu de la mort de Viret reste toujours un mystère à éclaircir.

59. Voir Linder, pp. 12-13.

60. Voir Linder, p. 191.

61. Sur 50 ouvrages de Viret, 5 ne donnent aucun renseignement. Sur l'identité des éditeurs de Viret, voir Linder, pp. 181-191.

62. L'*Interim* est le dernier ouvrage paru. C'est aujourd'hui un des plus rares de tous les livres de Viret.

63. Voir *Encyclopaedia Britannica*, XIth ed., p. 693. Sur ces "interims", voir *New Catholic Encyclopedia*, VII, 569-570.

64. Voir Alain Dufour, "Le Colloque de Poissy", *Mélanges...Henri Meylan*, THR, CX, Genève, Droz, 1970, pp. 126-147. Voir aussi Dufour, I, pp. 127.

65. Dufour, I, pp. 136, 137.

66. Sur l'Interim d'Augsbourg, voir *New Catholic Encyclopedia*, VII, 578; Joachim Malhausen, *Das Augsburget Interim* von *1548*, Neukirchener Verlag, 1970; Barnaud, I, 613.

67. Voir Barnaud, I, 613.

68. Voir Linder, p. 186.

69. Sur l'*Interim*, voir Linder, p. 145, note 12; p. 147, note 23.

70. Voir Barnaud, I, pp. 613-614.

71. C'est somme toute, le leit motiv sur lequel Viret joue dans l'*Interim*.

72. Voir Henri Meylan, "Aspects du libertinisme au XVIe siècle," *Actes du Colloque international de Sommières*, Paris, Vrin, 1974.

73. Voir Linder, pp. 12-14; p. 15; voir aussi Barnaud, II, p. 135, note 9. A ce point il faut dire franchement que le XVIe siècle, en dépit de ses apparences fut souvent intolérant. L'*Interim* est intolérant car la tolérance comporte le droit à l'erreur religieuse. Or Viret ne tolère pas cette dernière. Il a même écrit son livre contre les "moyenneurs" dont il parle, c'est à dire contre les gens tels que Bauduin, Cassander, le roi de Navarre, etc., contre tous ceux qui ont organisé le Colloque de Poissy aspirant au retour de l'Eglise ancienne mais non à celui de l'Eglise des Actes des Apotres. Toute la différence est là. Pendant des pages Viret s'en prend à ces hommes expliquant pourquoi il les prend comme des gens inspirés du diable. Ceci dit, Viret était non-violent et contre le "forcement" des consciences. C'est ce qui explique que Viret était pour une sorte de second Interim, c'est-à-dire pour une non-violence provisoire acceptant que chacun aille prier dans sa propre église en attendant une réforme radicale de la Chrétienté. Ce n'est certes pas de la tolérance, c'est plutôt une attente.

74. Voir Introduction, VIII infra.

75. Voir Leclerc, *Histoire de la tolérance*, II, 412.
76. Voir Leclerc, *Histoire de la tolérance*, II, 35.
77. Ronsard, il est vrai, fut plus souvent intolérant que tolérant. Voir Leclerc, *Histoire de la tolérance*, II, 142.
78. *Histoire de la Réforme et des réformateurs de Genève*, Paris, Amyot, 1861.
79. *The Political Ideas...*, p. 51.
80. Voir dans notre Introduction, chapitre VIII: le répertoire des grandes idées de Viret dans l'*Interim*.
81. Voir Viret, *L'Instruction Chrestienne* (1564). Voir aussi notre répertoire des grandes idées de Viret (Introduction, ch. VIII).
82. Voir le texte de notre édition de l'*Interim*, III, p. 130
83. L'*Interim*, VI, p. 246
84. Voir par exemple la façon dont Viret décrit la vengeance de Dieu contre les tyrans: L'*Interim*, IV, p. 149; IV, pp. 149-150.

NOTES DE L'EPISTRE

1. Ps.37. (Ps.36:11).
2. Mt.5. (:4).
3. Sur ce proverbe, voir Quitard, p.175; Leroux de Lincy, p.150. Cela signifie qu'il est parfois dangereux d'être trop doux car les méchants profitent de la bonté des bons pour les opprimer. On dit dans le même sens: "Faites-vous miel, et les mouches vous mangeront".
4. Proverbe signifiant: "Quiconque supporte une injure s'en attire une nouvelle". Voir Quitard, p.465: "La conclusion à tirer de ce proverbe n'est pas qu'il faut se venger d'une injure...Loin de remédier au mal, elle peut souvent l'accroître. Il faut repousser une injure de telle sorte qu'elle n'ose plus se renouveler; ce qui se fait toujours plus sûrement par une noble fierté que par d'odieuses représailles". Il y a, dans ce proverbe, beaucoup de l'esprit de tolérance de Pierre Viret.
5. Il y a toute une ménagerie animale dans les images de Pierre Viret. Voir Maurice Brossard, "Tournée zoologique àtravers les dialogues de Pierre Viret (1545), *"Mélanges...Henri Meylan, THR, CX,* Genève: Droz, 1970, pp.91-106.
6. "qu'il t.": *quoique J.C. tarde à se révéler leur ennemi.*
7. Mt.10. (:16).
8. Jo.10. (:11).
9. Jo.10. (28,29).
10. Mt.10. (:16).
11. Jo.5. (:24); 6. (47;52;54,55).
12. Au seizième siècle l'orthographe hésite encore entre la forme avec apostrophe et sans apostrophe. Voir HDTh.,I,624.
13. Il s'agit de la n.c. des loups.
14. "que" a ici le sens de "comme".
15. Ps.37. (Ps.36:11); Mt.5. (:4).
16. Ce proverbe se rapproche de la parabole de Salomon (29:11): "Doctrina viri per patientam nascitur".
17. L'inversion est un procédé stylistique fréquent dans la prose "latine" de Viret: Jacob a vaincu.
18. C'est-à-dire: d'Esaü.
19. Gn.31;32. Laban: Frère de Rébecca et beau père de Jacob. Esaü: Fils aîné d'Isaac et de Rébecca. Voir: Dict. de la Bible,II,1909; IV,2.
20. "lequel": lequel tesmoignage publique.
21. "par icelle": par l'experience.

22. "le": le proverbe.
23. "les en f.": leur f. des armes.
24. Sur le sort du juste et de l'impie.
25. "d'iceluy": de Dieu.
26. "de laquelle": de la volonté.
27. "entant": Nous corrigeons "en tant".
28. Ps.37. (Ps.36:20;38).
29. Ps.37. (Ps.36:20;38).
30. Ps.25. (Ps.24:2,3).
31. Ps.31. (Ps.30:25).
32. Rm.5. (:3,4,5).
33. Viret ici s'adresse toujours à Gaspard de Coligny. Ce dernier est né à Châtillon-sur-Loing le 16 février 1519. Il est mort le 24 août 1572. Homme de grande valeur, il défendit Saint-Quentin et se convertit à la Réforme. Il devint même un des chefs du parti protestant et fut une des premières victimes de la saint Barthélémy. Son cadavre, dit-on, fut pendu au gibet de Monfaucon. Voir: Macro., III, 3.
34. "comme celuy": comme à Monseigneur.
35. "trescertainement": en un seul mot dans le texte. La combinaison de "tres" avec un verbe, adverbe ou adjectif est aussi fréquente qu'acceptable au XVIe siècle. Les exemples fourmillent dans l'*L'Interim*. Voir: Huguet, par exemple.
36. Mt.5. (:9). Dans tout le paragraphe qui précède, Viret fait allusion à l'expérience de sa vie. On note que l'auteur attribue à sa propre expérience une valeur de vérité quasi égale à sa foi et à ses connaissances livresques. Cette idée deviendra une idée majeure de la Renaissance. Voir: Montaigne, l'essai *De l'Experience* en particulier.
37. "en la p.": en p. la paix.
38. I Cor.14. (:39); 2 Cor. 13 (:11); Ph.4 (:4).
39. Ps.34. (Ps.33:13,14,15); I Pt.3 (:10,11).
40. C'est-à-dire: retenir la paix.
41. "il prenne": au singulier dans le texte, pourtant Viret parle toujours ici des hommes.
42. Mt.10. (:34).
43. Jo.14. (:27).
44. "son moyen": par le moyen de J.C.
45. C'est-à-dire: l'Evangile.
46. Soit: procurer la paix.
47. Rm.12. (:18).

48. "l'avoir": avoir la paix.
49. Ez.2. (:6).
50. Inversion: il en est ainsi d'eux.
51. Ps.28. (Ps.27:3g).
52. C'est-à-dire: sur eux-mesmes.
53. Soit: quelqu'opinion contraire que les hommes puissent avoir.
54. Par J.C.
55. Soit: Prêtant attention aux paroles de J.C.
56. L'attitude que nous devons observer.
57. La confusion "pigeon-colombe" n'est pas due à Pierre Viret; elle est naturelle et courante dans les traductions de la Bible. voir: Robert Young, *Analytical Concordance of the Bible*, p.752, rubriques "pigeon" et "dove". La confusion semblerait provenir du mot grec *Peristera* traduit parfois colombe et parfois pigeon.
58. Mt.10. (:16).
59. Eph.5.
60. Eph.5.
61. Mt.5.
62. "affaires particuliers": au masculin dans le texte. *Affaire* était masculin au moyen âge et des deux genres au XVIᵉ siècle. Voir: HDTh. au mot *Affaire*.
63. "Moyenneurs": mot cher à Viret dans *L'Interim*, et titre du premier Dialogue. Les *moyenneurs* sont ceux que cherchent tous les moyens d'arriver à leur fin. Pour Viret, ces moyenneurs sont des "modérateurs et des temporiseurs" qui cherchent à abolir "du tout l'Evangile", voulant faire de toutes les religions une seule. Pour être partisan d'une forme d'Interim, Viret est le contraire d'un moyenneur. A propos de ce terme, voir Robert Centlivres, "Les 'Capita calumniarum' de Zébédée et la réponse de Pierre Viret," *Mélanges..Meylan*, p.125, note 19.
64. Is.5. (:21).
65. "de ceux-là": de leurs ennemis.
66. la: l'occasion.
67. Soit: de nous r.
68. "il": J.C.
69. Ps.33. (Ps.32:12).
70. Ps.20 (:8).
71. Ps.44. (Ps.43:6).
72. Ps.34 (Ps.33:8).
73. 2 Cor.10. (:4).
74. voir: Leroux de Lincy, I, p.116: "A pou de pluie chiet grans vens".

Nous disons aujourd'hui "petite pluie abat grand vent".

75. Pro. 15. (:15).
76. Pro. 25. (:15).
77. C'est-à-dire: les coups de canon.
78. C'est-à-dire: les uns les autres.
79. Mt.12. (:24;26).
80. Mt.11. (:29).
81. Répétition et et" dans le texte; nous corrigeons.
82. "pollu", adjectif ancien, au féminin "pollue"; signifie "pollué".
83. Soit: vous vous y soumettez.
84. Ac.10. (:34); Rm.2. (:11); Col.3. (:25).
85. Rm.14. (:12); I Cor.4. (:4) ; Gal.6. (:7).
86. C'est-à-dire: à la présente Epistre.
87. Viret songeait depuis longtemps au sujet de *L'Interim*. Barnaud, I,
    p.613, écrit: "Nous avons vu Viret composer en 1551, un ouvrage pour
    montrer l'inutilité du concile attendu et le peu d'espoir que les
    Réformés fondaient sur ses décisions. *L'Interim* fait suite à ces
    dialogues du combat des hommes contre leur propre salut. C'est dire
    que l'idée première de ce livre remonte assez haut. L'auteur le déclare
    lui-même quand il parle de 'cest oeuvre auquel j'avoye desja mis la
    main il y a assez longtemps avant que je vinsse demeurer en ce
    royaume' ".
88. C'est-à-dire: ce livre, *L'Interim*.
89. sur les frères Coligny, voir notre note 33 ci-dessus.

NOTES DU DIALOGUE I

1. Voir notre Introduction, I, *"L'Interim fait par dialogues* de Pierre Viret.
2. Voir Epistre, note 63.
3. C'est-à-dire: il y a plusieurs sortes de temporiseurs et de modérateurs.
4. Dans le texte, en marge, une note: "Ceste disputation est entre les Dialogues de l'Instruction chrestienne de l'autheur".
5. voir Barnaud, I, 613: "Nous avons vu Viret composer un ouvrage pour montrer l'inutilité du concile attendu".
6. Antechrist ou Antichrist. voir Jo. 1, 2, 18, 22; 2 Jo. 7.
7. "chrestriens" dans le texte; nous corrigeons.
8. "ce que Dieu m'en donnera": la position de Dieu à ce sujet.
9. "Sur *L'Interim*, voir note 1 ci-dessus.
10. "iceux": le Christ et l'Antechrist.
11. "par forme de provision": comme solution provisoire.
12. Le Concile de Trente (1545-1563). Ce fut au cours de la treizième session que l'on accorda le sauf-conduit aux Protestants invités à venir au Concile (11 oct. 1551) et c'est au cours de la quinzième session que leur fut accordé un sauf-conduit plus étendu (25 janv. 1552). Voir L'Art de vérifier les dates, 1ère partie, pp. 339-340; New Cath. Encycl., XIV, 271-278; Microl, X, 110; Encycl. Brit. XIe, XXVII, 247-250 (article de Theodor Mirb).
13. Le sarcasme est évident ici.
14. Le mot "erreur" était encore masculin au 16e siècle, du latin "error".
15. "d'iceluy": de l'Interim.
16. "icelle": la matiere de laquelle nous parlons. Il s'agit de l'Interim.
17. "iceluy": l'Evangile
18. Voir au glossaire, le verbe "amuser".
19. C'est-à-dire: comme rien au monde.
20. Le mot "masque" pouvait être masculin ou féminin au 16e siècle. Voir HDTh., p. 1481.
21. "à ceux-là": aux partisans de l'Evangile.
22. "du leur": de leurs traditions; de leurs particularités.
23. Soit: même les bêtes pourraient le comprendre.
24. C'est-là-dire: les entrave.
25. "c'est" dans le texte; nous corrigeons.
26. Telle la hyène des bestiaires du moyen âge. Elle était abhorrée pour sa duplicité sexuelle. Pour un exemple, voir Guy Mermier, *Le*

Bestiaire de Pierre de Beauvais, p. 73, article XVII.
27. Dt. (22: 10, 10).
28. "icelles": les lois
29. "brouillé que rien plus": aussi confus que cela peut être.
30. "il": l'Interim.
31. "parce que" dans le texte; nous corrigeons.
32. Mr. 7. (:1-4).
33. Ac. 10. (:14,15); (11).
34. Lv. 11. (:1-47).(12). Loi sur les animaux purs et impurs.
35. Dans le temps qui a précédé celui-ci.
36. "elle": la doctrine de l'Interim.
37. "poison" a été du féminin jusqu'au début du 17e siècle. Voir HDTh, p. 1766.
38. "d'iceux": les doctrines de Mahomet.
39. "Glose d'Orleans": Le proverbe complet est "La Glose d'Orleans est pire que le texte" (ou "plus difficile que le texte"). Proverbe d'origine incertaine. Voir Leroux de Lincy, I, 375.
40. I Cor. 8 (:6); Dt. 6. (:4); Eph. 4. (:6).
41. I Tm.2. (:5).
42. Eph. 4. (:5,6).
43. Eph. 4. (:4).
44. "le": leur Dieu.
45. "n'y a sa n. n'y a sa m." dans le texte; nous corrigeons.
46. "fausse intelligence": la manière erronée de les commenter.
47. "participans de r.": des êtres doués de raison.
48. Rm. 1,2; Ex. 20; Dt. 4. (:44,45); Dt.5. (:7-21).
49. "à plein midi": en plein jour; en pleine lumière.
50. Ac.17. (:22-31).
51. Ac.14. (:16).
52. "la lumière naturelle": l'intelligence naturelle.
53. Il s'agit des deux Tables de la Loi de Moïse.
54. Is.8. (:11).
55. I Rg.20; 2 Rg.2;4,5,6.
56. "abjet": pour "abject". Voir HDTh, p.6.
57. Mt.15;23.
58. Jo.5.(:39).
59. Jo.5.(:46,47).
60. Mt.5.(:17)
61. I Cor.11.:(23-29).

62. Ac.19.(:8-10).
63. Ac.15.(1-12); Gal.5.(:1-15);Ph.3.(:1-11).
64. Ac.15.(:1-6).
65. "cas" dans le texte; nous corrigeons.
66. Viret donne en marge: "Tertu.adver.Herm.": il s'agit du traité *Adversus Hermogenem* de Tertullien. Voir Encicl. Cattol., XI, 2026-2034.
67. "Mesias": le Messie.
68. "Cabale": Kabbale, ou ensemble des doctrines dogmatiques, philosophiques et symboliques que les anciens Juifs se transmettaient par voie de tradition. Voir Dict. de la Bible, III, 1880.
69. C'est-à-dire: qu'ils aient mieux fait.
70. "L'Alchoran": le Coran.
71. Lc.2.
72. "la"c.: c. l'Eglise.
73. "par fait d'advis": en fait de conseil; pour prévenir.
74. "en persuasion de verité": sur des arguments vrais.
75. Les Nestoriens sont des hérétiques. voir Macro., XII, 1057-1058; Encycl. Brit., XIe, XIX, 407-409.
76. Le Talmud est composé du Misnah et du Gemara. Voir Encycl. Brit., XIe, XXVI, 380-386.
77. Acte de purification; fait liturgique.
78. Soit: l'Eglise romaine.
79. Les erreurs.
80. "envahie": prise. Viret cherchait sans doute un verbe plus fort que "prendre".
81. "icelce" dans le texte; nous corrigeons.
82. "vesquissent": vécussent.
83. Mt.10.(:32,33); Mr. 8. (:38).
84. Rm.10.(:9,10).
85. Tt.2.(3:8).
86. Mt.12.(:34).
87. C'est-à-dire" les cérémonies qui sont de la substance de la religion".
88. Soit: en tant que les hommes ont le moyen d'en user.
89. A comparer aux Adiaphora de Melanchton. Selon lui, l'Interim était inadmissible, pourtant il pouvait à la rigueur l'accepter. Voir Encycl. Brit., XIe, XVIII, 88, 89.
90. "mettre" dans le texte; nous corrigeons.
91. Viret donne en marge: "Augu. Ianua. de ritib. eccl. Episto. 119". Il s'agit d'une oeuvre de saint Augustin. Voir Encycl. Brit. Xie, II, 910;

New cath. Encycl., 1049-1051.

92. Viret donne en marge: "greg. Episto. 41. li. I. De confe. Dist. (inctio).4.c. De trina". Il se pourrait qu'il s'agisse du *De sancta Trinitate* de saint Grégoire de Nissé (Encicl. Cattol., VI, 1096). Il se pourrait de même qu'il s'agisse d'un traité de saint Grégoire Ier le Grand. Selon Bruno Roy, de l'Institut d'Etudes médiévales de l'Université de Montréal, "dist." serait une forme abrégée de "distinctio", qui serait une indication d'un contexte de droit canon. Rien ne correspond à "De trina" dans la Patrologia Latina. Nous espérons dans un proche avenir pouvoir résoudre ce mystère parmi tant d'autres.

93. "Aquaires": Viret fait allusion aux hérétiques Aquariens qui utilisaient de l'eau au lieu du vin pour la consécration de l'Eucharistie. On les appelait aussi "Hydroparastates".

94. "Artotyrites": Secte d'illuminés affiliée au Montanisme comme celle des Priscilliens, des Quintilliens et des Pépusiens, cantonnée en Phrygie. parmi ces égarés, les Artotyrites avaient une manière à eux de célébrer les mystères; ils ne se servaient en effet que de pain et de fromage, d'où leur nom caractéristique.

95. Constantin: empereur romain, 307-337. Constantin II, empereur romain, 337-340. Theodose I: empereur d'Orient, 379-395. Valentinien I: empereur romain, 364-375. Gratien: empereur romain, 375-383.

96. Saint Bernard de Clairvaux, 1090-1153. Sur les arguments de saint Bernard, il s'agit sans doute des mêmes passages cités par Calvin dans son *Inst. chret.* ou par Bèze dans *Response aux cinq princ. dem. de Jean Hay.*

97. Mt.24.(:24).

98. Mt. 24.(:24).

99. 2 Th.2.(:24).

100. Jo.7.(:18).

101. Is.49.(:23).

102. Dt.32.(:8,9);Is.49.(:23);Os.2.(:1); Rm.10.(:10); Gal.4.(:27).

103. "August. Ianua. de rit. eccl. Epist. 119": il s'agit encore d'une oeuvre de saint Augustin.

104. Oeuvre de saint Augustin.

105. "August. Ianua. Epist.118": oeuvre de saint Augustin.

106. Jo.4.(:23,24).

107. "August. Ianua. Epist.118"; oeuvre de saint Augustin.

108. "et dit": soit "saint Augustin dit dans une de ses oeuvres mentionnées ci-dessus".

109. Allusion à la Parabole de l'Evangile.

110. "Supestitions" dans le texte; nous corrigeons.

111. "sainct Hierome": saint Jerome, 347-420, traducteur de la Bible (Vulgate).

112. "Hieron. in vit. Malc.": saint Jerome dans *Vita Malchi monachi captivi*. Voir Encycl. Brit., XIe,XV, 326-328.

113. Saint Bernard de Clervaux.

114. "Bern. in Psal.90.ser.6": saint Bernard de Clairvaux, sermon 6, basé sur Ps. 90.

115. Sur ce diable journal et méridional, on serait tenté de penser que Viret fait allusion à quelque démon de midi.

116. la pape Eugène III pour qui saint Bernard écrivit le *De Consideratione*

117. "Bern. de consi. lib.4 c. 4.": saint Bernard, *De Consideratione*, livre 4, chap.4.

118. Jo.21.(:15,16,17).

119. Eberhard, archevêque de Salisburg. Il s'agit très vraissemblablement de saint Eberhard Ier, né vers 1085, descendant des Biburg et Hipolstein, mort à Salisburg le 22 juin 1164. Moine bénédictin à Prufening près de Ratisbonne à partir de 1133; il fut abbé du monastère de Biburg fondé par ses frères. Le 11 mai 1147 il devint archevêque de Salisburg. Voir Encicl.Catt; Butler's Lives, pp. 617-618.

120. "Avent. Annal.lib.7.": Annales qui restent à identifier.

121. Frederic II, roi de Sicile à partir de 1198; roi de Germanie à partir de 1216; empereur d'Occident à partir de 1220.

122. "Avent. Annal.li.7.": voir note 120 ci-dessus.

123. "c'est" dans le texte; nous corrigeons.

124. Alberic de Rosate: juriste de Bergame, Italie. Il serait né à Bergame où il serait mort en 1354. Voir New Cath. Encycl., I, 252; encicl. Cattol.,I,666; voir aussi Cremaschi, Billanovich, Salvioni (Bibliographie).

125. "qu'elle" dans le texte; nous corrigeons.

126. Mt.7.(:15-20).

127. Guillaume d'Occam, franciscain anglais, 1300-1349; Gerson, ou Jean Charlier, 1363-1429.

128. "in l.Bene à Zenone Col.6.n.18.c. De qua pra." Ce "bene" serait-il Richard del Bene, juriste florentin? Et Zenone, serait-il Zenon de

Pistoia?

129. Auteur d'un commentaire de la pratique du droit.
130. Mt.21.(:21).
131. Il s'agit de Jean de Ferrare.
132. Saint Jean Chrysostome, ou Bouche d'Or: ses *Homelies*, 49.
133. Le texte donne "des faire"; nous corrigeons.
134. Hom. 48. Les *Homelies* de saint Jean Chrysostome.
135. Mt. 4.(:1-11); Lc.4.(:1-13).

NOTES DU DIALOGUE II

1. Jr.27;29;Bar.I. Sur Baruch, disciple de Jérémie qui lui dicta ses prophéties, et sur le Livre de Baruch, voir Encycl.Brit. XIe,III,453. La première partie du Livre de Baruch est une magnifique exhortation aux Israélites fidèles dans le cadre de l'exil.
2. Lc.3.(:1-20). Ministère de Jean-Baptiste.
3. Chef d'une troupe de cent hommes.
4. Mt.8.(:5-8).
5. Ac.10;11.
6. Mt.27; Jo.19; Ac.2,3.
7. Mt.17;22.(:21); Mr.12.(:17).
8. Mt.24;Mr.13;14; Lc.22.
9. "Ioseph. de bell. Jud.": il s'agit de Josephus Flavius, *La Guerre juive*.
10. Jo.19.(:15).
11. Le texte donne "et deniers" tandis que les errata donnent "deniers, lisez ès derniers". Cette correction est aussi une bévue. Nous gardons la version originale en adoptant le "ès".
12. Gn.4; Mt.23.(:35); Dt.32.(:43); Rm.12.(:19); Heb.10.
13. Il s'agit de l'empire romain.
14. Antiochus IV, Epiphane, qui combattit les Juifs sans succès (174-164).
15. Dn.8; I Mac.3.
16. Dn.8.(:1); I Mac.4.
17. I.Mac.18. Judas Macchabée, fils de Mathias Macchabée.
18. "Epiph.li.I. To.I": référence à saint Epiphane, auteur de *Panarion*. Ce n'est pas celui que nous citons dans la note 14 ci-dessus.
19. Joseph. Anti.lib. 18. c.2: référence aux Antiquités judaïques de Josephus Flavius. Ac.23.(:1-8); Ph.3; Epiph. li. I. To.I. :allusion à saint Epiphane.
20. Sadduceens: Membres de l'aristocratie sacerdotale qui depuis le IIe siècle avant notre ère formaient l'un des grands partis du judaïsme. Libéraux en politique, ils affectaient un certain scepticisme au point de vue religieux: ils niaient la Résurrection, l'existence des anges et des esprits. Voir New Cath.Encycl.,XII,843-844; Encycl. Brit., XIe, XXIII,989-990.
21. Scribes: Les Scribes ou docteurs de la loi, ils composaient avec les Pharisiens et les Sadducéens l'aristocratie juive du temps de l'exil

jusqu'à la destruction de l'état juif par Titus (70). Les Pharisiens accordaient à leur tradition orale autant d'importance qu'au Torah. Ils croyaient à la Résurrection et à l'existence des anges. Dans la marge on peut lire: Mt.15; Mr.7.

22. Esseens, ou Esséniens: Une des principales sectes juives à l'époque du Christ. Voir New Cath. Encycl.,V,552-553. Hérodiens: groupe ligué avec les Pharisiens contre Jésus. Voir New Cath. Encycl., VI,1082. Joseph. Antiq. lib. 18.c.2.: il s'agit comme précédemment des Antiquités judaïques.

23. Epiph.li.To.I.haer.14.: Référence au *Panarion* de saint Epiphane. Voir note 18 ci-dessus.

24. Ac.5.(:17);23.

25. Ac.5.(:17);25.

26. Ioseph. Anti. li.13.c.13. et De la guerre des Juifs lib.2.c.7: il s'agit des deux livres de Josephus Flavius.

27. Mt.12,13;23; Lc.11.

28. Ioseph. Anti. li.18.c.2. Philo.: Il s'agit des Antiquités judaïques. "philo": Philon (?).

29. Philastrius: Evêque de Brescia, auteur du *Liber de Haeresibus* (4e siècle). Il considérait comme hérétique le fait de donner aux étoiles des noms qui n'étaient pas tirées des Ecritures. Voir Encicl. Cattol., V, 1291-1292. Il composa son livre entre 383 et 391. Il y énumère toutes les hérésies, 28 juives et 128 chrétiennes. Il est possible que ce soit chez Philastrius que Viret trouva que le monachisme vient des Esséniens.

30. Mt.23.

31. "c'est" dans le texte; nous corrigeons.

32. Voir note 22 ci-dessus.

33. Gn.40; Philast. de haeres. Epist.Li.I.To.I. haere.20: Viret fait allusion à Philastrius, voir note 29 ci-dessus.

34. "La marque de laquelle il est parlé dans l'Apocalypse": Ap.7:3. Les serviteurs de Dieu sont marqués au front pour être préservés des calamités imminentes.

35. Rm.13; I Pt.2.(:13-18).

36. "quelle" dans le texte; nous corrigeons.

37. Mt.20.(:25,26); Lc.22.(:25,26).

38. "coustituez" dans le texte; nous corrigeons.

39. Rm.13.(:15).

40. Mt.2.

41. Lc.23; Jo.19.
42. Jo.4.
43. Mt.2. "nay": participe passé du verbe "naistre".
44. "c'est" dans le texte; nous corrigeons.
45. "tout" dans le texte.
46. "devroyeut" dans le texte; nous corrigeons.
47. "fiaire" dans le texte; nous corrigeons.
48. Ap.13. Voir aussi (Ap.,17.(:15).
49. Mt.8; Mr.5; Lc.8.

NOTES DU DIALOGUE III

1. Mt.10; Lc.21.
2. M1.I.(:6:. Sur Malachie, voir Dict. de la Bible, Suppl., V, 739-756.
3. Jo. 10.
4. "en nostre ville": il s'agit de Lyon peut-être.
5. "c'est"dans le texte; nous corrigeons.
6. Ps.58.(:5,6).
7. Le serpent aspic est un des chapitres des bestiaires du moyen âge. Voir Guy Mermier, *Le Bestiaire de Pierre*, chapitre XXVI, p. 50.
8. "diceux" dans le texte; nous corrigeons.
9. Voir: La Fontaine, Fable I, vii.
10. Mt.19.(:30);20.(:16).
11. Belle description de l'hypocrisie religieuse avant Molière!
12. Guelfes et Gibelins: partis puissants qui s'opposèrent en Italie du XIe au XVe siècle.
13. "Pophyre" dans le texte; nous corrigeons.
14. Historia Tripar. Li.7.c.2.: Il s'agit de Théodoret, évêque de Cyr et de l'Historia Ecclesiastica appellée Tripartita et traduite par Cassiodore. Voir Migne, *Patrologia graeca*, vol. 32; Migne, *patrologia latina*, vol. 69, 879-1214. Voir aussi The Oxford Classical Dictionary, pp. 170-171; Pauly-Wissowa, R.E., III, p. 1675, 1.20. De la traduction de dorus Senator, Flavius Magnus Aurelius (ca.487-ca.580), *Historia ecclesiastica tripartita; historiae ecclesiasticae ex Socrate, Sozomeno et Theodorito in unum collectae et nuper de graeco in latinum translatae, libri numero duodecim*, recensuit Waltarius Jacob. Editionem curavit Rudolfus hanslik, Vindobonae, Hoelder-Pichler-Tempsky, 1952. (Cet ouvrage est à la bibliothèque Hatcher de l'University of Michigan, coté BR-60-.68.v.71).
Notre collègue Bruno Roy et le professeur Hughes Schooner de l'Institut d'Etudes Médiévales de l'Université de Montréal nous écrivent: "*Tripartita historia*: il y en a deux. La première est celle de Théodore le Lecteur (ca.530), qui amalgame les histoires de Socrate, Sozomène et Théodoret. Cet ouvrage était en quatre livres, mais deux seulement sont conservés dans un manuscrit (Venezia, Marciana 344). La seconde, qui est de Cassiodore, amalgame aussi les mêmes trois auteurs. Celle-ci est en douze livres. Comme le dit B. Altaner à

qui cette notice est empruntée, "the work became one of the most important aids to Church history of the Latin Middle Ages".

15. "Assassins". "Ismaïliens": sectes religieuses. Voir Micro.,I,592; New Cath. Encycl.,VII,690-691; Dict. de la Bible,p.99992.

16. Histo.An.part.2.Tit.17.c.9.: "An" peut être une abréviation pour "Aniane" ou "Antiqua" (?).

17. Histo.An. tit. 17.c.9. paragr.7.

18. Almaric, roy de Jerusalem. Dans l'Art de vérifier les dates sous la rubrique "Rois de Jerusalem", on trouve pour Almaric "Amauri, 1162. frère de Baudoin III; lui succéda en 1162 et fut couronné le 18 février. Les affaires des Chrétiens en Palestine étaient pour lors dans un état déplorable, comme on le voit par la description qu'en fait Amauri écrivant au roi de France Louis VII.
Godefroy de Bouillon: premier roi de Jerusalem, duc de basse Lorraine et chef de la première Croisade. il mourut le 18 juillet 1100 ayant régné à peine un an.

19. Chevaliers de Rhodes: Les chevaliers s'appellèrent Joannites, Hospitaliers ou Chevaliers de Saint-Jean de Jerusalem jusqu'à leur séjour à Rhodes; ils prirent alors le nom de Chevaliers de Rhodes et, plus tard, celui de Chevaliers de Malte. Voir Dezobry, II, 1792.

20. Mt.5.(:39); Rm.13.(:17).

21. Mt.26.(:51); Mr.14.):47); Lc.22.): (:49,50); Jo.18.(:10-11).

22. "grade"dans le texte; nous corrigeons.

23. "l'accuser" dans le texte; nous corrigeons. Sur le loup et l'agneau, voir *Fabulae Aesopicae*, 230: "Agnus et Lupus". Voir Aesopus, *The Fables of Aesop*, London: D. Nutt, 1889, fab.I,ii.

24. Pro. Rosc. Amer.: Pro Roscio Amerino. Voir Micro.,IV, 610.

25. 2 Rg.12.(:13);13; 14.(:23-29); 2 Chro.10.(:13). Jeroboam Ier, roi d'Israel, 930-910. Jeroboam II,783-743. Voir Dict. de la Bible, 1302-1303. Roboam Ier, autre roi d'Israel, successeur de Salomon en 930.

26. I Rg.2. Viret donne I Roi 12.

27. Viret donne en marge: Euseb.de prae. Evang. Libr.2.c.l.: il s'agit de l'ouvrage d'Eusèbe, *Praeparatio evangelica* en quinze livres.

28. Iune.Sat.15. "Iune", c'est-à-dire "Juvenal".

29. Dn.2.

30. Is.60.(:12). Jaq.I.(1-5). Il s'agit de l'Epître catholique de saint-Jacques.

31. Mt.18.

32. Jo.17; I Tm.3.(:2. 5,7).

33. Lc.2.(34,35).

34. Viret veut dire "pourvu qu'ils célèbrent leurs cultes discrètement entre eux".

NOTES DU DIALOGUE IV

1. Lysias: nom d'un tribun militaire romain, Claudius. voir Dict. de la Bible, II, 458.
2. Mt.27; Mr. 15; Lc 23; Jo. 18; Ac. 4,5; 7; 23.
3. "il" dans le texte. Nous corrigeons.
4. Mt. 26; Mr. 14; Lc. 22; Jo. 18; Ac. 4,5; 7; 23.
5. Tertullien: Quintus Septimus Florens Tertullianus, né 155/160 et mort après 220. Moraliste, son oeuvre comprend un *Adversum Valentininanos, gnostique alexandrien*. Voir Micro., IX, 905.
6. Symmachus: 1. Saint Symmachus, Pape de 498-514. 2. Quintus Aurelius Symmachus, 340-410, brillant écrivain et orateur; un des chefs de l'opposition aux Chrétiens qui fut préfet de Rome en 384 et consul en 391. Un des derniers défenseurs du paganisme en Occident contre saint Ambroise. Il a laissé des *Lettres*.
   Valentinien Ier: Flavius Valentinianus, empereur romain de 364-375. Valentinien II, empereur romain de 375-392, fils du précédent et qui régna avec son frère Gratien. valentinien III, empereur romain de 424-455, fils de Constance III et de Placidie. Viret parle probablement du premier ou du second.
   Theodose Ier, Flavius, le Grand, fut empereur romain de 379-395. Arcadius, fils de Theodose Ier et premier empereur d'Orient de 395-408; faible et vicieux, il laissa l'autorité à Rufin, à Gaïnas, à l'eunnuque Eutrope et à l'impératrice Eudoxie qui persécuta saint Jean Chrysostome.
7. Le verbe "s'attacher" a pris le sens de "s'attaquer" au XVIe siècle.
8. Mt. 27; Mr. 15; Ic. 23; Jo. 18; Ac. 12.
9. Ac. 22,23.
10. Ac. 13,14; 16, 17, 18.
11. Gallion: proconsul d'Achaïe au temps où saint Paul évangélisa Corinthe. Voir Dict. de la Bible, p. 98. Achaïe: étendue de pays très diverse; province romaine comprenant la partie méridionale de la Grèce actuelle avec Corinthe comme capitale. Athènes était en Achaïe.
12. Ac. 18.
13. Aquile et Priscile: Aquila et Priscilla; noms d'origine latine que protaient deux Juifs, mari et femme, chez qui Paul reçut l'hospitalité

à Corinthe. Ils exerçaient tous trois le métier de tisseur de tentes. Ils se rendirent ensemble à Ephèse où Paul les quitta pour aller à Jerusalem. A Ephèse, Aquila et Priscilla accueillirent Apollos et achevèrent son instruction. Paul les y retrouva bientôt car il les tenait en haute estime.

14. Coquille manifeste; nous corrigeons "estoyent".

15. "une-autrefois": avec un tiret dans le texte. Forme acceptable au XVIe siècle.

16. "par-ensemble": avec un tiret; forme acceptable à l'èpoque.

17. "ceneantmoins": en un seul mot dans le texte. Forme usitée au XVIe siècle.

18. Mt. 24.

19. Gentils: ceux qui n'appartenaient pas à la nation israélite. Voir Dict. de la Bible, p. 189.

20. Rm. 11.

21. Herodes Ascalonites: (d'Ascalon). Il s'agit sans doute d'Hérode-le-Grand, second fils d'Antipater, roi des Juifs. Voir Dict. de la Bible, tableau généalogique des Hérodes, p. 641.

22. Voir Dict. de la Bible, tableau généalogique des Hérodes, p. 641.

23. Antipater: père Hérode Ascalonite. Voir note 21 ci-dessus.

24. Philon-le-Juif: écrivain juif, contemporain de J. C. Voir Dict. de la Bible, I, p. 300.

25. Mt. 2.

26. Josephus Flavius, Antiq. j., liv. 17, ch. 8 et Guerre j., liv. I, ch. 2. Eusèbe, Hist. eccl., liv. I, ch.i.

27. Ascalon: port de l'ancienne Palestine; une des principales villes des Philistins sur la Méditerranée. Voir Dict. de la Bible, p. 1060.

28. Ex. 20. (:5); Dt.5. (:9).

29. Archelaüs: fils d'Hérode-le-Grand et de la Samaritaine Malthace. Il fut élevé à Rome avec son frère Hérode Antipas et reçut en héritage de son père la Judée avec le titre d'Ethnarque. Voir Dict. de la Bible, p. 927.

30. Mt. 2. (:22). Josephus Flavius, Antiq. j., liv. 17, ch. 15.

31. Herodes Antipas: fils d'Hérode-le-Grand et de la Samaritaine Malthace; frère d'Archelaüs et d'Hérode Philippe, tétrarque de Galilée. Voir Dict. de la Bible, p. 647.

32. Mt. 14; Mr. 6; Lc. 23. Josephus Flavius, Antiq. j., liv. 18, ch. 9.

33. Herodes Agrippa: Hérode-Agrippa Ier, roi des juifs, petit fils d'Hérode-le-Grand, père de Bérénice. Roi de 37 à 44 après J. C., il fit

mourir l'apôtre saint Jacques et jeter saint Pierre en prison. Avec le titre de roi, il reçut des Romains la Tétrarchie de Philippe et celle de Lysanias d'Abilène en 37; celle d'Hérode Antipas en 39, puis la Samarie et la Judée en 41. Il mourut en 44.

34. Ac. 12.

35. Ac. 12. Josephus Flavius, Antiq. j., liv. 19, ch. 7; Eusèbe, Hist. eccl., liv. 2, ch. 10.

36. Adrian: Imperator Caesar Trasianus Hadrianus Augustus, empereur romain, 117-38. Voir Encicl. cattol., 1,336.

37. Ponce Pilate: Voir Lc. 3: 1; 23. Gouverneur de Judée pour les Romains, mort à Vienne (Isère) vers 39 après J. C. Il déclina la responsabilité de la mort de J. C. après l'avoir livré à ses juges.

38. Tibere: Tiberius Claudius Nero Caesar Augustus. Voir Micro., IX, 994.

39. Lc. 3; Mt. 27; Mr. 14; Lc. 23; Jo. 19.

40. Prov. 10. Josephus Flavius, Antiq. j. liv. 10, ch. 5; Eutropius, liv. 7; Eusèbe, Hist. eccl. ch. 7. Orosius, Paulus, liv. 7, ch. 3. Dans le cas d'Eutropius Viret fait allusion à l'oeuvre majeure de cet auteur, soit le *Breviarum Historiae Romanae*; voir Encycl. Britl, XIe, IX, 958. Dans le cas de Paulus Orosius Viret fait allusion d12. l'*Historia adversus paganos*.

41. Caligula: Gaius Caesar Caligula, empereur romain de 37-41; successeur de Tiberius.
Claude: Tiberius Claudius drusus Nero Germanicus, empereur romain, empoisonné par sa nièce et femme Agrippina. Voir Micro., II, 976.
Neon: Lucius Domitius Nero, 5e empereur romain qui régna de 54 à 68.

42. Tertullien in *Apologeticus*. Apologiste chrétien né à Carthage vers 155, mort vers 220.

43. Act. 18; Orosius, Hist. adv. pag., liv. 7: Suetonius in *Claudius*; Tertullien in *Apologeticus*; Suetonius in *Nero*; Cornelius Tacitus, liv. 15.
Dans le cas de Cornelius Tacitus, Viret fait allusion soit aux *Annales* soit aux *Historiae*. Voir Micro., IX, 760. En ce qui concerne Gaius Tranquillus Suetonius, auteur de la *Vie des Césars*, Viret fait allusion d'abord à sa *Vie de Claude* puis à sa *Vie de Néron*.

44. Eusèbe, Hist. eccl., liv. 2, ch. 24; Orosius, Hist. adv. pag., liv. 7, ch. 5.

45. "mal-vueillance" dans le texte (avec un tiret). Orthographe usitée au

XVIe siècle.

46. Il s'agit naturellement de Néron. Les images telles que "cruelles bestes" sont chères à Viret lorsqu'il parle des ennemis de la religion.

47. "qu'elle" dans le texte; nous corrigeons.

48. Phocion: né en 402; mort en 318. Homme d'état athénien et général gouverneur d'Athènes entre 322 et 318.
Thrasea: Paetus Publius Clodius Thrasea, mort en 66. Sénateur romain célèbre pour son opposition à l'empereur Néron.
Rutilius: Namatianus Claudius Rutilius, poète romain et préfet de Rome en 416.
Helvidius: Helvidius, Priscus, mort entre 70 et 79; stoïque romain. Voir Micro., IV, P. 1010.
Cicero: Marcus Tullius C.

49. "accuset" dans le texte; nous corrigeons.

50. Tertullien, Apologeticus; Eusèbe, Hist. eccl., liv. 2, ch. 24.

51. Domitianus: Titus Flavius, empereur romain, né en 51 et mort en 96.
Decius: Gaius Messius Quintus Trajanus, empereur romain, 249-251.
Diocletien: Aurelius Valerius Diocletianus, empereur romain, 284-305.
Maxence: empereur romain, 306-312.
Maximin: Maximinus, empereur romain, 235-238.
Maximien: Maximianus, empereur romain avec Diocletien, 286-305.

52. Tacitus: historien latin, né à Rome vers 55 et mort vers 120. Auteur des *Annales*.

53. Suetone: historien latin bien connu né vers 75 et mort vers 160.

54. Balaham: Balaam, devin Moabite envoyé par son roi Moab pour maudire les Israélites; il fut, au contraire, obligé de les bénir. Voir Dict. de la Bible, VIII, 1390. Voir aussi Dt. 23:6; Pt. 2:15 et Ap. 2:14.

55. Nm. 22.

56. Balac: fils de Séphor, roi des Moabites. Il régnait au moment où le peuple d'Israel, après les 40 ans dans le désert, arrivait dans la contrée d'au-delà du Jourdain pour passer ce fleuve et entrer en Terre Promise. Voir Dict. de la Bible, p. 1399.

57. Suetonius, *Nero*; Eutropius, liv. 8. Voir la note 40 ci-dessus sur Eutropius.

58. Orosius, Historia adversus paganos, liv. 7, ch. 5.

59. Suetonius, *Nero*; Eutropius, liv. 8.

60. Sadducien: Sadducéen; membre d'une secte juive de l'époque évangélique niant l'existence des anges et des esprits.

61. Alphee: père de Jacques (un des trois Jacques du Nouveau Testament). Voir Dict. de la Bible. p. 418.
62. Clem. Egesip. Com. livre 1 (?:illisible); Josephus Flavius, Antiq. j., liv. 20, ch. 8; Eusèbe, Hist. eccl., liv. 2, ch. 23. la référence à "Egesip." se rapporte probablement à Egesippus (Hegesippus). Il existe dans la section des livres rares de la Bibliothèque Hatcher de l'Université du Michigan un livre coté Ds, 116.J 812, 1575: "Hegesippi Scriptoris gravissimi De Bello iudaico et urbis Hierosolymitanae excidio, libri quinq...Coloniae, Apud Maternum Cholinum, Anno MDLXXV".
63. Festus: Festus, Porcius, successeur de Felix au gouvernement de la Judée.
64. Domitien: empereur romain, 81-96. fils de Vespasien et frère de Titus. Le dernier des douze Caesars.
65. Vespasien: Titus Flavius Vespasien, empereur romain de 79-81.
66. Mt. 2.
67. Eusèbe, Hist. eccl., liv. 3, ch. 12, 19, 20; Egesippus; Eusèbe, Hist. eccl., liv. 3, ch. 17, 18, 19, 20; Eutropius, liv. 9; Orosius, liv. 7, ch. 7 (Hist. adv. pag.); Suetonius, *Vie de Domitien*; Sextus Aurelius Victor (auteur de l'*Historia romana*); Voir Encycl. Brit., XIe, XXVIII, 25.
68. Martial: Marcus Valerius Martial, né 38/41, mort vers 103. Poète latin, auteur des *Epigrammes* sur les moeurs de Rome.
69. "mal-heureusement" avec un tiret dans le texte. L'usage est acceptable au XVIe siècle.
70. Nerva: Marcus Cocceius Nerva, empereur romain, 96-98.
71. Trajan: Marcus Upius Traianus, empereur romain de 98-117, successeur de Nerva.
72. Orosius, liv. 7, ch. 7 (Historia adversus paganos).
73. Dion, Cassius: auteur d'une *Histoire romaine*, né à Nicé3 vers 155, mort vers 235.
74. Eusèbe, Hist. eccl., liv. 3, ch. 20.
75. Eusèbve, Hist. eccl., liv. 3, ch. 21.
76. Sur Trajan, voir la note 71 ci-dessus.
77. Orosius, liv. 7, ch. 8 (Historia adversus paganos).
78. Rom. 8; I Cor. 2.
79. Frecul: Fréculphe, chroniqueur, liv. 2, ch. 20; Naucte (?) ou Nauclea (?) ou Naucleus (?).
80. Jo. 19.
81. Mt. 26,27; Mr. 15; Lc. 22,23; Jo. 18,19.
82. Eco (?) ou Ero (?), 1, 2, 3.

83. Sabellicus.

84. Pline second: Plinius secundus ("le jeune"). Voir Micro., VIII, 45.

85. Bithynie: Province d'Asie Mineure.

86. Tertullien, Apologeticus; Eusèbe, Hist. eccl., liv. 3, ch. 38; Orosius, liv. 7, ch. 8 (Historia adversus paganos).

87. Plin. li. epi.: Viret fait certainement allusion aux *Epistolae* de Plinius secundus et à une célèbre épître.

88. Ac.17. Voir en particulier Paul à Athènes: Ac.17:16,17,18.

89. "er" dans le texte; nous corrigeons.

90. Ac.16; 19.

91. Philippes: ville très ancienne et citadelle de la Macédoine. L'ancien nom était Crenides, c'est-à-dire "les sources". Elle reçut son nom de Philippe, père d'Alexandre. Auguste y établit des vétérans et Philippes devint la "Colonia Augusta Julia Pilippensium". Ac.16:12. Il faudrait savoir qui est cette pythonesse(?).

92. Demetrius l'Orfèvre, d'Ephèse. Voir Dict. de la Bible, p. 1364.

93. Tertullien, *Apologeticus*.

94. Aurelius Victor; Orosius, liv. 7, ch. 8 (Historia adversus paganos).

95. Eutropius. Cette "domus aurea" subsiste toujours à Rome et on l'y visite.

96. Galatie: Galatia, région centrale d'Asie Mineure. Voir New Cath. Encycl., p. 242.

97. Dion: Casius Dion qui écrivit en grec une *Histoire de Rome*. Voir Encicl. Cattol., p. 1660.

98. Adrien: empereur qui succéda à Trajan.

99. Eusèbe, Hist. eccles., liv.4, ch.8.

100. Justin: saint Justin le martyr, *Apologie de la religion chrétienne*.

101. Hermann (de Reichenau).

102. Dion; Spartacus.

103. Antonin le Pieux, né en 86, mort en 161; empereur romain de 138-161.

104. Orosius, liv.7, ch.9 (Historia adv. paganos).

105. Justin, voir la note 100 ci-dessus. Ad Anto. (?); peut-être ad Antoninum: serait-ce le dédicataire?

106. Eusèbe, Hist. eccl. liv.4, ch.13.

107. "que y leur a esté": il leur a esté.

108. Eusèbe, liv.4, ch.15, et liv.5, ch.15 (Hist. eccl.); Orosius, liv.7, ch.9 (Hist. adv. pag.).

109. Eusèbe, liv.5, ch.1 (Hist. eccl.).

110. Antonin le Philosophe: Antonius pius, empereur romain, Voir Dezobry,I,115.

111. Tertullien, *Apologeticus*; Eusèbe, Hist. eccl., liv.5, ch.5; Orosius, liv.7, ch.9 (Hist. adv. pag.).

112. Cyrus II le Grand, roi de Perse, né en 590 et mort en 529. Voir Micro. III, 330. Constantin: empereur romain, 337-340. Theodose: Theodosius I le Grand, empereur romain de 347 à 395.

113. Sextus Aurelius Victor; Bède le Vénérable, *Historia ecclesiastica gentis Anglorum*; Orosius, liv.7, ch.9 (Hist. adv. pag.).

114. Lucius Verus: Lucius Aurelius Verus, empereur de Rome avec Marc Aurèle, 161-169.

115. Commodus: Lucius Aelius Aurelius Commodus, empereur romain de 180 à 192. Pertinax: Publius Helvius Pertinax, empereur romain de janvier à mars 193.

116. Eusèbe, liv.6, ch.1 (Hist. eccl.); Spartacus; Orosius, liv.7, ch.11 (Hist. adv. pag.); Tertullien, *Ad Scapulam*.

117. Cyprien (saint), *Apologia contra Demetrius*; Orosius, liv.7, ch.11 (Hist. adv. pag.). Sur saint Cyprien, voir New Cath. Encycl., p.p.564. Thascius Caecilius Cyprianus, évêque de Carthage, auteur d'un *Ad Demetrianum*. Voir aussi Dezobry, I, 770.

118. Tertullien, *Ad Scapulam*.

119. Sextus Aurelius Victor.

120. Alexandre Severe: Marcus Aurelius Alexander Severus, empereur romain, 222-235.

121. Maximin: Maximinus, empereur romain 235-238, originaire de Thrace. Voir Micro., VI, 715.

122. Orosius, liv.7, ch.11 (Hist. adv. pag.).

123. Ampelius Lucius: écrivain latin, probablement du IVe siècle après J.C. Voir Dezobry, I, 84 et I, 1106. Alex. (?): Peut-être Alex. Sabel(licus) Sur Sabellicus, voir Encycl. Brit., XIe, XXIII, 963; Dezobry, II, 2498.

124. Hero. liv.6: probablement Herodianus (?). Orosius, liv.7, ch.12 (Hist. adv. pag.).

125. Hero.: voir note 124 ci-dessus. Eusèbe, Hist. eccl., liv.6, ch.18; Orosius, liv.6,7, ch.12 (Hist. adv. pag.).

126. Eph.5; Col.1; Mt.28.(:18); Orosius, liv.7, ch.12 (Hist. adv. pag.); Ps.110.

127. Aurelius Victor; Jul. Capi. (?).

128. Marcus Julius Philippus, empereur romain, 244-249.

129. Decius: Gaius Messius Quintus Traianus Decius, empereur romain, 249-251.

130. Gordian: Gordianus III, Marcus Antonius, empereur romain, 238-244.

131. Sabellicus, En., liv.7: Sabellicus, Enneades rhapsodiae historiarum; Orosius, liv.7, ch.13 (Hist. adv. pag.); Eusèbe, liv.6, ch.3,4 (Hist. eccl.).

132. Eusèbe, liv.6, ch.39 (Hist. eccl.); Sabellicus; Ber. Sen. (?); Aurelius Victor; Laetus, A Aegnat. (Aegnatius (?); Eusèbe, liv.6, ch.3,4 (Hist. eccl.).

133. Pomponius Laetus.

134. Fabian: évêque de Rome, 236-250.

135. Sclavonie: Sclavonica provincia, comprenant la Croatie et la Yougoslavie actuelles; voir Orbis Latinus, p. 348.

136. Gallus Trebonianus: empereur romain, 251-253, père de Volusianus.

137. Eusèbe, liv.7, ch.2 (Hist. eccl.).

138. I Tm.2.

139. Tertullien, *Apologeticus*.

140. Mt.5.

141. Eusèbe, liv.7, ch.21,22; Pomponius Laetus.

142. Volusian: fils de l'empereur Gaius Vibius Trebonianus Gallus, empereur qui fit de son fils Volusianus un deuxième empereur.

143. Valerianus: P. Licinius Valerianus Augustus, né en 190, mort en 260. voir Encicl. Cattol., XII, 986.

144. Gallène: né vers 218, mort en 268 à Milan; fils de Valerien et d'Egnezia Mariniana, voir Encicl. Cattol., V, 1902.

145. Orosius, liv.7, ch.15 (Hist. adv. pag.); Aurelius Victor; Pomponius Laetus; Eutropius; Pollio. (?); Sabellicus; V..(?): peut-être Volaterianus(?).

146. Sapor: roi de Perse de 241-272.

147. Novatiens: secte de rigoristes qui condamnaient l'apostasie et fondée par Novatien, antipape et hérésiarque en 251. Voir Micro., VII, 423. Cathares: hérétiques.

148. Aurelien: Lucius Domitius Aurelianus, empereur romain, 270-275.

149. Vincent de Beauvais, *Speculum Majus*, vers 1264, liv.II, ch.98; Bergo.: (Chroniques) Bergoniensis.

150. Quintilius: Marcus Aurelius Claudius, empereur romain, né en 270, mort quelques semaines après avoir été proclamé empereur.

151. Eusèbe, liv.7, ch.30 (Hist. eccl.).

152. Orosius, liv.7, ch.26 (Hist. adv. pag.); Aurelius Victor; Pomponius Laetus.

153. Probus: Marcus Aurelius, empereur romain, 276-282; Carus: Marcus Aurelius, empereur romain, 282-283; Tacitus: Marcus Claudius, empereur romain, 275-276; Florianus: empereur romain en 276.

154. Eusèbe, liv.8, ch.1,2 (Hist. eccl.); Maximian: Maximianus, empereur romain avec Dioclétien, 286-305.

NOTES DU DIALOGUE V

1. Diocletien: empereur romain, 284—305.
2. Valerius Licidianus, empereur romain, 308—324; Constantin le Grand, empereur romain, 306—337.
3. Flavius Claudius Julianus: voir Micro., V, 632.
4. Eusèbe, liv. 8, ch. 1 (Hist.eccl.).
5. Galerius, empereur romain, 305—311. Maximian, empereur romain, 286—305; Maximien, empereur romain, 305—311, célèbre pour ses persécutions des Chrétiens; Maxence, fils de Maximien, proclamé Auguste à Rome en 306; mort en 312, noyé dans le Tibre.
6. Est. 3.
7. Aman: favori et ministre d'Assuerus, roi des Perses (508 av. j. C.). Il voulut perdre les Juifs, mais la reine Esther les sauva. Aman fut pendu; Assuerus: roi de Perse qui épousa Esther, nièce de Mardochée.
8. Eusèbe, liv. 8, ch. 2, 3, 4 (Hist. eccl.); Orosius, liv. 7, ch. 17 (Hist. adv. pag.); Antiochus: probablement Antiochus III le Grand mort en 187, vainqueur des Parthes et des Egyptiens et vaincu par les Romains.
9. Eusèbe, liv. 8, ch. 11 (Hist. eccl.).
10. Eusèbe, liv. 8, ch. 7 (hist. eccl.).
11. Nicomedie: ville d'Asie Mineure, capitale de Bythynie. Voir Besnier, *Lexique de Géographie ancienne*, p. 524.
12. Eusèbe, liv. 8, ch. 5 (Hist. eccl.).
13. Eusèbe, liv. 6, ch. 16 (Hist. eccl.).
14. Ex. 7; Ac. 7.
15. Eusèbe, liv. 8, ch. 1 (Hist. eccl.).
16. Ex. 2; Ac. 7.
17. Saint Justin martyr: né en 100 et mort vers 165; un des grands philosophes grecs et apologiste de l'ancienne église. Voir Micro., V, 645.
18. Is. 5; Jr. 2; Mt. 21; Jo. 15.
19. Massacre général des Français en 1282, en Sicile, sous le gouvernement de Charles d'Anjou, frère de saint Louis.
20. Mt. 13; Mr. 4; Lc. 12 (le grain de senevé).
21. Lc. 12. (:32)
22. "mal-heurs" avec un tiret dans le texte; orthographe usuelle au XVIe

siècle.

23. Orosius, liv. 7, ch. 17 (Hist. adv. pag.).
24. Aurelius Victor; Pomponius Laetus; Eusèbe, liv. 8, ch. 15 (Hist. eccl.); Orosius, liv. 7, ch. 17 (Hist. adv. pag.).
25. Pomponius laetus.
26. "d'outer" dans le texte; nous corrigeons.
27. Orosius, liv. 7, ch. 18 (Hist. adv. pag.).
28. Pomponius Laetus; Eusèbe, liv. 8, ch. 16 (Hist. eccl.); Orosius, liv. 17, ch. 18; Eusèbe, liv. 9, ch. 9 (Hist. eccl.); Ex. 14:28.
29. Pomponius Laetus.
30. "tyras" dans le texte; nous corrigeons.
31. Jo. 13. (:5).
32. Voir Ac. 10.
33. Ex. 22; Ps. 82; Jo. 10.
34. Eusèbe, liv. 8, ch. 18 (Hist. adv. pag.).
35. "com-gnons" dans le texte; nous corrigeons.
36. Eusèbe, liv. 8, ch. 19 (Hist. eccl.).
37. Sabinus: gouverneur des provinces sous l'empereur Galerius.
38. "la v." dans le texte; nous corrigeons.
39. Eusèbe, liv. 9, ch. 1 (Hist. eccl.).
40. Eusèbe, liv. 9, ch. 2 (hist. eccl.).
41. Eusèbe, liv. 9, ch. 3 (Hist. eccl.).
42. Eusèbe, liv. 9, ch. 4 (Hist. eccl.).
43. Eusèbe, liv. 9, ch. 5,6 (Hist. eccl.).
44. "par tout" dans le texte; nous corrigeons.
45. Eusèbe, liv. 6, ch. 7 (hist. eccl.).
46. Eusèbe, liv. 9, ch. 8 (Hist. eccl.).
47. Rm. 12. (:20).
48. Orosius, liv. 7, ch. 18 (hist. adv. pag.); Eusèbe, liv. 9, ch. 9 (Hist. eccl.).
49. Eusèbe, liv. 9, ch. 9 (hist. eccl.).
50. Eusèbe, liv. 9, ch. 9 (hist. eccl.); Aurelius Victor; Pomponius Laetus, liv. 2.
51. "quelle" dans le texte; nous corrigeons.
52. Ps. 33. (:16,17).
53. Eusèbe, liv. 9, ch. 9 (Hist. eccl.).
54. Eusèbe, Liv. (?), ch. 10 Hist. eccl.); Orosius, liv. 7, ch. 18 (Hist. adv. pag.).
55. Eusèbe, liv. 9, ch. 10 (hist. eccl.).

56. Ps. 146. (:3).
57. Aurelius Victor.
58. Pomponius Laetus, liv. 2.
59. Eusèbe, liv. 9, ch. 10 (Hist. eccl.).
60. Eusèbe, liv. 9, ch. 10 (hist. eccl.); Orosius, liv. 7, ch. 18 (Hist. adv. pag.).
61. Eusèbe, liv. 9, ch. 10 (hist. eccl.); Orosius, liv. 7, ch. 18 (Hist. adv. pag.).
62. Thessalonique, ou Therma: région de Macédoine.
63. Eusèbe, liv. 9, ch. 10 (hist. eccl.); Hist. Trip., liv. 1, ch. 9. Sur l'*Historia Tripartita*, voir notre note du Dialogue III.
64. Hist. Trip., liv. 6, ch. 7.
65. Empereur romain de 361 à 362.
66. Constantinople.
67. Hist. Trip. liv. 8, ch. 1 et 38.
68. Nicomédie: ancienne cité de Bithynie en Asie Mineure; voir New Cath. Encycl., X, 460.
69. Hist. Trip., liv. 8, ch. 1 et 2.
70. Hist. Trip., liv. 6, ch. 1. Libanius: sophiste grec, rhétoricien de Nicomédie et de Constantinople. Voir Micro., VI, 194.
71. Hist. Trip., liv. 6, ch. 1
72. Hist. Trip., liv. 6, ch. 1; 48.
73. Ac. 8; 13. (:8). Elymas: magicien nommé Barjésu que saint Paul frappa d'aveuglement en face du proconsul de Chypre. Voir Dict. de la Bible, II, 1712. sur Barjésu, voir Dict. de la Bible, I, 1461.
74. Orosius, liv. 7, ch. 9 (Hist. adv. pag.).
75. Rufinus, *Historiae ecclesiasticae*, liv. 10, ch. 26; Orosius, liv. 7, ch. 19 (Hist. ad. pag.). dans le cas de Rufinus, il s'agit de Rufinus Tryannus; les *Historiae ecclesiasticae* sont une traduction libre de l'*Histoire ecclésiastique* d'Eusèbe. Voir Encycl. Brit., XIe, XXIII, 820.
76. Orosius, liv. 7, ch. 19 (Hist. adv. pag.).
77. Hist. Trip., liv. 6, ch. 1.
78. Hist. Trip., liv. 6, ch. 7.
79. Hist. Trip., liv. 6, ch. 5; 23.
80. Hist. trip., liv. 6, ch. 8-16.
81. Hist. Trip., liv. 6, ch. 28.
82. Bostrenses: ceux de Bostra. Bostra: capitale de la province romaine d'Arabie sous Trajan.
83. Ruffinus, liv. 10, ch. 32; Orosius, liv. 7 et 19 (Hist. adv. pag.).

84. hist. Trip., liv. 6, ch. 7 et 37.
85. Ruffinus, liv. 10, ch. 32.
86. Hist. Trip., liv. 6, ch. 2.
87. Hist. Trip., liv. 6, ch. 27.
88. Hist. trip., liv. 6, ch. 7.
89. Hist. Trip., liv. 6, ch. 17 et 37.
90. Hist. trip., liv. 6, ch. 29.
91. Hist. Trip., liv. 6, ch. 40.
92. Mt. 5. (:3); Lc. 6. (:20).
93. Hist. trip., liv. 6, ch. 39.
94. Mares: évêque de Chalcédoine, ville de Bythynie. Voir M. Besnier, Lexique de géographie ancienne, p. 160.
95. Hist. Trip., liv. 6, ch. 6.
96. Hist. Trip., liv. 6, ch. 1.
97. "Ju'ien" dans le texte de l'exemplaire d'Ann Arbor. Celui de Genève porte bien "Julien". Il s'agit d'un défaut d'encrage.
98. Ruffinus, *Historiae ecclesiasticae*, liv. 10, ch. 32.
99. Dt. 32. (:41-43); Rm. 12. (:19).
100. Mt. 5; Rm. 12. (:19).
101. Hist. Trip., liv. 6, ch. 43.
102. Ruffinus, liv. 10, ch. 32.
103. Evêque d'Alexandrie, 328-373. Voir Dict. de la Bible, I, 1208.
104. Ruffinus, liv. 10, ch. 16; Hist. Trip., liv. 6, ch. 47.
105. I Rg. 21,22.
106. Michée: sur la prophétie de Michée, voir Dict. de la Bible, IV, 1064. Michée: fils de Iemla, prophète de Samarie. Sur Achab, voir note 107 ci-dessous et la prophéte d'après I Rom. 22.
107. Achab: roi d'Israel, 869-850, qui épousa Jezabel et fit mourir Naboth pour s'emparer de sa vigne. Voir New Cath. Encycl., I, 84.
108. Hist. trip., liv. 6, ch. 47.
109. Hist. Trip., liv. 6, ch. 46.
110. Jo. 12. (:31); Jo. 12.):16); Eph. 6.
111. 2 Cor. 4. (:4).
112. Mt. 4; Lc. 4.
113. "son" dans le texte; nous corrigeons.
114. Hist. trip., liv. 6, ch. 47.
115. Orosius, liv. 3, ch. 19 (Hist. adv. pag.).
116. Hist. Trip., liv. 6 ch. 39.
117. Hist. trip., liv. 6, ch. 44.

118. Hist. trip., liv. 6, ch. 44.
119. Mt. 13. (:55); Mr. 6. (:3); Lc. 4. (:22); Jo. 6. (:42).
120. Is. 49. (:23).

NOTES DU DIALOGUE VI

1. "jamas" dans le texte; nous corrigeons.
2. "hatier" dans le texte pour "chatier".
3. Augu. li. Serm. 6: Référence à l'oeuvre de saint Augustin.
4. Dt. 7. (:15); 12. (:2,3).
5. Augu. Epi. 50: Référence à saint Augustin. Donatistes: hérétiques, schismatiques du IVe siècle, Voir Dezobry, I, 875.
6. Scribes: voir Dict. de la Bible, V, 1536. Pharisiens: voir Dict. de la Bible, V, 205.
7. Mt. 23
8. Mt. 23. (:32).
9. Rm. 2. (:5).
10. "patien" dans le texte; nous corrigeons.
11. Zc. 2. (:8); Ps. 17; 56. (:9).
12. Pharaon: roi d'Egypte selon la Bible (terme générique); Sennacherib: roi d'Assyrie, 705—681. Voir Dict. de la Bible, V, 190.
13. Le mot manque dans le texte; nous suppléons.
14. Is. 6. (:10); Mt. 13. (:13); Mr. 4; Lc. 8. (:8); Jo. 12. (:40); Ac. 28. (:26, 2, 7); Rm. 11. (:7).
15. Ap. 9 (Ap. 5:5).
16. Jo. 10.
17. Is. 49. (:23).
18. Ps. 2. (:10,11).
19. Ps. 2. (:2).
20. Ps. 2.
21. "à" dans le texte; nous corrigeons.
22. Ps. 2. (:9).
23. Is. 30. (:14).
24. "s'ay" dans le texte; nous corrigeons.
25. I Sam. 8. (:7)
26. Mt. 10. (:40, 41); Jo. 13. (:20); Lc. 10. (:16).
27. Ac. 9. (:4).
28. Mt. 10; 25. (:45).
29. Mt. 10.
30. Ps. 33. (:13).
31. "guein d'oeil" dans le texte, pur "clin d'oeil".

32. Jb. 5. (:13); I. Cor. 3. (:19).
33. Ps. 82.
34. 2 Chro. 28; Ps. 7. (:9); Ps. 33. (:15); Jr. 11.(:20); 17. (:10); 20. (:12); Is. 8. (:10).
35. Is. 14. (:27).
36. Ps. 2.
37. Jo. 10.
38. Lc. 12. (:32).
39. Mt. 28. (:20).
40. Heb. 2.
41. "est" omis; nous suppléons.
42. Rm. 13.
43. Anabaptistes: secte religieuse qui prit naissance chez les Protestants d'Allemagne. Voir Dezobry, I, 89.
44. Mt. 19. (:12); Mr. 10. (:18); I Tm. 1. (:17).
45. Gn. 19. (:22). Cham, Japheeth, fils de Noé. Voir Dict. de la Bible, III, 1125.
46. Ex. 22; Ac. 23. (:5).
47. Ec. 10. (:20).
48. Mt. 12; lc. 6. (:45).
49. Cicero, *Pro Cneio Plancio*.
50. Hist. Trip., liv. 6, ch. 40.
51. Ps. 101.
52. Pro.21.(:1).
53. Gn. 45; 47.
54. Ex. 1; 3, 4.
55. I Cor. 10.
56. Sur l'exemplaire de Genève une main ancienne a corrigé le mot "bridee" en "aidee" qui est meilleur; nous corrigeons.
57. Jo. 16.
58. Ac. 14. (:22); 2 Tm. 3.
59. Lc. 21. (:19).
60. Is. 30. (:15).
61. Rm. 12. (:14).
62. Mt. 5. (:14—16).
63. Ph. 2. (:14,15).

GLOSSAIRE

Ce Glossaire ne présente ici que les termes peu usités, employés dans un sens particulier ou dont l'orthographe est particulière à l'époque du texte édité.

— A —

Abestir: rendre stupide.
Abjet: abject.
Abondant (d'): loc. adv. par surcroît; en outre.
Accorder: s'accorder; être d'accord avec.
Adjonction: Addition.
Adjouster: ajouter.
Admonester: avertir; informer; exhorter; conseiller.
Adonc (adoncques): alors; à ce moment.
Adresser: diriger; orienter.
Adviser: prendre garde; réfléchir.
Affection de: désir de.
Affectionner: attacher. Etre affectionné à: être attaché à.
Affermer: affirmer.
Agassement: agacement.
Agasser: agacer.
Ains: mais au contraire.
Allechemen: action d'attirer.
Allicher: attirer; séduire.
Allieurs: ailleurs.
Amender: réparer; améliorer.
Apparoir: apparaître.
Appartenir: convenir; être propre à.
Appeter: désirer; rechercher.
Appointer: accorder; réconcilier; régler; disposer.
Apres (en): par suite.
Apprest: disposition en vue d'un usage prochain; préparation.
Arer: labourer.
Armaire: armoire (du lat. armarium).
Arrouser: arroser.

Ascavoir: voir Assavoir.

Aspid: serpent; aspic (Variété de vipére).

Assasiner: assassiner; piller; saccager.

Assavoir (ascavoir): ainsi; à savoir.

Asseurer: assurer; rasurer.

Assister à: aider; porter secours à.

Aucun: quelque; certain.

Au paravant: auparavant.

Aureille: oreille.

Autheur: auteur.

Authorité: autorité.

Autrepart (d'): d'autre part.

Avant que: avant de.

Aveuglissement: aveuglement.

— B —

Badau: sot; badaud.

Bailler: donner; attribuer; accorder.

Bander: tendre; unir; s'unir; se coaliser contre.

Bastar: bastard.

Batterie: action de se battre.

Besacier: qui porte la besace.

Besoin (estre de): être nécessaire.

Besongne: Travail; besogne.

Besongner (en; ès): travailler à; s'occuper de.

Besongner de: mettre en oeuvre; travailler à.

Bestelette: petite bête.

Bienaymez (plur.): bien aimés.

Bien tost: Aussitôt que possible; bien vite.

Blasme: outrage; blasphème.

Blason: Ironiqt. blâme, raillerie. Mot d'origine incertaine.

Blasonner: (de blason). Ironiqt. diffamer; insulter; critiquer; railler.

Bled: blé.

Bon: beaucoup. Bon est souvent associé à gros et à l'idée de quantité ("Ce fait cousta bon aux Chrestiens").

Bongré; Bongré maugré: voir Gré.

Bordeau (bordel): bordel.

Bougre: Sodomite.

Bouscher: boucher.

Boute feu: qui excite la colére; qui incite au mal ou à la guerre.

Brave (se faire): se parer; se faire beau; se parer.

Bride (contenir en): voir Contenir.

Brider: retenir; tenir en respect.

Brief: bref.

Brigander: agir en brigand; ravager; piller; s'approprier par vol ou violence.

Briguer: rechercher les faveurs ou le support de.

Brocard: Raillerie; moquerie.

Brocarder: poursuivre de moqueries; se moquer de.

Brouillas: confusion.

Bruit: réputation; opinion commune.

$$- C -$$

Cacheter: fermer avec de la cire empreinte d'un cachet. Rendre officiel.

Caresser: accueillir avec des démonstrations d'amitié.

Caut: prudent; avisé; rusé.

Cautelle: ruse, défiance; prudence.

Cauteleuse: rusée.

Celle: cette.

Celuy: celui.

Cense: redevance, sorte d'impôt.

Ceneantmoins: malgré celà.

Cercher: chercher.

Cest: cet; cette.

Cestui-cy: celui-ci.

Chacun (un): chacun; tout le monde

Chaneviere: chanvre.

Chanse: chance.

Chef (mener à); (parvenir à): mener qqch. à bonne fin; mener jusqu'au bout.

Cheutte chute.

Cheoir: tomber

Chevance: Possessions; richesse(s).

Chevestre: licol d'une bête de somme; entrave.

Chicheté: le fait d'être chiche; avare.

Chiquanerie: chicane.

Chopper: faire un faux pas en heurtant contre un obstacle; trébucher; buter contre.

Ci-devant: ci- dessus; auparavant; jusqu'alors.

Cimitiere: cimetière.

Circonvoisin: voisin; qui se trouve alentour; dans le voisinage.

Clergeau: membre inférieur du clergé.

Cler semez: clairsemé; espacé; ça et là.

Coeur: courage.

Cognoissance: connaissance.

Cognoistre: connaître.

Colloqué: placé; convoqué.

Combien que: quoique.

Comforter: fortifier; encourager.

Comment que: quoique.

Commettre: confier.

Complexionnez: voir Mal-complexionnez.

Conduite: droit de passage (Donner c. à).

Conference: comparaison. (La c. des exemples).

Confermer: confirmer; maintenir; certifier.

Conniller: user de détours; se cacher; se dérober.

Contempleur: contemplateur.

Contempteur: qui méprise; qui dédaigne.

Contenir en bride: restreindre la liberté de quelqu'un.

Constraindre: forcer.

Contredire à: contredire qqch. ou qqu.

Controuver: imaginer; inventer.

Convenir à: s'assembler; se réunir dans un lieu.

Cornes (lever les): concevoir de l'orgueil ou de l'audace; engager la lutte; relever la tête de fierté.

Coronne: couronne.

Couleur (avoir); (sous c. de): prétexte de; raison de.

Coulpable: passible de; digne de (châtiment).

Coulpe: faute.

Courage: coeur; inclination.

Couster bon: coûter cher.

Couvert: dissimulé; secret.

Couvertement: secrètement.

Couverture: chose prétendue pour une autre; chose qui sert à cacher ou qui cache qqch.

Crainte de (pour): à cause de la crainte de; par peur de.

Crédit (à): sans raison; sans motif; à la légère; sans preuve sérieuse.
Crevecoeur: grand déplaisir; crêve-coeur.
Crierie: plainte; lamentation; reproche.
Cuider: croire.

— D —

Damnable: que l'on doit réprouver.
D'avantage: davantage.
Debiliter: affaiblir.
Debouter: chasser; prononcer un jugement par lequel on renvoie qqch. comme non fondé en sa demande.
Dechasser: chasser; poursuivre.
Decours: cours.
Defaillir: faire défaut; manquer.
Defait: de fait; en fait.
Defaudre: manquer; faire défaut.
Deferer: accuser.
Deffaire (defaire): vaincre.
Deffaire (se): se suicider.
Dejetter (dejeter): renverser; exclure; priver.
Deliberation: décision.
Deliberer de: décider de.
Demangeson: démangeaison.
Dementieres: pendant; tandis; durant; pendant ce temps.
Demettre de: priver de; renoncer à.
Demeurant (le): le reste.
Demoniacle: démoniaque; possédé du démon.
Departir (se) de: s'écarter de; abandonner.
Depescher: mettre à mort; faire disparaître.
Depuis que: lorsque; du moment que.
Dequoy: pour cette raison.
Derechef: par suite; par conséquent; à nouveau.
Desborder (se): se laisser aller sans frein; dépasser les bornes.
Deschassement: expulsion; bannissement.
Descouvrir: révéler; reconnaître une chose pour ce qu'elle est en réalité.
Desespoir (mettre en): pousser au d.
Desgainer: tirer une épée.

Deshonté: de mauvaise foi; sans honte.

Desirer grace: demander gr.

Despendre: dépenser.

Despriser: mépriser; dédaigner.

Desvoyer: écarter du droit chemin.

Determination: decision.

Diffame: injure; deshonneur; infamie.

Difference (mettre) entre: distinguer; faire la distinction avec.

Different: désaccord. Etre diff. à: être diff. de.

Discord: la discorde; désaccord.

Disputation: discussion; débat; dispute.

Disputer: disserter; disputer.

Dommageable: qui fait subir des dommages.

Domter: dompter.

Dont: d'où; de l'en droit d'où.

Droict (à bon): avec raison; en toute justice.

Du tout: complètement.

— E —

Effect: acte; effet.

Efficace: efficacité; action; pouvoir; puissance.

Effor: effort

Enfleure: enflure.

Empeschement: embarras; gêne; opposition; obstacle.

Empeschier gêner; importuner; empêcher.

Empirement: altération; corruption; déclin.

Enaigrir: aigrir.

Endroit (à l'): arriver par (la)suite.

Entant que: dans la mesure où.

Entendre: comprendre.

Entre: parmi.

Entrechasser: se pourchasser l'un l'autre.

Entreposer: interposer.

Entreprinse: entreprise.

Entrer en: commencer à.

Entrerompre: interrompre.

Envelopper: mêler à; comprendre; compter avec.

Envers: à l'envers.
Esbahir (esbahyr): étonner; ébahir.
Eschole: école.
Escusson: bouclier protecteur.
Esleu: élu; Serviteur public; magistrat.
Esloignier (eslongier): éloigner.
Esmovoir: susciter (tumultes esmeus par les Juifs).
Espouvantement: ce qui épouvante.
Estaindre: supprimer; annihiler.
Estoupper: boucher; colmater.
Estranger: repousser; éloigner; expulser.
Estrief: étrier.
Estroittement: rigoureusement.
Estudier (s') à: s'efforcer de.
Esvanter: rendre public; exposer publiquement.
Exercité (être) ès: être versé dans; exercé à.

— F —

Faict (au) être (de): être au courant de.
Faillir: finir; terminer; cesser.
Faillir à: manquer; ne pas réussir.
Fallace: tromperie.
Farse: farce.
Fascherie: ennui; douleur; peine.
Fauteur: partisan; protecteur.
Faver: faveur.
Femenin: féminin.
Fiance: confiance.
Figure: forme.
Filet: fil.
Filez: filets de chasse.
Fleschir: fléchir; céder.
Fouyr: creuser.
Fouler: opprimer.
Franc: libre.
Fresche: fraîche.
Froisser: briser.

— G —

Gaigner: gagner.

Garde (se prendre); (se donner): faire attention; bien remarquer.

Garson: garçon.

Gaudisseur: bon vivant; homme gai; moqueur; railleur.

Gehenne: torture.

Gourmander: dominer. (Gourmander à: dominer par).

Gran: grand.

Grandement: avec vigueur; avec excès.

Gratelle: grattement; démangeaison.

Gratieuse: gracieuse.

Guarir: guérir; soigner; sauver.

Guein d'oeil: clin d'oeil.

Guerdon: récompense.

Guet à pan (tout de): d'une façon totalement préméditée.

— H —

Harengueur: harangueur.

Harier: tourmenter; harceler; diffamer.

Hayr: haïr.

Hydropique: atteint d'hydropisie (accumulation morbide de sérosité dans le corps, notamment dans l'abdomen).

— I —

Iceluy: celui-ci.

Icelle: celle-ci.

Iceux: ceux-ci.

Impatien: impatient.

Impetrer: obtenir; chercher à obtenir (de).

Importable: insupportable.

Incontinent que + subj.: tout de suite; après que.

Incoulpable: innocent.

Injure (pour i. qu'on leur face): quelqu'injure qu'on leur fasse.

Innumerrable: innombrable.

Intentif: attentif; appliqué. (i. à: soucieux de).
Interim: pendant ce temps.
Ire: colère.
Ivroie: ivraie (plante nuisible à graines toxiques; au figuré: le mal).

— J —

Jaçoit que: quoique.
Judaïzer: agir comme des Judas.

— L —

Laq: lacet; filet; piège.
Lavemen: action de laver.
Lay: laïc.
Liard: ancienne monnaie de cuivre valant 3 deniers ou un quart d'un sou.
Licentier: licencier; rendre libre dans la conduite ou l'état de qqu; agir à la légère.
Lict: lit.
Lieu (au) que: plutôt que de.
Lignee: descendance
Locustre: sorte d'insecte.
Lour: lourd.
Lourdise: maladresse; balourdise; sottise.

— M —

Machiner: former en secret; conspirer; intriguer.
Machurer: souiller, barbouiller.
Mahometiste: islamique.
Main (de longue): longtemps à l'avance.
Mal-complexionnez: de mauvaise nature (sens intellectuel et moral).
Mal-heur: malheur.
Mal-heureusement: malheureusement.
Mal-vueillance: mauvais vouloir.
Male: mauvaise.

Malice: méchanceté.

Malvaisie: vin liquoreux de Grèce ou vin muscat cuit.

Mandement: ordre.

Marguillier: chacun des membres du conseil d'une paroisse.

Marran: Maure ou Juif converti ou non; mécréant; renégat.

Masque: déguisement; apparence.

Matiere: raison (de); cause.

Maugre´ : malgré.

Menbre: membre.

Mener à chef: mener à bonne fin; jusqu'au bout.

Mener (de): inspirer du; ou par.

Menu (le): les petites gens; le menu peuple.

Merveille: chose étonnante.

Meschant: méchant.

Meshuy: aujoud'hui.

Meslee: combat.

Mesler: confondre; combattre.

Meslinge: mélange; confusion.

Metal; mine.

Mettre (à l'extremité): pousser à bout.

Mettre (en avant): présenter.

Mettre en devoir: agir; mettre en oeuvre.

Mettre...en proie: faire une proie (victime) de.

Mettre sa vie: donner sa vie; se sacrifier.

Midy: midi.

Monstrer à l'oeil: montrer en regardant attentivement.

Monstreux: prodigieux; extraordinaire; monstrueux.

Moyen (au) m. de quoy: à cause de; pour cette raison.

Moynerie: esprit; condition monastique (employé ici péjorativement).

Mutination: émeute; mutinerie.

— N —

Neantmoins: néanmoins; malgré; quoique.

Noise: querelle.

Nonchaloir: négliger.

Nud: nu.

— O —

Oblivion: oubli.
Occir: tuer.
Ombre (sous) de: sous l'apparence de.
Oeil (à l'): par le simple regard.
Oir: entendre.
Ost: ennemi; armée; troupe.
Ottroyer: octroyer.
Outrecuider: être déraisonnable; présomptueux; vaniteux.
Ouvert: évident.
Ouverture: début.

— P —

Paistre: donner à manger à; nourrir.
Pancher: pencher.
Paoureux: peureux.
Par ainsi: de cette manière; par ce moyen; pour cette raison.
Par ci devant: précédemment.
Par ensemble: ensemble.
Paravant (au): avant; auparavant.
Partialitez (à): avec un parti pris.
Partir: partager; partir; s'éloigner.
Patien: patient.
Payennerie: les payens; le paganisme.
Peneux: qui apporte ou donne de la peine.
Penser: soigner; panser.
Persuader à: conseiller (pour leur p.: pour les p.).
Pescher en eau trouble: susciter des embarras pour en tirer profit.
Peti: petit.
Peur (pour) de: par peur de.
Phrenetique: délirant; furieux.
Picque: désaccord; division; brouille; discorde.
Piece: morceau.
Pillar: pillard.
Pillerie: pillage.
Picque: pique.

Plein (à): ouvertement; en détail; complètement.
Pleindre: plaindre.
Poin: point.
Poinct (à): comme il faut; à temps; en temps opportun.
Poison (la): le poison.
Pollu: pollué.
Potage: potage; chose médiocre (figuré).
Pource: pour cette raison.
Pourchasser apres: rechercher (intensément).
Poureux: peureux.
Povre: pauvre.
Practicien: praticien
Premier (pour le): en premier lieu; pour commencer.
Prest: prêt.
Pris (au) de: à comparer avec.
Proie (mettre en): voir mettre.
Provoyable: prévoyant.
Provision: précaution; reméde.
Pruden: prudent.
Puis apres: après celà; ensuite.
Puis donc: puisque donc.

— Q —

Quant et quant: aussi; en même temps que.
Quelcun: quelqu'un
Quellement (tellement): d'une manière telle que.
Quitter: tenir quitte; acquiter; pardonner.

— R —

Raison (à) de quoy: pour cette raison; c'est pourquoi; il en résulte que.
Rapetacer: repiécer grossièrement.
Recercher: rechercher.
Rediffier: ré-édifier; reconstruire.
Regard: intérêt; considération (au r. de: quant à; par rapport à).
Regarder à: en considération de; en ce qui concerne qqu ou qqch.

Reigle: règle.
Remonstrer: exhorter.
Remordre: tourmenter (par des remords).
Remuer: changer.
Reng: rang.
Renieur: blasphémateur.
Repurger: purifier.
Resverie: délire.
Retraits: cabinets d'aisance; lieu puant.
Rets: filets; pièges à gibier.
Revoltemen: révolte.
Roide: fortement; vigoureusement.
Rioteux: querelleur, chicaneur.
Rolle: liste.
Rompement: rupture; action de briser.
Rondeur: honnêteté.

— S —

Sainst: saint
Sarcueil: cercueil.
Saye: tunique ou casaque faite d'étoffe grossière et de teinte sombre; saie; serge de soie ou de laine.
Scabelle: banc.
Scavan: savant; habile.
Seaux: sceaux.
Secrestain: sacristain.
Seigneurie: domination; autorité.
Sentence: opinion.
Sep: cep.
Serain: serein.
Serpen: serpent.
Serre: griffe.
Seur: sûr.
Seurté: sécurité; sureté.
Songneux: soigneux.
Souler: saouler.
Souppe: soupe; gâteau, pain.

Souspeçon: soupçon.
Souventesfois: souvent; très souvent.
Special (en): surtout; particulièrement.
Surquoy: par surcroit; de plus.

— T —

Taille: impôt (taille).
Tascher à: s'efforcer de; tâcher de.
Tellement quellement: d'une manière telle que (ni bien ni mal).
Temporiseur: temporisateur.
Tigne: teigne.
Toille: toile.
Tor: tort.
Tost: bientôt; bien vite.
Tout (du): tout à fait; complètement; totalement.
Travailler (se): s'efforcer.
Tresbien: très bien.
Trouppeau: troupeau.
Tyranneau: petit tyran; tyran inférieur.

— V —

Vaisseau: vase; pot; coupe.
Ventance: vantardise; ostentation.
Versation: évolution; conduite; manière d'agir.
Vespré: soir.
Vituperer: blâmer.
Violemen: viol.
Violen: violent.
Volerie: vol; larcin.
Vray (il est): c'est vrai.
Vrayement: vraiment.
Vuider: mettre fin à; terminer.

BIBLIOGRAPHIE SOMMAIRE

Aesopus, *The Fables of Aesop*. London: D. Nutt, 1889.

Allen, J.W., *A History of Political Thought in the Sixteenth Century*. London: Methuen, 1928.

Arnaud, Eugène, *Histoire des Protestants du Dauphiné aux XVIe, XVIIe et XVIIIe siècles*. 3 vols. Genève: Slatkine Reprints, 1970.

Art de vérifier les dates (L'). Paris: G. Desprez et P.G. Cavelier, 1750.

Atwater, Donald, *A Dictionary of Saints*. London: Burnsdates & Washbourne Ltd, 1938; 1942; 1948.

Auger, Emond, *Response à une epistre liminaire de Pierre Viret*. Lyon: Michel Jove, 1565.

Barnaud, Jean, *Quelques lettres inédites de Pierre Viret*. Saint-Amans: 1911. (Cité infra Barnaud II).

Barnaud, Jean, "Pierre Viret à Lyon (1562-1565)", *Bulletin historique et littéraire de la Société de l'histoire du Protestantisme français*, 60 (1911), 7-43.

Barnaud, Jean, *Pierre Viret, sa vie et son oeuvre (1511-1571)*. Saint-Amans (Tarn): G. Carayol, imprimeur-éditeur, 1911. (Cité infra Barnaud I).

Bavaud, Georges, "La Dispute de Lausanne", *Studia Friburgensia*, N^elle Serie, No 14 (Fribourg, 1956).

Belluc, Antoine, *Pierre Viret*. Montauban: De Forestié, neveu, 1899.

Bergier, Jean-François, "Un épisode de la Réforme à Genève: l'empoisonneuse de Pierre Viret", *Revue de Théologie et de Philosophie*, série 3 (1961), pp. 236-250. (Cité infra Bergier).

Berthoud, G., *Aspects de la propagande religieuse*. THR XXVIII. Genève: Droz.

Besnier, M., *Lexique de géographie ancienne*. Paris: Klincksiek, 1914.

Besse, G., "Pierre Viret: un pasteur parmi ses paroissiens, "*Les Cahiers Protestants,* 45e année, No 5 (nov. 1961), pp. 237-243.

Bèze, Théodore de, *Icônes. 1580*. Yorkshire, England: Scolar Press Ltd., 1971.

Bibliographie lyonnaise. XVIe siècle Pres. J. Baudrier. Paris: Ed. F. de Nobele, s.d.

Bibliorum Sacrorum. Nova editio. Juxta vulgatam clementinam. Curavit Aloisius Gramatica, Mediolani: 1913.

343

344

Billanovitch, G., "Epitafio, libri e amici de Alberico da Rosciate," *Italia Medioevale e Umanistica*, 3 (1960), 251-261.

Biographie collective de 1930, "Guillaume Farel, 1489-1565," par un groupe d'historiens, pasteurs et professeurs. Neuchâtel, Paris, 1930.

Bloch, Marc, *Les rois thaumaturges*, Strasbourg, 1924.

Bloch, Oscar & W. Von wartburg, *Dictionnaire étymologique de la langue française,* Paris: P.U.F. s.d.

Bordenave, Nicolas de, *Histoire de Béarn et Navarre*, publiée par Paul Raymond pour la Société de l'Histoire de France, Paris, 1873.

Bossard, Maurice, "Tournée zoologique à travers les Dialogues de Pierre (1545), *"Mélanges d'histoire du XVIe siècle offerts à Henri Meylan, THR*, CX, Genève: Droz, 1970.

Bridel, E., *Pierre Viret, le Réformateur, 1511-1571. Courte histoire de sa vie*, Lausanne: Bridel, 1911.

Brunet, Jacques-Charles, *Manuel du libraire et de l'amateur de livres*, Paris: Firmin Didot, frères, fils et Cie, 1860 (6 vols + supplt.).

Brunot, Ferdinand et Bruneau C., *Précis de grammaire historique de la langue française*, Paris; Masson et Cie., 1869.

Buesser, Fritz, *Beschreibung des Abendmahlsstreits von Johann Stumpf*, 1960.

Buisson, Ferdinand, *Sebastien Castillon*, Paris, 1892.

Busino, Giovanni & Fraenkel, Peter, "Rediscovering the minor Reformers: toward a re-appraisal of Pierre Viret," *BHR*, No. 3 (Sept. 1962), 618-619.

Butler, Alban, *Butler's Lives of the Saints*, complete edition. Revised and supplemented by H. Thurston S.J. and Donald Attwater, 4 vols. New York: P.J. Kenedy and Sons, 1956.

Cappelli, A., *Cronologia, cronografia e calendario perpetuo*, terza ed., Milano: Ulrico Hoepli, 1969.

Caprariis de, Vittorio, *Propaganda e Pensiero politico in Francia durante le guerre di religione*. Napoli: Edizioni Scientifiche Italiane, 1959.

Cart, Jacques, *Pierre Viret, Réformateur du pays de Vaud*. Paris: A. Coueslant, 1900.

Cart, Jacques, *Pierre Viret*. Lausanne: G. Bridel, 1864.

Cassiodorus Senator, Flavius Magnus Aurelius, *Historia ecclesiastica tripartita...*, Vindobonae: Hollder-Pichler-Tempsky, 1952.

Catalogue général des livres imprimés de la Bibliothèque Nationale-Auteurs. Paris: Imprimerie Nationale, 1972, col. 1024 ss.

Catalogue of Books printed on the Continent of Europe, 1501-1600 in

Cambridge libraries compiled by H.M. Adams. Cambridge: Cambridge U. Press, 1967. (Vol. II sur Senneton fratres ad insigne Salamandrae).

Centlivres, Robert, "Les 'Capita calumniarum' de Zébédée et le réponse de Pierre Viret", *Mélanges...Meyland, THR,* CX. Genève: Droz, 1970, p. 125.

Chaix, Paul, Alain Dufour et Gustave Moeckli, "Les livres imprimés à Genève de 1500 à 1600", *Geneva,* vol. 7, No. 1 (1959), 235-381.

Charpenne, Pierre, *Histoire de la Réforme et des réformateurs de Genève suivie de la lettre du Cardinal Sadolet aux genevois pour les ramener à la religion catholique, et de la réponse de Calvin.* Paris: Amyot, 1861. (Cité Charpenne infra).

Chaunu, Pierre, *le Temps des Réformes, II, la Réforme protestante,* Paris: Editions Complexe, 1984.

Chausson, Huguette, *Pierre Viret.* 1961.

Cheneviere, Charles, *Farel, Froment, Viret, réformateurs religieux du XVIe siècle.* Genève: Charles Gruaz, 1835.

Choisy, Eugène, *Pierre Viret d'après lui-même.* Lausanne: 1911.

Cioranescu, A., *Bibliographie de la littérature du XVIe siècle,* Paris, 1956.

Condy, Julien, *Les guerres de religion,* Paris: Julliard, 1962.

Courvoisier, Jacques, *Pierre Viret. Deux dialogues.* Lausanne: Bibliothèque romande, 1971. (Cité Courvoisier infra).

Cremaschi, G., "Contributo alla biografia di Alberico da Rosciate", *Bergomum,* 30 (1956), 3-102.

Cross & Livingstone, *The Oxford Dictionary of the Christian Church.* London: U. Press, 1974.

Dartigue-Peyrou, *Jeanne d'Albret et le Bearn,* Mont-de-Marsan, 1934.

Delumeau, Jean, *Naissance et Affirmation de le Réforme,* Paris: PUF, Nouvelle Clio, No. 30, 1968.

Delumeau, Jean, *Le Catholicisme entre Luther et Voltaire,* Paris: PUF, 1971.

Dezobry-Barchelet et Darsy, *Dictionnaire général de biographie et d'histoire.* 2e ed. revue par M.E. Darsy, Paris: Delagrave, 1895.

Dictionnaire de théologie catholique. Vacant et Mangenot eds., Paris: Letouzey et Ané, 1909.

Dictionnaire historique des saints. Paris: Société d'édition de dictionnaires et encyclopédies, 1964.

Didot, Firmin, Frères, *Nouvelle biographie générale depuis les temps les plus reculés jusqu'à 1850-60.* Copenhague: Rosenkilde et Bagger, 1969.

Dizionario Ecclesiastico. 3 vols, Torino: Unione Tipografico Editrice

Torinese, 1953.

Doumergue, Emile, *Jean Calvin, les hommes et les choses de son temps.* 7 vols. Paris: Editions de "La Cause", 1899-1927.

Dubiel, Henri, *La Réforme et la littérature française.* Ed. La Cause, Yvelines. s.d.

Dubois, C.G., *Le Monde à l'Empire de Pierre Viret Dans la conception de l'histoire en France au XVIe siècle,* Paris: Nizet, 1977.

Dubois, Claude-Gilbert, "Quand empirent les empires...Imaginaire et idéologie de la décadence au XVIe siècle d'après *Le Monde à l'Empire* de Pierre Viret," *Eidôlon,* Cahiers du laboratoire pluridisciplinaire de recherches sur l'imagination littéraire, *Décadences,* Université de Bordeaux, III, Oct. 1979.

Dufour, Alain, "Deux lettres inédites de Pierre Viret", *Revue de Theologie et de Philosophie,* série 3 (1961), pp. 222-235.

Dufour, Alain, "Le Colloque de Poissy", *Mélanges... Henri Meyland,* THR, Genève: Droz, 1970, pp. 126-147. (Cité Dufour I infra).

Enciclopedia Cattolica. 12 vols. Firenze: Sansoni, 1948. (abrégé Encicl. Cattolica infra).

Encyclopaedia Britannica. XIth ed. Cambridge: Cambridge Univ. Press, 1910-1911. (Abrégé infra Macro).

Encyclopedic Dictionary of the Bible. New York: McGraw Hill Bk. Co., 1963.

Engel, Claire-Eliane, *L'Amiral de Coligny,* Genève, 1967.

Eusèbe de Césarée, *Histoire ecclésiastique.* Introduction de Gustave Bardy. Paris: Editions du Cerf, 1960.

Eusebius, Pamphili, *The Ecclesiastical History.* 2 vols. Loeb Classic Library. Cambridge: Harvard University Press, s.d.

Evangelisches Kirchenlexicon. Gottingen: Van Denhoeck und Ruprecht, 1959.

Fabularum Aesopicarum collectio quotquot Graece reperiuntur. Oxford: 1718.

Febvre Lucien, *Le Problème de l'incroyance au XVIe siècle. La religion de Rabelais,* Paris: Albin Michel 1942-1968.

Febvre, Lucien, *Au coeur religieux du XVIe siècle,* Paris: Sevpen, 1957.

Félice, G. de, *Histoire des Protestants de France,* 8e ed., Toulouse: Société des livres religieux, 1895.

Felice, Philippe de et J. Pineaux, "En mémoire de Pierre Viret", *Bulletin historique et littéraire de la Société de l'Histoire du Protestantisme Français,* 109 (1962), 1-10.

Flavius, Josephus. *voir* Josephus Flavius.

Geisendorf, Paul-F, "Pierre Viret à Lyon, 1562. Documents inédits", *Les Cahiers Protestants,* 45e année, No. 5 (Nov. 1961), pp. 244-262.

Gingins-La Sarra, Jean Charles, Frederic de, *Histoire de la ville d'Orbe et de son château dans le moyen âge.* Lausanne: D. Martynier, 1855.

Glossaire des patois de la Suisse Romande, GPSR, Neuchâtel, 1924.

Godet, Philippe, *Pierre Viret.* Lausanne: G. Payot, 1892.

Godet, Philippe, *Histoire littéraire de la Suisse Française.* Neuchâtel et Paris, 1890.

Graesse, Jean George Theodore, *Trésor de livres rares et précieux ou nouveau dictionnaire bibliographique.* Dresde, Genève, Londres, Paris, 1867; Milano: Gorlich, 1950.

Graesse, Benedict, Pleche, *Orbis Latinus.* Hungary: Klinkhardt, Biermann, Braunschweig, 1972.

Grimm, J., *The Reformation Era, 1500-1650.* New York: McMillan, 1954. (abrégé infra Grimm).

Grin, Edmond, "Deux sermons de Pierre Viret. Leurs thèmes théologiques et leur actualité", *Theologische Zeitschrift,* Jahrgang 18, Heft 2 (Marz-April, 1962), pp. 116-132.

Hartman, Louis F., *Encyclopedic Dictionary of the Bible,* New York, Toronto, London: McGraw-Hill Book Co., 1963.

Hatzfeld, Adolphe; Arsene Darmsteter et Antoine Thomas, *Dictionnaire Général de la Langue Française.* 2 vols. Paris: Delagrave. (Cité infra HDTh.).

Hauser, Henri, "The French Reformation and the French People in the Sixteenth Century", *American Historical Review,* vol. 4 (1898), 217-227.

Hauser, Henri, *Etudes sur la Réforme française,* 1909.

Hegesippus. *De Bello Judaico.* Coloniae: Apud Maternum Cholinum, 1575.

Herminjard, Aime-Louis, *Correspondance des Réformateurs de langue française.* 9 vols. Paris, Genève: 1866-1897.

Heyer, H., *Guillaume Farel; Essai sur le développement de ses idées théologiques,* Genève, 1872.

Huguet, Edmond, *Dictionnaire de la langue française du seizième siècle.* Paris: Champion et Didier, 1925 et suiv.

Hundeshagen, C.B., *Conflikte des Zwinglianismus, Lutherthums und Calvinismus in der bernischen Landeskirche,* 1842.

Interpreter's Dictionary of the Bible, The, 4 vols. New York: Abingdon Press.

Jaquemot, Henri, *"Viret, réformateur de Lausanne".* Thèse non publiée,

Faculté de Théologie, Université de Strasbourg, 1836.

Josephus, Flavius, *The Jewish War.* Translated with an introduction by G.A. Williamson. Penguin Books, 1959. 1960.

Junod, Louis, ed., *Mémoires de Pierrefleur.* Edition critique avec une introduction et des notes. Lausanne: Editions de la Concorde, 1933.

Kingdon, Robert M., *Geneva and the Consolidation of the French Protestant Movement 1564-1572. THR,XCII.* Genève: Droz, 1967.

Kolfhaus, Wilhelm, "Petrus Viret", *Theologische Studien und Kritiken,* vol. 27 (1914), 54-110; 209-246.

Latourette, Louis, "Les dernières années de Pierre Viret", *Revue de Théologie et de Philosophie,* serie 2, vol. XXVI No. 106 (janvier-mars 1938).

Leclerc, Joseph, *Histoire de la tolérance au siècle de la Réforme.* Paris: Aubier, 1955.

Leclerc, Joseph, S.J. *Toleration and the Reformation.* London: Longmans, 1960.

Le Cornu, Frank, Pierre Viret (1511-1571). Leiden: 1938.

Leonard, Emile G., *Calvin et la Réforme en France,* Aix-en-Provence, 1944.

Leonard, Emile G., *Histoire générale du protestantisme,* Paris, 1961.

Leroux de Lincy, *Le livre des proverbes français.* 2 vols. Paris: Delahaye, 1859. (Cité Leroux de Lincy infra).

Linder, Robert Dean, *The Political Ideas of Pierre Viret.* THR,LXIV. Genève: Droz, 1964. (Cité infra Linder).

Littré, Emile, *Dictionnaire de la langue française.* Paris: Gallimard/ Hachette, 1961.

Lonchamp, F.C., *Manuel du bibliophile français. 1470-1920.* Paris, Lausanne: Librairie des Bibliophiles, 1927.

Lovy, René-Jacques, *Les origines de la Réforme française: Meaux, 1518-1546.* Paris: Librairie Protestante, 1959.

Massias, F.-V., *Essai historique sur Pierre Viret, Réformateur du pays de Vaud.* Cahors: A. Couestant, 1900.

Mehlhausen, Joachim, *Das Augsburger Interim von 1548.* Neukirchener Verlag, 1970.

Menard, Leon, *Histoire civile, ecclésiastique et littéraire de la ville de Nismes.* 7 vols. Paris: Hugues-Daniel Chaubert, 1750-1756.

Mermier, Guy, *Le Bestiaire de Pierre de Beauvais: version courte.* Paris: Nizet, 1977.

Meylan, Henri et Maurice Guex, "Viret et Mm. de Lausanne," *Revue historique vaudoise,* vol. 69, No. 3 (Sept. 1961), 113-173.

Meylan, Henri, "Aspects du libertinisme au XVIe siècle," *Actes du Colloque international de Sommières.* Paris: Vrin, 1974.

Meylan, Henri, ed., *Pierre Viret, Quatre sermons français sur Esaie 65.* Lausanne: Payot, 1961.

Meylan, Henri, "Un texte inédit de Pierre Viret: le règlement de 1570 sur la discipline", *Revue de Theologie et de Philosophie,* série 3 (1961), pp. 209-221.

Meylan, Henri, "Un ami de Pierre Viret, Claude Darbonnier d'Orbe", *Revue historique vaudoise,* vol. 69 (sept. 1961) 174-176.

Meylan, Henri, *Une amitié au XVIe siècle: Farel, Viret, Calvin. Silhouettes du XVIe siècle.* Lausanne: Editions de l'Eglise nationale vaudoise, 1943.

Meylan, Henri, *Mélanges d'histoire du XVIe siècle.* Genève: Droz, 1970.

Miéville, Henri. L., "Réflexions sur le problème de la tolérance considérée dans son rapport avec l'idée de vérité," *Rev. de Théol. et Phil.,* n.s., XXVI (No 109,1938), pp. 308-325.

Migne, J.P., *Patrologiae cursus completus. Series latina. Patrologiae cursus completus. Series graeca.*

Miller, John Stewart, *"Pierre Viret and the Reformation".* Unpublished Th. M. thesis, Union Theological Seminary, NYC, NY 1953.

Morawski, Joseph de, *Proverbes français.* Paris: 1925.

Mousseaux, M., *Aux sources françaises de la Réforme,* Paris, s.d. Mours, Samuel, *Le Protestantisme en France au XVIe siècle,* Paris: Librairie protestante, 1959.

Naves, Raymond, *Voltaire, l'homme et l'oeuvre.* Paris: Boivin, 1955.

New Catholic Encyclopedia. Mc Graw-Hill, 1967. (Abrégée infra New Cath. Encycl.)

Nouvelle Biographie Générale depuis les temps les plus reculés jusqu'à 1859-60. Firmin Didot frères ed.; Copenhague: Rosenkilde et Bagge, 1969.

Orosii, Pauli, *Historiarum adversum paganos.* Vindobonae: Corpus scriptorum ecclesiasticorum latinorum, 1882.

Orosius, Paulus, *Historiae adversus paganos.* Venice: Bernardinus Venetus, de Vitalibus, oct. 12, 1500. (Incunable).

Orosius, Paulus, *Seven Books of History against the Pagans. The Apology of Paulus Orosius.* Transl. with introd. and notes by Irving Woodworth. NY: Columbia University Press, 1936.

Oxford Classical Dictionary. Oxford: Clarendon Press, 1949-1956.

Patry, H., *Les débuts de la Réforme protestante en Guyenne (1523-1559),* Bordeaux: Feret, 1912.

Paulus, Nikolaus, *Protestantismus und Toleranz im 16 Jahrundert.* Freiburg im Breisgau: Herdersche Berlh, 1911.

Pauly-Wissowa, *Real Encyclopadie der classischen Altertums-wissenschaft.* Stuttgart: Metzlersche Verlagsbuchhandlung.

Pfister, Rudolf, "Pierre Viret, 1511-1571", *Zwingliana,* Bd. 11, Heft 5 (1961) 321-334.

Piaget, A., *Documents sur la Réforme dans le pays de Neuchâtel,* Neuchâtel, 1909, No 52, pp.134 ss.

Pierrefleur, Guillaume de, *Mémoires.* Louis Junod, ed., Lausanne: Edition de la Concorde, 1933. (Cité infra Pierrefleur).

Pierrehumbert, *Dictionnaire historique du parler neuchâtelois et suisse romand,* Neuchâtel, 1926.

Pirot, Robert et Cazelles, *Dictionnaire de la Bible.* Paris: Letouzey et Ané, 1957.

Quatre sermons inédits de Pierre Viret. Lausanne: Publications de la Faculté de Théologie de l'Université, III, 1961.

Quitard, P.M., *Dictionnaire des proverbes,* Paris: Bertrand, 1842.

Rapp, Francis, *L'Eglise et la vie religieuse en Occident à la fin du Moyen Age,* Paris: PUF, Nouvelle Clio, No. 25, 1971.

Rossel, Virgile, *Histoire littéraire de la Suisse romande des origines à nos jours.* Neuchâtel, 1903.

Salvioni, A., *Intorno ad Alberico da Rosciate e alle sue opere, con alcune notizie relative a Dante.* Bergamo, 1842.

Sandus, Sir John Edwin, *A History of Classical Scholarship from the 6th Century BC to the end of the Middle Ages.* NY: Hafner Publishing Company, 1958.

Sayous, A., *Etudes littéraires sur les écrivains français de la Réforme,* Paris, 1881 (Vol.I, pp.181-241).

Schaff-Herzog, Encyclopedia of Religious Knowledge, The New. Grand Rapids, Michigan: Baker Book House, 1964.

Schmidt, Albert Marie, *Jean Calvin et la tradition calvinienne*, Paris: Le Seuil, 1957.

Schmidt, Charles, *Wilhelm Farel und Peter Viret.* Elberfeld: R.L. Friderichs, 1860.

Schnetzler, Charles, "Pierre Viret et le conflit ecclésiastique avec Berne au milieu du XVIe siècle", *Revue historique vaudoise,* vol. 15 (1907) 366-380.

Segond, Louis, *La Sainte Bible.* Société Biblique, 1910.

Short-Title Catalogue of Books printed in France and of French Books printed in other countries from 1470 to 1600 in the British Museum. Oxford University Press, 1966. (Viret, p. 442).

Société de l'histoire du Protestantisme français.

Stefan, Raoul, *Histoire du Protestantisme français,* Paris, 1961.

Tannenbaum, Samuel A., *The Handwriting of the Renaissance.* NY: Frederick Ungar Publishing Co, 1958.

Tertulliani, *Apologeticus adversus gentes pro christianis.* Oxford: Clarendon Press, 1889.

Tertulliani, Q. Septimi Florentis, *Apologeticus.* Cambridge University Press, 1917.

Tertulliani, Q.S.F., *Ad Scapulam.* Desclée et Cie., 1957.

Thomas, K., *Religion and the Decline of Magic,* London, 1971.

Vacant, A., Mangenot, E., Amann, *Dictionnaire the théologie catholique.* Paris: Letouzey et Ané, 1909; 1946. (Abrégé infra Dict. Theol. Cath.)

Viénot, J., *Histoire de la Réforme française des origines à l'Edit de Nantes,* Paris: Fischbacher, 1926.

Vigouroux, F., *Dictionnaire de la Bible.* Paris: Letouzey et Ane, 1895.

Viret, Pierre, *Deux Dialogues.* Avec notes et postface de J. Courvoisier. Lausanne: Bibliothèque Romande, 1971. (Cité infra Courvoisier).

Viret, Pierre, *Quatre Sermons français sur Esaie 65.* Henri Meylan ed. Lausanne: Payot, 1961.

Vuilleumier, Henri, *Histoire de l'Eglise réformée du pays de Vaud sous le régime bernois.* 4 vols. Lausanne, 1927.

Vuilleumier, Henri, *Notre Pierre Viret.* Lausanne: Edition de la Concorde, 1911.

Villeumier, Henri et Schroeder, Alfred, *Pierre Viret d'après lui-même,* Lausanne: Bridel, 1911.

Young, Robert, *Analytical Concordance of the Bible*, Edinburgh, 1879.

Zeller, G., *La Réforme*, Paris: SEDES, 1973.

DOCUMENTS

ICONES,

id est

VERAE IMAGINES

VIRORVM DOCTRINA SIMVL
ET PIETATE ILLVSTRIVM, QVORVM PRÆ-
cipuè ministerio partim bonarum literarum studia
sunt restituta, partim vera Religio in variis orbis Chri
stiani regionibus, nostra patrúmque memoria fuit in-
staurata : additis eorundem vitæ & operæ descriptio-
nibus , quibus adiectæ sunt nonnullæ picturæ quas
EMBLEMATA vocant.

Theodoro Beza Auctore.

GENEVÆ,
APVD IOANNEM LAONIVM.
M. D. LXXX.

PETRVS VIRETVS.

IOANNES CALVINVS.

I. CALVIN.

GVILLELMVS FARELLVS.

PETRVS VIRETVS, SABAV-
DVS, ORBENSIS, ECCLESIÆ LAVSA-
NENSIS PASTOR.

ETRVS Viretus, Orbæ natus ditionis Bernensis oppidulo Burgundis proximo, fuit & ipse constituendis in toto illo tractu ecclesiis, Farelli videlicet individuus comes, qué etiam Lutetiæ cognouerat, à Deo excitatus: homo & eruditione præstans, moribus suauissimis præditus, & oris facundia præcipuè excellens, vt meritò nonnulli Caluinum, Farellum, & Viretum, vt eiusdem muneris functione, sic etiam animis coniunctissimos, lectissimam quádam præstantissimorum pastorú triadem vocarint, eruditionis quidem penes Caluinum, vehementiæ verò penes Farellum, facundiæ denique laude penes Viretum manente. Quod ego versiculis istis aliquando cecini.

Gallica mirata est Caluinum Ecclesia nuper,
   Quo nemo docuit doctius.
Est quoque te nuper mirata Farelle tonantem,
   Quo nemo tonuit fortius.
Et miratur adhuc fundentem mella Viretum,
   Quo nemo fatur dulcius.
Scilicet aut tribus his seruabere testibus olim,
   Aut interibis Gallia.

FVIT autem Viretus imbecilli per se corpusculo, quod naturæ vitium vehementer auxerunt, partim ve-

S. ij.

nenum ipſi à Geneuenſis cuiuſdam canonici ſeruo pro-
pinatum,partim vulnera in agro Paterniacenſi à ſacrifi-
culo ipſum per inſidias inuadente inflicta , vſque adeo
grauia vt iacentem pro mortuo relinqueret. Liberatus
autem à totidem mortibus,quum multos annos docens
ac ſcribens in eccleſia Lauſanenſi maxima cum laude
conſumpſiſſet,ac deinceps Lugdunum,Gallicarum ec-
cleſiarum precibus accitus,duriſſimis ciuilis belli tem-
peſtatibus & ſeuiſſimæ mox conſequutæ peſtis tempori
bus Lugdunenſem eccleſiam vnà cum ſuis collegis ſa-
pientiſſimè gubernaſſet:tandem cogente Ieſuitarum fa
ctione,primùm quidem in Occitaniam,deinde verò pi-
entiſſimæ Nauarrorum Reginæ Ioannæ rogatu in pro-
ximos Pyrẹneos ſaltus profectus , ibi tandem magno cũ
bonorũ omnium luctu,anno Domini CIƆ. IƆ. LXXI
ex hac vita in alteram illam meliorem ſexagenarius e-
migrauit.

L'INTERIM,
FAIT PAR DIA-
LOGVES.

L'ordre & les titres des Dialogues.

1 Les Moyenneurs.
2 Les Transforma-
   teurs.
3 Les Libertins.

4 Les Persecu-
   teurs.
5 Les Edicts.
6 Les Moderez.

Par. Pierre Viret.

Je recois ce ...

PSEAVME CXX.
Ie demandoye la paix : mais quand i'en parloye,
iceux s'esmouuoyent à la guerre.

A LYON.
M. D. LXV.

A TRESVERTVEVX ET

TRESHONORABLE SEI-
gneur, Monseigneur Gaspard de Coligny, Seigneur de Chaſtillon, grand
Admiral de France, Pierre Viret Mini-
ſtre de l'Euangile, deſire grace, miſeri-
corde, & paix, de par Dieu noſtre Pere, & de par noſtre Seigneur Ieſus
Chriſt, auec perpetuel accroiſſemét de
tous les dons du Sainct Eſprit.

I ON APPELLE
paradoxes, les choſes qui
ſont côtre la commune
opinion de tous, on peut
à bon droiĉt tenir pour
paradoxe, ce que Dauid
dit, que les benins herite ^{Pſe. 37.}
ront la terre, & y auront leurs plaiſirs, auec
grande proſperité: laquelle ſentence noſtre
Seigneur Ieſus Chriſt côferme auſſi par ſon
authorité, quãd il dit, Bien heureux ſont les ^{Matth. 5.}
debonnaires:car ils heriterout la terre. Da-
uid & Ieſus Chriſt appellent benins & debonnaires les hommes paiſibles, qui ne ſont
point facilement irritez, & ne ſe monſtrent

I.ii.

mention, ains tesmoignent au contraire, qu'il a
esté bon prince. Et quant à son frere Quintilius,
qui apres la mort d'iceluy fut eleu Empereur en
son lieu, il fut occis le dixseptieme iour de son Empire. Et Aureliã qui luy a succedé, l'an 273. au com-
Eufeb. li. 7.
c. 30.
mencement de son Empire fut fort fauorable aux
Chrestiés, & mesme entreposa son authorité pour
eux, contre les Heretiques qui pour lors troubloyent l'Eglise. Mais comme il estoit cruel de nature, il s'estrangea puis apres des Chrestiens, de sor
té qu'estant gagné par quelques mauuais conseils,
il se preparoit à persecuter.   Et comme il estoit en
ceste deliberation, & qu'il auoit desia presque souscrit à l'edit qui deuoit estre publié contre eux, il
Oros. li. 7. c.
26.
Aure. vict.
Pom. Lat.
fut soudainement effrayé d'vn coup de foudre, qui
luy tomba deuant les pieds.   Et combien que cela
luy deuoit seruir d'vn bon aduertissement, toutesfois il n'en deuint point meilleur: & finalemét l'an
cinquieme de son regne il fut tué en chemin par
ses gens mesmes. Quant aux autres Empereurs, à
sçauoir, A. Tacitus, & A. Florianus, & A. Probus, &
Carus, iusques au temps de Diocletiã, presque en-
uiron l'espace de quarantequatre ans, nous ne li-
Euseb. hist.
occ. li. 8 c. 1.
& c. 2.
sons point qu'il y ait eu aucune persecution, ains
que toutes choses ont esté assez paisibles & gratieu
ses au regard des Chrestiés, iusqu'en l'an dixneufieme de l'Empire de Diocletian, qui paruint à iceluy auec son compagnon Maximian, l'an 288.

LE

LE SOMMAIRE DV
CINQVIEME DIALOGVE.

Ombien que ce dialogue est vne continuation de la matiere traittée au precedent, toutesfois ie l'ay intitulé specialement, les Edicts, à cause qu'en premier
lieu ie say mention en iceluy, de l'edict qui a esté
fait du temps de l'Empire de Diocletian & de ses
compagnons, non seulement pour persecuter les
Chrestiés, mais aussi pour abolir du tout la religion
Chrestiéne. Et puis ie say aussi mention en second
lieu, de l'edict fait en leur faueur, par le commun
accord des Empereurs Cõstatin & Licinius, & de
la violation d'iceluy par Licinius, & du triste eue-
nement d'icelle pour luy. Et pourautant que Iulien
l'Apostat a aussi fait de sa part, des edicts contre
les Chrestiens, apres qu'il se fut reuolté cõtre la religion Chrestienne, ie le conioin auec les autres tyrans qui l'ont persecutée, & monstre en quoy il a
esté semblable, ou different à eux, & quelle a esté
sa fin.

t.ij.

TABLE DES MATIERES